HANYU

HANYU JIAOXUE YU YANJIU LUNCONG

李秉震 主编

汉语教学与研究论丛

第二辑

首都师范大学出版社
CAPITAL NORMAL UNIVERSITY PRESS

图书在版编目(CIP)数据

汉语教学与研究论丛. 第二辑 / 李秉震主编. —北京：首都师范大学出版社，2019.5

ISBN 978-7-5656-4862-5

Ⅰ.①汉… Ⅱ.①李… Ⅲ.①汉语－对外汉语教学－教学研究－文集 Ⅳ.①H195.3-53

中国版本图书馆 CIP 数据核字(2018)第 279705 号

HANYU JIAOXUE YU YANJIU LUNCONG
汉语教学与研究论丛(第二辑)
李秉震　主编

责任编辑　安玉霞　钱　浩
首都师范大学出版社出版发行
地　址　北京西三环北路 105 号
邮　编　100048
电　话　68418523(总编室)　68982468(发行部)
网　址　http：//cnupn.cnu.edu.cn
印　刷　北京九州迅驰传媒文化有限公司
经　销　全国新华书店
版　次　2019 年 5 月第 1 版
印　次　2019 年 5 月第 1 次印刷
开　本　787mm×1092mm　1/16
印　张　23.75
字　数　380 千
定　价　58.00 元

版权所有　违者必究
如有质量问题　请与出版社联系退换

献给首都师范大学国际文化学院成立二十周年

编委会

主　编 李秉震

副主编 冯　浩

编　委（按姓氏音序排列）

郝　锐　　李俊红　　任春艳
王春辉　　王　宇　　杨　桦
应晨锦

前 言

在我们党和国家的历史上，1978 年是不平凡的一年。在对外汉语教学的历史上，1978 年同样是值得铭记的一年。1978 年 3 月，北京地区语言学科规划座谈会在中国社会科学院召开。座谈会上，学者首次提出将对外汉语教学作为一门独立的学科。

四十年来，对外汉语教学始终伴随着祖国改革开放的步伐，不断地向前发展，取得了巨大的成就，呈现出勃勃生机与活力。在 21 世纪的今天，汉语教学早已经走出"对外汉语教学"原有的格局，走进了汉语和中华文化的推广与传播的广阔天地。这表现在：

一、本体研究的成果日益受到重视。20 世纪 80 年代末起，西方功能主义语言学思潮开始引入中国内陆，受此影响，构式、话语分析、传信、情态等已经成为本体研究领域的新热点，而这些最新的研究成果正在应用于汉语教学的各个领域。

二、汉语教学方法开始走向多元化。以认知心理学为基础的建构主义教学观深入人心，任务型教学、翻转课堂模式的教学在当前汉语教学领域早已付诸实践，甚至走向了方法论上的反思。在新的教学方法指导下，网络课堂、慕课等都在深刻影响着汉语的课堂教学。

三、基于材料和归纳逻辑的偏误分析研究与实证取向的语言习得与测试研究并重。偏误分析"从教学中来，到教学中去"，而语言习得与测试研究则为我们的教学从实证的角度看待输入与产出之间的关系提供了坚实依据。

四、语言的社会属性逐渐成为学界关注的重点。语言政策、语言规划，"一带一路"沿线国家的语言现状与世界语言格局，国家宏观发展战略与语言之间的协调、互动关系都已经不再是新鲜的课题。

五、跨文化的比较研究与汉语言文化的国际传播理念不断更新。孔子学院在汉语国际推广过程所起到的作用毋庸置疑,但它所面临的挑战也值得我们高度重视。"汉语"教学的时代是否已经过去,全球"华语"教学还有多远?这些都值得我们去认真思考。

我们的国家已经进入新时代,我们的汉语教学也已经跨入新时代。在此背景下,我们的汉语教学应该如何顺势而为?我们对理论和方法是否应该有所反思?2017年11月,国际文化学院举办了由全院教师参加的汉语研究与教学学术研讨会,会上老师们所报告的论文几乎涵盖了以上提到的所有方面,真正体现出了对新时代、新方法、新理念的新思考。

2019年,国际文化学院即将迎来她的二十岁生日。二十年来,国际文化学院筚路蓝缕,在国文人的不懈努力下,学院的各项事业都取得了长足发展,业已成为北京市乃至全国汉语教学领域的一支不可忽视的重要力量。在论文集行将付梓的时刻,我想,就将这本书作为献给学院的生日礼物吧。祝愿她青春永驻!

编　者

2018年11月16日

目 录

孔子学院研究趋势的分析报告 ………………………………………… 梁德惠（1）
《欧洲外语学习基本水平标准》功能大纲研究 … 马思宇 张骞 谢婧怡（9）
《切韵声原》[f]声母字介音分析 ……………………………………… 陈雪竹（18）
CSC（理工）与新 HSK 四级的对比 …………………………………… 刘 彤（24）
篇名标题用字中"撒""洒"的选择取向 ………………………………… 李俊红（37）
本科高年级经贸视听说课程实践与思考 ……………………………… 郭冰珂（48）
双重否定结构"不可（以）不 VP"的语用探析 …………………………… 曹 娟（52）
传信和情态的关系 ……………………………………………………… 樊青杰（58）
从考试看留学生对北京城市的认知及对策初探 ……………………… 杨 桦（64）
从模因论看中英电影片名的归化和异化译法 ………………………… 戴雪梅（71）
读《中国语法学史稿》 …………………………………………………… 孙红玲（78）
对初级阅读课堂教学的几点思考 ……………………………… 赵 硕 张 桐（92）
对外汉语高年级选修课"修辞学"课程设计与教学方式初探 …… 涛 亚（101）
翻转课堂在对外汉语初级口语课堂的实践与反思 …………………… 顾 扬（106）
当我们谈论"汉字教学"的时候实际上我们在说什么 ………………… 付玉萍（117）
关于对外汉语新词语教学的思考 ……………………………………… 刘 进（126）
关于语言学习与教学过程中践行与体证的几点思考 ………………… 沙 杰（135）
过去式在汉语中的表达分析 …………………………………………… 杨武元（140）
新中国成立以来的语言规范历程与展望 ……………………………… 郝 锐（147）
论情境教学法在对外汉语教学中的运用 ……………………………… 郝云龙（169）
基于翻转课堂模式的初级口语教学实践研究 ………………………… 应晨锦（177）
和融之道 ………………………………………………………………… 张 静（185）
教学范式研究综述 ……………………………………………………… 卫 斓（190）

基于访谈的德国应用科技类大学经济(商务)汉语专业教学现状与面临问题
　　……………………………………………………………………… 竺　燕(197)
留学生汉字书写偏误探因 …………………………………………… 成　文(204)
论少数民族地区双语教师的双语能力和双语教学能力 …………… 惠天罡(212)
漫谈国际汉语教育理念 ……………………………………………… 王晓君(223)
Evernote在国际汉语教学中的应用 ………………………………… 任春艳(228)
浅谈俄罗斯民族性格特征 …………………………………………… 马晓辉(234)
浅谈新时期来华留学生职业生涯教育 ……………………………… 贾　茹(239)
任务型语言教学法在对外汉语中级口语课堂教学中的实践浅析
　　……………………………………………………………………… 次晓燕(244)
对外汉语教材中的人物设计分析 …………………………………… 吕玉兰(252)
树立文化自信，中国文化走向世界 ………………………………… 王　进(262)
图片对汉语二语者具体词学习影响的实验研究 …………………… 冯　浩(267)
优化对外汉语教学中的例句设计 …………………………………… 王环宇(275)
网络汉语课程发展新探讨 …………………………………………… 宫天然(283)
网上汉语教学的现状与思考 ………………………………………… 李启洁(289)
字源义在近义词辨析中的作用 ……………………………………… 刘士红(300)
库什万特·辛格的小说《列车驶往巴基斯坦》 ……………………… 阎　彤(308)
关于国内来华留学生跨文化适应研究的统计分析 ………………… 杨斯喻(321)
义素分析法、原型理论与汉语词汇教学 ………………… 袁彩云　曾　妮(330)
针对汉语中级水平学生的语用失误问题的教学 …………………… 何　芳(336)
论对外汉语教学中中国古代文学作品的选用问题 ………………… 胡秀春(343)
"读"之古今义辨证 …………………………………………………… 李　瑞(348)
对外汉语口语成绩测试模式框架的构建 …………………………… 申慧淑(355)
近三十年功能意念大纲对汉语第二语言教学的影响 ……………… 王　宇(361)

孔子学院研究趋势的分析报告
——从用户关注度与学术关注度差异看孔子学院研究趋势

梁德惠[*]

[摘要]论文研究目前有关孔子学院的研究趋势。研究趋势以"学术关注度"和"用户关注度"两个指标呈现,在中国知网上检索研究孔子学院的文章,分别选取"学术关注度"和"用户关注度"最高的前20篇论文进行对比分析。结论认为,目前学术界关注的仍然主要是孔子学院的汉语教学功能,而读者更看重孔子学院的文化传播功能和公共外交功能。学术界更注重研究孔子学院的内部发展,特别是汉语教学问题;而读者更注重的是孔子学院的影响力,即孔子学院在文化传播、公共外交以及对外贸易方面的影响。从统计数据看,跨学科的研究已成为趋势。

[关键词]孔子学院;研究趋势;学术关注度;用户关注度

一、引言

根据孔子学院总部公布的数据,截至2015年12月1日,全球134个国家(地区)建立500所孔子学院和1000个孔子课堂[①],十年总支出将近100亿人民币[②]。无论从扩展速度看,还是从经费支出看,孔子学院都是中国文化输出的重大项目,孔子学院理应成为学界关注的热点。

---

[*] 梁德惠,女,吉林长春人,博士,首都师范大学国际文化学院副教授。研究方向为应用语言学、汉语国际推广。

[①] http://www.hanban.org/confuciousinstitutes/node_10961.htm

[②] http://www.hanban.org/report/index.html。数据来自2006至2015历年孔子学院年度发展报告,以美元兑人民币汇率1∶6.2计算,未考虑各年份汇率差异。

相应地，我们在中国知网上以"孔子学院"为关键词检索，共检索到篇名包含"孔子学院"的论文2315篇，发表时间为2004年至2016年8月，平均每年约200篇，其中2014年最多，全年发表403篇。可以说，孔子学院已经成为学术界研究的热点之一。

已有的关于孔子学院的研究综述（安然，2014；陈艳清，2009；刘荣，2014）高屋建瓴式地梳理了目前学术界的研究现状，但并未关注读者兴趣和学术界的研究兴趣之间的差异。本文尝试通过数据分析，揭示读者兴趣与研究者兴趣的差异。

二、研究的问题和研究过程

（一）研究的问题

本文研究的问题是：目前有关孔子学院的研究趋势是怎样的？研究者和读者关注的领域有哪些差异？哪些领域的研究是学术界需要加强的？

我们以中国知网的指标，将研究趋势以"用户关注度"和"学术关注度"呈现。下载数量代表用户关注度，下载数量越多表示用户关注度越高；被引次数代表学术关注度，被引次数越高表示学术关注度越高。

用户关注度可以说明读者对哪些领域感兴趣，学术关注度则代表了学术界的研究兴趣，两者差异可以显示出目前的研究现状与读者兴趣之间的差异。这种差异可以帮助我们了解目前的学术研究在多大程度上满足了读者需求，也可以为学术界下一步应该重点研究哪些领域提供思路。

中国知网"核心用户群体为高校本科生/研究生、教育工作者、科研人员、企业中高层管理决策人员、专业技术人员、医疗工作者、党政军各类机关人员……专业读者集中，以大学生、教师、医生、研究人员、文化界人士等脑力劳动者为主，这是个在社会上具有影响力和话语权的群体"[①]。可以说，中国知网的用户代表了中国受教育程度较高的人群，在某种程度上讲，他们的关注度可以反映出目前教育程度较高人群对该领域学术研究的需求，因此具有一定的参考意义。

---

① 中国知网官方网站：http://ad.cnki.net/index.aspx#mao_Users

(二)研究的过程

我们在中国知网上以"孔子学院"为关键词,进行学术趋势检索[①],获得学术关注度和用户关注度趋势图。然后我们选取了学术关注度高的前20篇文章,逐一标注分析,发现研究者的兴趣。再选取用户关注度高的前20篇文章,逐一标注分析,发现读者的兴趣。两者对比,显示目前研究者与读者的兴趣差异。

三、数据及讨论

(一)总体趋势

图1数据显示,学术界自2005年起,对孔子学院的研究兴趣持续增长,2014年达到顶峰。图2显示最近1年读者的关注度较为平稳,虽在2016年5月畸高,但并未改变总体平稳增长的趋势。

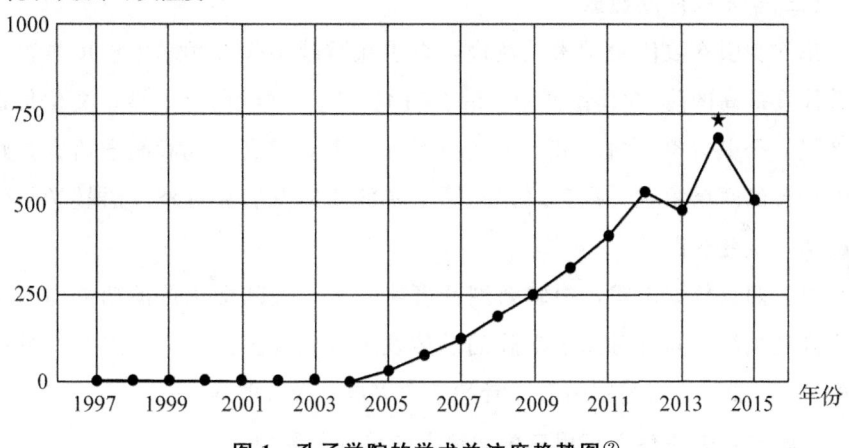

图1 孔子学院的学术关注度趋势图[②]

(二)用户关注度数据

论文下载数量代表用户关注度,下载数量越高用户关注度越高。用户关注度最高的前20篇论文中,文化传播研究7篇,综合研究6篇,公共外交研究3篇,经济研究2篇,教学研究1篇,海内外研究述评1篇。从论文数量上

---

① 数据来源:www.trend.cnki.net,数据为2016年8月3日检索结果。
② 注:图中星号表示标识点数值高于前后两点,且与前一数值点相比增长率大于30%。图2同。

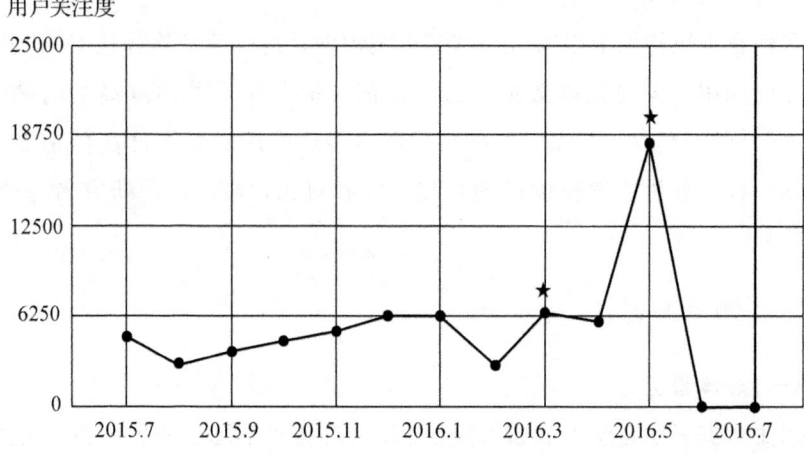

图2 孔子学院的用户关注度趋势图

看,从传播学的角度研究孔子学院已经成为中国知网用户最感兴趣的领域。

(三)学术关注度数据

论文被引次数代表学术关注度,被引次数越多代表学术关注度越高。学术关注度最高的前20篇论文中,综合研究8篇,教学研究8篇,文化传播研究3篇,公共外交研究1篇。从论文数量上看,综合研究和教学研究是最受学者重视的两个领域。换言之,孔子学院的总体发展和对外汉语教学是学术界的两大研究热点。

以上两组数据表明,中国知网读者对孔子学院的文化传播功能即对外影响力高度关注,同时对孔子学院的总体发展也较为关注,这一点与海外研究者的兴趣一致①,而与国内研究者的学术兴趣有较大差异。

(四)学术关注热点与用户关注热点的差异及原因

1. 总的印象:读者和研究者对孔子学院功能的关注角度的差异

孔子学院是做什么的?承担哪些功能?读者和研究者对孔子学院的功能的关注存在明显差异。

《孔子学院章程》②总则第一条规定:"孔子学院是中外合作建立的非营利

---

① 安然等(2014)认为"影响研究在海外孔子学院研究中占据相当大的比重,可见海外学者将注意力放在孔子学院对其所在国家、社会和文化的影响上,而对孔子学院自身情况缺乏考察"。

② 《孔子学院章程》见于 http://www.hanban.org/confuciusinstitutes/node_7537.htm

性教育机构,致力于适应世界各国(地区)人民对汉语学习的需要,增进世界各国(地区)人民对中国语言文化的了解,加强中国与世界各国教育文化交流合作,发展中国与外国的友好关系,促进世界多元文化发展,构建和谐世界。"按照这一条款,孔子学院主要功能有三个,第一讲授汉语(中对外单向的汉语教学),第二宣传中国文化(中对外单向的文化传播),第三开展教育与文化交流(中外双向交流),第四发展友好关系(公共外交),最终目的是促进世界多元文化发展,构建和谐世界。

用户关注度数据显示,中国知网读者关注的热点是孔子学院的第二和第四个功能,即文化传播和公共外交,其中文化传播功能已经成为中国知网用户最重视的功能,文化传播功能可以反映孔子学院的对外影响力。如果不考虑综合研究的论文,学术界的关注热点在于孔子学院的第一个功能,即汉语教学功能,围绕着汉语教学进行教材、教法、教师和学习者的研究。两者的明显差异反映出学术界和受教育较高的中国公众对孔子学院的功能有着不同的认识和期待。

学术界一直十分重视孔子学院的汉语教学功能,实际上孔子学院总部同时也是国家对外汉语工作领导小组,孔子学院的中方合作部门也主要是各大学的对外汉语教学部门和外事管理部门,孔子学院在海外的主要工作也体现在汉语教学上。自然地,国内学术界也就更多关注与汉语教学有关的研究,对教材、教法、教师和学习者的学习过程做了大量研究,这是十分自然的结果。但是,对于公众来说,孔子学院是一个新生事物,是中国花费巨资在海外设立的庞大的文化推广机构,具有向海外推广中国文化的功能,同时也具有公共外交功能。从公众的期待来看,汉语教学只是文化推广的一部分,操作层面的教学研究过于专业,也过于具体,不是公众的关注热点。

学术界关于孔子学院的研究已有2000多篇论文发表,其中关于文化传播和公共外交功能的研究是否满足了读者的需求呢?是否对读者感兴趣的这两个领域进行了深入研究呢?我们以"文化传播"并含"孔子学院"搜索关键词,搜索范围为核心期刊和CSSCI,仅得55篇论文。再以"公共外交"并含"孔子学院"搜索关键词,搜索范围为核心期刊和CSSCI,仅得22篇论文。从论文数量上看,相对于有关孔子学院的2000多篇论文来说,有关文化传播和公共外交的论文不算多。从论文质量上看,有关这两个主题的深入研究也不多。

可以说，对孔子学院的研究，学术界远未满足中国知网读者的需求，"文化传播"和"公共外交"这两个领域需要学术界给予更多的关注。另外，国外学者多关注孔院的影响力研究，国内学术界对此回应不多。

2. 读者和研究者对文化传播功能的关注角度的差异

学术关注度高的数据中，有三篇论文研究文化传播，其中两篇论文同时也是用户关注度高的论文（吴瑛，2009；陈刚华，2008）。两篇论文探讨孔子学院的中国文化传播战略，从文化传播角度看孔子学院的意义。这两个角度同时也是读者关注的热点。此外，读者关注高的还有孔子学院与歌德学院文化传播理念的对比，孔子学院在美国的舆论环境评估，汉语言文化推广的模式与效果，以及中国文化对外传播效果的实证研究。

可以说，从传播学角度的研究是中国读者关注的热点，涉及传播学的各个方面，包括传播理念、渠道、模式、整体战略以及传播效果评估，这些都是应该引起研究者重视的领域，目前学术界对此的研究才刚刚开始。

3. 读者和研究者对汉语教学研究的关注角度的差异

孔子学院具有汉语教学功能，学术界一直重视汉语教学研究，学术关注度高的数据中有 7 篇研究教学，研究的是教材、教师、学科建设等专业性较强的领域，用户关注度高的数据中仅 1 篇研究汉语教学，内容为远程教学。可见读者和研究者对汉语教学研究的兴趣差异较大。

近些年，全球范围互联网远程教学发展迅速，汉语远程教学也受到读者关注。在中国知网上搜索关键词"远程教学"并含"汉语教学"，共获 17 篇论文。这 17 篇论文从技术和教学模式等方面论述了汉语远程教学应具备的特征，以及如何实现。论文论述的深度和广度仍可进一步增强。学术界有必要对汉语远程教育加强研究，同时在实践上亦应积极适应时代特点，大力发展远程汉语教学。

4. 读者和研究者对综合研究的关注角度的差异

学术关注度高的数据中有 8 篇为综合研究，其中 3 篇为国别化研究，专门研究泰国和韩国的汉语教学总体发展的问题。而在用户关注度高的数据中，有 6 篇综合研究论文，关注的是孔子学院的发展策略、经营模式等，没有国别化的研究。这一差别是很自然的，学术界在经历孔子学院快速发展的过程中，必然要面对操作层面的具体问题，关注某一国家的汉语教学工作如何开展,是学术界必然的反应。而对读者来说,并不关心操作层面的具体问题,但对孔子学院总体的发展策略、经营模式表现出了浓厚兴趣。

5. 公共外交和经济学研究

公共外交"和政府外交组成国家的整体外交,指的是政府外交以外的各种对外交流方式,包括了官方与民间的各种双向交流"(吴勇毅,2012)。用户关注度高的数据中有3篇从公共外交角度研究孔子学院,学术关注度高的亦有1篇论及公共外交。这些论文分别论述了孔子学院的公共外交价值、文化软实力的作用以及对提升国家形象的作用。孔子学院代表了学院式公共外交,可以说,孔子学院的公共外交价值正在受到学者的重视,也是中国知网读者关注的热点。

另一个值得注意的现象是,经济学界开始关注孔子学院,用户关注度高的数据中有2篇讨论"一带一路"与孔子学院的关系。其中,谢孟君(2016)"通过搜集整理'一带一路'沿线国家孔子学院及出口贸易的相关数据,使用双差模型实证分析了文化输出与商品输出之间的内在关系,认为文化输出能够引致出口,孔子学院促进了我们向'一带一路'沿线国家出口,文化输出具有出口增长效应,这一效应在亚洲的效果优于欧洲"。同时该文认为,"实证结果显示孔子学院建立后第三年才能对出口产生积极影响"。这篇文章发表短短8个月,下载数量已达800多次。这充分说明,中国知网读者对孔子学院与我国对外贸易的关系有着浓厚兴趣,孔子学院促进贸易的功能已经成为读者的期待。

四、结论

通过对比分析研究孔子学院论文的用户关注度和学术关注度,我们认为,目前学术界关注的仍然主要是孔子学院的汉语教学功能,而中国知网读者更看重孔子学院的文化传播功能和公共外交功能。学术界更注重研究孔子学院的内部发展,特别是汉语教学问题,而中国知网读者更注重的是孔子学院的影响力,即孔子学院在文化传播、公共外交以及对外贸易方面的影响。

统计数据还表明,跨学科的研究已成为趋势。从传播学角度、外交学角度以及经济学角度研究孔子学院正在成为趋势,这也折射出孔子学院的价值以及知识界对孔子学院的期待,即孔子学院不应仅仅是汉语教学单位,更是促进文化交流的机构,也是拉动中国对外贸易的一支力量。

为了适应这一形势,孔子学院的运作模式应在合法和可操作的基础上适时调整。目前孔子学院总部隶属于教育部,如果孔子学院承担更多的文化交流和促进贸易的功能,那么,单纯由教育部运作孔子学院恐难满足形势需要。应考虑建立教育部、文化部的合作平台,拓展孔子学院的功能,使孔子学院从以汉语教学为主,逐步拓展至汉语教学、文化交流甚至商务合作三者齐头并进的局面,从而为孔子学院在文化交流方面发挥更大的作用提供可能,更好地实现孔子学院的公共外交功能。

参考文献

[1]安然等.海内外对孔子学院研究的现状分析[J].学术研究,2014,(11).

[2]吴瑛.对孔子学院中国文化传播战略的反思[J].学术论坛,2009,(7).

[3]陈刚华.从文化传播角度看孔子学院的意义[J].学术论坛,2008,(7).

[4]吴勇毅.孔子学院与国际汉语教育的公共外交价值[J].新疆师范大学学报(哲学社会科学版),2012,(4).

[5]谢梦军.文化能否引致出口:"一带一路"的经验数据[J].国际贸易问题,2016,(1).

[6]陈艳清.孔子学院及其教学的研究现状述评与反思[J].云南财经大学学报(社会科学版),2009,(3).

[7]刘荣等.孔子学院教学模式研究述评[J].兰州大学学报(哲学与社会科学版),2014,(2).

《欧洲外语学习基本水平标准》功能大纲研究*

马思宇　张骞　谢婧怡**

[摘要]本文对《欧洲外语学习基本水平标准》三个语言水平阶段的功能大纲进行了对比分析。文章首先对《标准》制定的历史背景进行了介绍，对《标准》的基本情况进行了说明，并指出了其功能大纲研制的学术渊源。其次分析了《标准》中三个功能大纲的构建逻辑、功能项目的分类情况，重点分析了三个功能大纲在功能项目编排上的分层升级关系。最后，在上述分析基础上，我们也考察了三个大纲体现出的鲜明的时代特色与存在的问题。

[关键词]语言教学；功能大纲；语言能力；层级关系

一、引言

在"重交际"的教学理念下，语言功能项目在汉语教学中越发受到重视，但目前来看，作为功能项目选取基础的功能大纲在诸如功能项目的选择范围、分类方式、层级关系等多方面还存在不少分歧与不足，影响了教学大纲、教材的编写及实际的教学效果。与此同时我们注意到，作为"在欧洲交际法教学项目和教材研发中发挥过重大影响"[①]的《欧洲外语学习基本水平标准》（以下简

---

* 本研究得到了北京社科基金重大项目（项目号：17ZDA10）、北京市教委社科项目（项目号：SM201610028010）的资助。

** 马思宇，男，河北张家口人，首都师范大学国际文化学院讲师，博士，研究方向为汉语第二语言教学、句法语义研究。

张骞，女，山东淄博人，首都师范大学文学院2015级汉语国际教育硕士研究生，研究方向为汉语第二语言教学。

谢婧怡，女，福建南平人，福建师范大学海外教育学院讲师，研究方向为汉语第二语言教学。

① Jack C. Richards, Theodore S. Rodgers. 语言教学的流派[M]. 2版. 外语教学与研究出版社，2008：154。

称《标准》)却没有得到应有的重视和研究。他山之石可以攻玉,本文通过对《标准》中三个水平阶段[《Waystage》(初级)、《Threshold》(中级)、《Vantage》(中高级)]的功能大纲进行梳理与分析,以期对我们认识功能大纲及其编写有所助益。

二、《标准》的制定背景与基本情况

《标准》的编写背景要追溯到 20 世纪 60 年代末 70 年代初的欧洲。彼时欧洲各国之间的各项交流日益频繁,往来贸易持续升温,欧洲各国的互相依存度逐年提升,随之而来,欧洲共同市场中对一些主要语言的成人教学需求也日益增加。为了推动欧洲的外语教学,欧洲理事会(the Council of Europe)作为这一区域推动双边与多边文化、教育交流的主推手,在当时资助了大量语言教学相关的科研项目。《标准》即是受到欧洲理事会资助的在欧洲实行成人外语学习单元—学分制度可行性调查研究成果的一部分。该项目的设立旨在发展一种概念化和用于计划制定的工具,以帮助教师、课程规划者分析学生的需求,以此来方便他们制定清晰的、合适的教学目标。

从上述目的出发,欧洲学者 J. A. van EK 和 J. L. M. Irim 于 1975 年出版了《标准》一书,该书可以看作是一套服务于欧洲外语教学的框架性教学指南,内容包括针对不同学习需求的教学目标、语言功能大纲、意念大纲、词法变换以及技能教学等方面内容,适用于语言政策制定、课程设计、教学计划制定、大纲编写和教材编写等诸多语言教学相关领域。其中,本文关注的功能项目大纲在编制过程中接受了当时语言教学家威尔金斯对"语义—功能"的分析。

随着 20 世纪 80 年代后期"12 号项目"的完成,欧洲议会设立了一个更长远的项目:服务于欧洲公民的语言学习。其中语言学习与教学方法论中的优先主题为"根据英语教学在过去 15 年中领先的实践经验来调整《标准》"。因此《标准》在 1989—1990 年间进行了升级,成为《标准(入门)1990》,最终构成了目前可以看到的覆盖欧洲外语水平等级中的初级、中级和中高级三个水平阶段的《标准》(初级)、《标准》(中级)、《标准》(中高级)。《标准》的出版广泛影响了欧洲各国的外语教学,曾被翻译为巴斯克语、加泰罗尼亚语、丹麦语、荷兰语、爱沙尼亚语、拉脱维亚、法语、德语等语言并广为传播。

从教学理念上看,该书提出了欧洲成人语言学习的目标,也就是使用语言做事能力的标准。如提供信息,引出观点看法偏好,谈论过去与现在以及未来的事情,表达原因,等等,这一理念与交际法是一致的,也与其后出版的《欧洲语言共同参考框架》提出的"面向行动的外语教学理念"是基本一致的。依托功能大纲,语言教学要解决的问题是:学习者遇到的情境和在这些情境中学习者应该如何使用语言去做事,以及他们需要表达什么感觉和想法、询问或者商讨、在日常生活中建立人际关系等。与这一理念相呼应,《标准》的一个突出特点在于其从语言功能的角度梳理了不同阶段的学习者进行交际时应该掌握的功能项目,将其与对应的语言形式相关联,并据此构建出了一个体系庞大且逻辑清晰的分水平的功能大纲,从而使得该书可以被广泛应用于各种目的的教学大纲的设计、课程改革、发展检验、教材编写以及课程设计等。

《标准》中功能大纲的研制受到了威尔金斯的影响。作为"功能—意念"大纲的提出者,威尔金斯提出的语言"功能"、"意念"等概念深刻影响了当时的第二语言教学的诸多方面,特别是在语言教学内容以及教学大纲的编写上。威尔金斯(1976)曾将语言教学大纲分为三类:第一类是语法大纲,包括传统语法大纲和句型大纲。以语言形式着眼,将结构作为语言教学的纲目,注重语言结构的教学。第二类是情景大纲,是20世纪60年代出现的语言教学法主张,以典型的情景来设置全部的教学大纲,一个典型的情景就是一个教学单元,教授在该情景下可能使用的典型语句。第三类是功能意念大纲。如果说语法大纲解决的是"怎么表达"的问题,情景大纲解决的是"什么时候、什么地方表达"的问题,那么功能意念大纲解决的是"表达什么"的问题。早期的功能意念大纲以威尔金斯提出的版本为著名,但由于威氏当时是针对早期的外语训练班和补习班的外语教程中存在的问题而提出的功能意念大纲,因此我们无法确定该大纲在多大程度上适用于其他类型的外语教学环境以及其他需求的外语学习者。此外,威氏的大纲中"只是列举了为获得起码交际能力所必须具备的意念范畴,而没有通过实例来说明它们的表达法。"(俞约法,1980)接棒威尔金斯首次提出完整的语言教学用功能项目大纲的是《标准》[①],因其出

[①] 《标准》首次出版于1975年,威尔金斯的《意念大纲》首次出版于1976年。

版时间略早于威尔金斯的《意念大纲》,因此是事实上的第一部系统的功能项目大纲。

三、《标准》功能大纲的框架与分层升级关系

作为一部指导性的大纲,《标准》首先清晰界定了"功能"的定义:"通过各种语言的方式去做的事",例如"形容某事/物"、"询问"、"否认"、"感谢"、"道歉"等等。同时该书将交际功能与交际内容进行了区分,即进一步区分了"功能"和"意念"。交际功能是目标语言群体使用语言做的"事",其关注在语言行为的目的意图上,比如"道歉"、"询问"这些"事"都是各种的意图(可以理解为我需要去做道歉这件事,我需要去做"询问"这件事),该书将这些内容抽象出来形成各种功能。但是在实际使用中,我们一般不会单独使用这一功能,如我们一般不会简单地说"对不起",我们说的时候都是为了表达对某件事的歉意或者后悔,虽然有的时候这件事并不体现在语言中,但是却是存在的。因此,需要给"道歉"这一交际意图赋予内容,比如为迟到道歉,我们常说"对不起我来晚了"。此时,这就涉及了一个"迟到"的概念,这些用来实现语言功能的概念,该书称之为"意念"。因此语言表达实际上是由两部分内容构成的:交际意图+概念=我要做的事+事的内容。

基于上述对"功能"的认识,《标准》以"不超过每年35—40周、每周2—3小时、学习2—3年的平均课程强度下,学习者最可能需要、最急需的功能项目"为选择依据,编排出6大类、111小类的语言功能系统[①]。(见表1)

表1 《标准》(中级)功能项目分布表

序号	名目	一级功能项目	二级功能项目数量
1		传递、寻求事实类信息	5
2		表达、发现态度	36
3		完成事情(说服、劝告)	14
4		社交	12
5		构建话语	28
6		交际修复	16

---

① 此处使用《标准》(中级)举例说明。三个级别的功能大纲在一级功能项目的分类上是一致的。

《标准》的三个水平阶段功能大纲在一级功能项目上是一致的，均为六大类，但是因为功能项目会随着语言水平的提高而有所变化，三个水平段的功能项目在二级分类上是不同的，主要有如下区别：

初级阶段的语言功能，需要学习者在初级阶段使用语言去理解运用一些日常用语，做一些简单的叙述以满足基础要求。如能学会基本的问候和打招呼，表达自己的态度或需求，在社交中能正确地称呼、介绍自己和对方，掌握基本的社交礼节，等等。总之，初级的语言功能虽然不能准确、自然、地道地用目的语进行日常会话，但是它最大限度地满足了语言初学者对交际的基本需求。

中级阶段不再像初级阶段那样概括，而是引入了更多交际对象和交际场合，如"社交"功能，到了中级阶段开始有社交对象的区分；再如"称呼某人"，到了中级阶段细化为"称呼朋友或熟人"、"称呼陌生人"、"称呼客人或者一般公众"。除此之外，中级阶段的分类，开始关注使用者在一个完整话轮下，表达得更加清楚而得体。比如能描述一个人或一个事件，能制造简单话题参加讨论，理解他人的主要观点，能陈述理由和做出相应解释。因此，这一阶段学习者的语言能力能得到进一步提高，用语言能完成的事情也越来越多。

到了中高级阶段，语言功能的分类开始具备一定的系统性，衍生出很多子类，涉及的交际流程越来越完整，人物也越来越多，并重视发话者和应答者的参与度，使得整个话轮的构建趋向于合理。学习者在学习后，能更流畅地和母语者进行交流，话语的逻辑性也在加强，能针对对方的身份灵活地发出交际信号，并针对具体情况做出不同的回应，如在交际场合中正确区分正式和非正式的交际行为。通过中高级阶段的学习，语言能更好地为学习者所用。

但是作为一套体系相对完整的功能大纲，我们注意到大纲在三个层级上是存在内在分层升级关系的，具体体现在以下四个方面：

（一）功能分类的分层升级：从概括到具体

随着层级的增加，大纲逐渐引入更多的交际对象和情景，各小类的命名也更加精确。

"传递、寻求事实类信息"功能类中，比起初、中级中没有列举具体内容的"询问"，中高级将这一条目拓展得较为详细，将询问的"目的"列举了出来，如"寻求确认或者否认"、"询问一条信息"等；同样，在"回答问题"上，也补充了"确认或者不确认"和"提供信息"作为回答内容；再如"社交"功能类中，考虑到初级学习者还不能灵活、地道地进行社交场合的交际，因此初级阶段的分类比较概括笼统，如"称呼某人"、"介绍某人"；而到了社交中级阶段，开始有社交对象的区分，初级中的"称呼某人"，到了中级拓展为"称呼朋友或熟人""称呼陌生人""称呼客人或者一般公众"；到了中高级阶段，分类方式首先分得更加细致，"问候"和"称呼"的对象分成了"陌生人、熟人、朋友和关系亲密的熟人"，而初级和中级仅仅是"问候"；"构建话语"功能类中，初级的单元比较简略，中级阶段则引入了更多的说话技巧和方法，如"列举、举例、强调、变换话题"，高级阶段在此基础上又增加了"下定义"等，除此之外，"强调"又继续分成"在讲话中、在写作上"，后者又再次根据写作工具继续划分；此外，中级比初级多了说话人的愿望和要求，如"打断、要求某人安静、请某人讲话、表明要继续的愿望、鼓励某人继续"。

  同时，大纲也将说话人态度、情绪考虑在内。如在"表达态度与找出对方态度"功能类中，"用陈述句表示同意"的中高级增加了一些表示情绪倾向的子目录，如"强烈的同意"、"勉强的同意"，使得态度的表达更加丰富；"表达确定的程度"中增加了"自信"、"尝试性"、"质疑、怀疑"态度；中高级的条目中删去了"道德"，并把初中级相应的子目录归纳到了"情感"中，因为"道德"中的"歉意"、"后悔"等更加符合"情感"一类；中高级的"完成事情（劝说）"功能类中，"要求某人做某事"在初中级的基础之上进一步扩展，加入了很多具体要求事项和要求时的态度（命令、礼貌、恳求等）；同样，在"回应要求"和"给予许可"上也增加了一些情绪倾向类型，如"不情愿、蔑视"等。

  除此之外，大纲中的命名特点更为精确、简洁。初级中的"完成和管理事情"功能将被"建议、警告等"的对象称为"他人"，如"建议他人做某事"，到了中级，"他人"变为"某人"，即"建议某人做某事"，而到了中高级阶段，表述变得更为简洁："给建议"、"给警告"；"构建话语"功能中"表明一人的话语即将结束"变为"表明某人发言进入尾声"；初级阶段的"交际修复"功能对交际修复过程中的要求做了简单的列举，而中级做了更详细的说明，即要求对方具体做什么，如"要求整体的重复"变为"要求对方重复句子"，"要求部分重复"变为"要求对方重复词或者短语"；初级中的"要求降低说话速度"在中级中表达得更加口语化,即"要求某人说得更慢",但是"更"在这里不禁让人觉得奇怪,因为"更"的出现表明了一个预设:说话人之前就已经说得很慢了,甚至可能慢于正常语速,而正常情况下人们很少这么说,所以在中高级变为"请求某人说得慢一点",这样更加符合常理,可以看出,大纲的命名也经过了仔细斟酌。

(二)功能分类方式的分层升级:从零散到系统化

在对交际过程的理解上,大纲层级的分类方式也趋向于系统化。

在"交际修复"功能类中,中级比初级多了"释义"部分,而中高级增加了"代替某个被忘记的名词或者名字",并把"释义"和另一个部分划分到了其下;在"对话者没有理解时怎么做"上,中级比初级有了更多的解决措施,但只是按照子主题一一排列,而中高级将三种解决措施划分到"在对话者没有理解时怎么做"这一栏中,这种划分体现了编者注重内容的系统性,便于学习者学习。

又如初级阶段的"话语构建"功能类中,"犹豫,寻找合适的词"是两个并列的行为,到了中级,这部分将"犹豫"作为讲话受限的一种表现,而"寻找合适的词、忘了名字"成为"犹豫"的分支,更像是讲话受限的原因。

一段话语的构建,"主题"是不可或缺的,因此中级阶段引入了一个新的单元"介绍一个主题",中高级阶段将主题进一步细分为"在对话开始阶段、引入一个话题、引入一个报告/叙事/描写、引入一个轶事奇闻",这也使得主题内容更加清晰有条理。

(三)功能互动性的分层升级:会话结构趋于完善

语言的功能不仅是指"询问"、"态度"一类功能,《欧洲语言共同参考框架》中将语言的功能分为三类:微观交际功能、宏观交际功能和互动模式。其中互动模式是基于母语者日常语言使用习惯,对零散的微观交际功能进行的模式化配对。互动性实际上就是对语言使用双方/多方的关注,而不仅将视角聚焦于说话者一人。通过对《标准》分析我们发现,该书对于功能项目的分级构建中注意到了语言交际的互动性因素,我们举以下几例说明。

初级阶段的"完成事情"功能提到的"建议一种行动(包含说话人)",到了中级强调说话人和听话人一同实施,到了中高级变为"建议加入某个共同行动(包括说话人和听话人)",这样使说话人和听话人都更好地参与到会话过程中来，使交际更完整。

"构建话语"功能的"打断"在中高级中改为"打扰，请求发言"，使得会话更加有礼貌，符合社交礼仪；除此之外，中高级阶段的分类注意到了社交场合有"正式"和"非正式"之分，在"称呼"、"介绍"和"道别"类中都提到了"正式"和"非正式"，比如在正式场合（工作、宴会等）中，特别是有职位上下级别的情况，应该称呼"您"，而在非正式（朋友聚会、老朋友之间的寒暄等）中，可以相互称呼"你"或者"你们"。

四、结语

综上所述，作为一部于20世纪70年代出版的功能大纲，《标准》体现了鲜明的交际法教学理念特征：一是功能项目充分考虑到了口语交际的对话特征，功能项目往往成对出现，这就使得这些功能项目天然适合于初中级阶段以对话为主体的二语教材编写；二是功能的划分涵盖了真实交际活动的语言表达实际情况，如一个真实使用中的功能项目在大纲中往往被分解为"肯定"、"否定"、"询问"、"应答"四个功能小项目，能够大范围地涵盖日常交际的功能表达真实情况。此外，该大纲还非常注重语言使用的细节特征，如对一些优先性较低的表达形式进行了特殊标注；在描述功能项目对应的语言结构时，加入了非语言的交际信息，如肢体语言或动作信息；考虑了语音变化对语言功能表达的影响，采用重音符号来标注重读内容，采用隔音符号来标注停顿，等等。

站在大纲使用者和当前的语言教学理念的角度来看，我们也发现了一些大纲可以改进之处。

一是某些功能项目的归类不尽合理，如社交中"问候"、"遇到熟人"并不是一个平面上的项目，从上下位关系的角度应调整为一级功能项目"问候"，二级功能项目"一般性问候"、"遇到熟人的问候"可能更为妥当。又如初级和中级都提到了"祝酒词"，属于吃饭时的社交场合，中高级将这一场合进一步扩展成了"吃饭时、举杯、祝贺"等行为。我们认为可以从两个方面更加细化交际情景：一是"吃饭时"这一情况仅分为"在饭前、请客人自便"两项，而"饭中、饭后"没有考虑进去；二是"美好祝愿"中的"祝愿某人成功"应再细分，如祝愿学习、工作、创业、实验等方面。

二是整套《标准》中分列了"功能"和"意念"两大类项目大纲,"功能"是交际意图,"意念"是概念,语言的功能表达应该是"功能"与"意念"的结合。语言教学大纲编写、教学设计等教学实践活动都需要在上述两者结合的基础上才能进行,但遗憾的是,《标准》中缺乏对于"功能"与"意念"结合的使用说明与应用展示,客观上也就限制了《标准》的推广与其中各种大纲的教学应用。

三是缺乏对于功能项目的选择依据与选择路径的说明,也缺乏对一级功能项目设置依据的说明,这使得该功能大纲成为封闭性的、使用者只能被动接受而无法补充完善的功能大纲,我们相信一部"开源"的功能大纲更利于语言教师与研究者去补充、改进、完善它。

参考文献

[1] 刘璐瑶.《浅析欧洲语言共同参考框架》教学理论对对外汉语教学的启示[J]. 亚太教育,2016,(12下).

[2] 吕良环,史清泉. 国外外语教学大纲的发展研究[J]. 全球教育展望,2002,31,(8).

[3] 刘建达,周艳琼.《实践中的欧洲语言共同参考框架》述评[J]. 外语教学与研究,2017,(04).

[4] 欧洲理事会文化合作教育委员会. 欧洲语言共同参考框架:学习、教学、评估[M]. 刘骏,傅荣,译. 北京:外语教学与研究出版社,2008.

[5] 邱琳.《欧洲语言共同参考框架》研究及其对法语教学的启示[J]. 科教文汇,2016,(11).

[6] 俞约法. 功能法的纲领性文件——威尔金斯的《语法大纲、情境大纲和意念大纲》一文内容述要[J]. 外语教学理论与实践,1980,(3).

[7] 张晓姗.《欧洲语言共同参考框架:学习、教学、评估》评析[J]. 学周刊,2017,(07).

[8] Jack C. Richards,Theodore S. Rodgers. 语言教学的流派[M]. 外语教学与研究出版社,2008.

[9] J. A. van Ek,J. L. M. Trim. Threshold 1990[M]. Cambridge University Press,Revised,Subsequent,1998.

[10] J. A. van Ek,J. L. M. Trim. Vantage[M]. Cambridge University Press,2000.

[11] J. A. van Ek,J. L. M. Trim. Waystage 1990;Council of Europe Conseil de l'Europe[M]. Cambridge University Press,Revised,Subsequent,1999.

《切韵声原》[f]声母字介音分析
——兼论明清唇音声母的发音

陈雪竹*

[摘要]现代学者对明清时期唇音声母的发音和唇音声母字介音的看法一直有较大分歧。《切韵声原》中[f]声母字的归呼具有代表性,以此可以进一步考察明清时期唇音声母的发音以及唇音字的介音情况。唇音声母的发音由圆唇到展唇的变化从明朝开始,直到清朝晚期才最终完成。变化的原因是受到音节主元音的影响。

[关键词]《切韵声原》;唇音声母;介音;开合

现代学者对明清时期唇音声母的发音和唇音声母字介音的看法一直有较大分歧,产生这样的分歧,主要由于在明清音韵材料中唇音字介音本身呈现出纷乱的面貌,不同韵书、韵图中唇音字的归呼很不一致。因此有学者认为,既然唇音字没有开合呼法的对立,就可以认为明清时期唇音声母的发音以及唇音字的介音都已经与现代汉语普通话的情况一致了,邵荣芬、张玉来、张鸿魁等持这样的观点。这种处理方法的确避免了一些麻烦,但并不利于真正了解唇音声母的发音和唇音字的介音情况。唇音字尽管没有开合的对立,但确实有开合口呼的分别。我们应当正视音韵材料中唇音字介音的复杂情况,由材料入手客观地分析它们,找到复杂表象背后的语言事实。

《切韵声原》(后简称《声原》)是明代大儒方以智编撰的一部韵图。方以智对语音的认识很有历史的眼光,不是一味推崇古音,而是认识到语音的历史

---

* 陈雪竹,女,黑龙江呼兰人,首都师范大学国际文化学院副教授,文学博士,主要从事汉语语音教学和理论研究。

变迁，他说："上古之音见于古歌三百，汉晋之音见于郑应服许之论注，至宋渐转，元周德清始起而畅之。"因此《声原》不沿袭旧等韵图，而是以时音为准。此外，方氏在审音上也十分有见地，赵荫棠先生评价说："其审音精细，多有可采。"重时音的态度以及审音的精细使得《声原》成为一部研究明清时期语音不能忽视的音韵材料，其中[f]声母字的归呼尤其具有代表性。本文拟就《声原》中[f]声母字的归呼做深入的探讨，进一步考察明清时期唇音声母的发音以及唇音字的介音情况。

《声原》中除了一部韵图外还有方氏对音理的阐述。音理的阐述是方氏对语音系统的理解，韵图则是方氏对语音系统的描写，这两部分相辅相成。但是在[f]声母字的归呼问题上，两者却出现矛盾。在音理阐述中方氏把汉语音节分为十二类，称为"十二开合"，[f]声母字是其中一类，为"缝口之合"。什么是"缝口之合"，方氏没有明确说明，但是从他对一些[f]声母字发音的描述中可以得知其含义。方氏描写"翻方"等字的发音是"缝合而竟开者也"，描写"凡"等字的发音是"缝合一开仍闭者也"。可见"缝合"是一个音节最初的发音动作，即方氏对[f]声母发音的描述。"缝口"说明[f]声母发音时开口度不大，"合"说明发音时的唇形是圆唇。可是在《声原》的韵图中方氏并没有因为[f]声母发音是圆唇而把[f]声母字都归为合口呼，韵图中[f]声母字归呼的情况如表1：

表1

摄	开口	合口	齐齿	撮口
通摄		风冯捧凤		
山摄		翻烦反饭		
宕摄	芳妨访放			
咸摄	帆凡泛			
止蟹摄		飞斐肺	非肥匪吠	非
臻摄			分焚粉偾	分焚粉

从表1中可以看到韵图中[f]声母字分别归在开、齐、合、撮四呼中，为什么方氏在音理部分把[f]声母字统称为"合"一类，而在韵图中却把[f]声母字分别归在四呼呢？我们认为看似矛盾的不同处理都是来自于方氏的实际语音。

方氏在音理部分对[f]声母字的归类是基于[f]声母的独立发音，即[f]声母不进入音节中，作为独立的音素时的发音。[f]声母独立发音时唇形圆而且开口度小，自然会在发音尾部带出一个[u]音，所以，方氏认为[f]声母字都应当是合口呼。而方氏在编写韵图时，[f]声母要进入到音节中，和不同韵母拼合，[f]声母的发音就会受到音节中主元音发音的影响，使得声母尾部的[u]音发生了不同的变化，因此韵图中[f]声母字的呼法并非都是合口。

方氏根据自己的审音把统属于"缝口之合"的[f]声母字又细分为了几类，分别描写了它们的发音："缝口之合，风敷之放一缝出声者也，非分则微嘻出矣，翻方则缝合而竟开者也，凡则缝合一开仍闭者也。"方氏的分类显然与主元音有关，归为一类的韵摄的主元音都相近。同时，属于同一类韵摄的唇音字在归呼上的表现也基本一致。我们逐一分析每一类中主元音以及唇音字介音的情况。

第一类是"风"、"敷"，指中古通摄和遇摄的[f]声母字，这类字在韵图中都归于合口呼。方氏描写它们的发音是："放一缝出声者也"。通、遇两摄字的主元音都是后的、高的圆唇元音，通摄可以拟为[o]，遇摄为[u]，它们的发音方法都是开口度小并且圆唇。由于[f]声母的发音也是开口度小而且圆唇，因此这两个韵部主元音的发音和[f]声母的发音之间没有矛盾，在与[f]声母拼合时可以一直保持[f]声母的发音方式，即开口度小且唇形一直保持为圆唇而"唇舌牙齿不动"。因此韵图中这两个韵摄的字都被归于合口呼中。

第二类是"非"、"分"，指中古止蟹摄和臻摄的[f]声母字。这一类中[f]声母字归呼最为独特，出现了两种特殊的情况：一是止蟹摄的部分字分别归于不同呼法，"飞、斐、肺"归在了合口呼，"非、肥、匪、吠"归在了齐齿呼；二是止蟹摄的"非"和臻摄的"分、焚、粉"等字重出在不同呼法，既在齐齿呼又在撮口呼。时建国先生认为这两种情况体现的是新旧音并存，止蟹摄中读为齐齿呼的是旧音，读为合口呼的是新音，臻摄中读为撮口呼的是旧音，读为齐齿呼的是新音。可是如果两种情况都是体现新旧音并存，为什么在韵图中表现不同，有的表现为同一摄的字分别归呼，有的表现为相同的字重出在不同的呼法呢？我们认为之所以表现不同是因为这两种情况的性质不一样。其中止蟹摄的字分别归在合口呼和齐齿呼的确体现了新旧音的并存，"飞、斐、肺"读为合口呼是新音，"非、肥、匪、吠"等字读为齐齿呼是旧音。止蟹摄字在元明时发生了由[fi]向[fuei]的转变,明代正是演变发生的时期,这在同时期的其他韵图如《等音》、《类音》中也有体现,这些韵图也是把止蟹摄部分字放在齐齿呼,部分字放在合口呼,分别代表新旧音。但是"非"字和臻摄的"分、焚、粉"字重出在齐齿、撮口呼并不是体现新旧音并存。轻唇音字在中古是合口三等字,按照中古开合四等向近代四呼转换的一般规律应当读为撮口呼,似乎方氏把它们放在撮口呼代表了它们的旧音。可是方氏并不推崇古音,而是以时音编写韵图,止蟹摄的[fi]和[fuei]虽然我们称为新旧音,但这两个音的确同时存在方氏的实际语音中。而早在十六世纪的韵图中轻唇音字就已经都读为了洪音,实际语音中已经不存在[f]声母字读为撮口呼的情况,方氏不会只因为它们的中古等次就把它们放在没有时音根据的位置上,因此它们读为撮口呼不会是旧音的体现。我们认为"非"字和臻摄字重出与它们的主元音有关。方氏描述止蟹摄和臻摄[f]声母字发音是"微嘻出矣","嘻"指的是什么呢?方氏说:"齐齿必嘻唇而平出,言其唇如常张不敛也,重浊穿齿,舌上激出。"可见"嘻"与齐齿呼的发音有关,即发音时开口度小并且展唇。止蟹、臻摄字微"嘻"发音就是说这些字的发音较之其他摄的[f]声母字的发音开口度小并且有展唇的趋势,之所以有这样的发音是因为这两个韵部字的主元音都是前的、高的不圆唇元音,止蟹摄可以拟为[i],臻摄拟为[e]。这样的主元音在开口度小这一点上与[f]声母发音一致,但是在展唇这一点上与[f]声母的圆唇有矛盾。两摄字兼收在撮口、齐齿呼中就是因为这个矛盾,声母和主元音拼合时,唇形需要快速从圆唇转为展唇,这个过程中,圆唇的[u]音加上前高不圆唇元音,音色上自然比较接近撮口呼。而如果主元音发音明确一些,主元音的展唇就会排斥掉唇音声母带出的[u]音,听起来音节更像齐齿呼。方氏在审音中不能确定它们到底是撮口呼还是齐齿呼,因此在两呼兼收。止蟹摄的主元音是[i],比臻摄的[e]更高、更前,对声母圆唇的排斥也更大,因此大部分的字都被放在了齐齿呼,只有一个"非"字又收在撮口呼中,跟"居、区"等字在一个图中。而臻摄的主元音[e]对[f]声母圆唇的排斥稍小,臻摄字则全部都兼收在齐齿和撮口呼中。

第三类是"翻"、"方"和"凡",分别指中古山、宕、咸摄的[f]声母字。方氏描写"翻、方"的发音是"缝合而竟开者也",描写"凡"是"缝合一开仍闭者也",说明这些字的声母和主元音的发音方法比较一致,区别只在韵尾。但是在韵图中，方氏把山摄字归合口呼，宕摄、咸摄字归了开口呼，同一类字归的开合不同，表现出方氏对这一类字归开合的犹豫。这种犹豫也是源自主元音的影响，"翻、方、凡"的发音都是"缝合"之后"开"，这个"开"即它们主元音的发音。它们的主元音都是低的不圆唇元音，我们可以拟为[a]。由于声母的发音是开口度小、圆唇，而主元音的发音是开口度大、展唇，两者的发音在开口度和唇形上都存在矛盾。声韵拼合时，如果声母发音明确，声母后的[u]音得以保持，这些字音色接近合口，如果主元音发音明确，主元音展唇的趋势会排斥掉唇音声母圆唇势带出的[u]音，那么这些字就更接近开口呼。所以，在这一类音上，方氏也表现出对归呼的犹豫，不能确定把这些字归为开口呼还是合口呼。这种犹豫除了体现在他把同一类字归为不同呼法上，还体现在他把"翻、方、凡"等字既称为"缝口之合"，又称为"咬缝之开"。这与止蟹摄、臻摄兼收在两种呼法中是一样的性质。

从上面的分析可以看出，韵图中[f]声母字没有都归在合口呼的原因就是因为[f]声母的发音受到了音节中主元音的影响，[f]带出的[u]音产生了变化：[f]声母出现在圆唇元音前时，[u]音得以保持，音节归于合口呼；出现在前高不圆唇元音前时，[u]音或者被主元音排斥掉，音节归为齐齿呼，或者得以保持，归为撮口呼；[f]声母出现在低的不圆唇元音前时，[u]或者可以保持，音节归为合口呼，或者被主元音排斥掉，归为开口呼。因此，除了[f]声母与高的圆唇元音拼合时方氏可以确定其为合口呼之外，其他摄的字方氏都表现出审音上的犹豫。与此相同的是在重唇音字的归呼上方氏也表现出同样的犹豫。方氏把重唇音字称为"斗唇之合"，但是又说"邦滂崩朋今亦谓之开"，说明方氏对重唇音字的归呼也在开合之间犹豫。纵览整个韵图，其他声母字的介音并没有出现这样重出或不能确定呼法的情况，为什么方氏唯独在唇音字的审音上表现出犹豫呢？我们认为这种犹豫是跟唇音声母的发音有关。明清时期，唇音声母发音时的唇形应该还是圆唇，因此与非圆唇元音拼合时必然会产生矛盾，这个矛盾就会反过来影响唇音声母的发音，造成审音上的犹豫。

明清时期的其他音韵材料中也体现出同样的情况。《皇极图韵》中通、臻摄的轻唇音字重出在合口、撮口呼里，宕、山摄的重唇音字重出在合口、开口呼里。陈荩谟认为是因为："音有两韵可通，微在抑扬一转，此宜彼此兼收者。"《等韵精要》中所有的轻唇音、重唇音字都重出在合口、开口呼中，只有效摄、流摄中因为其他声母没有合口呼的韵母只收在开口呼中。贾存仁说："唇音开口与合口，齐齿与撮口本不全同，而不能显为分别，故不得已直以同音目之。"《等韵简明指掌图》中把同一个摄的重唇音洪音字分收在开口、合口中，细音字分收在齐齿呼和撮口呼中。张象津说："重唇正开（开口呼）与正合（合口呼），副开（齐齿呼）与副合（撮口呼）亦极相似。"这些韵图中唇音字归呼的情况以及作者的论述都与《声原》中的情况一致，唇音声母字的发音介乎开合之间。从这种情况来看，明清时期唇音声母的发音方法还没有变为跟现在一样是展唇，而仍然是圆唇。假设明清时期唇音声母字是展唇就不会出现这种归呼上的犹豫了。但在明朝末期唇音字的发音方法已经和不圆唇主元音之间产生了矛盾，这个矛盾影响了唇音声母的发音，使唇音声母带出的[u]音表现出不稳定的状态，音节处于开合之间。不同音韵学者根据自己的审音给唇音字归呼时则出现了不一致的做法，或开合兼收，或开合分收，或都归为合口，或都归为开口，这就造成明清音韵材料中唇音字的归呼体现出很大的分歧。声母与主元音之间的矛盾最终促使唇音声母的发音方法发生了根本性的变化，由原来的圆唇变为了现在的展唇。这个变化从明朝开始，应该直到清朝晚期才最终完成。

参考文献

[1]陈荩谟．皇极图韵．四库全书存目丛书及补编第214册[M]．北京：齐鲁书社，1993.

[2]方以智．切韵声原．文渊阁四库全书第857册[M]．上海：上海古籍出版社，1986.

[3]贾存仁．等韵精要．续修四库全书第258册[M]．上海：上海古籍出版社，2002.

[4]时建国．《切韵声原》研究[J]．声韵论丛，2004.

[5]赵荫棠．等韵源流[M]．北京：商务印书馆，1957.

CSC(理工)与新 HSK 四级的对比

刘 彤[*]

[摘要]CSC(理工)是来华留学的大学预科生进入中国大学专业理科院系学习的资格考试,全称是《中国政府奖学金本科来华留学生预科教育结业考试——汉语综合统一考试(理工类)》。这个考试的难度和新 HSK 四级的考试,既有重合的内容,也有独特的部分。它既要考查学生的汉语语言能力,又要考查学生以汉语为工具,学习理工专业的能力;既有对理科专业词汇的考查,也有对 250 字长时间听力能力的考查。这在教学课程安排和考前复习的过程中就具有很大的特殊性。而且,随着一带一路和中国经济的发展,参加这个考试的学生一年比一年多。本文主要针对 CSC(理工)的特殊性,与新 HSK 四级进行对比,讲解它们的异同,并且针对它们的不同,提出教学安排上的意见。

[关键词]汉语预科;预科特殊性;对外汉语理工科入学考试;CSC

一、引言

最近几年,随着中国经济的发展和"一带一路"的稳步推进,来华留学的外国学生越来越多。在这些留学生当中,除了像以往一样学习汉语的留学生以外,进入中国大学的各个院系,学习专业技术的留学生也日渐增多。特别是从"一带一路"的相关国家,利用中国政府奖学金来中国大学学习的外国政府公派留学生也日渐增多。针对这些公费留学生,我国的教育部门和外交部门给予了足够的重视和经济的支持。

---

[*] 刘彤,男,北京人,首都师范大学国际文化学院讲师,主要从事对外汉语的短期速成教学的研究。

这些公费留学生在本国政府的委派下，利用中国政府奖学金来中国的大学进入相关院系学习专业之前，由于极少接触汉语或完全没有接触过汉语，所以，在他们进入院系学习专业知识以前，我国的外交部门和教育部门，为他们在中国国内对外汉语教学相对完善的大学，开展了来华留学生的预科教育。

这种公费留学生的预科教育至少有三个维度。第一，它是中国政府对外交流事业的有机组成部分，是公费来华留学生教育的基础工程，目的在于帮助友好国家培养知华、友华的高级人才。这在很大程度上与一般外国留学生有很大的不同。第二，它是外国中等教育与中国高等教育互相衔接的介入环节。它的质量直接关系到这之后的若干年的专业学习和对华的感情。第三，它是汉语国际教育中，学历教育与非学历教育之间既有综合性又有专业性的特殊教育类型。因为，它不是单纯的汉语教学，更不是一般意义上的通用汉语教学。它是包括了基础通用汉语、基础专用汉语以及以汉语为授课语言的中国文化、数学、物理、化学、计算机等知识课程的特殊教育，而这种特殊教育的时间只有10个月左右。

中国政府奖学金本科来华留学生预科教育结业考试——汉语综合统一考试，简称CSC，就是针对这项特殊教育的结业考试。大部分这个项目的授课老师在介绍这个考试难度和范围的时候，都会不得已，说出一句"这考试和HSK四级差不多，稍微难一点儿"。因为他们真的找不到一个贴切的汉语水平考试与这个考试相比拟。其实，这两个考试的差别还是很大的。我们这篇文章主要从CSC(理工)这个角度入手，分析这个考试的特点以及它和普通的汉语水平考试HSK四级考试的不同。

二、CSC(理工)与HSK四级的简单对比

(一)概念的不同

CSC(理工)是享受中国政府奖学金的外国汉语预科生进入中国大学专业理科院系学习的资格考试，全称是"中国政府奖学金本科来华留学生预科教育结业考试——汉语综合统一考试(理工类)"。

HSK四级是通用汉语能力的考试。面向汉语非第一语言的成人汉语学习者。其成绩可以满足院校招生、课程免修、招聘录用、分班授课等多元化的需求。

(二)考试对象学习时间和所学习词汇的范围和数量不同

HSK 四级主要面向按每周 2~3 课时进度学习汉语四个学期(两学年),掌握 1200 个常用词语的考生。

CSC(理工)主要面向平均每周 20 课时汉语课,学习汉语 2 个学期(一学年)及进行过 4 个月高中阶段的数学、物理、化学强化学习的外国来华理工科大学预科生。要求掌握基础汉语词汇大纲(1600 词),还有 316 个科技汉语常用词汇。

(三)考试时间及内容差异大

表 1

HSK 四级	CSC(理工)
一 听力 30 分钟	一 听力理解 45 分钟
二 阅读 40 分钟	二 综合阅读 90 分钟
三 书写 15 分钟	三 书面表达 25 分钟
共约 100 分钟	共约 160 分钟

CSC(理工)这个考试的内容与新 HSK 四级的考试,时间上差异很大,考试题目类型虽然相像,但是 CSC(理工)的内容和 HSK 四级相比既有重合的部分,也有独特的部分。它既要考察学生的汉语语言能力,又要考查学生以汉语为工具,学习理工专业的能力;既有对理科专业词汇的考查,也有对 250 字长时间听力能力的考查。这在教学课程安排和复习的过程中就具有很大的特殊性。

三、CSC(理工)与 HSK 四级的具体内容的对比

(一)听力部分的对比

表 2

HSK 四级听力	CSC(理工)听力
名称:听力	名称:听力理解
第一部分 10 个	第一部分 10 个
第二部分 15 个	第二部分 15 个
第三部分 20 个	第三部分 10 个
共 45 个 约 30 分钟	第四部分 10 个
	共 45 个 约 45 分钟

这两个考试在听力部分都是 45 个题目，不同的是在 HSK 四级的试卷中，听力部分的名称是"听力"，而在 CSC(理工)的考试中，听力这部分的名称叫作"听力理解"。

再有，HSK 四级的试卷中，听力部分有三项，考试时间是 30 分钟，而在 CSC(理工)的考试中，听力这部分有四项，用时 45 分钟。考试时间比 HSK 四级多了 50%。

1.《听力》第一部分的对比

表 3

HSK 四级听力	CSC(理工)听力
第一部分 第 1~10 题 判断对错。 例如：我想去办个信用卡，今天下午你有时间吗？陪我去一趟银行。 * 他打算下午去银行。(√)	第一部分 听句子 第 1~10 题 听一句话，找出试卷上看到的 ABCD 四个句子。这些句子只有一个和你听到的那句话意思差不多，请把它找出来。 例如：6 他会弹钢琴。 A. 他生病了　　B. 他在北京 C. 他懂音乐　　D. 他是学生 答案：C

这部分的题目都是 10 个。虽然 HSK 四级在这部分的考试中，题目是判断对错，而 CSC(理工)在这部分的考试中是四选一的选择题。但是，这两部分所听到的词汇和语句，基本都是简单句，难度都不大。都需要简单地提炼，都是重点考察一个词的同义词、近义词和用汉语解释汉语的能力。

2.《听力》第二部分的对比

表 4

HSK 四级听力	CSC(理工)听力
第二部分 第 11~25 题 选出正确答案。 例如： 女：该加油了，去机场的路上有加油站吗？ 男：有，你放心吧。 问：男的主要是什么意思？ A. 去机场　　B. 快到了 C. 油是满的　D. 有加油站	第二部分 听短对话 第 11~25 题 听两个人的简短对话，第三个人会问一个问题。试卷上看到的 ABCD 四个答案，请你选出唯一恰当的答案。 例如：13 男：这个菜真好吃！是你做的吗？ 女：是我妈妈做的。 (第三个人)问：关于这个菜，我们可以知道什么？

续表

HSK 四级听力	CSC（理工）听力
答案：D	A. 样子不好看 B. 味道很不错 C. 还没有做好 D. 男士不会做 答案：B

这部分的考试题目，从数量、内容到形式，HSK 四级和 CSC（理工）几乎一样。

3.《听力》第三部分的对比

表 5

HSK 四级听力	CSC（理工）听力
第三部分 第 26～45 题 选出正确答案。 例如： 男：把这个文件复印五份，一会儿拿到会议室发给大家。 女：好的，会议是下午三点吗？ 男：改了。三点半，推迟了半个小时。 女：好，602 会议室没变吧？ 男：对，没变。 问：会议几点开始？ A. 2 点　　B. 3 点　　C. 3：30 D. 6：00 答案：C	第三部分　听长对话 第 26～35 题　听几段较长的对话，每段对话之后，你还会听到几个问题。同时在试卷上看到的 ABCD 四个答案，请你根据听到的内容选出唯一恰当的答案。 例如：第 26～27 题，你听到： 男：您好，我想取钱。 女：请问，您想取多少？ 男：一万元。 女：请您输入密码。 男：我记不清了，可以试试吗？ 女：您可以试三次。 26 问：这段对话发生在哪里？ A. 邮局　　　　B. 银行 C. 公司　　　　D. 商店 答案：B 27 问：男士遇到了什么问题？ A. 丢了钱包　　B. 没带手机 C. 找错地方　　D. 忘了密码 答案：D

这两个考试中，听力的第三部分都是关于时间、地点、职业、态度等方面的内容的提问。长度、难度也差不多。

它们的不同点是 HSK 四级中这部分是都是针对一段对话只提出一个问题。而 CSC(理工)中,这部分针对一段对话会提出几个问题。

4.《听力》第四部分的对比

表6

HSK 四级听力	CSC(理工)听力
第四部分 无	第四部分　听讲话 第36~45题　听几段讲话,之后会听到关于这段讲话的几个问题。 例如:第39~40题,你听到: 　　数学可以分成两大类。一类叫纯粹数学,一类叫应用数学。纯粹数学专门研究数学本身的内部规律。中小学课本里介绍的代数、几何、微积分、概率论知识都是纯粹的数学。应用数学说明自然现象,解决实际问题。现在是信息社会,专门研究信息的信息论就是应用数学中一门重要的分支学科。 39问:这段讲话主要介绍什么? A. 数学的模型　　B. 数学的种类 C. 数学的变化　　D. 数学的规律 答案:B 40问:讲话中提到的应用数学的分支学科是什么? A. 几何　B. 代数　C. 概率论　D. 信息论 答案:D

这一部分是 CSC 考试的专有考题。HSK 四级中没有。

在 CSC(理工)考试中,这部分的听力内容包括很多数、理、化的专有名词,比如数学名词微积分、代数、几何、平均、平方等等;物理名词摩擦力、力学、光学、路程、距离等等;化学名词化学性质、金银氧碳元素名称等等。也包括日常汉语内容和有关数理化的历史故事。比如牛顿发现万有引力,地理时区的划分,望远镜的发明这些科技类文章。

这部分内容对应了预科教育中的关于高中阶段数、理、化的培训。从专有词汇到课堂和专业中使用的语句、词汇。是 CSC 的难度所在。

没有专门的课程和训练,是不能完成这部分试题的。

(二)阅读部分的对比

表7

HSK 四级阅读	CSC(理工)阅读
名称：阅读 第一部分　　10 个 第二部分　　10 个 第三部分　　20 个 共 40 个　约 40 分钟	名称：综合阅读 (一)理解词语　　10 个 (二)完成句子　　10 个 (三)选词填空　　10 个 (四)句子匹配　　10 个 (五)阅读理解　　21 个 (六)读后完形填空　4 个 共 65 个　约 90 分钟

在这两个考试中，阅读部分的差别比较大。HSK 四级的阅读只有三部分，40 个题目，用时 40 分钟。但是 CSC(理工)的阅读部分有 6 个部分，65 个题目，用时达到 90 分钟，比 HSK(四级)的阅读部分题目多 62.5%，考试时间多 125%。差别之大一目了然。

1. 阅读第一部分对比

表8

HSK 四级阅读 第一部分　选词填空	CSC(理工)阅读 理解词语
第 1 类(第 46~50 题)： A. 随着　B. 尝　　C. 春节 D. 坚持　E. 收拾　F. 提醒 他每天都(　)走路上下班，所以身体一直很不错。 第 2 类(第 51~55 题)： A. 反映　B. 陪　　C. 温度 D. 堵车　E. 来得及　F. 肯定 A：今天真冷啊，好像白天最高(　)才 2 摄氏度。 B：刚才电视里说明天更冷。	第 46~55 题：理解词语 选画线词的意思比如： 55. 阿明的<u>父亲</u>在学校教书。 A. 爸爸　B. 叔叔　C. 哥哥　D. 弟弟 答案：A

HSK 四级的阅读部分的选词填空的考题有两类，第一类是陈述句的选词填空，第二类是两个人对话的选词填空。所选的词语，比 CSC(理工)的阅读的选词填空的难度大一点儿。涉及词语比如：随着、坚持、提醒、反映、肯

定、来得及,等等。

CSC(理工)《综合阅读》的第一部分理解词语,是找近义词,难度比较小。涉及的近义词语比如:爱=喜欢;粗心=马虎;答应=同意;饭店=宾馆;马上=立刻;兴趣=爱好;愉快=开心;等等。

2. 阅读第二部分对比

表9

HSK四级阅读 第二部分	CSC(理工)阅读
第56～65题:排列顺序 例如: A. 可是今天起晚了 B. 平时我骑自行车上下班 C. 所以就打车来公司 答案:顺序 B A C	第56～65题(二)完成句子 例如: 65. 天热_____了。 A. 下来　B. 起来　C. 过来　D. 出来 答案:B

HSK四级的阅读的第二部分排列顺序涉及词语及语法点比如:

因为……所以……;　　　　不仅……而且……;

无论A还是B,都……;　　尽管……还是……;

……,可是……;　　　　　……,看起来,……;

……,那就是……。

CSC(理工)的《综合阅读》第二部分完成句子涉及词语及语法点比如:

了、着、过;　　　　　　的、地、得;

对……来说;　　　　　　常见名词的量词;

请、叫、让;　　　　　　V1+什么+就+V2+什么;

因为……所以……;　　　虽然……但是……。

分析这两个部分的考题,我们能发现它们的考察的侧重点不同。HSK四级阅读第二部分的排列顺序,涉及的常用关联词比较多。而CSC(理工)的《综合阅读》第二部分完成句子,涉及的基本语法点比较多。

3. 阅读第三部分对比

表 10

HSK 四级阅读　第三部分	CSC(理工)阅读（五）
第 66～85 题：(阅读短文)，请选出正确答案，例如： 67. 我是前天到北京的，想借这次机会去长城看看，可是公司的事情很多，时间安排得很紧张。 问：我最可能来北京： A. 旅游　B. 休息　C. 出差　D. 请假 答案：C	第 86～106 题(五)理解短文，例如： 65. 前两天，我去大学门口的超市买东西，收银台里站着一位非常漂亮的小姑娘，看样子也就刚刚大学毕业吧，特别精神。 问：超市工作的这个女孩子： A. 很年轻 B. 非常忙 C. 没有精神 D. 在上大学 答案：A

HSK 四级的阅读的第三部分和 CSC(理工)的《综合阅读》(五)题型相似。但是涉及的内容和词汇不同。

HSK 四级的阅读的第三部分第 66～85 题：阅读短文，请选出正确答案。这部分的短文是从 30 个左右的汉字的 1 个问题到 150 个左右的汉字 2 个问题。它偏重考察对短文内容的提炼总结，有一些针对短文细节的提问，涉及一些简单直白的距离、长度、温度的内容。

CSC(理工)的《综合阅读》(五)是第 86～106 题(五)理解短文。这部分的短文从 40 个左右的汉字 1 个问题到 200 个左右的汉字 3 个问题。这部分也偏重考察对短文内容的提炼总结。有一些诸如作用力与反作用力、惯性、摩擦等内容的短文，需要数学、物理、化学的一些专有名词。

4. 两个考试中阅读的不同部分的分析

CSC(理工)的《综合阅读》部分的(三)、(四)、(Ⅱ)，这 3 个部分 HSK 四级的阅读部分没有。需要逐一进行分析。

(1)CSC(理工)《综合阅读》(三)是第 66～75 题《选词填空》

例如：66～70 A. 微小 B. 稳定 C. 衡量 D. 重力 E. 体积 F. 燃烧

66. 金银这两种元素比钠的化学性质＿＿＿＿得多。

70. 我们用什么来＿＿＿＿物体摩擦力的大小呢？

答案：66. B. 稳定　70. C. 衡量

这部分的 10 个阅读题所涉及的词语都是数学、物理、化学三门理工基础课程的专业词汇。词汇范围包含在科技汉语教材(天津大学版)的 316 个常用词汇里。例如：做功，重心，正弦，有理数，液态，升华，相向，相反，根号，锐角，A 与 BC 垂直，A 大于 B，……可以称为……，等等。

这部分涉及的句子难度不大，也没有复杂的语法和关联词，但是书面语的表达较多，需要经过数理化的专门学习才能回答。

(2)CSC(理工)的《综合阅读》(四)是第 76～85 题(四)句子匹配。这一部分，HSK 四级中也没有。

例如：85 空气中有微量的二氧化碳，约占 0.039%，它……

  A. 作为一种无毒性的气体   B. 由碳元素和氧元素组成

  C. 以为对农业没太大作用   D. 称之为常见碳氧化合物

答案：B

这部分阅读的内容挑战较大，需要受试者既可以熟练运用汉语的基本语法、句式，还要熟悉数理化的专有名词以及常用书面语。

比如说理解和掌握"质量大的物体，惯性就大，反之呢？……"

答案是："质量小的物体，惯性就小。"

这部分所涉及的词语也都是数学、物理、化学三门理工基础课程的专业词汇。词汇范围也都包含在科技汉语教材(天津大学版)的 316 个常用词汇里。

(3)CSC(理工)综合阅读 II《读后填空》是阅读的第六部分。这一部分，HSK 四级也没有，是考试中的第 107～110 题。题目形式是一段短文后有 4 个句子，每个句子都有一个空白处，在每个空白处上填一个恰当的词，完成句子。

例如：

生活中有很多物理量的数值。例如人体最高的耐受温度是 41.4 摄氏度。这是"温度测量"的例子……

107. 今天白天最高气温 11 摄氏度，这是＿＿＿＿＿＿的例子。

答案：温度测量

这部分的 4 个填空看起来是书写的题目，实际上是阅读的题目。因为要求填写的内容在短文中已经出现了，只要读懂了基本的内容就可以完成这个完形填空。考查的还是阅读的内容。

(三)书写部分的对比

表 11

HSK 四级《书写》	CSC(理工)《书面表达》
第一部分　10 个 第二部分　5 个 　　　　共 15 个　约 25 分钟	(一)写汉字　　10 个 (二)看图作文　1 个 　　　　共 11 个　约 25 分钟

HSK 四级和 CSC(理工)的书写部分虽然都是包括两个部分,而且考试时间都是 25 分钟,但是考题的形式和角度不太一样,需要具体分析。

1. 书写第一部分的对比

表 12

HSK 四级 《书写》第一部分	CSC(理工) 《书面表达》第一部分
第 86~95 题:完成句子。 例如: 那座桥　800 年　历史　有　了 那座桥有 800 年的历史了。	第 111~120 题,根据句子的意思,按照给出的偏旁和拼音,在答题纸上写出正确的汉字。 例如: 115　他____一个人玩儿。 　　　尚 (　　)cháng 答案:常

HSK 四级的《书写》第一部分主要考查的还是汉语的句法结构。主要词汇集中在:更、都、对、符合,等等。这些都是初级词汇的单句,有关联词的复句很少。

CSC(理工)的书写表达的第一部分考查的常常是:增加、周围、迎接、继续、加油,等等,这些词汇虽然不是最基础的词汇,但是题目中给出一半的汉字偏旁,帮助学生联想。由此可见,汉字的书写在 CSC(理工)的考试中不是重点。

2. 书写第二部分的对比

表13

HSK 四级《书写》第二部分	CSC(理工)《书面表达》第二部分
第96~100题：看图，用词造句。 例如： 96. 图1(一个人打乒乓球的图) 所给词汇：乒乓球 造句： 她很喜欢打乒乓球。	第121题　看图作文 根据下面给出的图在答题纸上写一篇短文。 要求：1. 题目自定，内容必须包括每一张图。 2. 文中必须使用给出的词语。 3. 全部使用汉字，书写要清楚，每个方格写一个汉字，每个标点用一个方格。 4. 字数要求：不少于60字。 5. 作文时间：15分钟。 图1(一个男孩，一个女孩，在公园里玩儿。) 图2(他们在大树下铺上席子准备午餐。) 图3(他们吃得手舞足蹈。) 词语：上午、公园、做、高兴。

HSK 四级的《书写》第二部分是第96~100题：看图，用词造句。这部分一共5个造句，大约60字左右。有名词、动词、形容词。

CSC(理工)的《书写表达》的第二部分是第121题《看图作文》。这部分要求写60字左右的一个小短文，内容聚焦在生活的简单场景的描述。

这个部分，我们可以很明显地看到，HSK 四级的《书写》第二部分只是有5个生词的造句，还配图提示。而 CSC(理工)的《书写表达》的第二部分是要表达一个完整的情节，所以我们可以确切地说，HSK 四级的《书写》第二部分比 CSC(理工)的《书写表达》的第二部分要简单。

四、结论

(一)CSC(理工)和 HSK4 相比

1. 听力部分 CSC(理工)增加了第四部分《听讲话》，而且这部分涉及大量数理化的专有词汇。内容基本属于科技的文章。

2. 阅读部分，CSC(理工)比 HSK4 多三个部分。

A. 阅读(三)选词填空，主要考察数理化部分的专有词汇。

B. 阅读(四)句子匹配，同样考察数理化部分专有词汇的理解和使用。

C. 阅读Ⅱ 读后填空，考察对科技文章的理解，涉及大量科技词汇。

3. 书面表达部分，CSC(理工)的《(一)写汉字》给出了一半的偏旁部首和拼音，从这一部分的涉及的汉字来说，显得比 HSK4 的《完成句子》容易一些。

4. 书面表达部分的最后一部分，HSK4 只有根据图画和所给汉字词汇写一个句子，而 CSC(理工)要看几张连续的图来描绘一个情节。这部分 CSC(理工)比 HSK4 要求高一点儿。

5. CSC(理工)考察范围是 1600 常用词和 361 个数理化专有词汇，共计 1961 个词汇。HSK4 的考试大纲只要求 1200 个基础词汇。

(二)推断和建议

在上边的五项不同的基础上，再加上数理化的学习理解过程也需要大量时间，所以我们可以明确地说：

不能用备战 HSK 的方法去迎接 CSC(理工)的考试。我们需要专门的课程设计和计算合理的学习时间以及制定特别的复习、应考方法，才能较好地完成 CSC(理工)的考前复习强化的教学工作。

参考文献

[1] 韩志刚，董杰. 中国政府奖学金来华留学生预科教育的定位和定性[J]. 国际汉语教学研究，2016，(3).

[2] 何修文. 中国大学预科教育的几个理论问题[J]. 暨南学报(哲学社会科学版)，2005，(2).

[3] 胡红洁，李有强. 高等学校来华留学生预科教育的回顾与反思[J]. 黑龙江高教研究，2013，(4).

[4] 新汉语水平考试大纲 HSK 四级[M]. 北京：商务印书馆，2014.

[5] 中国政府奖学金本科来华留学生预科教育教学大纲——基础韩语、专业汉语(2015 版)[M]. 北京：国家留学基金委北京语言大学汉语考试与教育测量研究所，2015.

篇名标题用字中"撒""洒"的选择取向*

李俊红**

[摘要]"撒"、"洒"二同音字在实际使用中常常被混同。我们通过对篇名、标题中"撒"字句和"洒"字句的各种相关数据的测查,发现:"洒"字的使用度总体上高于"撒"字;"撒"对象后置、"洒"对象前置的倾向明显;"洒"强调状态的倾向比"撒"明显;"撒"针对固体对象、"洒"针对液体对象的倾向明显;"洒"前加单音节全范围状语的倾向比"撒"明显。

[关键词]"撒";"洒";对象;倾向

一、引言

"撒"在现代汉语中有两个读音:sā 和 sǎ。其中,读第三声的 sǎ 时与同音字"洒"的使用域有交叉、混同之处,比如二者都是及物动词,都有自主和非自主用法(芜崧,2009)。中国社会科学院语言研究所词典编辑室编《现代汉语词典》(第 7 版,2016)是这样解释"撒"和"洒"的:

撒 sǎ ① 动 把颗粒状的东西分散着扔出去;散布(东西):~种｜年糕上~了一层白糖。② 动 散落;洒:纸屑~了一地｜把碗端平,别~了汤。③(Sǎ)名 姓。

洒 sǎ ① 动 使(水或其他东西)分散地落下:扫地的时候先~些水。② 动(水或其他东西)分散地落下:不小心水~了｜把~在地上的粮食捡

---

* 本文属北京市教委面上项目(项目号:SM201410028013)。

** 李俊红,女,河北成安人,首都师范大学国际文化学院副教授,文学博士,主要从事汉语言文字学与汉语教学研究。

起来。③(Sǎ)名 姓。〈古〉又同"洗"xǐ。

如果仅从"撒"和"洒"的义项①来看,似乎它们的区别在于实施的对象不同:"撒"针对的是"颗粒状的东西",是固体;而"洒"的对象是"水或其他东西",主要是液体。但义项②"散落"和"分散地落下"下的例句又使这点区别变得模糊起来,因为"撒"有了"汤"这种液体性质的东西作受事,而颗粒状的"粮食"也成了"洒"的对象。

即使作为"一部规范性很强的语文工具书"(《现代汉语规范字典》首发式在京举行,1998),《现代汉语规范字典》(修订本,2004)也同样没有对"撒"和"洒"的使用域给出清晰的界限。如"撒"下的示例有"～种"、"瓜子～了一地"、"不小心把油碰～了"等;"洒"下的示例有"～水"、"饭粒～了一地"、"别把粥碰～了"等。

之后的《现代汉语规范字典》(第3版,2010)对"散落"义的"撒"和"洒"的使用给出了比较明确的限定,认为"撒"多指固体而"洒"多指液体:

撒 sǎ ① 动 使细碎物分散地落下◇～种｜～化肥｜～传单｜抛～｜～播。→② 动 分散地落下(多指固体)◇瓜子～了一地。

洒 sǎ ① 动 使(水或其他东西)分散地落下◇扫地要先～水｜～扫。→② 动 分散地落下(多指液体)◇油～了一地｜把粥碰～了。

但在实际的使用中,"撒"和"洒"的交叉和混同却一直都存在,就连一些杂志的编辑部,也常会因为这两个字的使用引起争议(俞群,2014)。有时甚至对于同一类乃至同一个受事,有的用"撒",有的用"洒",并没有统一的标准。如:

(1)把爱撒向班级的每个角落(《青海教育》2008/Z1)
(2)把爱洒向每个角落(《中小学音乐教育》2008/01)
(3)让阳光撒向每个角落(《中国农村教育》2006/03)
(4)将阳光洒向每个角落(《山东教育》2007/26)
(5)往伤口上再撒一把盐(《课外阅读》2005/09)
(6)洒在记忆伤疤上的一把盐(《电影画刊》2008/01)
(7)撒什么种子开什么花(《早期教育》1999/12)
(8)儿歌:洒向童心的种子(《思想·理论·教育》2005/10)

在外延不清楚的情况下,有时不得不用加括号的办法来表示二者皆可。如：

(9)为了防止融雪剂洒(撒)到道路两旁的植物上，施洒(撒)的融雪剂应距车行道外侧道牙1.5米以上。(网易新闻2005.2.17)

那么，在混用的前提下，人们对于"撒"和"洒"的选择有没有一个心理取向？在什么语境中倾向于用"撒"、什么语境中倾向于用"洒"？"撒"、"洒"作为动作性动词所涉及的对象有没有什么规律呢？

二、有效"撒"字句和"洒"字句的数据来源

首先，为了行文方便起见，我们把含有"撒"字的句子称作"'撒'字句"、含有"洒"字的句子称作"'洒'字句"。

鉴于文章篇名或图片等的标题用字比一般生活口语等方面的用字更加规范，所以我们用来作为测查对象的所有"'撒'字句"和"'洒'字句"都出自文章篇名或图片等的标题。

本次测查我们主要以中国学术期刊(光盘版)电子杂志社出版的中国期刊全文数据库中的两个专辑——"文史哲"专辑和"教育与社会科学综合"专辑中所收录的全部期刊作为对象范围，随机选取从1999年到2008年共十年间的文章篇名或图片标题共4582492条。经过逐条筛查，共得到"撒"字句837条，"洒"字句963条。

根据测查目的需要，我们对837条"撒"字句和963条"洒"字句再一次进行了筛选。

对"撒"字句，包含以下五个方面内容的条目不在我们的分析范围之内：

(1)"撒"字读第一声sā，含义为"放开、张开"，"放出或露出、排除"，"尽量使出来或施展出来(多含贬义)"的，如"撒开"、"撒尿"、"撒手"、"撒网"、"撒把"、"撒欢儿"、"撒谎"、"撒野"、"撒泼"、"撒娇"、"撒(怨)气"、"撒酒疯"、"吃喝拉撒"、"不见兔子不撒鹰"等；

(2)"撒"字读第一声sā或第三声sǎ，单独或参与构成人名、族名、地名、物名、艺术种类的专称等专有名词的，如"撒旦"、"撒切尔"、"撒贝宁"、"以撒"、"贝利撒留"、"完颜撒改"、"伯罗奔尼撒"、"撒尼人"、"撒拉族"、"撒奇莱雅族"、"撒鲁尔王朝"、"撒哈拉"、"撒克逊"、"撒马坝"、"耶路撒冷"、"撒马尔罕"、"户撒盆地"、"乌撒地区"、"撒袋营村"、"勐撒镇"、"撒门小

学"、"撒"(一种傣族食品)、"撒该"(陕西快板)、"撒叶儿嗬"(土家族的一种送葬仪式)、"嘎且且撒勒"(傈僳族民间舞蹈)等;

(3)作为动词构词成分出现、不独立使用的"撒",如"抛撒"、"挥撒"、"播撒"、"遗撒"、"撒放"、"喷撒"等;

(4)作为语气词的"撒"(襄阳方言语气词);

(5)"撒"字实为"撤"(chè)的错别字的,如"敦刻尔克大撒退"、"战略性撒退"等。

对"洒"字句的处理,主要删减了包含以下四个方面内容的条目:

(1)"洒"字参与构成非动作性组合的,如"洒脱"、"潇洒"(含"潇潇洒洒")、"洋洋洒洒"、"洒然"、"浑洒自然"等;

(2)"洒"字单独或参与构成人名、族名、地名、物名、艺术种类的专称等专有名词的,如"苏洒"、"马洒依人"、"洒西"、"马洒村"、"洒坪乡"、"洒雨镇"、"西洒镇"、"嘎洒镇"、"赤洒底村"、"洒谷水库"、"嘎洒涂锅寨"、"花洒"、"《洒》"(音乐作品)、"洒咧"(民俗文化)等;

(3)作为动词构词成分出现、不独立使用的"洒",如"洒布"、"洒漏"、"飘洒"等;

(4)"洒"字实为"酒"(jiǔ)的错别字的,如"啤洒"、"洒评家"、"国洒茅台"、"逛巴黎 品美洒"、"喇嘛不饮洒"、"希尔顿洒店"等。

经过二次筛选,共得到有效"撒"字句152条,有效"洒"字句840条。

三、关于"撒"字句和"洒"字句的几种数据

(一)对象的种数与频次

152条有效"撒"字句中,"撒"字作为一个动作所涉及的对象(含受事主语)共有52种,包括:盐、绿(色)、爱(心)、母爱、春(色)、沙、(诱)饵、寺、(鲜)花、(欢)笑、(真)情、汗(水)、雨、甘露、种子、火种、菜籽、珠子、珍珠、红豆、骨灰、喜果、玩具、棋子、垃圾、家产、钞票、硬币、黄金、纸钱、芝麻、花瓣、活虾、麻雀、红粉、彩虹、热血、阳光、余晖、科技、清风、息壤、欢乐、韶华、思绪、辉煌、好奇心、胡椒面、草木灰、头皮屑、玻璃球、诗情画意等。如:

(10)撒了"花"的马路(《少年读者》2007/12)

(11)印度春节撒红粉的习俗(《民族艺术研究》2004/06)

(12)珠子撒了以后(《幼儿教育》2007/09)

(13)红豆撒了一地(《阅读与作文》高中版 2007/10)

(14)周恩来的骨灰撒到了哪里(《西江月》2007/22)

(15)把春色撒满人间(《民族论坛》1999/03)

(16)捧一抔清风撒给你(《中学语文》2002/02)

(17)先撒芝麻后敲门(《文学少年》中学版 2005/02)

(18)祭奠自己撒纸钱(《广东艺术》2001/04)

(19)撒在西域土地上的思绪(《绿风》2005/06)

(20)玩具撒了一地以后(《早期教育》教师版 2007/07)

840条有效"洒"字句中,"洒"字作为一个动作所涉及的对象(含受事主语)共有74种,包括:盐、绿(色)、爱(心)、挚爱(含"热爱")、慈爱、(鲜)花、欢笑(含"欢声笑语"等)、欢歌、(真)情、痴情、乡情、痴情、汗(水)、雨点(含"小雨"等)、种子、花籽、甘露(含"甘霖"等)、黄金、金钱、热血(含"碧血"等)、心血、血汗、阳光、月光(含"清辉"等)、星光、晨曦、灯光、光芒、春风、辉煌、年华、余热、水(含"冷水")、香水、香波、眼泪(含"泪珠"等)、血泪、汤、油、酒、墨、梦、笔、足迹、琴声、青春、祝福、志(向)、襟怀(含"情怀")、奉献、激情、热忱、赤诚、希望、光明、慈善、美丽(含"秀")、豪华、文明、怨(恨)、秋意、春意、健康、云烟、书香、馨香(含"暗香")、宽容、丹(=红色)、道德风尚、和平友谊等。如:

(21)一片痴情洒教坛(《四川教育》2000/11)

(22)细洒甘霖育花香(《中国京剧》2002/02)

(23)晨曦洒向密林深处(《少年月刊》2003/08)

(24)愿把慈善洒天下(《长寿》2003/03)

(25)林冲泪洒沧州道(《南国红豆》2001/06)

(26)星光洒在牛背上(《新作文》小学 4~6 年级版 2003/09)

(27)小星星洒下的梦(《小作家选刊》小学版 2003/04)

(28)教育要花心思不是洒金钱(《世界教育信息》2003/Z1)

(29)血洒虎山庙 英名万古留(《福建党史月刊》2005/04)

(30)十年步履洒书香(《广西党史》2001/01)

(二)对象范围的比较

从152条有效"撒"字句与840条有效"洒"字句的数据中可以发现,"撒"字句和"洒"字句的对象呈现出交叉错落的样态,既有各自的范围,又有共同的交集。

(1)"撒"有"洒"没有的

在"撒"字句中出现而没有在"洒"字句中出现的对象有:沙、寺、花瓣、珠子、红豆、喜果、玩具、棋子、垃圾、家产、硬币、芝麻、活虾、麻雀、红粉、彩虹、科技、息壤、欢乐、思绪、好奇心、胡椒面、草木灰、头皮屑、玻璃球、诗情画意等,共32种。

(2)"洒"有"撒"没有的

在"洒"字句中出现而没有在"撒"字句中出现的对象有:水、香水、香波、眼泪、汤、油、墨、酒、梦、笔、足迹、琴声、云烟、书香、馨香、芬芳、春意、秋意、怨(恨)、宽容、豪华、丹青、美丽、丹(红色)、文明、风(气)、青春、奉献、志(向)、襟怀、慈善、希望、光明、祝福、健康、道德风尚、和平友谊等,共38种。

(3)对象虽不同但可归为一类的

有一部分对象"洒"有"撒"没有,但基本可以与"撒"的某一对象归为一类。如"星光"、"晨曦"、"月光"等虽然没有在"撒"字句中出现,但与"撒"字句中出现过的"阳光"同属一类;"激情"、"热忱"等虽然没有在"撒"字句中出现,但与"撒"字句中出现过的"热血"的抽象引申义同属一类。这部分对象共16种。

(4)交集部分

交集部分有两种情况:对象完全相同的;对象字面不同但本质相同的。对象完全相同的,如"爱心"、"阳光"、"火种"、"鲜花"、"绿色"、"汗水"等;对象字面不同但本质相同的,如"菜籽/花籽"、"真情/深情"、"母爱/慈爱"、"热血/碧血/鲜血"等。交集部分共20种。

(三)排在前六位的对象、频次及占总频次的比率

在测查中我们发现,"撒""洒"的对象,即使是交集部分的共有对象,其

频次的高低及在对象总频次("撒"152、"洒"908①)中所占的比率也是不同的。在表 1 中,我们分别列举了"撒"字句和"洒"字句中排在前六位的对象进行比较。

表 1　排在前六位的对象、频次及占总频次的比率

对象排序	"撒"对象	频次	比率	"洒"对象	频次	比率
第一	爱心	23	15.1%	真情	188	20.7%
第二	种子	17	11.2%	鲜血	186	20.5%
第三	骨灰	15	9.9%	爱心	151	16.6%
第四	阳光	12	7.9%	阳光	73	8.0%
第五	盐	11	7.2%	汗水	62	6.8%
第六	真情	10	6.6%	眼泪	54	5.9%

(四)"撒"、"洒"与对象的位置关系类型及所占比率

在我们的测查范围内,"撒"、"洒"作为动词与其受事对象的位置关系主要呈现出三种类型:1.动词在前、对象在后;2.有标记对象前置;3.无标记对象前置。

1.动词在前、对象在后,即受事对象后置。如:

(31)天女撒花(《词刊》2007/11)

(32)愿洒阳光遍土乡(《中国土族》2007/04)

2.有标记对象前置,主要是通过"把"、"让"、"将"等把受事对象提到动词之前。如:

(33)把母爱无私地撒向学生(《江西教育》2007/08)

(34)将阳光洒进孩子的心灵(《家教指南》2007/07)

3.无标记对象前置,即在没有明显标志的情况下把受事对象提到动词之前。如:

(35)钞票撒向何方?(《商业文化》2000/02)

---

① 在 840 条"洒"字句中,有 68 条一句中涉及两种对象,如"为滨州这方热土尽洒情和爱"(《山东水利》1999/Z1)、"把阳光雨露洒向'流动花朵'"(《爱满天下》2006/06)等,因此对象总频次实际为 908。

(36) 师生抗日 血洒校园(《源流》2007/12)

以上三种位置关系类型所涉及的句子数目及其在有效"撒"字句(152条)和有效"洒"字句(840条)中所占的比率详见表2。

表2 三种位置关系类型所涉及的句数及比率

数据\项目 类型	"撒"字句 152 条		"洒"字句 840 条	
	句数	比率	句数	比率
受事对象后置	84	55.3%	287	34.2%
有标记对象前置	32	21.1%	72	8.6%
无标记对象前置	36	23.7%	481	57.3%

四、关于"撒"字句和"洒"字句的数据分析与结论

(一)"洒"字的使用度总体上高于"撒"字

在我们所测查的范围内,有效"撒"字句为152条,有效"洒"字句为840条;"撒"字和"洒"字各自所涉及的对象的种数分别是52种和74种。这些数字说明:"洒"字的使用度明显高于"撒"字。

同时,通过交集对象的频次比较更可以看出人们更多地选择"洒"字的心理倾向性。如:"爱心"在"撒"字句中出现的频次是23,在"洒"字句中出现的频次是151;"阳光"在"撒"字句中出现的频次是12,但在"洒"字句中出现的频次是73;"真情"在"撒"字句中出现的频次是10,但在"洒"字句中出现的频次却高达188。

以上数字说明,人们在选择"撒"和"洒"时存在着一定的心理倾向性,"洒"字的实际使用度总体上高于"撒"字。

(二)"撒"对象后置、"洒"对象前置的倾向明显

在"撒"、"洒"与各自对象的三种位置关系类型中,"撒"字受事对象后置的比率为55.3%,"洒"字受事对象前置的比率为65.9%(其中有标记前置的比率为8.6%、无标记前置的比率为57.3%),都超过了半数。从中可以看出"撒"字对象后置、"洒"字对象前置的明显倾向。

(三)"洒"强调状态的倾向比"撒"明显

在无标记对象前置的"洒"字句中,有一类比较特别的句子。这类句子中

的"洒"并不强调动作、不能或无须指明施事者,只强调一种存在或状态。如:

(37)月光洒在我的身上(《今日中学生》2006/34)

(38)春雨洒高原(《儿童音乐》2004/01)

(39)老师,汤洒了(《山东教育》2005/Z3)

如上三例,"月光"、"春雨"等受事对象的施事者无须指明,句子强调的只是"我的身上洒满月光"、"春雨落在高原上"的一种存在和存在的状态,至于"月光"和"春雨"是怎么洒下来的并不重要。而"老师,汤洒了"一例中,说话人也并非想要指出把汤弄洒的人是谁,其表述的重点在于"汤"现在的状态。

而对于"撒"字句,不管对象是否前置,也不管施事者是否在句中出现,我们一般都可以明确知道或推断出施事者是谁或什么。如:

(40)珠子撒了以后(《幼儿教育》2007/09)

(41)在孩子心灵里撒下爱的种子(《现代家教》2003/07)

(42)轮椅做伴著华章 科学种子撒人间(《政协天地》2005/11)

这三个句子虽然都没有出现施事者,但根据文章内容我们可以很清楚地知道:"撒珠子"的是孩子,"撒爱的种子"的是家长,"撒科学种子"的是科学家高士其。每一个句子的施事者其实都很明确,只不过在文章题目中把施事者省略了而已。

(四)"撒"针对固体对象、"洒"针对液体对象的倾向明显

通过对"撒"、"洒"二字对象范围的比较可以发现,在"撒"字句中出现而没有在"洒"字句中出现的对象有 32 种,除了"欢乐"、"思绪"、"好奇心"等 6 种以外,其他 26 种如"沙"、"花瓣"、"珠子"、"红豆"、"喜果"、"玩具"、"棋子"、"胡椒面"、"草木灰"、"玻璃球"等都属于固体物质。而在"洒"字句中出现却没有在"撒"字句中出现的 38 种对象中,也涵盖了"水"、"眼泪"、"汤"、"油"、"墨"、"酒"等诸多的液体物质。

另外,从对象出现的频次看,"撒"、"洒"句中频次排在前六位的对象中,除去"爱心"、"阳光"、"真情"等共有部分,"撒"字的其余三种对象分别为"种子"、"骨灰"和"盐",而"洒"字的其余三种对象分别为"鲜血"、"汗水"和"眼泪"。从性质上看,"种子"、"骨灰"和"盐"都是固体,而"鲜血"、"汗水"和"眼泪"都是液体。

虽然"洒"字的对象中也涉及"种子""盐"等固体物质,"撒"字的对象中也涉及"鲜血"、"汗水"等液体物质,但从频次和占对象总频次的比率来看,液体对象在"撒"字句中并不是典型对象。同理,固体对象在"洒"字句中也并不是典型对象。也就是说,"撒"选择固体对象的倾向比"洒"明显,而"洒"选择固体对象的倾向比"撒"明显。这也再次验证了王洪涌(1999)、于思湘、韩少华(2001)、章智伟(2004)等关于"撒"一般支配固体对象、"洒"一般支配液体对象这一说法的正确性。

(五)"洒"前加单音节全范围状语的倾向比"撒"明显

在测查的过程中,我们在"撒"字句和"洒"字句中都发现了在动词后加全范围补语的例子,如"撒满/遍……"和"洒遍……"等。

(43)让绿撒满校园(《少先队小干部》2007/Z1)

(44)他们将话剧的种子撒遍全国(《中国戏剧》2006/08)

(45)让爱的阳光洒遍松涛林海(《黑龙江教育》2003/34)

其中"撒满"18条,"撒遍"5条,"洒遍"12条。

同时,我们还发现了在"撒"和"洒"前加全范围状语的例子。如"遍撒"、"遍洒"、"铺洒"、"漫洒"、"尽洒"等。

(46)黄金遍撒绿茵场(《经济世界》1999/07)

(47)沧桑古街遍洒名人足迹(《北京档案》2004/02)

(48)热汗铺洒职教路(《教育与职业》1999/03)

(49)无意竞芳斗艳 馨香漫洒人间(《收藏家》2000/01)

(50)豪情尽洒山水间(《新闻与写作》2006/03)

其中,"遍撒"3条,"遍洒"9条,"漫洒"1条,"铺洒"2条,"尽洒"4条。

值得注意的是,与在"撒"、"洒"字后加全范围补语不同,除"遍撒"外,其余几种如"漫洒"、"铺洒"、"尽洒"等都没有出现用"撒"的例子。这似乎可以说明人们在"洒"字前加单音节全范围状语的倾向比"撒"明显。

参考文献

[1]《现代汉语规范字典》首发式在京举行[J].语文建设,1998,(3).

[2]李行健.现代汉语规范字典·第3版[Z].北京:外语教学与研究出版社,2010.

[3]李行健.现代汉语规范字典·修订本[Z].北京:语文出版社,2004.

[4]王洪涌."洒"和"撒"[J].语文建设,1999,(5).

[5]芜崧."洒"与"撒"应该彻底分工[J].辞书研究,2009,(3).

[6]于思湘,韩少华.播洒≠播撒[J].语文建设,2001,(1).

[7]俞群.说"洒"道"撒"[J].咬文嚼字,2014,(1).

[8]章智伟.是"撒"还是"洒"[J].小学语文教学,2004,(1).

[9]中国社会科学院语言研究所词典编辑室.现代汉语词典(第7版)[Z].北京:商务印书馆,2016.

本科高年级经贸视听说课程实践与思考

郭冰珂*

[摘要]本文对本科三、四年级经贸汉语专业视听说课程的授课方式进行了简要陈述,并对改进方式提出了个人思考和建议。

[关键词]视听说课程;教学

一、引言

作者近年来从事本科高年级经贸类视听说课程教学,本文将列举一系列教学实践环节并提出几点思考。

二、三年级经贸视听说课程教学实践

汉语语言系三年级经贸专业的视听说课程旨在通过对简短新闻视频的视听学习来促进学生的初中级汉语口语表达能力。新闻内容多选择时下广大人民群众普遍关心的衣食住行等日常生活以及交通、购房、旅游、投资等经济生活诸多侧面的简短视频。时间长度力求控制在30秒至2分钟。

例一:中央财经频道"环球经济连线"栏目2017年11月1日节目"'双11'提前预热,快递业备战冲刺"(1分26秒)

今年的"双11"电商大战即将登场。商家忙着备货,"剁手族"们忙着收藏,快递物流行业眼下呢也正在忙着招兵买马,增加福利待遇,留人。上午九点半,记者在青岛宁国一路上的几家快递网点看到,快递员们正在忙着分拣早

---

* 郭冰珂,男,山西阳泉人,首都师范大学国际文化学院讲师,理学硕士,主要从事汉语教学方法研究。

上运来的快递。工作人员介绍，随着"双11"的临近，为冲击销量，许多电商进入提前预热跑量阶段。四十五岁的李先勇是一名有着十年经验的老快递员了。他告诉记者，"双11"期间，他的工作时间要延长近四个小时，有时可能要工作到晚上十点以后，快递量比现在要翻一番。他已经开始找人帮忙了。快递员找帮手，快递企业也在忙着招人。"双11"期间，每个快递网点的快递员数量至少要增加百分之三十。现在，快递企业已经计划提高快递员的待遇。

视听方式：泛听—精听—泛听

以就网购经历对学生提问作为简短的引入环节之后，通篇播放视频两遍，并对新闻内容的时间、地点、性质、涉及的人群等进行提问。两次泛听之后大部分学生对新闻大意有了初步了解。第三、四次视频播放采取逐句甚至逐分句切分的方式进行语言分析，讲解重点词语、搭配和语法结构，并对吞音、儿化音、语速较快的个别词语进行汉语发音习惯的讲解。第五次视频通篇播放之后，请学生对新闻内容进行复述。复述时可以简短查阅笔记翻看重点词语，但鼓励学生使用自己熟练掌握的语言对新闻内容进行描述。

精听部分的重点词语讲解如"电商"、"剁手族"，在概念解释之后，引出相关词语来拓宽学生的表达方式。如"肾10"、"平台"等。区分"收藏"一词的普通意义和在该新闻视频中"将希望购买的商品添加至购物车"的具体意义。借助"翻一番"来讲解倍数概念，并拓宽至分数概念，如"八折"、"半价"。进一步讲解中国文化以万为较大计数单位而西方文化以千为较大计数单位的不同计数习惯，并对七至十位数字的表达进行练习。

三、四年级经贸视听说课程教学实践

汉语语言系四年级经贸专业的视听说课程旨在通过对简短新闻视频的视听学习来提高学生的汉语口语表达能力，培养学生针对某一事件的口头评论能力。

作者在四年级经贸类视听说课程中侧重泛听之后学生对新闻事件的评论能力的培养，以及精听之后学生对新闻细节的把握。毕业年级的学生应该具有熟练使用汉语对某一具体事件提出自己的观点，甚至进行批判性论述的能力。

例二：央视新闻频道"新闻直播间"栏目2017年11月8日节目"巴西警方

查获整箱武器"(38秒)

　　再把目光投向巴西看一条消息：当地时间五号呢，在里约热内卢，巴西联邦高速公路警察在进行例行停车检查时，在一辆车的后备厢里呢，发现了这个满满一旅行箱的武器。包括了1支步枪、61把手枪和大量其他的装备。而且这些枪支装备都被特意地锉掉了序列号。那么据这辆车的司机说，他是收了5000雷亚尔，约合1万元人民币的酬劳来运送这个旅行箱的；这箱武器和他无关。目前呢，巴西警方已经是将这名司机拘留，案件还在进一步的调查之中。

　　这一段几十秒的新闻，共202个字。允许学生随时重复，允许讨论，允许使用词典。全班同学一起完成了听写任务。在通力合作一个小时之后，整个班级都对答案满意的情况下，文本中的错误不计标点符号仍达到百分之六：

　　可以避免的词义错误：

　　"在把目光投向巴西看一条新闻"的意义有误，在发音清晰掌握的情况下完全可以根据上下文判断出"在"应该为"再"，用于连接两段不同的新闻。

　　可以避免的粗心错误：

　　如"的""这个""是"这样的遗漏是完全可以通过检查得以避免的。听到发音但遗漏文字属于低级错误。

　　需要通过大量精听才可以掌握的难点：

　　语速很快，一带而过的"看一条"无法判断是哪几个汉字，"呢"、"了"分辨不清的情况，是需要大量练习才可以掌握的，需要学生不仅了解书面的、正式的语言，也要了解日常的、口语的习惯。

　　可不计为错误的错词错字：

　　"联邦"、"枪支"均为生词，学生写出发音类似、意义相近的词语不应计为错误。

　　难以企及的进步：标点符号

　　班级提交的文本根本没有标点符号。经过提醒才勉强补充上了几个逗号和句号。分号、顿号的使用几乎是空白。标点符号的使用对四年级的学生来说也许稍显勉为其难，但仍旧需要逐步培养学生的标点意识。句读在汉语学习中的作用是举足轻重的；虽然不需要留学生为古文标注标点符号，但基本的符号功能还需要进一步掌握。

四、思考与建议

三、四年级的经贸汉语专业学生中仍然普遍存在着发音和语调不正确、使用母语的语法习惯进行汉语表达等问题。以下是作者对提高教和学的质量，改进教和学方法的几点思考。

(一)控制班级学生人数

视听说课程的重点在说，通过视听的输入手段提高学习者的说，也就是输出能力。人数较少的班级可以保证每个学生在课上的锻炼机会，更有利于老师把握学生的语言能力和进步水平。人数过多的班级仅仅考查出勤一项就会占去百分之十的教学时间，单个学生发言的机会也往往只能惠及半个班级。2至3人的小组汇报形式由于需要较长的准备时间和汇报时间，更是需要2至3倍的课时才能完成。建议将视听说课程的班级人数控制在25人以内。

(二)培养每日坚持的学习习惯

当今的世界五彩斑斓，学习之外的诱惑数不胜数。在全球化、一体化、智能化的今天，单单手机就会占去青年人的绝大多数碎片时间。而学生花在手机上的时间几乎完全用在其母语界面的社交平台，学生常用的唯一汉语界面手机应用恐怕就是大家耳熟能详的那几款网购软件了。建议要求学生每天至少利用电视、电脑、手机、报纸、杂志等媒体手段进行新闻阅读，每日阅读5至10分钟，并在课上进行一至两分钟的新闻内容复述。

(三)利用手机软件进行操练

"拼音打字练习"、"汉语拼音"等免费手机软件可以用来在课外进行较低认知层次的、需要大量重复进行的练习，将宝贵的面授时间集中用来分析、解决和提高学生的语言应用能力。

(四)培养"最笨"的听写习惯

中层次的语言学习者已经掌握了大量的词汇和语法知识，但同时其知识体系也存在很多漏洞和不确切、经不起推敲的地方。语言学习几乎没有捷径，所谓的捷径也是通过日复一日的、扎实的训练凝结而成的。一字一句的听写方式看似笨拙，实为高效。

双重否定结构"不可(以)不 VP"的语用探析

曹 娟[*]

[摘要]"可以"的一些义项在否定时,通常不说"不可以",而说"不能",但是我们发现在现代汉语语料库中不仅有否定式"不可以",还有双重否定结构"'不可以'不 VP"。本文从语用的角度分析"可以"的双重否定使用的必要性,指出"不可(以)不 VP"的使用常常是语篇连贯的需要。我们还考察了"不可(以)不 VP"例句的上下文,分析了其否定"语用先设"情况,指出"不可(以)不 VP"的使用通常是表达否定的需要,其语法切分为"不可(以)｜不 VP"。

[关键词]不可(以)不 VP;双重否定;衔接;语用先设

一、引言

汉语语法研究者一般把"可以"算作"可能"类助动词,这类助动词有三种意思,一是表示能力做得到做不到,二是表示客观可能,三是表示环境或情理上许可,而"可以"只有第一种和第三种意思(丁声树,1961:89－94;朱德熙,1982:6)。《实用汉语语法》(刘月华,1983:113－114)认为"可以"有三个义项,她增加了一个义项"值得"(如"这本书写得不错,你可以看看。")。《现代汉语八百词》(吕叔湘,1999:337－338)除了对"可以"进行分类以外,还指出了"可以"的一些义项在否定时,通常不说"不可以","表示某种用途"的义项否定时通常说"不能",比如"大白菜可以生吃,小白菜不能生吃"。

鲁晓琨(2001)认为"可以"是肯否不对称的助动词,否定的时候很少用"不

---

[*] 曹娟,女,安徽安庆人,首都师范大学国际文化学院讲师,文学博士,主要从事现代汉语本体和对外汉语教学研究。

可以",而是常常用"不能",并且"可以"可以根据语义分为三类,都能用"不能"否定:可以$_1$(句内语义指向)的否定式是"不能$_1$(可能)",比如"我可以吃完"否定式是"我不能吃完";可以$_2$(句外语义指向,句外语境的情理决定)的否定式是"不能$_2$(允许)",比如"明天可以去"否定式是"明天不能去",可以$_3$(说话人指向)的否定式是"不能$_2$(允许)",比如"我可以让你去"的否定式是"我不能让你去"。

我们检索了一下语料库,"不可以"确实用得比较少,甚至在coco语料库中搜索,我们发现王朔作品中一个"不可以"都没用,其他作家作品中用"不可以"也是为了和"可以"并举出现的,比如毕淑敏《预约死亡》中"你可以拒绝一切,但不可以拒绝死亡"。

同时,我们发现语料库中"不可以不VP"也不是很多,赵元任《汉语口语语法》(吕叔湘译,1979:327)提到"可以"的双重否定式常用"不可不","不可以不"少用。我们在语料库中搜索到"不可不VP"语料确实比"不可以不VP"的语料多一些,为方便起见,本文把"不可不VP"看作是"不可以不VP"的省略式。

既然"可以"的否定式常常用"不能",照理说"可以"的双重否定式也应该是"不能不"而没有必要用"不可(以)不"了,可为什么写作者还一定要用呢?

二、从语篇分析角度看"不可(以)不VP"

功能语言学认为语言不仅是符号系统,也是交际手段,对语言的分析不应局限于语素、词、短语和句子,还应该包括话语(discourse)和语篇(text)等超句单位的研究。话语和语篇并不是一些互不相关的句子的堆砌,而是一些语义相互关联的句子通过各种衔接手段有机结合起来的。

衔接(cohesion)主要体现在语篇的表层结构上,在语篇的组合过程中,衔接手段多种多样,主要有语法衔接手段(grammatical cohesion)和词汇衔接手段(lexical cohesion),有"不可(以)不VP"的语篇常常有词汇衔接手段,也就是通过词语的复现和同现使语篇更连贯。

词语复现(reiteration)是指某一词以原词、同义词、近义词、上义词、下义词、概括词或其他形式重复出现在语篇中。

在"可以不……,(不)可以不……"结构中,"可以不"复现。例如:

(1)生活在阿根廷近三十年的谢先生说,在阿根廷你可以不信教,但不可以不爱足球。(《北京晚报》2001年)

(2)那时,饭可以不吃,觉可以不睡,《毛主席语录》不可不带。(韦梅雅《〈毛主席语录〉编发始末》)

"可"还可以进入"不×不……不×全(太)……"或者"不×全……不×不……"结构,从表层看,是语篇衔接,从内容上看,是表示做某事的合适的"度":

(3)凡事不可不认真,凡事不可太认真。(文莽《认真》)

(4)汽车上的灯光有夜行灯、h信号灯、雾灯、夜行照明灯等,各个灯光都各具不同的用途,使用很有讲究,既不可乱用也不可不用。(《北京晚报》2001年)

(5)别人说我祖上曾有过的家业都是他赚来的,这话不可全信,不可不信。(朱春雨《陪乐》)

词语同现(collocation),指的是词汇共同出现的倾向性(cooccurrence tendency)。在语篇中,围绕着一定的话题,一定的词就往往会同时出现,而其他一些词就不大可能出现或根本不会出现。词汇的同现关系包括反义关系、互补关系等。例如:

(6)有时他要给她一些支持,但是也要有制约,对她,毛泽东不得不防又不得不放;不可不给事情做,又不可给大事做;不可不给权又不可给重权。(顾保孜《"样板戏"的戏外戏》)

(7)女人是可以不成功的。她可以退回家去,做个好的妻子,好的母亲。一样快乐地过一生。社会没有给过她做个成功女人的任务。

男人是不可以不成功的。不成功的男人是要面临妻离子散的家庭悲剧的。社会规定了他们任务。他们有压力。他们活得不轻松。(潘虹《潘虹独语》)

例(6)的"给"和"不给"是反义关系,例(7)的"男人"和"女人"是反义关系。

(8)这么看来,慈是很严肃的,决非随随便便溺爱之谓,而咱们这儿自来只教孝不教慈,只说父可以不慈,子不可以不孝,却没有人懂得即使子不孝,父也不可不慈的道理……(俞平伯《贤明的——聪明的父母》)

例(8)"父"与"子"是互补词语,"慈"和"孝"同是褒义的形容词,是词语同现。

上面这几个词语同现例句其实也用了词语复现,例(6)用了"不可……,不可……",例(7)和例(8)用了"可以不……,可以不……",用了词语复现和同现的词汇衔接手段以后,句子和句子之间组织严密,语势贯通,虽然这些"不可不"如果换成"不能不",也能表达相同的意思,但"不能不……,不可……"及"可以不……,不能不……"就没有原文的语篇连贯效果了。

三、从否定角度看"不可(以)不 VP"

从语义上看,"不可不"就是"一定要"、"必须"的意思,似乎直接用肯定式更简洁,没有必要用双重否定,过去一些学者只从单句分析,认为是表达"委婉"或"强调"语气的需要(曹娟,2016),其实不然,我们考察语境(上下文)发现双重否定的使用都有用否定的需要,只是一般不是简单否定一个动词,而是否定一个语用先设(presupposition)。

先设也称作"前提"、"前设"和"预设",是哲学界、逻辑学界和语言学界广泛关注的一个话题。逻辑语义学从真值条件出发,将先设看作句子或命题之间的关系,从这个角度看先设是"语义先设"。逻辑语义学认为不管句子是真是假,"先设"都为真,但实际情况是在特定语境中"先设"会被取消,这就是先设的可取消性(defeasibility)。

我们可以看下面的例子:
(i)小王知道我去了上海。
(ii)小王不知道我去了上海。
(iii)我去了上海。

叙实词(factives)"知道"是先设触发语,句(iii)是句(i)和句(ii)的先设。但是我们把句(ii)的主语"小王"换成"我",就是"我不知道我去了上海",比如在更大的语境中"我不知道我去了上海,谁说我去了?我什么时候去的?"那么句(iii)就不是先设了,先设就取消了。

由于"语义先设"具有可取消性(defeasibility)和语境依赖性等特点,所以语言学家们意识到先设是一种语用现象,而不是语义现象。因为先设不是纯粹的句子或命题之间的关系,而是涉及说话人、语境、句子和命题组之间的关系,所以要求我们在解释先设时考虑说话人的信念和语境方面的因素。这种考虑说话人信念和语境的"先设"就是"语用先设"。(参见沈家煊,1999:133—

145)

从第二节例句我们可以看到"不可(以)不 VP"一般不是凭空而来,常常是和"可以不"或"不可(以)"词语复现产生的,但有的"不可(以)不 VP"前面并没有出现"可以不"或"不可(以)",例如:

(9)"爹！爹！"画儿一急,扑进了若鸿怀里:"你不认得了我了吗？我是画儿啊！你看着我,跟我说话呀！<u>你为什么不理我？</u>"她害怕极了,哽噎起来:"娘已经走了,我只有你了,<u>你不可以不理我呀！</u>"(琼瑶《水云间》)

例(9)里"你不可以不理我呀"是典型的否定语用先设,画儿的娘去世以后,爹因悲伤思念过度变得神情痴呆,"不理"画儿,"不可以不理我"和爹的表现也和前面划线的句子呼应,如果换成"你必须(/一定要)理我呀",就根本表达不了画儿的原意。

"不可以不 VP"和"可以不 VP"对举的用法中也是否定语用先设的。例如:

(10)明天的研讨会我<u>可以不</u>参加,你<u>不可以不</u>参加,你有大会主题发言。

(11)有一条原则是他从不肯放弃的:官<u>可以不</u>做,记者<u>不可以不</u>当。(《作家文摘》1994 年)

(12)女人<u>可以不</u>漂亮,但女人<u>不可以不</u>温柔。(《作家文摘》1995 年)

为什么常常"可以不 VP"和"不可以 VP"对举出现呢？我们认为"可以不……"和"不可以不……"在认知上激活了一个相关的序列,可能是几个主语显示的序列,如例(10)"我……,你……"和例(11)"官……,记者……"以及前面例(7)"女人……,男人……"和例(8)"父……,子……",从"S1(主语)可以不 VP"可以推导一个语用先设"S2 也可以不 VP",然后说话人否定这个先设,就出现了双重否定"不可以不 VP",前后两个 VP 可能相同,如例(10)动词都是"参加",前后两个 VP 也可能意思相近,如例(11)的"做"和"当"都是"干"的意思,例(8)"慈"和"孝"都有"善待"的意思。"可以不……"和"不可以不……"在认知上激活的相关的序列也能是谓语部分,前后两个 VP 在认知上联系紧密,如例(12)"漂亮"和"温柔",从"可以不 VP_1"推导出一个语用先设"也可以不 VP_2",但实际上"不可以不 VP_2"。

例(9)至例(12)中的"不可以不 VP"都是用"不可以"否定"不 VP",语法切分都是"不可以 | 不 VP"。

综上所述,"不可以不 VP"和"不可不 VP"虽然在意思上可以理解为"必须

VP"或"一定要 VP",但在实际使用中通常是否定用法,大都是对语用先设"也可以不 VP"(由前面的"可以不 VP"推导出来的)的否定。

四、结语

我们知道,"可以"有"能力"和"许可"两种意思,但"不可以不 VP"中"可以"只有"许可"一种意思。"可以"的义项本身就比"能"的义项少,"可以"的否定式又常常用"不能",那双重否定式除了"不可不"、"不可以不"以外,应该还有"不能不"(如:"你可以不拿,但我不能不给。"),这就解释了为什么"不可(以)不 VP"的使用频率远远低于"不能不 VP"了。

虽然"不可(以)不 VP"的使用频率低,但在一定的语境中,却有使用的必要性,常常用"不可(以)不 VP"能使语篇更连贯,换成"不能不 VP"就达不到这种效果。

单看一个句子中的"不可(以)不 VP",一般可以理解为"必须 VP",但在实际语境中通常都是否定用法,都是对语用先设"也可以不 VP"的否定,一般不能换为"必须 VP"。

另外,用"不可不 VP,不可全(太)VP"或"不可全(太)VP,不可不 VP"结构(如"她的话不可不信,也不可全信。")可以表现合适的"度"的拿捏,体现事物的辩证性。

参考文献

[1]曹娟. 现代汉语双重否定研究述评[J]. 首都师范大学学报, 2016, (Z).

[2]丁声树. 现代汉语语法讲话[M]. 北京:商务印书馆, 1961.

[3]刘月华, 潘文娱. 实用汉语语法[M]. 北京:外语教学与研究出版社, 1983.

[4]鲁晓琨. 可能助动词"可以"的语义及与"能"的对比[J]. 汉语学报, 2001, (3).

[5]吕叔湘. 现代汉语八百词(增订本)[Z]. 北京:商务印书馆, 1999.

[6]沈家煊. "语用否定"考察[J]. 中国语文, 1993, (5).

[7]沈家煊. 不对称和标记论[M]. 南昌:江西教育出版社, 1999.

[8]沈家煊. 语用学论题之一:预设[J]. 国外语言学, 1986, (1).

[9]朱德熙. 语法讲义[M]. 北京:商务印书馆, 1982.

传信和情态的关系

樊青杰*

[摘要]本文通过考察西方学者对情态范畴的研究,归纳总结了传信和情态的几种关系,并提出了研究汉语传信范畴时所应采取的立场和态度。对传信范畴和情态的关系的认识主要有两种观点。一种观点认为,传信范畴和认知情态是同义词。另一种观点认为,传信范畴从狭义上来说属于与信息来源相关的认知情态的一部分。

[关键词]传信范畴;情态;传信语;认知

一、引言

英语中的"modality"这个词源于拉丁语的"modus"。虽然有些学者并不把情态看作与"时"或"体"那样独立的语法范畴,然而本文的基本出发点是,情态和传信范畴都是语法现象,这两个范畴都可以与"时"、"体"同样对待。在传统的英语语法中,情态助词如 may、can、must、shall 以及一些动词词尾就被认为是传达句子语气的范畴。Von Wright 提出四组情态:真伪、认知、义务和存在。他认为情态概念总的来说与"必要和可能"的概念有关[1]。

随着时代的发展,学者们提出了一个新观点,他们认为句子由两个基本部分构成:信息(句子的核心部分)和情态(如,时、体和语气)。Lyon 将情态定义为说话者"对句子传达的信息或信息描述的情况所持的观点和态度"[2],同时牵扯到可能性与必然性的概念。Lyons 将情态分成两类,认知情态,表

---

* 樊青杰,男,山西河津人,首都师范大学国际文化学院讲师,文学博士,主要从事语言学及应用语言学、对外汉语教学研究。

说话者知道或相信的信息;义务情态,表负有道义责任的主事可能或必须完成的事件,即要求或允许的含意。

二、传信语和情态

Chafe 将传信语定义为,从广义上说,传信语标记说话者的认知立场,传达其对认知情景所持的态度;从狭义上说,传信语标记信息的来源[3]。Chafe 从广义和狭义的角度定义了传信语后,他认为传信范畴几乎与情态相等。当然,传信范畴作为一个语义范畴一般被认为主要是情态。情态定义虽然并不十分清晰,但一般的共识是传信语是认知情态的一部分。在认知情态中,传信范畴是指说话者基于自己的知识和信念来判断信息真值的必然性和可能性。

下表展示了对传信范畴与情态关系的几种主要观点。

表 1 认知情态和传信范畴的关系

情态 (说话者对信息 的观点和态度)	认知情态 (真值导向,与信念、 知识、观念等相关)	传信范畴 (与信息的来源相关,如,传闻、报道、感觉)
		对可能性和必然性的判断 (如说话者的推测、推断)
	义务情态 (主事导向,与负有道德责任的主事必然或可能完成的事件相关)	

一种观点认为,传信范畴和认知情态是同义词。另一种观点认为,传信范畴从狭义上是属于与信息来源相关的认知情态的一部分。

Palmer 将认知情态定义为"表达说话者理解或知道的情形;这显然包括他自己的判断以及对其所言之事的保证"[4]。Palmer 的意思是,有两类认知情态:一种是说话者对所言之事必然性或者可能性的判断,另一种是传信范畴。Palmer 也指出这两类认知情态在不同语言中作用不同。他举出的例子是,英语是有语法化的认知判断的语言,而德语及其他一些语言则有将这类认知情态结合为一种语法化标记。Palmer 虽然在分析不同语言时认为传信范畴和认知判断属于不同的认知情态,却经常把按照他的术语来说表示判断的认知情态如"推断"、"猜测"和"假设"之类置于传信范畴之内。正如 Palmer 所做的那样,我们是否能将纯粹的传信范畴(如,信息来源)从认知判断(对必然性和可能性的陈述)中分离出来,似乎是一个永远说不清道不明的问题,因为说话者的判断是建立在他对证据的评估之上。

三、传信语和语气模式

Chung 与 Timberlake 提出一个不同的语气模式，将认知判断和认知传信范畴整合到一个范畴里。他们将注意力主要集中于现实世界和非现实世界的对比：

> 通过事件世界和参照世界的比较，语气用来表示事件现实性。事件可以仅仅是现实的（更准确地说，是事件世界和现实世界一致）；也可以是假设可能的（事件世界与现实世界不一致）；也可能是说话者强加于听话者之上的；如此等等。然而，一个事件基本上只有一种方式变成现实，却有许多方式不完全变成现实。正因为如此，我们所讨论的语气主要与不同类型的非现实性有关。

> 另外，很明显，一个事件被认为是现实（通过表现实语气的形式表达）还是非现实（通过非现实的语气形式来表达），各个语言有很大的不同[5]。

不同语言中表达现实/非现实的方式肯定各有不同；一些语言可能会有语法化的规则来标识现实性和非现实性，一些语言可能只有语用规则，还有一些语言可能依赖于每个说话者的主观意愿。Chung 和 Timberlake 提出了三种类型的语气："认知语气"；"认知论语气"；"义务语气"。他们将这些方式描述如下：

> 认知语气描述与现实世界及可能世界有关的事件。如果该事件属于现实世界，那么它就是现实的，如果它属于某些可能的替代世界，那么它就是可能的；如此等等。

> 通常将认知语气分为两个下类：必然（事件属于所有的替代世界）和可能（事件属于至少一个可能世界）。这两类的分别可以从英语的情态助词看出；如：John must be in Phoenix by now（＝我们可以想象在所有的替代世界里，在此时约翰在凤凰城）和 John can/may be in Phoenix now（＝我们可以想象至少有一个世界约翰在凤凰城）。

> 认知语气本质上是描述事件的现实性，不包括与之有关的目标，或者严格来说是来源。

> 认知语气可以有另一个相关的语气比较一下，即认知论语气，它们

的区别仅仅在于后者更清楚地包含来源。认知论语气评估事件的现实性时涉及来源。我们可以宣称某事件是现实的，否则其现实性的判定从某种方式上依靠来源。

Chung与Timberlake指出，在调查拉克塔语（Lakhota）、塔克玛语（Takelma）、德语以及其他一些语言的时、体和情态时，他们发现说话者在运用认知情态和认知论情态是不同的。如上所言，他们将认知情态定义为说话者叙述现实世界和另一个可能的，非现实世界的情态（即必然的世界和可能的世界），将认知论情态定义为通过说话者的信息来源来评估情境的现实性。因此，Chung与Timberlake的认知论情态从理论上说，包括"传信范畴"和"对必然性和可能性的判断"，二者在传统的观点看来是应该分开的。他们提出认知论情态应包括以下四个小类：

(a)"经历"，事件被描述为见证过或者通过其他的来源（即，说话者）经历过；

(b)"推断"或"传信语"，事件被描述为被说话者从证据中推断出来；

(c)"引证"，事件从其他的来源中引述，或者是其他人告诉说话者的；

(d)"构想"，事件的来源是说话者的构想（想法、信念、空想）。

(a)类是直接证据，(b)类是"对必然性和可能性的判断"，(c)类属于所谓传统意义上的狭义传信范畴，(d)类也许是说话者的判断，但是比(b)更主观些。这四类与Chafe提出的分类相似。

我们可以看出，Chung与Timberlake提出的认知情态和认知论情态之间的区别似乎没有像他们说的那么明显。关于这一点，Chung与Timberlake指出，虽然"一种语言可能用基本上运用于认知上的非现实性的形式来表达在认识论上不太肯定的事件"，但是，一些语言也许"用同样的形式来表达认知情态和认知论情态，这说明这些情态与同类型的非现实性有关"。因此，二者的区分可能对某些语言不适用。在Lakota语中，没有任何传信语的简单句子只能用现实语气。

四、传信语的类型

Willett认为Chung与Timberlake提出的从(a)到(d)四类认知论情态都是"与传信语相似"，他指出在他所调查的语言中也发现了同样的类型。

Willett 认为，推断"最好当成与感官和报道证据相等的第三种主要的传信语来处理"，这三种传信语"形成了一系列从语义上与确信（即，判断）相比较的认知区别"[6]。因此他将传信范畴定义为，"表示说话者如何获得信息的语言手段，而该信息是说话者断言及其可靠性的基础"。Willett 将不同类型的传信语总结如下：

Ⅰ. 直接证据：说话者声称察觉到所说的情境，但可能说不明白究竟是哪一种感官的证据。

　A. 视觉证据：说话者声称看到了所说的情境。

　B. 听觉证据：说话者声称听到了所说的情境。

　C. 感觉证据：说话者声称亲身感受到了所说的情境。这可以看作(a)与上述一种感觉或者上述所有的感觉都相反，或(b)不知道是哪一种感觉器官。

Ⅱ. 间接证据：说话者声称没有感觉到所说的情境，但是也许没有详细说明他所拥有的证据是别人报道给他的还是证据是他自己推断的基础。

　A. 报道的证据：说话者声称对所说的情境的获悉是通过言语手段，但是没有明确说明是传闻（即，二手的或者三手的），或者是通过民间传说获得的。

　　1. 二手证据：说话者声称从直接见证这件事的人那里听到所说的情境。

　　2. 三手证据：说话者声称他听说了所说的情境，但不是从直接见证者那里听到的。

　　3. 来自民间传说的证据：说话者声称所说的情境是已经存在的口头历史的一部分。

　B. 推断证据：说话者声称对所说情境的知晓只是通过推断，但是没有具体说明这样的推断是基于看到的结果还是仅仅通过内心的推论。

　　1. 从结果得到的推断：说话者从他观察到的证据推断出所说的情境。

　　2. 从推论得到的推断：说话者通过直觉、逻辑、梦、以前的经验或者其他的心理过程推断出所说的情境。

需要注意的是，Willett 所提传信语的范围仍然只包括两种主要信息来源类型：直接（经历的）和间接（非经历的）证据；虽然非经历的证据包括多于传闻，与一般我们理解（即，证据等于传闻）的证据不同。因此，从逻辑上来说，对传信范畴敏感的说话者往往将他表示信息来源的信息（直接、报道—间接或推断—间接）包括在信息的情态中。

然而，直接和间接的简单区别不足以解释汉语的传信语，汉语的传信范畴似乎不仅包括说话者的知识，还包括听话者的知识。在后面，我们会尝试结合经过修正的认识论的观点来进行分析，这种观点强调听话者的知识对说话者信息的影响。同时，从某种意义上说，Willett的分类中一些间接证据（报道的和推断的证据）在话语中也可以被说话者当作直接证据来处理，这依赖于说话者对这个信息的熟悉程度。汉语的直接证据概念将会通过说话者的心理信息疆域概念来解释。这些与汉语的证据概念有关的因素需要一个独一无二的证据系统模式，而该系统模式在上表中总结的假定为普遍的标准概念中没有被完全解释。

参考文献

[1] Von Wright, G. H. An Essay in Modal Logic[M]. Amsterdam：North Holland, 1951.
[2] Lyons, J. Semantics[M]. Cambridge：Cambridge University Press, 1977.
[3] Chafe, W. Evidentiality in English Conversation and Academic Writing[J], in Chafe and Nichols eds. 1986.
[4] Palmer, F. R. Mood and Modality[M]. Cambridge：Cambridge University Press, 1986.
[5] Chung, S. and Timberlake, A. Tense, Aspect and Mood[J]. In T. Shopen (ed.) Language Typology and Syntactic Description. Vol. 3. Cambridge：Cambridge University Press, 1985.
[6] Willett T. A Cross-linguistic Survey of the Grammaticization of Evidentiality[J]. Studies in Language, 1988, (1).

从考试看留学生对北京城市的认知及对策初探

杨 桦[*]

[摘要]本文从《北京城市总体规划（2016—2035年）》中对北京的城市战略定位出发，对利用有关课程考试了解留学生对北京的认知进行了介绍，并对由此获得的信息进行了分析。分析发现大部分留学生对北京的名胜古迹认识比较集中，而对其他重要地区、北京社会文化情况和想要了解的方面则相对分散。针对这种情况，应将学生的兴趣作为介绍的重点，将传统与现代、民族性与国际性结合起来开展教学，促进北京文化中心和国际交往中心的建设。

[关键词]留学生；北京；城市战略定位

北京是中国的首都，也是世界知名的文化古城。习近平曾指出："（北京）是向全世界展示中国的首要窗口"，在《北京城市总体规划（2016—2035年）》中把北京的城市战略定位确定为"北京城市战略定位是全国政治中心、文化中心、国际交往中心、科技创新中心"。要真正实现这样的战略规划，需要每一个在北京工作、生活的人共同努力。作为汉语国际推广工作者，首先是在自己的领域中做好对外展示、传播和交往的工作。

本文是首都师范大学国际文化学院汉语言系二年级中国人文地理课期末考试后，教师对学生考试答案进行的统计和分析。据此可以发现目前我们在对外展示和交往中的一些特点与问题，为今后相关课程的教学和展示、交往活动提供参考。

---

[*] 杨桦，男，山东宁津人，首都师范大学国际文化学院讲师，文学硕士，主要从事汉语教学研究。

一

中国人文地理是首都师范大学国际文化学院汉语言系二年级的选修课，期末考试一般采取开卷方式以作业形式完成。2017—2018学年第一学期，为了解学生对北京城市及文化的认知情况，教师将考试内容设计为制作PPT介绍北京，内容为：介绍北京的名胜古迹（至少三个）、文化和社会情况（至少三个方面）、重要的地区（至少三个）、你想了解的方面（至少三个）。其中，"重要的地区"目的是了解学生对承担北京城市主要职能的重点地区的认知程度。

之所以利用期末考试对学生进行了解，是因为学生对考试比较重视，又有一个星期的时间完成，有时间进行细致全面的思考，而且可以用PPT对自己的回答进行进一步解释说明。这比一般的问卷调查更能反映出被调查者的真实想法。

当然，利用考试进行了解也有一些不足，比如一些学生可能有敷衍了事、应付一下及格就行的心理，也有的学生会为了确保成绩不至于太差而选择相对安全稳妥的回答，还可能存在同班同学或同一国家学生之间互相启发借鉴的问题。

但总的来说，利用考试形式进行调查了解会出现的问题，在其他形式中也会出现，而学生能相对认真、全面、细致思考完成考试，以及制作PPT带来的接近访谈的效果，对了解学生的真实想法，还是利大于弊的。

参加本次考试的共有24名学生，分别来自韩国（10人）、意大利（5人）、俄罗斯（2人）、英国（2人）、泰国（1人）、阿联酋（1人）、摩洛哥（1人）、哈萨克斯坦（1人）和日本（1人）。他们大多是在北京或中国其他地方生活半年至一年的年轻学生。

二

在"介绍北京的名胜古迹（至少三个）"方面，学生共做出15种回答。其中排在前几位的是故宫（16人）、长城（16人）、颐和园（14人）、天安门广场（8人）、天坛（8人）。提到这些地方的学生没有什么国籍的差异，说明这些传统的旅游名胜享有很高的国际知名度，是外国人来北京参观游览的首选目的地。

在"介绍北京的社会文化情况（至少三个方面）"这一项，学生共提及40个方面，明显比名胜古迹分散，但其中有一些交叉重叠，如北京菜、烤鸭、饮食文化。排在前几位的是京剧(8人)、四合院和胡同(6人)、北京菜(6人)、烤鸭(5人)、北京话(5人)。这些确实是北京社会文化中特点突出、带有标志性的内容，最容易被不同国家的人注意到。也有一些方面比较冷门，体现出部分学生深入观察了解的意愿，如各只有1人提到的国家的中心、宗教、国际化都市、强烈的政治责任感、北京人的性格等。

在"重要的地方(至少三个)"方面，学生共有34个答案，尽管在考试前强调了这个方面和"名胜古迹"的不同，但仍有一些相混的情况，如有的学生提到了天安门、雍和宫等。排在前面的有三里屯(9人)、五道口(7人)、798(5人)。这些地方都是吸引留学生和年轻人的休闲娱乐场所，与我们一般理解的承担重要的城市功能的地区，如人民大会堂(1人)、北京商务中心区(1人)、金融街(1人)等非常不同，但符合学生的需求特点。还有一些地方，学生的选择具有鲜明的国籍差异，如俄罗斯和哈萨克斯坦学生提到雅宝路，日本学生提到日本大使馆附近的亮马桥，意大利学生提到三里屯的意大利餐厅。

"想要了解的方面(至少三个)"是回答最分散的，共有63个，几乎每个人的三个回答都不一样，因此绝大多数方面都只有1人选择。超过1人的回答有京剧(3人)、方言(3人)、空气(3人)、怎么解决交通问题(3人)、北京人的工作情况(2人)和儿化音(2人)。

从考试获取的信息来看，大概可以说明以下几个问题：

首先，大多数留学生对北京印象最深的还是传统的著名旅游景点，以及外国人和年轻人聚集的休闲娱乐区，说明北京知名度高、具有标志性的景点对各国留学生的吸引力基本都保持着很高的程度，而新兴的休闲娱乐场所也是如此，它们和传统著名旅游景点一样，已经成为在留学生心目中同样可以代表北京的重要场所。

其次，留学生对北京社会文化方面的印象也主要集中于有代表性的传统文化领域，这些文化项目往往带有符号意义。如京剧、四合院、烤鸭，一直以来就是在我国对外文化宣传材料中经常出现的文化符号，对中国文化有兴趣的外国人对这些文化符号大都有一些了解，所以容易想到。尤其是京剧，留学生的了解很难说有多深入，但仍有三分之一的学生把京剧作为北京社会文化的重要代表，可见京剧作为文化符号的强大影响。这也提示我们，尽管一些传统文化艺术形式的欣赏者可能日益减少,但由于其鲜明的民族性,在国际文化传播中仍能起到重要的作用。而当一种传统文化艺术形式具有国际影响的时候,也能反过来促进其在国内发展和创新。

再次,留学生想要了解的方面非常分散,一方面是由于学生个人兴趣的差异,另一方面也说明北京作为一个大都市,可以呈现出各种不同类型的形象吸引外国留学生的注意。

最后,需要重点注意的是通过考试可以发现,大部分留学生对北京的了解仍停留在传统领域,这一方面是北京作为首都、古都和历史文化名城的优势所致,另一方面也说明在北京的城市文化建设和对外宣传上,我们现代化的一面仍没有充分地展示,传统与现代的结合也不够理想。

三

在北京的城市战略定位中,"文化中心"和"国际交往中心"是和汉语国际教育关系最密切的两个,来华留学生教育本身就是国际文化交往的一个重要组成部分。随着改革开放的深入和扩大,来华留学生教育也发生了巨大的变化。来华留学生的汉语水平较高,所学专业范围不断扩大,了解中国社会的要求也不断提高和深化。传统的宣传和展示形式,如课堂教学中老师在教材基础上的介绍和由学校等机构策划组织的参观活动,已经越来越难以满足学生的需要。

传统上的课堂教学不可能兼顾每个学生的特殊兴趣,又受学生语言水平限制,只能做浅显的介绍。和以往的对外宣传一样,教学中介绍的内容也往往是符号化的标志性内容,比如著名的古迹、旅游景点、标志性的现代化建筑、传统文化艺术和生活习俗。有组织的外出参观也基本上是这些内容,看起来包含的内容很丰富,其实几十年变化不大。对汉语和中国有兴趣的学生很容易从其他途径获取相关知识,我们的宣传展示不过是换了一个场合和形式,当间接获取的信息变为直观感受后,就再没有进一步深入了解。同样,标志性内容介绍过之后,也鲜有其他学生想要了解的内容。因此学生虽然来到北京学习生活,依然对北京缺乏足够甚至是必要的了解,仅仅把北京当作一个旅游城市,而在旅游这个方面也往往只停留在传统知名景点和休闲娱乐街区上。

如果这种情况持续下去,国际汉语教育专业就很难与实施北京城市战略相适应。今天的留学生可能就是明天中外交往的主力军,可能在政治、经济、科技、文化和社会的各个领域促进中外交往。他们对北京了解的广度和深度也会影响双方交往的广度和深度。如"想要了解的方面",学生提到了北京人的买房子的情况、工作情况、教育情况、在北京怎么开一家饭店、现代性和自我认同、在北京开展业务等。学生在这些问题上表露出来的想要了解的意愿,实际上代表了他们对汉语、对北京、对中国进行深入了解的意愿,以及希望中国经济社会不断进步和双边交往不断扩大的意愿。抓住学生的这些兴趣所在,不仅能更好地宣传展示北京,也更有可能培养出知华、友华的学生,为北京落实城市战略定位积蓄力量。

留学生来自不同的国家,有着不同的文化背景,因此他们带有自身文化因素的国际化视角对我们的中心城市定位和建设也是一个有益的参考。比如4名学生在"重要的地方"里提到了奥林匹克公园,3人提到了国家大剧院;在"社会与文化"中3人提到了北京的民族情况;对"想要了解的情况"更是五花八门,这些都是值得我们重视并可根据情况引入我们的对外宣传展示中的。简单地从中国人的角度出发去进行宣传介绍,很容易把中国的传统文化简单化为古老的建筑和文物,把中国人的文化习俗简单化为拱手说句"恭喜发财",把现代化简单化为摩天楼。如果能多了解学生的关注点,从学生的关注点中发现今天的中国文化对外国人真正有吸引力的地方,对我们的宣传展示和汉语教学工作会有巨大的帮助。

北京的城市战略定位是在与国内众多大城市的比较中产生的,也只有在与其他城市的比较中才有意义。一个城市和其他城市相比,究竟有哪些长处、哪些不足、哪些特点,以第三方的视角来看往往更加客观真实。北京是国家的中心、国际化都市、博物馆和高校、房价、环境、交通、拆迁、本地人和外来人口的矛盾,这些也在学生的回答中体现出来,说明学生对北京的兴趣广泛而且在不断深入。比如环境问题,有的学生不是简单地说空气质量,而是提出疑问"为什么北京的空气质量变好了",这就说明学生是认真思考了北京这座城市的具体情况。再比如酒吧文化和上海不一样、北京人的恋爱方式、北京的娱乐设施、寺庙有多少、游乐场有哪些、北京女生的心理、为什么大部分出租汽车是现代汽车等,都是需要放在与其他城市的比较中分析解答才更有意义的。这种问题的提出和分析解答也有助于我们更加了解自己的城市，更加清晰自己城市的定位，更加明白在城市建设和社会文化构建的哪些方面需要进一步加强。

四

那么，如何让学生获得比较丰富、全面、深入的北京城市情况，满足学生对了解北京的需求，同时为实现北京的城市战略定位服务呢？笔者认为可以从以下几个方面着手：

1. 在课堂教学中将传统文化与新时代特色相结合，寻找民族性与国际性的结合点。无论是对传统文化的介绍，还是对北京城市建设成就的介绍，都要摆脱单纯宣传式的形式。比如学生提到的故宫、天坛，或者京剧、北京菜，虽然学生认为很重要，但他们所做的介绍缺乏深度，远不如对798、共享单车之类的理解。如果我们只是进行宣传式的介绍，那就只会给学生造成旅游手册式的印象，新鲜感过后就不会再有深入了解的意愿，也不会从中得到更多的知识，最终停留在猎奇的层面上。其实优秀的传统文化能历经千百年至今仍有巨大影响，不仅因为其传统，更因为能满足当代人的生活和精神需求。我们的介绍不能自我迷恋，而是要着重探讨它们在今天存在的价值，比如故宫、天坛在今天的意义除了展览参观还有什么，京剧、北京菜在今天有哪些特点和不足，这样才能真正体现出传统文化的魅力。

2. 了解学生的兴趣所在，发掘能代表新时代北京特色的内容进行介绍。留学生大都是年轻人，对新时代的特点更敏感，也更有兴趣，因此对我们选择介绍的内容是十分有益的参考。比如有4名学生提到的奥林匹克公园，可能大多数北京人不会把它当成能代表北京的著名景点，但是学生的反应说明他们对城市中这样大面积的休闲型公园非常有兴趣，这也可以反映北京城市规划建设取得的成就和今后的方向。再比如学生关心的教育情况、消费趋势、饭馆雇佣服务员的情况、拆迁等，都和城市的发展有关。在教学中通过各种渠道多了解学生兴趣，介绍时多涉及这些方面，学生会更有兴趣，我们的介绍也会更有意义。尤为重要的是，只有这样，我们介绍的才是一个充满生机的鲜活的北京。

3. 根据了解的情况，为北京城市战略的实施提供参考借鉴。要成为文化中心，文化建设就必须具有现代化、国际化的特点；要成为国际交往中心，"交往"就不能只是简单的旅游访问。留学生要在北京生活，从这个角度说，他们对北京的感受比游客更有深度。学生在名胜古迹方面回答相对集中，说明北京旅游文化资源整体推介还不够，大部分学生对名胜古迹的认知还停留在传统阶段。而社会文化、重要的地方和想要了解的方面，学生回答相对分散，说明学生有意愿去观察、思考、发现北京的特点，关注北京未来的发展。同时也说明，我们有机会有条件利用北京丰富的社会文化资源，讲好中国故事。

参考文献

[1]何芬．推动北京建设国际文化中心城市的思考[J]．中国国情国力，2016，(2)．

[2]李建平．"三个文化带"与北京文化中心建设的思考[J]．北京联合大学学报（人文社会科学版），2017，(4)．

[3]李树江，匡仁春，王辉，王林．推进全国文化中心建设的若干构想[J]．前线，2017，(12)．

[4]刘波．北京国际交往中心建设的现状及对策[J]．前线，2017，(9)．

[5]刘江会，董雯．国内主要城市"竞合关系"对上海建设全球城市的影响——基于城市战略定位的比较分析[J]．城市发展研究，2016，(6)．

[6]邱运华．观念与方法："全国文化中心"作为一个命题[J]．北京联合大学学报（人文社会科学版），2016，(2)．

[7]王琪延，王博．北京建设全国文化中心的设想[J]．首都经济贸易大学学报，2016，(1)．

从模因论看中英电影片名的归化和异化译法

戴雪梅*

[摘要]本文从模因论的角度,通过例证探讨了源语模因向目的语传播过程中,电影片名的归化和异化译法对观众心理和接受能力所产生的效果,以及其中存在的一些问题。非常巧妙的归化译法通过在目的语文化中寻找与源语文化相似的模因,相对准确地将源语文化转换成目的语文化,带给观众相近的文化体验。异化译法直接将源语文化模因引入目的语,令观众感受到独特的文化信息。此外,一些不太妥当的归化译法和异化译法则会影响源语模因向目的语的准确传播。

[关键词]模因论;中英电影片名;归化;异化

一、引言

模因论(memetics)是一种以达尔文进化论为基础,解释文化、语言、观念、宗教、行为方式、传统风俗等传播规律的新理论。模因(meme)一词最早出现于牛津大学动物学家 Richard Dawkins《自私的基因》(*The Selfish Gene*, 1976)一书。作者将自然科学中的"基因"概念移植于文化领域,认为在人类文化中也存在类似于"基因"这种最基本的单位,即"模因"。模仿为其基本内涵。模因是个体之间相互传递的行为或认知模式,它存在于个体的记忆中,是文化的基本单位。这种人与人之间通过相互模仿进行自我复制及传播扩散的思想或观点,可世代延续下去。

---

* 戴雪梅,女,山东莱阳人,首都师范大学国际文化学院副教授,文学硕士,主要从事汉语语法、第二语言习得和跨文化交际研究。

随着模因论研究的不断深入，对于模因的看法，除了文化进化观（以Gabora为代表）外，还产生了信息观（以Lynch和Dennett为代表）、思想传染观（以Gatherer为代表）和模因符号观（以Deacon为代表）。本文拟从文化进化观的角度，通过例证探讨源语模因向目的语传播过程中，电影片名的归化和异化译法对观众心理和接受能力所产生的效果，以及其中存在的一些问题。

二、电影片名的译法——归化与异化

世界上的每一种文化在其历史传承中都带有各自鲜明的特点，而这种文化之间的差异，从模因论的角度而言，则表现为独特的模因因子。随着时代的发展，各国文化彼此间不断地接触、融合。学习他国文化并使之完善和本土化，体现为文化的进步，这是在模因的准确复制和有益的突变基础上完成的。文化的交融往往需要以语言为媒介，不同语言间的翻译就是模因的传播和复制过程。复制是否具有准确性和稳定性，以及传播的速度和广度是目的语模因在新文化中能否得以生存的保证。

美国著名翻译理论学家劳伦斯韦努蒂（Lawrence Venuti）于1995年在《译者的隐身——翻译的历史》（*The Translation's Invisibility: A History of Translation*）中提出了归化和异化这两个翻译术语。

（一）归化译法（domesticating translation）

虽然源语文化和目的语文化存在差异，但归化译法会尽可能地将源语文化转化为目的语文化，在目的语文化中寻找与源语文化信息相似的模因，相对忠实地传播模因综合体中的核心模因，从而使观众产生相似的模因理解效应。归化翻译有助于观众更好地理解异国文化，增强影片的欣赏性。

不少脍炙人口的经典老电影译名都具有传神色彩，为电影的大众文化传播锦上添花。如，《魂断蓝桥》（*Waterloo Bridge*）直译为滑铁卢桥，该桥位于英国泰晤士河上，建于1817年，以纪念威灵顿公爵指挥英国军队打败拿破仑、取得滑铁卢战役的胜利。但20世纪的三四十年代，国人对滑铁卢桥这个名称很是陌生，直译不利于好莱坞的这部电影的推广。基于影片讲述的是男女主人公在此桥上相遇，最后女主角不幸丧命于其上的故事，翻译家借用中国两千多年前传说中的"蓝桥"来指代此桥。传说战国时期鲁人尾生与女子相约见于该桥下，但女子未来，由于河水上涨，尾生抱柱被淹身亡。之后人们把相爱的男女一方失约,而另一方殉情称为"魂断蓝桥"。苏轼《南歌子》曾写道:"蓝桥何处觅云英?只有多情流水伴人行。"以目的语文化中的模因"蓝桥"代指源语文化中的模因"滑铁卢桥",极大地贴近了目的语文化的受众。

又如《一树梨花压海棠》(Lolita)。Lolita(洛丽塔)在西方文化中是一个能够指代某种类型人群的名词,其专门用来形容富于诱惑力的早熟女孩,代表着一种娇嫩、鲜艳和带有企图的青春。"一树梨花压海棠"源自苏轼诗作:"十八新娘八十郎,苍苍白发对红妆。鸳鸯被里成双夜,一树梨花压海棠。"彼时苏轼好友张先在80岁时娶了18岁的女子为妾,苏轼在一次聚会上做了此诗开玩笑调侃他。而《Lolita》这部影片讲述的是中年男子亨伯特与14岁少女洛丽塔的爱情故事。译名中的"梨花"指的是白发的丈夫,"海棠"指的则是红颜少妇,"一树梨花压海棠"是关于老夫少妻的故事,但译名却雅俗共赏。

再如《廊桥遗梦》(*The Bridges of Madison County*)、《鸳梦重温》(*Random Harvest*)、《人鬼情未了》(*Ghost*)、《乱世佳人》(*Gone with the Wind*)、《彗星美人》(*All About Eve*)等都采用的是归化译法,主题明确,使观众看到片名后马上就能明白是什么题材的电影,远比直译更有吸引力。

近些年的一些英文电影,如《碟中谍》(*Mission:Impossible*)、《黑客帝国》(*The Matrix*)、《逍遥法外》(*Catch Me If You Can*)、《海底总动员》(*Finding Nemo*)、《神偷奶爸》(*Despicable Me*)、《盗梦空间》(*Inception*)、《爱乐之城》(*La La Land*)、《寻梦环游记》(*Coco*)等译名都是将影片剧情与主题完美融合而采用的归化译法,既富有汉语魅力,又考虑到市场定位和票房效益。

在英美电影进入中国市场的同时,国内电影也不断向国外输出,令世界各国观众日益广泛地了解中国文化。

《我不是潘金莲》(*I am not Madam Bovary*)中的潘金莲在中国是人尽皆知的文化模因,她背叛并毒死丈夫武大,最终被武大的弟弟武松所杀。在中国传统道德观念里,她是一个妖艳、淫荡、狠毒的坏女人的典型,几乎无人同情她的遭遇。怎样使英美观众了解这一人物形象特征,译者借用了西方文化中广为人知的包法利夫人作为译名。包法利夫人本是一个受过贵族化教育的农家女,她瞧不起当乡镇医生的丈夫包法利,总是梦想着传奇式的爱情。但两度偷情后非但没有给她带来幸福,反而使她成为高利贷者盘剥的对象。最后终至债台高筑,走投无路,只好服毒自尽。潘金莲和包法利夫人两者有很大的相似性，但也有不同。她们的归宿同是走向毁灭，只不过一个是被杀，另一个是自尽。尽管如此，译者将西方文化中的模因与中国文化的模因在尽可能接近的程度上做出了对应，在文化融合中也可说是点睛之笔。

又如《东邪西毒》(Ashes of Time)，改编自金庸的武侠小说，影片讲述的是西毒欧阳锋的人生经历以及他和东邪黄药师、大嫂、剑客洪七等人的爱恨情仇的故事。东邪指的是黄药师，其栖居地是江浙一带的桃花岛，位居东方故此称"东"。因黄药师精通奇门遁甲、五行八卦，且乖张不羁、行事怪异，所以江湖人赠号为"邪"。西毒指的是欧阳锋，他来自西域，因西域盛产各种毒物，且欧阳锋性情阴冷、手段凶残，所以人赠号为"毒"。在故事的结尾，二人一同喝下"醉生梦死"酒，无论是东毒还是西邪，即使他们再狠毒，也最终都化为了时间的灰烬。如果将东邪西毒直译，则这一中国文化中的模因难以为英美观众所理解，时间会泯灭一切，Ashes of Time(时间的灰烬)这种归化译法可使英美观众易于接受。《七月与安生》(《Soul Mate》)也是类似的译法。

此外，像《梁山伯与祝英台》(Butterfly Lovers)、《英雄本色》(A Better Tomorrow)、《甲方乙方》(Your Dreams Will Come True)、《满城尽带黄金甲》(Curse of the Golden Flower)、《大话西游之月光宝盒》(A Chinese Odyssey Part 1：Pandora's Box)、《不见不散》(Be There or Be Square)、《金陵十三钗》(The Flowers of War)、《无问西东》(Forever Young)等均属此类译法。

(二)异化译法(foreignizing translation)

由于各国文化间存在的鸿沟，归化译法使异国观众通过相似的模因找到了文化的契合点。但是归化译法牺牲了源语文化所附带的信息，使得观众无法把握源语文化的准确内涵，感受不到原片所特有的文化信息。在此情况下，追求源语文化模因的无变异传播，异化译法成为模因传播的一种倾向。

异化译法考虑到民族文化的差异性，尊重源语文化模因，采用源语表达方式，来传达原片所表达的思想内容，使观众感受到鲜明的异国情调。

英语影片如《罗密欧与朱丽叶》(Romeo and Juliet)，改编自英国伟大的剧作家莎士比亚早期创作的一部同名悲剧，作品描写了两个势不两立的贵族家庭蒙太古之子罗密欧和凯普莱特之女朱丽叶一见钟情，他们为了追求美好和自由的爱情，将家族世仇置之身外，勇敢抗争父命，直至以死殉情。由于莎翁剧作的极大知名度和在世界各国的广为流传，国内观众对罗密欧和朱丽叶这两个名字已耳熟能详，归化译法将异国文化模因原汁原味地传递给了中国观众。

又如《七年之痒》(*Seven Year Itch*)，影片讲述的是一个结婚七年的出版商汤姆·尤厄尔，在妻儿离家到乡间度假期间，对刚刚搬入楼上的身为小明星的美貌女房客产生了非分之想，而在异想天开的同时，他的道德观念与自己的想入非非发生了激烈对抗，最终他拒绝了诱惑，赶往妻儿的度假地和他们相会。随着电影在各国的上映，"七年之痒"变成了外遇的代名词，并衍生而成西方的谚语。电影的文化模因传播力量是无穷的，这一谚语迅速在中国本土化而广为人知。此部英文电影上映于1955年，后来2009年中国国内也上映了一部同名影片，"七年之痒"的说法已经家喻户晓。

《泰坦尼克号》(*Titanic*)也是采用异化译法使国内观众记住了1912年泰坦尼克号邮轮在其处女起航时触礁冰山而沉没的事件，并深为处于不同阶层的两个人——穷画家杰克和贵族女露丝经历生死考验的爱情所动容。

此外，《卡萨布兰卡》(*Casablanca*)、《特洛伊》(*Troy*)、《蜘蛛侠》(*Spider Man*)、《哈利·波特与魔法石》(*Harry Potter and the Sorcerer's Stone*)、《阿凡达》(*Avatar*)、《敦刻尔克》(*Dunkirk*)、《雨果》(*Hugo*)、《比利·林恩的中场战事》(*Billy Lynn's Long Halftime Walk*)、《加勒比海盗：死无对证》(*Pirates of the Caribbean：Dead Men Tell No Tales*)等都是异化译法，并广为中国观众所接受。

国产电影方面，异化译法的例子也是不胜枚举。如《秋菊打官司》(*QiuJu Goes to Court*)，秋菊是一个怀孕的农村妇女，因其丈夫被村长踹伤，不服乡长的调解和村长傲慢的态度，为了争一口气，她接连向县里、市里上告甚至最后到法院打官司，最终因其难产被村长所救才放下了恩怨。异化译法很好地体现了原片的思想内容。

又如《白鹿原》(*White Deer Plain*)，直接将"白鹿原"以异化译法译出。影片展现的是在白鹿原这片古老的黄土地上，白姓和鹿姓两大家族祖孙三代的恩怨纷争。影片将女主角田小娥的个人命运发展作为叙事主线，展示出两大家族的世代变迁。尽管经历了物是人非、风花雪月、儿女情长、恩怨情仇、诸多革命，唯有这片厚重的土地是一成不变的。农民与土地之间的爱永远是如此深沉。

影片《可可西里》(*Kekexili*)片名取自地名，讲述了秘密警察和巡山员为了保护可可西里濒临灭绝的藏羚羊和生态环境，与藏羚羊盗猎者展开了一场顽强的抗争，甚至不惜牺牲自己的生命。片名采用了异化译法，有益于向国外观众展示中国原汁原味的文化模因。

此外，《成吉思汗》(*Genghis Khan*)、《黄土地》(*Yellow Earth*)、《赤壁》(*Red Cliff*)、《大红灯笼高高挂》(*Raise the Red Lanterns*)、《芙蓉镇》(*Hibiscus Town*)、《长城》(*The Great Wall*)等都是异化译法的例证。

三、归化和异化译法的融合与规范化

归化和异化是两个不同的二元概念，但并非是绝对割裂开来的。在电影这一跨文化交际形式中，为了更好地保存源语影片的文化模因，也为了更好地转化为目的语模因，达到最佳的文化传播效果，归化和异化译法完全可以有机地结合在一起。

英文影片 *E.T.* 译为《外星人 E.T.》、*Bean* 译为《憨豆先生》、*Forrest Gump* 译为《阿甘正传》、*Sully* 译为《萨利机长》等都是很好的例证，对中国观众而言，这种融合的译法避免了仅仅通过异化译法而使人摸不着头脑或不知所云的情况，从而鲜明地体现了影片的主题。

同样，国产影片《唐山大地震》译为 *Aftershock*（意为"余震"），归化和异化译法融合在一起，十分契合影片主题，侧重于表现大地震发生后对人们心理的影响，展现人们受伤的心灵。又如《中国合伙人》译为 *American Dreams in China*（意为"在中国的美国梦"）。影片讲述的是三个年轻人身怀美国留学梦想，但最终在中国圆了梦。译名既包含了"中国"这一模因，又顾及了剧情。

无论是归化、异化译法还是二者的融合，最终目的是要达到"信""达""雅"的统一，实现完美的跨文化交际。但是，影片译名需要有规范化的制约，不能随意而为，以致偏差甚远而为人诟病。

如《唐伯虎点秋香》(*Flirting Scholar*，意为"正在调情的学者")，剧中人物唐伯虎是中国古代名扬遐迩的青年才俊，他在影片中与秋香真挚相爱，这样的译名则显得相当轻佻。又如《霸王别姬》(*Farewell, My Concubine*，意为"再见了，我的小老婆")的译名亦未反映出影片的真实含义。影片中，自小一起长大的段小楼(饰演霸王项羽)与程蝶衣(饰演虞姬)合演的《霸王别姬》享誉京城，但两人对戏剧与人生关系的理解在本质上有很大的区别，段小楼深知戏非人生，程蝶衣则认为戏如人生。在影片的结尾，二人在分离了22年的舞台上最后一次合演《霸王别姬》，虞姬唱罢最后一句，用他送给霸王的那把注满感情和幻想的宝剑自刎，在霸王的怀中结束了自己的一生。片名中的"姬"，应是"虞姬"，"姬"在这里是"美人"的意思，"虞姬"则是"虞美人"，绝非义指"小老婆"。因此，其英文译名令这段民国时期哀婉幽怨的爱情故事的韵味丧失殆尽。

四、结语

在电影作为一种跨文化交际的手段时，归化译法通过在目的语文化中寻找与源语文化相似的模因，相对准确地将源语文化转换成目的语文化，带给观众相近的文化体验。异化译法直接将源语文化模因引入目的语，令观众感受到独特的文化信息。两种译法的有效融合可使源语文化模因与目的语文化模因的结合堪称完美，增强观众的理解力。此外，一些不太妥当的归化译法和异化译法则会影响源语模因向目的语的准确传播，需要进一步规范化。

参考文献

[1]何自然，何雪林．模因论与社会语用[J]．现代外语，2003，(2)．

[2]何自然．语言中的模因[J]．语言科学，2005，(6)．

[3]马萧，陈顺意．基于模因论的翻译规范思考[J]．解放军外国语学院学报，2014，(6)．

[4]尹丕安．模因论与翻译的归化和异化[J]．西安外国语学院学报，2006，(1)．

[5]朱安博．归化与异化：中国文学翻译研究的百年流变[M]．北京：科学出版社，2009．

[6]Chesterman, A. The View from Memetics[J]. Paradigmi, 2009, 27 (2).

[7]Dawkins. The Selfish Gene[M]. 30th Anniversary Edition. Oxford：Oxford University Press，2006.

[8]Distin, K. The Selfish Meme：A Critical Reassessment[M]. Cambridge/New York：Cambridge University Press，2005.

读《中国语法学史稿》

孙红玲*

[**摘要**]中国语法学史是中国语法学的一个分支学科,主要研究中国语法学发展的历史。一部语法学史不能仅仅满足于对史实做客观的介绍,而应把介绍与评论、回顾与指导结合起来,体现史才、史学、史识的统一。龚千炎先生的《中国语法学史稿》(语文出版社,1987)正好实现了这样一种统一,运用史论结合的研究方法,以翔实的史料和合理的编排记述了汉语语法学的源流变迁史。本文在通读《史稿》的基础上,对《史稿》所记述的汉语语法学史的分期和发展变迁做了简述和评论。

[**关键词**]语法学史;史稿

一、引言

中国语法学史是中国语法学的一个分支学科,主要研究中国语法学发展的历史。中国语法学史又称汉语语法学史,主要研究汉语语法学的形成、发展、变化的历史进程,总结过去的成就经验,指导今后的语法研究。

一部语法学史不能仅仅满足于对史实做客观的介绍,而应把介绍与评论、回顾与指导结合起来,体现史才、史学、史识的统一,龚千炎先生的《中国语法学史稿》(以下简称《史稿》)正好实现了这样一种统一,"以翔实的史料和合理的编排记述了汉语语法学的源流变迁史,为汉语语法学这门学科的进一步拓展提供了理论和方法上的借鉴"(蒋同林,1989),为后人指出了汉语语法研

---

* 孙红玲,女,山东淄博人,首都师范大学国际文化学院讲师,文学博士,主要从事汉语语法和国际汉语语法教学研究。

究的思路与方法。

《史稿》将中国语法学史分为四个时期,即:

1. 酝酿、萌芽时期(公元前475—1897)
2. 草创、模仿时期(1898—1937)
3. 探索、革新时期(1938—1949)
4. 发展、繁荣时期(1949—现在)

全书的编排也按此分期编为四章。但汉语语法学的发展不是孤立的,而是与中国的社会变革、中西学术的交流、语言学相关学科的远近、语法研究方法的变迁联系在一起的,是内外因素相互作用的结果,因而对汉语语法学史的分期就不能单一地只以某一因素作为标准。纵观《史稿》全书,我们更倾向于以下这种划分,即在《史稿》的分期基础上,以社会的变迁为主线,同时参以其他因素,将汉语语法学史做以下分期:

1. 漫长的自发萌芽时期(《马氏文通》以前的古汉语语法研究)
2. 自觉的模仿建立时期(1898—1937)
3. 革新探索时期(1938—1949)
4. 语法知识普及与曲折发展时期(1949—1977)
5. 走向繁荣和独立的新时期(1978—现在)

二、漫长的自发萌芽时期

《马氏文通》以前虽没有体系完整的语法学,但古人在长期的识字、训义、释文、写作、阅读、欣赏以及评论中也产生了他们对语言的组织结构的认识。《史稿》提到,在"春秋三传"中已经有了关于语法的研究,并列举了部分例文,这或许就是汉语语法分析的起源。《史稿》还谈到了虚词、句读、语法及句法等问题,足见古代汉语语法研究内容的丰富性。从《史稿》看,古代汉语语法研究有以下几个特点。

第一,决定古代语法研究的两个基本因素是目的性因素和受古代汉民族思维特点制约的学术方法论传统。古代对语法研究同语音、文字及其他方面的研究一样,首先是为了通经致用,即为了研究所谓的经文就产生了为经文而存在的文字学、音韵学、训诂学,而对语法的研究就隐含在其中并受其制约。另一目的便是应试作文。但不管是何种目的,这都表明古代语言文字研究的一个基本特色便是带有相当多的功利实用性,缺乏学科的独立性和理论兴趣。这是制约古代语言文字研究包括语法研究的价值、方法、取向的一个重要因素。同时,疏于分类、轻于实证、略于逻辑、忽于书语的学术方法论传统又制约了语法学不能走科学化道路。

第二,实用的目的使得古代语法研究主要集中在句读之学和虚字的研究上,它体现了古代语法研究在研究对象和内容上的实用性。由于不能对古语进行科学研究,所以也就无法形成系统的语法学。

第三,古代语法研究的成果往往散落在训诂学、修辞学、文章学中,所以缺乏学科独立性。

《马氏文通》以前的中国虽然没有系统科学的语法学,但它闪耀光辉的语法见识和独特的研究方法,对开拓汉语语法学的未来和探讨汉语语法的特点,形成有中国特色的语法学是功不可没的。而且,近年来人们所倡导的语修结合论、三个平面理论、重视语感的意合论等,也都与古代的语法研究有直接或间接的借鉴关系。

此外,《史稿》还探讨了汉语语法学迟缓产生的原因,分别从社会方面的外因和语言本身的内因进行了各有侧重的分析。外因主要是古代的教育方法受教育的对象、语言文字研究学习的目的、汉语的封闭性以及汉人的整体思维模糊等因素的制约;内因则主要是古汉语词无形态变化、词语组织无形式标志、汉字与汉语词的特殊对应关系等,共同限制了汉语语法的研究,致使汉语语法学迟迟不能产生。

三、自觉的模仿建立时期

《马氏文通》和《新著国语文法》两大巨著的诞生,标志着中国人对汉语语法结构规律的自觉探讨开始。综合《史稿》之概述,该时期的语法研究主要有以下几方面的特点:

第一,较强的公益实用目的,即都是为了有利于语言文字的学习,以达到启迪明智、唤醒民众、救国救民的作用。

第二,总体都打上了那个时代的烙印——带有明显的模仿痕迹,而且是模仿某一具体语言的语法学体系。

第三,一种急功近利的心态使得语法学家大都着眼于体系的营建,缺少对汉语语法专题的细心描写与分析。

第四，当时在语法学思潮上表现出较强的普遍语法倾向，没能意识到汉语语法的独特之处。

第五，在研究对象上，经历了文言语法到白话与文言语法并重并互相沟通的转变。

第六，研究重点上经历了以词为中心到句本位的转变。

该时期最重要的两部语法著作是马建忠的《马氏文通》和黎锦熙的《新著国语文法》。

《马氏文通》是我国第一部具有科学体系的系统的语法著作。它的出版标志着汉语语法学的诞生。《马氏文通》的产生有其深刻的社会文化根源，它是西学东渐主流下的一个重要成果，也是为挽救中国、学习西方以达到以夷制夷目的的一个成果。

《马氏文通》是模仿拉丁语语法体系来建构汉语文言文语法学的，但也部分地认识到中西文语法结构的差异，因而在编写体例上有所创新，打破了传统语法以形态为主的体例，建立了以句读为主，以句法统帅词法的体例，所以例言中明确地指出："是书本旨，专论句读；而句读集字所成者也。惟字之在句读也必有其所，而字字相配必从其类；类别而后进论夫句读焉。"但实际上，本书的核心仍是词类问题，所以实行起来并未如愿。

《马氏文通》共十卷，卷1"正名"，分别给有关字类、句子成分、位次、句、读、顿等28个名称术语下定义。卷2~6专门讨论实字；卷7~9论虚字；卷10讨论句读。该书建立了字、顿、句、读四级语法单位，建立了我国第一个句子成分系统，在词法上形成了字类体系及字类观、位次说。由于该书以字义作为划分字类的标准，汉语词的词汇意义是多义的，词汇意义并不完全一致，尤其他把同形词、词的活用、兼类等都看作多义现象，就必然会出现"字无定义，故无定类"的结论，而为了维持字类与句子成分的对应关系就必然出现字类假借说。

关于人们对《马氏文通》的评价，《史稿》简略的陈述了作者的观点。我们认为，《马氏文通》是中国语言学步入现代语言学的开端，它一反中国传统学术只重视体悟的方法，一改传统学术所欠缺的理论体系的完整性、概念表达的明确性、逻辑分析的严密性、语言分析的细节性，做到概念术语完备、明确，便于界定，为整个语法学的建立提供了可以意会、更可言传证实的基础。它建立的字、顿、句、读四级语法单位和它对古汉语词类系统、句类系统的描写，以及对文言文结构成分和方式的分析，共同建立了一座语法学的大厦。同时，《马氏文通》还注意了语言、文字的社会功用，开始有意识地把语言文字从通经致用的经学附庸中解脱出来，把语言文字的研究成果看作提高教育水平、启迪明智、救国图强的工具。

然而，从世界语言学史来看，19世纪末历史比较语言学达到了顶峰，以研究语言结构系统为目的的现代语言学开始形成，对活的语言的共时描写受到重视，而同样产生于此时的《马氏文通》却以经典古文为研究对象，轻视活的口语，看不到语言的发展。同时，它认为各国语言皆大致相似，缺乏民族性，所以就某种意义上说，《马氏文通》还是传统语文学或传统小学的集大成者。

关于《马氏文通》的模仿，我们认为这是当时社会文化的产物，是合乎当时思潮主流的，而且模仿对冲破传统小学的藩篱走语言研究的科学道路也是必要的，为我所用的模仿在学术发展史上也是正常的。

另外，《马氏文通》的模仿固然存在弊端，但其中也不乏创造。它不仅注意到语言的共性，也在一定程度上看到了汉语的个性，因而从语言事实中总结出汉语文言文中许多可信的规律，于模仿中多见创造，如重句法，从意义角度划分词类、注重助字；认为短语可以做句子成分等。

《马氏文通》之后效仿而生的一大批文言文语法著作也不少，比较有代表性的主要有章士钊的《中等国文典》，刘复的《中国文法通论》，陈承泽的《国文法草创》，金兆梓的《国文法之研究》，杨树达的《高等国文法》等。

该时期白话文语法书的代表作当属黎锦熙的《新著国语文法》（以下简称《文法》），其他如杨伯峻的《中国文法语文通解》、胡以鲁的《国语学草创》等，也很有特色。特别是何容的《中国文法论》，既是对第一时期语法史的总结，是我国第一部也是新中国成立前唯一的一部语法学评论著作，也是第一部汉语文法史专著。但与《马氏文通》和《文法》两部巨著比，这几部著作的影响显然不及二者。

《文法》的出版标志着现代汉语文法学的诞生。

《文法》在体例上用的可以说是寓圆周法于进程之中的编写法，目的是为了达到一书多级制，比如1~3章是《文法》的基本内容，是一个圆周，全书的基础;4章、5章、12章、13章是一个圆周;中间的6~11章是各词类的一个细目,专供自习检查时参考之用。14章以后供进步提高用,其中19章又是全书的总结,图解法的总示范。

全书之首有一引论,主讲两大问题:句本位的文法与图解法。这也是该书最有特色的两点。句本位的语法观简言之即六大成分、九词类、七实位。具体讲即先分句子为六大成分,以六大成分来统率九词类,然后依据词在句中的语法功能划分实体词的七个实位,进而研究复句、句群、段落、篇章。

关于对《文法》的评价,《史稿》认为其最大的贡献在于帮助确立和巩固了白话文的地位,创建了宏大的"句本位"的语法体系,建立了一套"中心词分析法",而它最大的缺点也在于"句本位"体系。"凡词,依句辨品,离句无品"在语法史上产生了消极的影响,"中心词分析法"也抹杀了汉语句子的层次性。缺点不可否认,但同时也要认识到,《文法》是我国第一部具有自己独特体系的描写白话文语法的著作,具有开创性。

四、革新探索时期

1936年,王力发表了《中国文法学初探》,该书成为中国文法革新的宣言书。该时期的语言学家注重运用西方普通语言学理论,注重对汉语语法的特点作细致的描写,因而有批判与创新的精神。

马建忠在1898年创立了汉语的语法学,此后的一段时间内,汉语语法研究的总体特点是对西方语法体系的模仿。尽管像《国文法草创》一类的书已经提出了革新或修正,但终究没有突破模仿的界线。随着汉语文法研究的深入和研究经验、方法的不断积累,以及西方普通语言学理论方法的流入,人们逐渐开拓了语法研究的视野,对前一时期的语法研究的模仿弊病越来越不满。到了20世纪30年代中后期,汉语语法学开始以西方普通语言学理论来审视汉语,开始有意识地挖掘汉语语法的特点,更多的不是着力于对体系的引进与建构,而着力于用新的方法理论(归纳法和比较法)来描写语法事实,总结汉语语法规律,这便使汉语语法学进入革新探索时期。

1936年1月,王力《中国文法学初探》的发表成为中国文法革新的宣言书。1938年10月,陈望道等人在上海发起对汉语语法的讨论,成为中国文法革新讨论正式开始的标志。40年代以后,吕叔湘的《中国文法要略》,王力的《中国现代语法》与《中国语法理论》，以及高名凯的《汉语文法论》，成为该时期语法研究所取得的重大成果，代表了新中国成立前汉语文法研究所达到的水平。

该时期的语法大讨论，从1938年10月一直持续到1943年3月，历时四年半，讨论的目的很明确，即"以科学的方法、谨严的态度编造中国文法体系"。主要参与者有陈望道、方光焘、傅东华、张世禄、金兆梓、廖庶谦等人。讨论的涉及面也很广，主要包括以下几个问题：关于新旧体系问题；关于文法研究的对象；关于划分词类的标准——"一线制"与"双轴制"的问题；关于白话文语法与文言文语法的合一问题。值得一提的是方光焘的广义形态理论，该理论认为文法学是以（广义）形态为对象的，要从形态中发现含义，主张"凭形态来建立范畴，集范畴而构成体系"，从而提出了对后世影响至深的广义形态理论。同时，在词类划分的标准上方光焘在30年代便提出了他的卓见，认为词性不必一定要在句中才能辨别出来，从词与词的相互关系上，词与词的结合上也可以认清词的性质。

但平心而论，真正做出实质性贡献的还是北方的革新派学者吕叔湘、王力、高名凯，他们的著作揭示了汉语的特点，建立了新的体系，从而扭转了模仿局面，开创了我国语法学史上的革新时期。

五、普及与曲折发展时期

新中国成立十七年的语法学同当时中国的政治环境息息相关，既有长足发展，同时发展中又有曲折。首先，语法知识大普及，全国掀起了学语法、讲语法、用语法、研究语法的热潮，如党和政府对语法学的重视，全国性语言研究机构和语文杂志的产生，研究人员和研究成果的大批涌现，注重语法的实用性和语法知识的普及等。其次，全国性教学语法体系的建立和教材建设，主要是《暂拟汉语教学语法系统》（简称《暂拟系统》）的建构、制订和几本大学通用教材的编写。此外，结构主义的界定和汉语文法研究也在曲折中不断发展，主要体现在赵元任的《国语入门》、丁声树的《现代汉语语法讲话》以及陆志韦的《汉语构词法》这几本专著上。

在结构主义的方法被借鉴并受其影响的同时，在可能有的宽松的气氛中，50年代的语法虽有曲折却仍有发展，自觉的全国性的语法讨论不断兴起。

(一)汉语词类问题的讨论

词类问题一直是汉语语法研究的热点和难点。到 50 年代，汉语的词类问题还存在许多不能令人满意的结论或看法。1952 年苏联的康拉德在《语言学问题》上发表《论汉语》，虽然批判了西方一些人关于汉语的一些错误观点，但却认为汉语是有形态的语言，主观地给汉语找出一大堆所谓形态。1952 年，《中国语文》转载该文。1953 年，高名凯发表《关于汉语的词类分别》一文，反对康拉德的观点，坚持认为汉语的实词不能分类，这种观点引起了新中国成立以后第一次汉语语法大讨论，即汉语词类问题的讨论。

从 1953 年 10 月到 1955 年 7 月，这场讨论一方以高名凯为代表，先后发表了《关于汉语的词类分别》(1954)、《再论汉语的词类分别》(1954)、《三论汉语的词类分别》(1955)，始终主张汉语的实词不能分类。另一方则反对高名凯的观点，认为词类有别，如曹伯韩、王力、胡附、文炼、吕叔湘、黎锦熙、俞敏及苏联穆德洛夫。这次讨论的关键是划分词类的标准问题。高名凯认为标准只能是狭义形态，汉语中的构词形态不足以作标准，因而汉语的实词是不能分类的。反对方则认为划分词类的标准不应仅仅是词的形态变化，词的句法功能、词与词的组合关系、鉴定字、声调变化以及词的意义等都可以作为标准，只不过有主次之分。

讨论取得了丰硕的成果，如普遍认为汉语的实词可以分类；明确了词的分类是词的语法分类，意义只能作为参考标准；明确汉语有形态，但非严格意义上的；明确了狭义形态不是划分词类的唯一标准，而应以词的语法功能为主，辅以其他标准。

讨论中产生了一大批优秀论文，如胡附、文炼的《谈词的分类》(1954)、王力《关于汉语有无词类的问题》(1955)、吕叔湘《关于汉语词类的一些原则性问题》(1955)。中国语文编辑部的《关于汉语有没有词类问题的讨论》宣告词类问题讨论结束。

(二)汉语主宾语问题的讨论

关于主语、宾语的确定标准，早期倾向于以意义为标准，即施事为主语，受事为宾语。1952 年，《中国语文》上连载的《语法讲话》受结构主义影响主张按位置来确定，即 V 前的为主语，V 后的为宾语，两种方法无法统一。1955 年 7 月到 1956 年 4 月，在语文学习编辑部的发动下，关于主宾语问题的大讨论开始。1955年7月,吕冀平在《语文学习》上发表《主语和宾语的问题》一文,成为此次讨论的宣言书。

讨论中有些人强调以意义或逻辑为标准,如王宗炎、傅子东;还有些人倾向于以结构形式为标准,如徐仲华、邢公畹、洪心衡等。但到底什么是结构形式也有争议,所以随着讨论的深入,人们以为不能单以语序位置或施受关系为标准,应将意义与形式结合起来,具体问题具体分析。

此次讨论成果并不理想,原因是现有材料与调查研究不够,讨论往往局限于几个例子,就事论事,而且理论深度也不够,说理往往使对方难以信服。但讨论使人们普遍认识到,语法研究要走形式与意义相结合的道路,否则很难有圆满的分析与解释。

(三)汉语单复句问题的讨论

汉语的句子客观上可以有单句、复句之分,只是由于各家所采用的划分标准不同,对复句的认识也有差异,所以划分的结果并不一样。胡附、文炼在《现代汉语语法探索》中专门讨论了复合句问题,批评了《语法讲话》把停顿作为区分三者主要标准存在的问题。1957年,孙毓萍在《中国语文》上发表《复合句和停顿》一文,对胡附、文炼的看法提出质疑,认为停顿仍不失为一个标准,从而引起这场关于单、复句问题的大讨论,讨论从1957年1月一直持续到12月。

这次讨论参加的人不多,发表的文章也不多。主要的论文有郭仲平《单句复句的划句问题》,这是最基础也是最好的一篇。曹白韩《谈谈包孕句和单句复句的关系》,认为包孕句应归为单句。刘世儒《试论汉语单句复句的区分标准》发表在1957年第5期的《中国语文》上,该文提出以成分划定法作为标准,这一提法倒可以使大家能更清楚地认识到单句复句的区别。

(四)关于形式与意义相结合的讨论

在主宾语问题讨论中,人们认识到,应把形式与意义结合起来,但在此之前的汉语文法研究则主要是偏重意义,忽视形式;《语法讲话》则偏重形式忽略意义。1959年3月,中科院语言研究所现代汉语小组发表了《语法研究要求加强协作》,提出我们研究语法的主要精神是遵守二者结合的原则,这以后到1962年,有人对此展开了讨论,历时三四年。

但此次讨论没有正面交锋,也无人组织,论文也不集中,主要有徐思益

《谈意义和形式相结合的语法研究原则》,文炼《论语言学中形式和意义相结合的原则》,李临定、范方莲《语法研究应该依据形式和意义相结合的原则》,以及陆志韦《试谈汉语语法学上的形式与意义相结合》。

(五)由《说"的"》引起的关于方法论的讨论

1961年12月,朱德熙发表《说"的"》一文,文章采用美国描写语言学的分布理论,依据语言单位在语法功能上的同一性原则,把现代汉语中常用的语素"的"分化为三个同形语素的$_1(adv.)$、的$_2(adj.)$、的$_3(n.)$。该文分析方法独特,结论与传统语法不同。更重要的是他全面系统地引进了功能、分布、层次、同一性、常体、变体、互补、变换等描写语言学的概念、方法、原则,并使之与汉语专题语法研究结合起来。文章发表后引起了极大的反响,吕叔湘、方光焘、陆俭明、黄景欣等分别撰文或做报告来讨论由该文引起的有关描写语言学的方法、原则、术语的理解与运用问题。

此外,讨论涉及描写语言学在中国进一步引进、运用,以及现代汉语语法研究方法的原则问题。参加的人虽然不多,但有限的几篇论文质量都很高。

该时期的语法研究取得了丰硕的成果,量虽不多,质却很高。如黎锦熙与刘世儒该时期编写的一大批著作与教材,都是对"文法"的修订、增删与补充。这些著作全面具体地反映了黎派的语法思想及语法教学体系,是研究语法的重要资料。此外,赵元任的《北京口语语法》、陆志韦的《汉语构词法》以及方光焘、胡附、文炼的语法研究,都成为语法学史上不可忽视的重要研究资料。特别是该时期吕叔湘和朱德熙两位大家合作的《语法修辞讲话》,更是产生了意义深远的影响。朱德熙先生的著作以崭新的方法、丰富的材料、细致的分析、严密的论述而成为开一代之先风的著述,对汉语语法学的深入和发展起到了深远而积极的影响,对汉语语法理论的研究做出了卓越的贡献。

该时期最值得一提的是丁声树的《现代汉语语法讲话》。该书是美国描写主义语言学的理论方法在现代汉语中的初次成功运用,有人称该书是当时大陆出版的最好的一本语法书,最早以《语法讲话》为名在《中国语文》上连载。该书之所以得到如此多、如此高的评价,主要是因为它吸取了美国描写语言学派语法理论的精髓,同时也吸收了传统语法的长处,并能结合汉语语法的实际情况予以取舍与创新,因此在汉语语法研究的方法论上有开创性意义。根据《史稿》的介绍,《现代汉语语法讲话》在方法论上的开创性可以从以下几方面来概括：

第一，在研究对象上，口语与书面语并重，口语又以北京话为主，书面语以现代文学作品为主，纯粹讨论现代汉语。

第二，尽量从事实出发，不从定义出发，很少单纯地下定义，只想通过举例说明问题，用大量具体的例子来引导读者独立思考，体现了描写语言学客观描写的特点。

第三，在形式与意义相结合方面，以形式为主，但也结合意义进行分析。《史稿》认为它"一般做得还好，但有欠缺，主要是有时偏于形式方面，有时又偏于意义方面"。但无论如何，该书开了方法论的先锋，欠缺固然存在，贡献却也不可置疑。

第四，运用了结构主义的分布理论来划分词类，用层次分析法来分析句子，以句法结构为中心来描写语法构造，用位置来确定句子成分，注重句子的特殊格式，如兼语句、连动句，还有重视语序等，都体现了对结构主义的借鉴，但作者也不拘泥于结构主义，如分析句子时既讲层次又讲关系与成分等。

第五，用例精当，这也是历来都为后人所称道的。《史稿》说"尤其令人拍案叫绝的是《讲话》的例句。它往往让所要说明的问题在一个例句里同时出现，这样相互映衬，从而达到了最佳效果"。

总之，该时期的语法研究虽有曲折，却仍涌现出了一批高质量的著作，表明汉语语法研究一直都在不断前进和发展。

六、走向繁荣的成熟时期

1966年到1976年，汉语语法研究进入了停滞时期，该时期只有为数极少的学术成果问世。1978年以后，汉语语法学重又获得了新生。1978年5月，《中国语文》复刊，标志着中国语言学研究的新起点，1979年吕叔湘出版了继往开来的《汉语语法分析问题》，标志着汉语语法研究进入了新的历史时期——走向繁荣和成熟的新时期。该时期语法研究的特点主要表现在以下几个方面：

(一)学术气氛浓厚，学术活动频繁

标志语法研究热潮到来的首先是各界学术团体的成立、群体性学术活动

的开展、学术刊物的出版发行以及专业出版社的建立。该时期中国语言学会、中国社会科学院语言研究所、国家语委的成立,以及《中国语言学报》、《语法研究和探索》等刊物的出版,特别是1978年《中国语文》的复刊,1979年《语言教学与研究》的创刊,1981年《语文研究》、《汉语学习》、《语言研究》的创刊,1987年《世界汉语教学》的创刊等等都表明,新时期的语法研究正走向繁荣和成熟。

(二)研究队伍"三辈协进,后劲十足"

新时期语法研究队伍出现"三辈协进,后劲十足"良性循环的大好局面。以吕叔湘、朱德熙、胡裕树、张斌为代表的老一辈学者,发扬人梯精神,以深厚的学术功力、丰富的学术经验、良好的学风以及开创性的论著,影响并推动了新时期的语法研究。比如结构主义成为新时期语法研究的主流;变换分析、语义特征分析方法的运用和推广;配价语法的引进;古代汉语、近代汉语、现代汉语以及普通话与方言的多角度互证的研究方法的形成;结构、语义、表达三个层面互相渗透的研究思路;对汉语特点及研究方法的重新认识;词组本位观的倡导;等等,都与朱德熙、张斌、胡裕树等老一辈学者的研究有极大关系。

而中年学者则成为此时期的语法研究主将,如李临定的句型与特殊句式研究,范继淹的语法语义关系研究,胡明扬的语法理论研究,史有为的柔性语法研究,刘月华的对外汉语教学语法研究等,都很有建树。而邢福义、陆俭明的虚词词类研究、范晓的短语动词三个平面理论,徐枢的句法语义关系研究以及范开泰的语法理论研究等,则是新时期现代汉语专业语法研究主流中的又一重要组成部分,这批学者也成为培养年轻一代人才的博导,担当着未来人才培养的艰巨任务。事实证明,该时期毕业的青年学者,他们通过语言学沙龙、青年语法讨论会、现代语言学研讨会等活动展示了自己的实力,从而成为当前汉语语法研究的主力,如马庆株、李宇明、张国宪、沈家煊、邵敬敏等,都是这些主力中的佼佼者。

可以说,新时期汉语语法学的繁荣与发展正是老中青三代共同合作、互相支持的结果。

(三)语法分析的方法手段不断更新

优化的研究方法的选取是新时期汉语语法研究走向繁荣成熟的又一必要

保证。在消化吸收国外语言学理论和继承优良传统的基础上必须不断更新方法、改造手段。80年代以前，从总体上说汉语语法是传统语法的天下，80年代初结构主义很快成为新时期语法研究的主流。随后人们对新方法探索和尝试的势头不减，从句子成分分析法到层次分析法、变换分析法、语义特征分析法、语义指向分析法，直到格语法、配价语法理论的运用以及功能主义的尝试等都表明，汉语语法学在静态的句法结构和语义结构研究上，手段与方法在不断革新与发展。而与此同时，一种动态、静态分析相结合的倾向又迅速产生，这首先表现在三个平面理论的倡导上；其次表现在突破共时与历时、普通话与方言的界线，提出普方古三角互证的新思路；再次便是大语法观念的形成。这些都表明，汉语语法研究在一步步贯彻形式与意义相结合的总原则。

（四）研究渐显特色，风格渐趋明显

新时期汉语语法学经过三代学者二十年的努力，已逐步形成自己的传统与风格，这充分表明汉语语法研究已开始走向繁荣与成熟。新时期的汉语语法研究在对待国外语言学理论上能做到借鉴与创新相结合，引进、消化、发展三结合。在这种形势下，汉语语法学形成了一定的流派，一些语法学家也形成了自己的研究特色与取向，可谓风格特色渐趋明显。

（五）研究成果质高量多

新时期语法研究的成果主要体现在两方面：汉语方法事实的调查与汉语方法规律的总结，如汉语理论语法的代表《语法讲义》，应用语法的代表《现代汉语八百词》，实用语法的代表刘月华的《实用现代汉语语法》等。另外，汉语方法理论探索方面也提出了不少有价值的理论与观点，这都是新时期汉语语法研究成果的体现。

该时期重要的语法著作主要有吕叔湘的《汉语语法分析问题》，朱德熙的《现代汉语语法研究》，赵元任著、吕叔湘译的《汉语口语语法》等。另外集结中年语法学者语法研究论文的《语法研究和探索》也是很有影响力的著述，在语法学史上占有重要地位。《史稿》也提到了三本大学通用的《现代汉语》教材，并从不同的角度对其作了简单而客观的评述。

该时期析句方法的讨论及全国语法和语法教学讨论会的召开都体现了新时期语法研究的繁荣和发展。虽然讨论大都就事论事，但都表明了大家为推进汉语语法学的发展而在不懈地努力。特别是纵观该时期的语法研究,大家都认识到,新时期的语法研究不能绝对地单一化,必须走大语法观念的道路,在研究倾向上普遍在努力地实践形式与意义相结合、描写与解释相结合、动态与静态相结合、事实与理论相结合、主流与多元相结合、借鉴与创新相结合、研究与应用相结合,以及普方古相结合,等等。所以总体来看,该时期的语法研究不论是在研究对象上,还是在研究的单位、目的、方法、手段及重心上,都有新的突破和创新。

七、全书的结束语

《史稿》最后指出:"学习中国语法学史的任务,就是总结规律,借鉴前人,用以指导现代汉语语法的学习和研究,并且指出它的发展趋势。"

回顾百年语法学史的发展,我们会清晰地看到它的发展轨迹及特点:它的发展受制于实用目的和文化社会,又与对国外语言学的借鉴分不开,更离不开对汉语语法事实的控制和描写。汉语语法学的发展就是对汉语语法特点认识的不断发展。百年汉语语法学史启示我们:汉语语法研究必须走形式与意义相结合的体式,必须走归纳与演绎、描写与解释、借鉴与创新、动态与静态相结合的体式。

展望21世纪,汉语语法研究还要不断努力,取长补短,挖掘潜力。在研究对象上,要走普方古相结合的道路;在研究手段上,必须走与现代社会科学、自然科学相结合的道路;要继续发掘汉语语法事实,探索汉语法理论;研究目的上应该为自然语言的理论和对外汉语教学服务;研究方法上要与语义、语用相结合,向功能、解释迈进;研究队伍上要优化研究者的知识结构,培养高层次研究人员。唯有如此,中国语法学的前景才是光辉灿烂的。

参考文献

[1]龚千炎.中国语法学史稿[M].长沙:语文出版社,1987.

[2]蒋同林.读《中国语法学史稿》[J].汉语学习,1989,(2).

[3]林玉山.近20年中国语法学研究概述[J].福建师范大学学报,2000,(4).

[4]林玉山.汉语语法学史研究述论[J].漳州师范学院学报,2011,(4).

[5]邵敬敏.八十到九十年代的现代汉语语法研究[J].世界汉语教学,1998,(4)

对初级阅读课堂教学的几点思考

赵 硕 张 桐*

[摘要]本文针对首都师范大学初级阶段学生在阅读课中普遍存在的识字速度慢、语块概念弱和学习兴趣低的问题进行了总结,并从加强词汇训练(包括语素学习、构建语块概念、建立语义网络和重视词汇复习)、训练长句短读和提高课堂趣味(包括组织课堂小组竞赛、听说读写结合和丰富课后实践)方面归纳出了提高学生阅读水平的教学方法。

[关键词]首师大学生;初级阅读;教学方法

一、引言

由于中国的快速发展,来中国学习汉语的学生越来越多,这些学生想要学好汉语就离不开阅读,只有具备了良好的阅读能力,才能真正学好汉语。而阅读课作为对外汉语教学中的一种重要课型,起到了扩大留学生汉语词汇量,了解中国历史文化、风土人情,培养良好的阅读习惯等作用,因此本文主要从初级阶段学生普遍存在的问题和针对课堂阅读教学方法两个方面进行了总结。

二、学生普遍存在的问题

首师大针对初级阶段学生的阅读课是在本科一年级下学期开设的,也就是学生刚刚接触汉语半年的时间。在教学实践的过程中,笔者发现学生在阅

---

* 赵硕,女,北京人,首都师范大学国际文化学院讲师,主要从事二语习得研究。
张桐,女,北京人,首都师范大学国际文化学院讲师,主要从事二语习得研究。

读方面主要存在以下几个问题:

(一)识字速度慢

初级阶段要求的阅读速度应为80~100字/分钟开始,逐步提高至100~120字/分钟,但是学生普遍达不到这个标准。由于汉字有表义文字的特殊性,与大多数的表音文字存在着本质上的区别,所以对初级阶段的学生来说,有一定的难度。在阅读过程中,有些学生还无法摆脱掉"拼音"这根拐杖,如不尽早改掉这个不良习惯,则会影响日后的进阶。另外,汉语中存在着大量的形似字,每个笔画或者部件的位置一旦发生变化,就会形成新的汉字,如:"田—由"、"至—到"、"但—担"等等,这会给学生的识读带来不小的挑战。

(二)语块概念弱

语块概念在汉语阅读中扮演着举足轻重的角色。由于汉语在书写时字字相连,中间并没有间隔符号,这个语言特点给初级阶段的学生造成了很大的阅读障碍。在很多学生的头脑里并没有形成语块的概念,他们会把一个词拆成单个字去认,逐个字去读。或者把不属于同一个意思的词组合起来进行阅读,导致了不能整体把握句子的意思。这样,严重地影响了阅读速度,因为读完一遍以后并不能理解其意思,只好进行二次加工。但是由于错误地断句,对文章内容的理解出现了偏差。

(三)学习兴趣低

课堂上的生词量和阅读量普遍比较大,由此给一些学生造成了畏难情绪,学习兴趣也自然而然地降低了,学习效率必定大打折扣,最终会形成一个恶性循环。教师如何合理安排课堂教学进度,循序渐进地培养阅读能力,采用灵活多变的教学手段是至关重要的。只有提高了学生的阅读兴趣,才能让他们自主地、自发性地学习。

三、对阅读课堂教学的几点思考

(一)加强词汇训练

通过教学实践发现,词汇是提高阅读水平的重中之重。词汇量不足和词义掌握不准确成为限制学生水平提高的一大瓶颈。想掌握一个词语就要了解它的形式、意义(概念,联想)、位置(语法句型,搭配)和功能(频率,得体性)。下面介绍在词汇教学中应该注意的几个问题:

1. 强调语素学习，掌握构词规律

语素是汉语词汇系统的核心，也是最基本的元素，所以语素记忆是扩大词汇量，加快认字速度的重要方法之一。

首先，语素意义和语义有着密切的联系，构词时大多数的词义可以通过语素义得以体现，即使发生变化也是可以发现其规律的。基于苑春法的"汉语构词研究"一文研究结果显示，以二字名词为例，词义是语素意义组合的词占76.66%，词义与语素意义有关但不完全是语素意义的占7.83%，可见，语素意义在词汇中大多被保留下来了。比如：初级阶段出现的"同屋"一词，除了知道它的音形义以外，还要有意识地让学生了解"同"这个语素的意义。"同"指的是一起，一起住在房间里的人就是"同屋"。然后教师可以通过提问的方式进行归纳和总结。"一起学习的人，怎么说？""一起工作的、做事的人，怎么说？"学生自然而然就会想到"同学"和"同事"。经过不断地训练，逐步让学生建立起根据语素来学习词汇的学习习惯。

其次，认知网络得以确立。在语言学习的过程中，已有知识都将作为新知识的铺垫和基础，并积极地作用于认知的过程，经过分析、加工，最后获得新认知。对第二语言学习者来说，并不会像母语学习者那样自然地理解语素之间的关系，所以这就需要教师讲解词汇的基本构成知识，进行语素分析，以旧带新，才能让他们的头脑中形成一个词汇的认知网络。比如：学生知道"效果"的意思，通过一系列的提问，帮助学生建立起"有效"、"无效"等基于"效果"这个含义的整体认知链。

2. 构建语块概念，提高阅读速度

语块是Becker(1975)率先提出的理论，他认为语块是以整体形式储存在大脑中的词汇组合，强调了词与词之间的特有联系。它的形式、结构、意义相对比较固定。实践证明若想提高阅读速度，就不能逐字去读，而是要把句子按照语块来划分，便于直接把语块从大脑中提取出来，省去了分析加工词汇的环节，从而缩短了每一次眼睛停留在文字上的时间。另外，每一种语言的词汇搭配都是有规律和规则的，语块的积累还有助于学生汉语语感及思维的养成，提高了语言敏感度，使学生避免使用母语的语言习惯进行思考和表达。

因此，教师在课堂上要培养学生的语块意识，注重以语块的形式进行输入,不仅要讲授词汇的意思,还要拓展多种语块,让学生对语块概念更加清楚明了。语块的讲解要在一定的语境下进行,便于学生的理解和练习。

语块分为四种,第一是词组归纳。如:讲解"办理"时,要给出相应的搭配,"办理手续"、"办理业务"、"办理银行卡"等,可以作为整体来记忆和输出。第二是惯用表达。如:"民以食为天","远在天边,近在眼前","不到长城非好汉"等,这些在阅读材料中出现时,以整体来看待即可。第三是固定结构。如:"借着……机会","在……帮助下"等,依据表达需求,中间部分可替换成不同的语句,就出现了"借着这次旅游的机会,我可以好好放松一下","借着来中国留学的机会,我要参观各地的名胜古迹","在教师的帮助下,我取得了进步","在朋友的帮助下,我解决了这个困难"等句子。万变不离其宗,只要能够提取出固定结构,就有助于语句的理解。第四是句型框架。如:"不是……而是……","除了……以外,……",填入不同的词汇和语句,能表达出千变万化的意义。通过填充就产生了"他努力学习不是只为了通过考试,而是为了提高汉语水平。""除了健身以外,我还喜欢听音乐。"如果没有句型结构的支撑,学生阅读时会遇到很大的障碍。

笔者在课堂上滚雪球式地反复总结、练习这些常用词汇、习惯用语、词语搭配,让学生在课后多读多看,建立词语和词语之间的联系,这可以帮助学生积累相关语言知识。此外,还要鼓励学生在课外也要进行语块的积累,不能只局限于课堂上教师的讲解,只有通过积极地学习才能达到良好的效果。

3. 建立语义网络,加快词汇输出

初级阶段的阅读文章涵盖了校园、饮食、购物、交通、租房、通讯、旅行等多种多样的题材。每一种类型的文章都有着自己典型特点的词汇,按照主题的分类整理记忆,使之相互之间建立起一个有机的联系。需要注意的是,教师在总结和扩展的过程中,要尽量筛选出频率高的词汇。并且为了更高效地完成记忆,教师最好采用联想的方法,把同一模块的不同词汇通过几条主线串联起来。比如,关于通讯的题材,可总结出与手机硬件这一条主线的相关常用词,如:"充电器、主机、电池、耳机、型号、保修、有效期"等。还可总结出与手机上网套餐这条主线有关的词汇、如:"优惠、流量、通话、短信、充值、免费"等。这样一来,就能做到用一个词带动一连串词语的记忆。定期完成类似的归纳以及头脑风暴可以帮助学生建立起词汇的语义联想网络,以点带面，帮助学生复习和扩大词汇量。

另外，还可以根据阅读的需要整合出表示因果、转折、比较、列举等关系的词语。如：关于因果关系的有，"因为、由于、毕竟、和……有关系、因此、造成"等一系列词语。通过不断地消化，让学生的头脑中形成不同的语义模块，便于阅读时快速地反应出来。

最后，成对成组地学习近义词、反义词，一个生词与几个词联动，使之成为一个整体，让学生记忆效率更高，提取速度更快。如："兴奋"的近义词有"高兴、开心、兴高采烈"等。但是要注意的是，不要一股脑儿地把所有的近义词灌输给学生，而是要通过日常练习来进行积累，最后形成一个较为丰富的近义词体系。

4. 重视词汇复习，加深长期记忆

德国心理学家艾宾浩斯研究发现，遗忘在学习后立即开始，而且遗忘的过程是不均匀的。最初遗忘的速度很快，以后逐渐放慢。有人做过一项实验，如果不复习的话，第二天只记住了其中的25%，随着时间的推移，遗忘的速度也会减缓。相反，若按时复习的话，会保持98%的记忆率。

因此，教师要督促学生在课下完成复习的工作，课上进行检查。检查的方法主要有几种：第一，选词填空。根据句义选择出一个恰当的词语。第二，练习搭配。如：耽误（工作/学习），调整（心情/时间），（知识/内容）丰富等。第三，根据语境，选择一个恰当的词。如："还差（10分钟/30分钟）上课，你赶紧起床吧。""我不喜欢租地下室，因为没有（阳光/空气）。"第四，用指定的词回答问题。如："如果每天很晚才睡觉，会怎么样？"（用"影响"），"遇到困难时应该怎么做？"（用"面对"）。检查时尽可能做到快速多变，即时间短，频次多，形式多样。这样既可以起到循序渐进的巩固作用，又可以从多方面检验学生的复习情况，避免单调的形式。

(二) 训练长句短读

句子教学是语言教学的一项重要内容，它介于字词训练和篇章训练之间，既是词语、短语教学的升级，又是篇章阅读的基础。但是，文章中出现的长句则是学生阅读时的一个难点，往往一看到长句就产生了逃避的想法，以至于没有信心读下去。然而长句中往往又存在着重要信息，所以需要引起重视。其实，只要找到方法，学会切分句子，找到主干，长句的难题就会迎刃而解。

如:《乐在中国》阅读教材中出现的一个长句"这几年来中国旅游的外国人和出国旅游的中国人都越来越多,如果你学习旅游专业,毕业后留在中国或者回国找工作就不太难。"首先,把这个句子进行切分,它的前半部分是一个固定结构"……越来越多",后半句是一个假设复句"如果……就……"。其次,再找出每部分的主干意思,前半句为"中国人和外国人越来越多",后半句为"如果学习旅游专业,找工作就不太难",最后再把修饰部分的内容加进去。可见,培养学生抓住主体结构的能力是读懂长句的关键做法。

(三)增强课堂趣味

1. 课堂小组竞赛,积极参与其中

阅读课的大部分时间以"读"为主,课堂气氛往往会比较沉闷,因此学生的阅读欲望和兴趣得不到激发,注意力也会不集中。为了提高教学效率,小组比赛是一个行之有效的方法,不仅能让大多数学生兴致勃勃地参与其中,高效地完成课堂教学任务,还能为学生创造出一个轻松活跃的学习气氛。

小组比赛可以出现在课堂中的任意环节中,笔者通常在处理生词时采用此方法,从词—句—篇章的顺序来进行。目的是提高记忆效率,为篇章阅读提前扫清障碍。例如:"快速认读"的方法。可以在屏幕上出示几组生词,根据教师的指示让学生快速读出,建立音和形之间的联系。训练句子的方法有"根据句子的意思,选择出一个合适的图片"。初级阶段的学生对语言符号的感悟力是有限的,大量汉字的出现会造成视觉和头脑的疲劳感。如果把抽象的语言转化成具体的、可以感知的实物或者图片,则会加深学生的理解、增强学习的兴趣。

如:陪女朋友购物真的快累死了。

我的书包丢了,所以找工作人员看了监控录像。

因为我闯红灯,所以被警察罚钱了。

篇章训练是教师根据课文主要内容,或者主要语言点及难点编写一个小短文,学生需要使用本课的生词来填空,并回答相关问题。如:

妈妈:您好,我想办转账业务,我的钱转给我儿子。

职员:好的,您儿子的卡是哪家银行的?

写一下银行( ),( )您儿子的名字。

妈妈:写完了,跨行转账的收费( )是多少?

职员:每( )收取转账总数的1%,最高收取50元。

妈妈:我要转1万元。

职员:请给我_____元手续费。

王俊忠等人指出,竞赛式教学法的竞争性和协作性增强了学生为集体获胜而学习的动机。通过小组比赛,提高了学生对失败的承受力,找到自身的知识漏洞,及时改正,同时还培养了学生的团队合作意识。

2. 听说读写结合,培养多维技能

语言技能包括听说读写,这四种技能在实际交际中是相辅相成,互为依托的。因此阅读课的教学目的除了培养学生的阅读能力以外,还应考虑到听说写的辅助性训练,从而提高学生的综合运用能力。另外,从多感官教学的角度来讲,同时开启听、做、看等感觉器官能刺激学习者的大脑,并提高学习效能。笔者在日常教学中积累了一些教学经验:

首先,在阅读前尽量创设一些情境,提供阅读的背景知识,让学生对新课产生浓厚的阅读欲望和学习兴趣。通常会借助图片的展示,相关话题的提问,或者简短视频的播放来完成课前导入。其次,在阅读教学中,通过泛读、精读、默读、朗读等多种阅读方式来达到多维度的训练目的。如:略读的主要目的是培养学生对文章脉络的把控,因此可以用这种方式让学生简单总结每段大意,其实这也正是写作技能中的话题大纲,虽然一年级并无写作课,但是可以为二年级奠定基础。在精读过程中,可以充分锻炼学生的听说能力。精读主要考察的是对文章细节的掌握,教师需要精心准备一些有针对性的问题,在师生问答中检测学生对文章的理解。朗读是培养汉语语感,加深句型、词汇记忆的有效手段,是脱离书本、独立表达的基础。最后,读后检测也是教学中重要的一环。学生在对阅读材料有了充分了解之后,教师可以用一些方法来测试学生对课文的理解程度,这也是将听说与读相结合的训练手段。

如"小组合作段落重组",教师发给每个小组不同的纸条,每张纸条上写着一个句子,学生需要凭借对文章内容的记忆,和句与句之间的逻辑关系,重新组合成正确的顺序。完成后以小组为单位念出自己的答案,其他小组成员要扮演检测员的角色,听后指出读音或内容上的错误。此外,还有读后复述的方法,也可以锻炼听说能力。因此,在日常的课程中,只要教师有意识、有计划地渗透听说写的教学,不仅能摆脱单一枯燥的"读"的教学内容,还能水到渠成地提高语言运用的综合实力。

3. 丰富课后实践,力争学有所用

有指导性的课堂学习显然是不可替代的,但是课后实践同样不容忽视。教师要提供一些与生活息息相关的材料进行阅读,贴近生活的取材才能引起学生的兴趣,用得着的语言才是学生真正需要的。以《乐在中国》中的"套餐不是餐"一课为例,学完这篇关于手机套餐的课文后,可以让学生在中国移动官网上查阅适合自己的手机套餐,并在课堂上进行汇报。再如,学完《购物达人告诉你》这篇关于会员卡的文章后,教师可以让学生去学校门口的咖啡馆咨询会员卡的办理方法和优惠政策。又如,学完《小菜鸟租房》后,可以让学生下载链家app,寻找自己想租的房子并说明原因(价格、房间设施、交通、周边配套等)。通过教师的层层设计把课内的语言知识和课外实践相结合,做到学以致用。

四、结语

通过这些方法可以快速、有效地提高学生的汉语阅读能力,当然提高阅读水平需要长期坚持,仅靠课堂的九十分钟是远远不够的。而且在这个过程中,教师应该起到良好的引导作用,要做到有耐心,多鼓励,努力调动学生的学习积极性,充分发挥学生的主观能动性,让学生在轻松的氛围中快乐地学习知识,提高汉语水平,让学生爱上阅读。教师在课下也要多思考、多交流、多分析总结阅读教法,并把这些方法运用到实际的教学中去,使得阅读效果更上一层楼。

参考文献

[1]李晓. 词汇量、词汇深度知识与语言综合能力研究[J]. 外语教学与研究,2007,(5):

352—359.

[2] 林秀琴.《乐在中国》初级汉语阅读[M]. 北京：中国广播电视大学出版社，2013.

[3] 苑春法. 汉语构词研究[J]. 语言文字应用，2000，(1)：13—16.

[4] 尹兆霞，王俊忠. 竞赛式教学法与素质教育[J]. 廊坊师范学院学报，2002，18(4)：125—126.

[5] 赵金铭. 汉语可以这样教[M]. 北京：商务印书馆，2008.

对外汉语高年级选修课"修辞学"课程设计与教学方式初探

涛 亚[*]

[摘要]在对外汉语高级阶段的教学中,修辞教学占有一席之地,对外汉语教材中关于修辞的介绍和学习是中高年级的教学内容之一。一些学校在对外汉语的高年级教学中设置"修辞学"课程。在本文中,笔者力图结合修辞学在对外汉语这一领域中的发展情况,介绍并分析自己承担的四年级选修课"修辞学"的课程设计和教学方式的合理性,通过上述两个方面的对照比较,在"修辞学"课程内容的设计与教学方式方面进行一些探讨。

[关键词]修辞学;高年级;对外汉语

一、引言

在对外汉语高级阶段的教学中,修辞教学占有一席之地,对外汉语教材中关于修辞的介绍和学习是中高年级的教学内容之一。《高等学校外国留学生汉语教学大纲》(2002)要求为"长期进修"阶段的学生开设"修辞"课,《高等学校外国留学生汉语言专业教学大纲》(2002)对三年级学生的要求是:"能够使用常见的修辞手法写作难度较大的叙述性文章",对本科四年级要求开设"现代汉语修辞"课,具体要求是"使学生掌握现代汉语的修辞知识,并学会使用一些基本的修辞手段,能够在正确的基础上更好地使用汉语。教学内容是系统讲授现代汉语修辞的基础知识,包括语境与修辞,修辞与语音、词汇、语法的关系,积极修辞与消极修辞,修辞与篇章、语体等。教学方法是突出实

---

[*] 涛亚,女,内蒙古赤峰人,首都师范大学国际文化学院讲师,主要从事对外汉语教学理论研究。

用性原则,在课堂讲授的基础上进行各种汉语修辞方面的练习"。因此有的学校在对外汉语的高年级教学中设置了"修辞学"课程。由于承担某校的对外汉语系汉语言专业四年级的留学生的一门"修辞学"选修课,在教学过程中,在课程设计、教学内容方面等产生了一些思考,笔者试图通过本文的写作对上述问题进行进一步的分析和探索。

二、对课程内容的思考

(一)修辞课程设置的必要性

虽然对外汉语中高级的教材中大量存在着修辞方法,但是因为修辞方式的教学大多比较分散,大多面临遇到一个讲一个的情况,这些汉语教材中的修辞方法的教学并不系统,缺乏系统性和连贯性,主要以学生能理解、分辨、运用单个修辞方法为主要目标,在对外汉语的教学中没有完整的体系。到了高年级,为了使学生对汉语中的修辞现象有一个全面的了解和深入的赏析,并可以尝试分析其与母语文化中的修辞方法的异同之处,体会并学习汉语语言表达方式的丰富精妙,在汉语表达中得体地使用,开设较为系统专门的《修辞学》课程就显得尤为必要了。

《修辞学》课程的教学目标就是让留学生系统地掌握汉语修辞的基础知识,学会理解、辨析、使用一些基本的汉语修辞方法,使得学生在正确的基础上,更好地更得体地用汉语表达。

(二)课程内容的安排

由于没有这方面的专门的教材,如果要开设专门的对外汉语修辞学的课程,需要教师自己编写修辞学课程的教材,确定教学框架和内容,教学内容包括汉语中常见的各种修辞方法。课程内容可以根据学生学习时间的长短不同而进行不同的设计,原则应该是选择那些较为常用、使用率较高的修辞方法,舍弃那些冷僻的修辞方法,既要让学生能听懂,又要让学生能用、会用,保证课程内容的实用性,因此修辞方法的选择应该按照使用频率高低、难度是否合适的原则来选择,比如笔者承担的修辞学选修课,由于课时的限制,所以课程内容就设计为六个单元,每个单元包括1~3种常见的汉语修辞方法。这些修辞方式可以按照难度分为三类:第一类是最常见的实际已经为学生所了解的,比如比喻、排比、拟人等;第二类有一定的难度,比如对偶、通感等；第三类是学生在以前的学习中可能没有学过的修辞方法，比如双关、顶针、回环等。笔者在教学中发现，学生对以前没有接触过的第三类的修辞内容比第一、二类学过的内容更感兴趣，究其原因一是因为新鲜感，二是因为这类修辞方法中蕴含的文化符号和文化意象较多，学生学习起来感觉有趣味。

选取修辞方法的时候应该尽量选取常用的修辞方法，不选晦涩难懂少用的修辞方法。这样选取课程内容比较适当合理，另外常用的修辞方法可以在教学中让留学生和自己的母语相对照，可以进行汉外修辞对比。笔者在教学的过程中发现，留学生参考本国的语言文化中的修辞方法，有助于理解汉语中的修辞手法，但是如果把其母语中的修辞手法搬到汉语中，有些情况下可能不太得体，比如说，学生会说出"他像乌龟一样有智慧"这样的比喻，虽然这在其母语文化中是可以的，但在汉语中却是不得体的，类似的例子不少，这使得笔者深感留学生对汉语修辞方式理解起来容易，但使用的得体性却是他们最需要注意的一点，也是修辞教学中的难点之一。

(三)课程设计应该既满足留学生的学习需要、同时要有趣味性

修辞学课程既要满足留学生了解汉语修辞手法的需要，也要有趣味，否则因为修辞方法的较强的书面语的特点，集中起来学习，容易造成学生的疲劳感。因此课程既要有讲解介绍，也要有学生自己的思考，让学生进行修辞方法的使用练习，同时让学生进行汉外修辞方法的各方面的对比，主要是从文化的角度的对比，由于修辞方法中富含的中国文化色彩是非常吸引留学生的地方，比如"对偶"这种修辞方式需要用到的大量的和中国文化有关的内容，所以教师在讲授"对偶"这种修辞方法的时候在课堂上进行适度的中国文化元素、文化意象的教学，这样可以使课堂内容变得更加生动有趣味。

三、对教学方式的思考

(一)课堂语料要丰富，形式多样，避免枯燥

修辞方法的讲解并不难，因为很多修辞方法在留学生的母语文化中也存在，他们对中文中的常用修辞方法的理解起来难度不太大，对他们而言，难度在于如何辨析以及如何得体地使用这些修辞方法，因此教学中使用的修辞语料要丰富。刘颂浩(2011)提出，语料编选的核心原则是适度性及多样性，辅助原则为知识性、趣味性和真实性。认知心理学认为，最容易引起人们疲劳和厌倦的是那些过于简单或陈旧的内容，真实的形象、新颖的信息容易刺激学习者的注意，提高他们的学习兴趣，因此我们在教学中同时使用文本语料与多媒体的广告语料。广告的特点决定了广告语言中经常会采用一定的修辞手法，在课堂上赏析广告语言中的修辞手法，既可以加深学生对修辞方法的理解，也可以让课堂教学不再枯燥。

(二)练习方式多样化

学贵致用，在课堂上讲授的修辞手法，要求学生可以进行各方面的修辞的练习，让学生学会怎样在说得对的基础上说得好，既要能够辨别赏析，又要能够在适当的语境中使用。我们的课后练习是让学生收集修辞方式的用法并进行比较归纳、讨论，学生收集的可以是文本中的修辞手法，也可以是多媒体广告中的修辞手法，这样学生能更感性地、深刻地认识修辞方式及其使用效果。笔者在教学中发现，大多数学生都更喜欢收集广告中的修辞手法加以分析并模仿应用，这种现象也符合上文提到的认知心理学的规律。学生在以前的修辞学习中积累了一些修辞方法，在修辞学课上专门的修辞学的学习和练习中，对其进行复习巩固并总结提升，只有这样才能达到教学大纲对高年级留学生汉语修辞水平的要求。但是，在实际的教学中，关于修辞方法的练习方式还是比较单一，相对于众多的修辞学的知识而言，让学生正确得体使用修辞方法的有效练习方式真是少之又少，这方面的内容需要教师的精心揣摩和设计来加以丰富。

(三)成绩考察方式要灵活

这门课的成绩考察方式应该是综合考查学生对修辞方法的理解、赏析和运用，而不应该是知识点的考察，因此考察方式既可以是让学生自己收集修辞方法的例子，可以是文本的，也可以是广告，然后对其中的修辞手法进行赏析，也可以要求学生用所学的一种或几种修辞手法完成写作一段话的任务，力求让学生在完成成绩考察的过程中整合运用所学的知识，真正提高汉语修辞能力。

四、结语

对外汉语修辞课以培养留学生的汉语修辞能力为目标，在没有专门大纲、教材的情况下，教师需要自己制定教学框架，设计教材、课程内容以及教学内容，可借鉴的东西少，但教师也有较大的发挥余地。由于修辞学课程和其他对外汉语的课程如语法课、语音课等一样，也需要进行汉外对比，教师需要利用汉语修辞方法对比的研究成果，但这方面的研究成果不多，教师可以在教学过程中启发学生进行对比，填补这方面研究的空白。在教学内容上，教师应该在讲解修辞知识之外，对经典的修辞文本进行赏析、比较，并给予学生这方面的练习的机会，课堂练习方式、课后练习方式以及成绩考察方式都应该较为灵活多样，让学生乐于参与其中，切实提高学生的汉语表达水平，同时让学生能够体会到正确地分析、运用多年汉语学习学到的修辞手法的成就感。

参考文献

[1]国家对外汉语教学领导小组办公室．高等学校外国留学生汉语教学大纲(长期进修)[S]．北京：北京语言文化大学出版社，2002．

[2]国家对外汉语教学领导小组办公室．高等学校外国留学生汉语言专业教学大纲[S]．北京：北京语言文化大学出版社，2002．

[3]刘光婷．对外汉语修辞教学内容及策略探究[J]．汉语文教学，2014，(4)．

[4]刘颂浩．对外汉语教学中的语料编选原则[J]．语言教学与研究，2011，(5)．

翻转课堂在对外汉语初级口语课堂的实践与反思[*]

顾 扬[**]

[**摘要**]翻转课堂在大中小学理科科目教学中的成功应用有目共睹，该模式提前了知识传授时间，优化了课堂知识内化过程，为学生构建深度学习创造了良好的环境。在对外汉语初级教学阶段，学习者目的语掌握程度有限，学习内容以知道、理解、运用为主，课外微视频制作内容的选择与设计有特殊性，课中学习相较传统模式在容量上有了增加，在教学设计上有了深入。但微视频形式、内容与学习监控以及翻转模式，翻转时机方面还有很多值得探索的地方。

[**关键词**]翻转课堂；微视频；教学设计；实践；反思

一、引言

翻转课堂顾名思义，即颠倒教学流程，把传统学习先课堂教学后课下复习检查变为了在课前，教师通过制作的微视频抛出问题，引导学生观看视频，甄别不懂的问题，反馈教师，使学生初步构建起关于学习内容的概念，也帮助教师提前了解学习难点；课中，教师作为一个学习的指导者、推动者，采用巧妙的课堂设计，师生协作，生生协作共同解决问题，帮助学生完成知识内化。[1]

---

[*] 本文得到首都师范大学教学范式转变教学研究项目"翻转课堂在汉语口语教学中的实践与效果研究"的资助。

[**] 顾扬，女，江苏常熟人，首都师范大学国际文化学院教师，教育硕士，主要从事对外汉语口语教学与研究。

大陆地区翻转课堂的探索范围涵盖大中小学,尤其以中小学为主。从科目上来看,偏向于理科等操作性课程。不难理解,理科科目着眼于利用概念定理公式解决问题的特点也使翻转课堂模式的实施变得相对容易。

纵观高等院校,对这一教学模式的实践与研究主要围绕大学英语或专业英语教学来展开。以大学英语口语教学为例,由于学习者基本具备了中高级的英语表达能力,教师们普遍的做法是在课前向学生提供需要讨论的话题内容讲解,相关术语介绍,话题相关扩展素材视频,长段表达句式、语段说明等等。在课中,教师关注的是检查学生按照微视频要求完成的作业情况,提供个性化指导,针对学生观看视频后未能理解的内容进行讨论。[2]可以看出,在各种层次的教学中,翻转课堂模式都比较适合应用于探究性的环节。

自2013年以来相关论文仅核心期刊上就有89篇之多。[3]经历了对翻转课堂内涵、概念、特征的探讨,教学模式与教学设计的摸索,目前研究着眼点落到了课程实践案例分析,学习者因素分析以及总结经验和反思阶段。[4][5]

但无论哪种科目,何种实践、探索、反思,与对外汉语教学相关的探索却寥寥无几。对外汉语教学在运用这一模式时,翻转内容选择是否需要做出调整?课中教学怎样设计?如何选择合适的翻转时机?这些问题目前均没有答案。为了寻找这些问题的答案,我们在首师大国际文化学院的初级口语教学中进行了尝试与摸索。

二、翻转学习模式在初级口语课堂的实践

(一)初级口语课堂的学情分析

"是不是利用翻转课堂模式、怎样利用翻转课堂模式是由教学目标、学习和已有基础、知识点的学科属性以及知识点之间的联系、教师与学生的状态等因素综合决定的。"[6]前文提到的翻转案例中,学生对所学内容在理解时基本没有语言障碍;课前环节教师主要以提供概念性的、知识型的内容为主,目的是引起学生的兴趣,在学生进行深入思考前帮助其积累足够的素材,初步构建知识框架。

少有实践案例显示,基础听说读写技能是学习的主要内容,语言本身是他们学习的一大障碍,而我们初级口语课学生恰恰要面对这一问题。他们刚刚开始接触汉语,最多掌握了1000~1200个最常用的汉语词汇和最基本的句

型。针对这群学习者的口语课目的是"训练和提高学习者的口头交际能力,力求使学习者在学习完课程后能熟练地进行自我介绍,表达自己的一般意愿,介绍他人的一般情况;对初级口语相关的功能和表达方式如邀请、拒绝、询问、建议等能熟练地加以运用……"[7]初级口语教学阶段,学习者更多需要通过不断模仿,小步扩展习得规范的句式表达。我们需要探究的东西不多,反而是需要确定规则的内容更多;我们讨论话题的主要目的不在于训练学生的批判性思维,深入探究的精神,我们的目的反而是让学生能掌握日常生活中的一般交际策略。

如果我们要在这样的课堂实施翻转教学,课前提供给学生的学习内容必须尽量降低语言不通所造成的障碍,课中学习也不适宜直接进入应用、综合、分析等环节的协作学习。这种特殊的学情对我们翻转的时机选择,课前学习内容的选择和表现模式提出了特别的要求,即我们的教学首先需要不断重复,不断提供模仿的范本,在此基础上来进行一定的扩展。而翻转之后的课堂学习内容也必然要有创新与改变。

(二)课前环节的设计与实施

考虑到以上特殊情况,我们决定将翻转时机放在词汇教学的部分。

初级口语课生词教学流程通常包括讲解生词的意思及该生词与本单元话题相关的扩展表达方式,在小的情境中反复操练这些表达方式。完成一个单元,和生词相关的教学大约要占1课时。在此基础上教师还需要引导学生复述或转述学习文本,创设一个交际情景让学生完成一段对话以及看图讲故事,采访,小组讨论等活动。按照教学进度的要求,所有的环节应该在5~6课时完成。秉承"精讲多练"的教学原则,教师希望能在有限的时间中让学生进行充分的口头操练,学生也希望尽可能多地获得教师的个性化指导。刨去和生词有关的学习,剩下的部分往往任务繁重,却练习不充分,指导不及时。"翻转课堂的特点之一就是在最大化开展课前预习的基础上,不断延长课堂学习时间,提高学习效率"[8]。把词汇学习作为课前环节预处理一遍,对接下来的课堂教学因而能起到事半功倍的作用。

我们采用《发展汉语·初级口语》(Ⅱ)进行教学,以第十一单元《去药店不如去医院》提供的两人对话型学习文本为例,学生在学完本单元后应掌握下列表达功能与句型。

(1)会询问对方病情/伤情，如：

现在好点了吗？

你的……是怎么受伤的？

(2)描述病情/伤情，如：

今天上午一直肚子疼，现在好像还有点儿发烧。

我的……很厉害，不过，……不太严重。

(3)祝福，叮嘱病患，如：

希望你早点儿恢复。

(4)向学校或公司请假，如：

我能请假吗？

……让我帮他请假。

(5)给予治疗建议，比较各种治疗方法的优缺点等内容，如：

去药店不如去医院，医生可以帮你好好儿检查。

如果要很好地掌握这个单元的内容，学生首先要熟知"严重"、"厉害"、"恢复"、"检查"、"不如"等词汇的意思和用法。

因此，我们在课前环节利用Camtasia Studio软件录制了本单元高频使用词的讲解视频。录制时，教师要尽量使用学生能理解的汉语，配合图片以及1~2个直观的例句式进行讲练。视频总时长控制在10分钟左右。在全部讲解结束后，我们还会提供一个针对这些词汇的小测试，题量控制在5~6个，并限制学生在15分钟左右完成，但允许重复测试。学生测试情况教师能够在后台实时了解。

在翻转课堂教学实践阶段，我们对参与实践的留学生随机进行了问卷调查，调查回收33份有效问卷，其中韩国学生16位，日本、英国、泰国和俄罗斯学生各2位，意大利学生9位。表1显示了以前有预习习惯的28位学生传统的预习内容，一方面，他们在预习时大多会朗读课文，说明他们很重视口语课上的发音表现，另一方面也表明他们想要尽快熟悉课文；其次关注生词的意思，很多学生会使用本国的词典在课前查词汇意思，但是这样的预习往往获得的是一知半解甚至是错误的解释，反而影响上课效果。

表1　学生在未使用预习视频前的预习习惯统计结果

传统的预习内容	小计	比例
生词意思	8	28.57%
朗读课文	13	46.43%
语法介绍	5	17.86%
发音	2	7.14%

课前讲解视频可以帮助学生在第一时间了解本单元应该重点掌握的词汇与语法要点，并对这些内容有一个初步的正确印象，这为提高课堂教学的效率打下了良好的基础。

同时，通过分析学生的测试结果，我们可以快速了解学生的学习难点，在课中环节的教学中能够有的放矢。

(三)课中环节的设计与实施

在课前引导学生进行词汇预习的目的固然是为了减少一些课堂讲解的时间，从而延长学生课堂操练的时间，但并不是说在课中环节我们就完全不讲词汇了，毕竟"对学生学习最有益的改变并不是在课前的学习，而是在课堂活动中。翻转课堂通过将知识传授转移到课前，释放出课堂时间用于学生知识的内化。教师需要在评测学生课前学习情况的基础上对课堂活动进行设计，让学生在高质量的教学活动中完成知识的内化。"[9]"翻转课堂主要通过教学流程翻转，分解知识内化的难度，增加知识内化的次数，促进学习者知识的获得。"[6]

表2显示的是一个多项选择的结果。观看了预习视频的学生只有12%左右在课堂上可以接受直接进行其他教学步骤，根据我们教学的实际情况来推测，这部分学生应该是在班内语言水平比较高的。有15%左右的学生希望再讲一次一样的，可以推测，这部分学生听的能力比较弱，可能没有听懂预习视频的内容，他们属于班内语言能力比较弱的。表3中18%左右的学生完全听不懂视频讲解，这也佐证了上述推测。其余受访学生都希望在课中环节有关于生词的扩展讲解与练习。

表 2 学生对教师在课中环节讲解生词的意愿统计结果

课堂上老师对生词的处理方法	小计	比例
再讲一次一样的	5	15.15%
再多讲一些用法	21	63.64%
再多练习一下	6	18.18%
可以不讲了	4	12.12%

表 3 学生听懂讲解视频内容比率的统计结果

选项	小计	比例
完全听不懂	6	18.18%
能听懂一点儿	9	27.27%
能听懂70%~90%	12	36.36%
都能听懂	6	18.18%

根据我们的预判和实际调查表明在课中环节,应该设计更好的词汇学习内容来引导学生深入理解这些词汇的用法,并能组织恰当的句子来进行反复操练。在课堂上我们对词汇部分进行这样的处理:

首先,老师会利用课前视频中的素材对学生提问。以"检查"为例,在课前视频中,我们展示图片帮助学生理解了"检查身体"的意思,并且扩展了"医生帮我们检查身体"这样的句子。在课堂上,我们要求学生看着图片能够直接说出这两种表达。对于无法顺利完成的学生,老师会给予引导。这个过程既检测了学生的预习效果,也为课堂活动的开展打好了基础,对于18%无法听懂视频讲解的学生,这个步骤也将再次帮助他们理解。

由于我们节省了讲解的时间,在接下来的环节中,我们就可以对这个词的用法继续扩展并增加操练的机会,比如"做检查"、"检查检查"、"好好儿检查"、"检查一下"等等,并创造一些小情景让学生说出相应的句子或者完成一个迷你对话。例如:

师:你的朋友不想去医院看病,你说什么让他去看病呢?

生1:去医院可以做检查。

生2:去医院,让医生好好儿检查检查吧。

生3：去医院检查一下，吃点儿药就好了。

此外，为了更好地衔接课前和课中环节，在课前的讲解视频中，教师常常会留下一些没有答案的问题供学生思考，并鼓励学生在课堂上提供可能的答案。仍然以"检查"为例，我们在课前的视频中提供了一张怀孕妇女的图片，并由讲解教师描述这张照片的一部分意思："她马上会有孩子，她每个月得……"我们希望在课堂上展示这张照片的时候，学生们能够完成后半部分"……她每个月得去医院检查身体"。我们也在视频中提供检查牙齿的图片请学生思考应该说什么，然后在课堂上请学生来组织句子。

"判断一堂课翻转成功的标准便是，学生在课前的学习情况达到了传统课堂中教师讲授的效果和课堂中学生完成了本次课程内容的内化。"[9]课前我们的讲解视频基本达到了传统课堂中教师讲授的效果，而课中的重复、扩展、操练实际上增加了课堂容量，进一步帮助学生内化了对这些词的理解，从课堂反应上来看，传统课堂开始讲解词汇时，学生总是一片茫然，处于理解这个词汇意思的基础阶段，当教师需要他们配合完成一个句子的时候，总是需要等待比较长的时间或者进行更多的提示，但是增加了课前环节后，课堂上无论是学生的反应速度还是反应质量都有了显著的提高。由词汇入手的翻转学习夯实了学生的整句表达的基础，无形中保证了本单元核心内容的学习质量，这就为接下来的综合运用，模拟日常交际场景活动打好了基础。

从实际教学体验来看学生在课堂上的活跃度与开口度都有了显著增长。课堂时间的增加除了可以让学生进行词汇的内化深度学习以外，还改变了一个传统的教学困境：以前老师常常因为时间紧迫，将口头作业的准备工作交给学生课下完成，但是现在我们可以将课下的口语准备活动变成课堂中的学习活动。

老师们都应该有这样的体会，凡是布置课后完成的作业，特别是口语作业，由于缺少示范，缺乏指导，学生的准备效果总是大打折扣，回到课堂时，课堂沦为学生表演的舞台，表演中，充斥着学生对作业要求的误解以及语言错误。这样的口头汇报对于他本人和其他学习者而言都没有意义，一堂课下来老师花大量时间纠错，耗时耗力，但由于分析的错误和其他学生没有太大关系，学生听讲的意愿低下，收获也不大。如果换成在课堂上汇报，学生在准备过程中能够得到更多来自优秀同伴的帮助，更为重要的是得到老师及时的指导。老师在一对一个性化辅导过程中先解决了学生的个别问题，规范了作业形式，提供了详细的评估标准，真正成为学生学习的"脚手架"，那么在口头汇报时，大家可以更多地对共性错误进行探讨学习，学生的汇报质量也有了提高，这样的课堂才是让学生有收获的、活跃的课堂。

三、初级口语课堂实施翻转教学的反思

(一)对课前环节设计的反思

翻转课堂的一大特点就是微视频学习。视频的作用是激发、影响和告知，其特点为LECTURE，即生动的、有教育意义的、创造性的、可引人思考的、可以理解的、相关的、令人兴奋的。其视觉效果、互动性、时间长度对学生的学习效果有着重要的影响。[8][9]那么我们制作的词汇微视频，学生收看后是否满意呢？

表4 学生喜爱的视频讲解内容统计结果

学生喜爱的视频内容	小计	比例
老师朗读课文	6	18.18%
课文有演员表演	15	45.45%
老师讲生词	9	27.27%
老师讲语法	10	30.3%
老师和我们一起做练习	3	9.09%
老师给我们一些任务(task)，我们可以准备	1	3.03%
其他	1	3.03%

表5 学生对目前视频内容满意度的统计结果

视频内容满意度	小计	比例
挺有意思的	15	45.45%
没什么意思	18	54.55%

表4和表5的统计结果显示，尽管学生并不排斥讲解生词的视频，但是有超过一半的学生认为目前的视频内容没有意思。在有更多选择的情况下，45%多的受访者都愿意看到带有表演性质的视频，也就是说，学生渴望在视

频中看到更为生动、情景化、有趣味性的内容,这与前文研究者所提出的观点完全一致。缺乏创意,缺少趣味性,难以创设情境的视频内容很难吸引学生的注意。

如何设计一个满足欣赏性、趣味性,兼具知识性,适应教学需要的视频是摆在教师面前的一个巨大挑战。

此外,不够稳定的校园网络环境也会影响观看的结果,而且现在常用的几款视频制作软件制作出来的文件格式在目前的移动互联网环境下,由于手机类型的不同会对播放的效果产生各种影响。在我们的调查中接近70%的受访学生偏爱使用手机观看教学视频。但我们常常会遇到不同国家拿着各种配置型号手机的学生来询问为什么他们的手机上不能观看视频,有的没有视频只有声音,有的没有声音只有图像,有的打不开任何文件,有的无法登录……,作为门外汉的教师其实也很难回答这些问题,久而久之,学生也就失去了观看视频的热情。

学习更多的制作技术是教师一方应该做的,而由教师提供想法,教学技术人员提供技术支持的合作创作可能是更为理想的制作模式。

(二)对翻转模式与翻转时机的反思

导致课前微视频学习后程乏力的现象,我们还必须考虑另外一个因素,即不同学生有不同学习习惯。课堂以外学生是否有良好的预习复习习惯是老师无法控制的。我们在三个学期的课堂实践中也发现,开始运用视频进行课前学习时学生们总是兴致盎然,可见学生们欢迎教学形式的改变。但是进入半程时,通过后台观测可以发现将近一半的学生会放弃观看视频,这给后续的课堂教学带来巨大的影响。如果忽略学生没有进行课前学习的问题,继续按照原先设计实施课中环节,对于中高水平学生来说,问题还不大,但是对于本来理解起来就十分困难的低水平学生而言无疑是雪上加霜,因为他们既没有足够的时间理解词汇的基本含义,也无法快速完成更大容量的操练。如果教师照顾到学生没有观看视频的实际情况,那么势必要放弃原先的设计,重新回到传统的教学道路上。翻转课堂所赖以为继的课前环节必须在学生自觉自律的配合下才能完整的实施,这个形式的脆弱之处也在于此。

之所以出现这个问题,究其根本还在于我们的课前环节并没有完全满足学生多样化的学习需求。在对外汉语初级阶段的口语学习中,不同的学生面对的问题是不同的，有的可能就是基础的词汇无法活学活用；有的是不敢开口的心理问题，他们需要反复模仿，多看示范；有的语音有很大问题，这样的学生希望得到发音指导，甚至希望看看舌位图讲解；有的对难点无法一次掌握，他们想多看有关难点的例子讲解；有的希望多扩展一些功能表达，这样的学生往往程度较高，不想拘泥在简单的词汇预习中……从表4关于视频内容的众多选项都有学生选择的情况可以分析，学生需要解决的问题有些是预习时会面对的，有些是单元学习中期的诉求，还有的涉及课后巩固拓展。如果翻转教学只是课前＋课中这种固化模式，其实无法完全满足学生的需求。"流程要素只是定义翻转课堂的要素之一"，翻转课堂应"由关注学习场所转变为关注教学活动的全过程；……由关注信息技术的使用转变为关注信息技术与教学全过程的自觉融合……"[6]如何使用这个教学模式还是要在充分了解学生的需求之后灵活考虑。本质上，学生需要的是随时随地适应自身需求的个性化指导。想清楚了这一点，我们所准备的微视频内容根据应用目标的不同就应更为丰富，应用的时机也应更为灵活，这样教师也可以保持一个相对稳定的课堂形式，而把在课前或课后还是课中来作补充学习的时机交给学生自己选择。假如课堂是一个圆心，翻转的本质就是以这个圆心为基准不断延伸的半径，而延伸是多方向的，满足多种需求的。

  翻转教学有其先进性，对于创新教学形式，增加教学容量，促使学生自主学习等方面都有积极意义，但是落实到具体的学科还是需要教师不断实践探索改良教学模式。

  在我们的实践中，把翻转的时机放在了单元学习的最开始目的是为后续学习节约更多时间，扩充课堂容量。但是面对18%以上受访学生听不懂视频的调查结果，我们必须思考寻找更好的翻转时机，比如说单元学习的第二阶段即在日常交际情景中的综合运用阶段应该是一个好的节点。在这个阶段翻转能减少听不懂视频造成的困境，毕竟，进入这个阶段，新知识、难点不再是学生的障碍。我们可以将总结归纳本单元功能与重点句型这样的任务放到课前来完成，把课堂让位给更多学生协作和教师指导、评价的活动课。这样一来打破翻转课堂的课前一般用来甄别难点、构建概念的固定框架，让其更适应初级汉语教学的需要。这是我们接下来要进行的探索。

参考文献

[1]赵兴龙．翻转教学的先进性与局限性[J]．中国教育学刊，2013，(4)．

[2]缪丽．大学英语口语翻转课堂中的微课程教学设计[J]．北京城市学院学报，2015，(4)．

[3]李婷．翻转课堂于国内高等院校英语教学研究综析[J]．教学研究，2017，(6)．

[4]伍文臣，胡小勇．全球翻转课堂教学研究进展：现状和案例[J]．数字教育，2016，(4)．

[5]尹华东．对国内外翻转课堂热的冷思考：实证与反思[J]．民族教育研究，2016，(1)．

[6]赵兴龙．翻转课堂中知识内化过程及教学模式设计[J]．现代远程教育研究，2014，(2)．

[7]王淑红．发展汉语初级口语 II[M]．北京：北京语言大学出版社，2012．

[8]张金磊，王颖，张宝辉．翻转课堂教学模式研究[J]．远程教育杂志，2012，(4)．

[9]张金磊．"翻转课堂"教学模式的关键因素探析[J]．中国远程教育，2013，(10)．

当我们谈论"汉字教学"的时候实际上我们在说什么

付玉萍[*]

[摘要]汉字教学是对外汉语教学的薄弱环节,汉字习得影响了汉语二语习得的整体效果。当前的汉字教学,较多地关注字形,多从认读书写角度探讨问题。实际上,汉字不仅是汉语的书写符号,也是汉语语义表达的基础,是建构意义的起点。因此,汉字教学应该包括四个层面:汉字字形教学、汉字字义教学、汉字构词教学、汉字文化教学。我们提倡在建构主义的基础上探讨汉字教学,以学生已有的知识经验作为汉字习得的基础,帮助学生建立系统的有规律可循的汉字知识体系,最终实现促进词汇习得的目标。

[关键词]汉字教学;词汇习得;语义基础

一、引言

打开"中国知网"的期刊资料,以"汉字教学"为主题,检索一下近年发表的相关研究论文,总共有2706条。可以看出,汉字教学越来越受到学界的重视,加强汉字教学的呼声越来越高。人们已经意识到,汉字教学是汉语教学的薄弱环节,汉字习得影响了汉语二语习得的整体效果(赵金铭,2012;万业馨,2012;江新,2008;白乐桑,1997;张朋朋,1992)。也可以说,汉字教学没有真正地找到正确的方向。

---

[*] 付玉萍,女,北京人,首都师范大学国际文化学院副教授,语言学博士,主要从事汉语及汉语二语习得研究。

二、汉字是汉语语义表达的基础

继续将上述检索到的论文进行分类，不难发现，大家对汉字教学的关注有很多是集中在汉字的字形、结构、偏旁、部首、笔画等等。翻开任何一本汉字教材，差不多都能看到这样的内容：汉字笔画、汉字偏旁部首、汉字结构等内容，不可谓不全面。汉字是汉语的书写符号，如果仅仅从符号的意义上讲，汉字教学就是教汉字的认读和书写，就是字形问题。但是，如果把汉字教学仅仅局限在字形层面上，应该说是没有很好地理解和认识汉字的本质。汉字是汉语的书写符号，这毋庸置疑，但是更重要的是，汉字是汉语语义表达的基础，是组成汉语词汇的基本单元。所以，只专注于汉字字形的汉字教学，仅仅覆盖了汉字本质的一小部分，尚有一个更大的空间被忽略了。这就是目前我们的汉字教学存在的问题。如果从这个意义上说，当前的汉字教学仅只是完成了汉字教学可能10%的教学任务。

那么汉字教学到底应该教什么？一个老生常谈的问题，却依然是一个悬而未决的问题。我们认为，汉字教学应该包括四个层面。

第一，汉字字形教学。作为语言符号，从外形上去认识汉字是必不可少的习得过程，要让学生知道汉字是怎么写出来的，让学生具有快速识别汉字的能力，这是汉语习得的基础。因此，汉字笔画、结构、偏旁部首等等，都应该列入汉字字形教学的范围。江新（2008）的研究表明，学习汉语半年的美国学生已经具有汉字正字法意识，并且对上下结构汉字的识别好于左右结构的字。江新认为，应该重视培养学生的汉字正字法意识，正字法意识不但有助于认读汉字，也有助于写出规范、美观的汉字，减少书写错误。但是，学生有正字法的意识，只是证明作为学习者，他们意识到了汉字的笔画结构的存在，意识到笔画和结构等都是汉字习得的影响因素。但是要让学生具有正确的正字法知识，汉字教学应该担起责任。我们在教学中常常发现，学生把写汉字当作画画儿，说严重点，很多学了好几年汉语的学生，写汉字仍然没有正确的笔画和笔顺。学生把汉字看成图画，就是缺乏正字法意识的表现。因此，要培养学生的正字法意识，培养他们有意识地抽取汉字组字规则的能力，使他们更快更早地结束"汉字为图画"的认识阶段（江新，2008）。

第二，汉字字义教学。汉字是表意文字，或者说是意音文字，这也是汉语区别于其他表音文字语言的最重要的特征。早有学者(徐通锵，1997)指出，印欧语系是语法型语言，汉语是语义型语言。索绪尔(1980)认为，各种语言常包含两类要素——根本上任意的和相对可以论证的——但是比例极不相同，这是我们进行语言分类时可能考虑的一个很重要的特点——不可论证性达到最高点的语言是比较着重于词汇的，降到最低点的语言是比较着重于语法的。超等词汇的典型是汉语，而印欧语和梵语却是超等语法的标本。正因为汉语和其他西方语言有这样的差异，汉语可以说是典型的语义型语言，西方人学习第二语言有语法的传统，汉语教学如果完全按照西方的词汇语法模式走，势必造成教学中的问题(张合生，2007)。

利用形声字的形旁来识别汉字、记忆汉字，是字形问题，也是字义问题。形旁标识的是事物"类"的概念，了解了形旁就认识了汉语对事物类的表达。而给事物分类，是基于我们对世界的认识，是汉语世界中最重要的思维基础。形旁和声旁又构成了汉字，汉字进一步扩大了汉语的意义范畴。汉字，除了一小部分只具有语法意义之外，其余大部分都具有实际的意义，汉字是汉语语义表达的基础，所以，学习汉字也是学习和了解汉语语义系统。汉字是汉语的书写符合，但是这个符号跟单纯的语音符号是不一样的，它有丰富的意义内涵。古汉语以单音节词为主，一个字就是一个完整的意义，我们用一个一个的汉字可以表达所有我们想表达的内容。现代汉语虽然变成了双音节，但是字义仍然是词义的基础。

学习一种语言，不可能不去了解使用这种语言的人的思维以及他们对世界的认识，不可能不了解该语言的基本概念，不可能不学习这一语言的意义系统。因此，进行汉字字义教学是不可或缺的。

第三，汉字构词教学。现代汉语词汇以双音节为主，两个汉字组成一个词，而这种组合不是随意的，而是有规律的。这体现在两个方面：一是意义的组合，如"前进、后退"，"前"和"进"、"后"和"退"的字义都参与了词义的构成，是词义的组成部分。这跟字母语言的构词方式有很大区别，字母语言虽然也有一些表达意义的语素，但是更多的时候组成词汇的字母是表音的，不参与词义的构成。而汉语的特点是，汉字本身有意义，汉字的意义影响着词汇的意义。二是结构关系的组合，如我们说的汉语离合词，游泳、散步、开会，等等，第一个字是动词性的，第二个字是名词性的，两个字之间形成动宾关系。理解了离合词的结构关系,才能理解离合词的语法规则,才能正确使用离合词。以上这些汉语知识都应该是汉语习得的内容。

那为什么不将汉字构词知识作为词汇教学的内容来学习呢？当我们学习词汇的时候,我们更常把词汇作为意义单位,关心词汇怎么使用,关心词汇可以在句子发挥什么作用,而不是关心词汇是怎么构成。词汇的构成,主要还是从字和字的角度去解析,所以将其作为汉字教学的内容更自然,更合适。汉语中汉字构词知识是比较复杂的,很难掌握,需要系统地学习。

第四,汉字文化教学。汉字文化教学,指汉字作为文化载体的性质所体现出来的意义。语言习得有语言习得的规律,但是语言从来都不可能和文化分离,特别是作为语义型语言,汉字所承载的文化信息非常丰富。从文化角度学习汉字,有助于学生更好地理解汉语,理解中国文化,最终促进汉语二语习得。

那么,我们的汉字教学实际进行得怎么样呢？应该说,一方面汉字教学进行得很不够。在我们的课程体系中,很多时候汉字教学是被忽略的。即使设有汉字课程,也往往是在很短的时间内,简简单单地介绍一点汉字书写知识,没有长期的合理的习得和训练过程,甚至,仅只是把汉字知识当作一般的文化知识浮光掠影地讲一讲。我们曾经对94名来自不同国家的留学生进行汉语习得调查,77％的学生认为应该开设专门的汉字课程,52％的学生在他们的汉语习得过程中没有上过专门的汉字课程,78％的学生说他们老师只讲词汇或者主要讲词汇,偶尔讲汉字。从这些调查结果可以看到,汉字教学的确是很有必要的,学生对汉字教学有很强烈的期待,但是我们没有给汉字教学应有的位置,没有给予足够的重视。另一方面,汉字教学也存在不够科学、教学模式老旧、教学方法生硬等问题。实际上,我们对汉字正字法的研究是不够的,这直接导致了汉字教学在一个较低的水平上循环,我们应该对汉字的正字法规则进行更深入的研究和概括总结。江新(2008)对外国留学生汉字学习策略的研究结果表明,外国学生对字形策略、重复策略使用比较多,而对利用声符和意符的策略使用比较少,这表明,外国学生汉语初学阶段是整体记忆汉字的,并且反复多练,他们没有意识到汉字意符和声符的作用,或者是还不具备利用意符和声符学习汉字的知识。因此,应该在教材编写和实际教学中加强学生这方面的意识,设法使学生更好地利用形声字、利用声符和意符学习和记忆汉字。江新(2008)的另一项研究表明，利用字形学习汉字和汉字测试成绩没有关系，而利用声符和意符学习汉字是有意义的。因此，我们应该研究好汉字教学，进行有效的汉字教学，而不是任由学生随意地以臆想的方式去发展他们的汉字意识。当前的汉字教学缺乏科学性、系统性，没有很好地反应汉字的特点，没有有效地帮助学生进行汉字习得，已经成为汉语教学的一个重要问题。汉字习得是汉语习得不可缺少的组成部分，我们不教，或者教不好，学生就只能在黑暗中凭一己之力慢慢地摸索，前景堪忧，这可能使汉语习得过程变得十分艰难。

因此我们认为，汉字教学不能只停留在字形教学的层面上，要时刻理解汉字是汉语语义表达的基础，增加汉字字义教学、汉字构词教学、汉字文化教学，创建科学高效的汉字课程，完善对外汉语教学体系。

三、基于建构主义的汉字教学

建构主义学习理论产生于20世纪90年代，是认知学习理论的一个主要分支。随着心理学家对人类学习过程认知规律研究的不断深入，建构主义学习理论应运而生。建构主义学习理论是行为主义和认知主义的进一步发展，被誉为当代教育心理学的一场革命。

建构主义学习理论产生的直接原因是心理学界对认知主义的反思，因此建构主义又被称为"后认知主义"。首先，皮亚杰关于儿童的认知发展理论，即活动内化论，对建构主义的产生起到重要作用。皮亚杰认为，学习是一种"自我建构"。个体思维的发展过程，就是儿童在不断成熟的基础上，在主客体相互作用的过程中获得个体经验与社会经验，从而使图式不断地协调、建构(平衡)的过程。他强调的是主体心理机能的形成，而不是经验。其次，维果斯基的思想也对建构主义学习理论的产生具有重要贡献。维果斯基认为，学习是一种"社会建构"，强调认知过程中学习者所处的社会文化历史背景的作用，重视"活动"和"社会交往"在人的高级心理机能发展中的地位。

建构主义融合了皮亚杰的"自我建构"和维果斯基的"社会建构"，并有机地把它们运用到学习理论研究中来，在此基础上提出了"意义建构"(田延明、王淑杰，2010)。

建构主义认为，不能对学习者作共同起点、共同背景通过共同过程达到共同目标的假设,学习者是以原有知识经验为背景接受学习的,不仅是水平不同,更关键是类型和角度不同,不能设想所有人都一样,而应以各自背景为产生新知识的生长点。正因为如此,不能对学习者掌握知识领域作典型的、结构化的、非情景化的假设,知识不是统一的结论,而是一种意义的建构。因此,即使学习的是相同的知识,学习者所进行的信息加工活动也不同,最后建构的知识意义也不同。由于每个人以各自的理解方式建构对客体的认识,因此,它是个体化、情景化的产物,而不是像认知主义与联结主义那样把客体作为规范的。学习是指每个学习者从自身角度出发,建构起对某一事物的各自看法,在此过程中,教师只起到辅助作用。

总体来看,建构主义认为,学习是学习者在原有知识经验基础上,在一定的社会文化环境中,主动对新信息进行加工处理,建构知识的意义(或知识表征)的过程。

我们提倡以建构主义为理论基础进行汉字教学,是因为建构主义坚持学习者以原有知识经验为基础进行新的知识的建构。汉语二语习得最大的特点,就是学习者已经具备了母语语言基础,同时也具备百科知识,具备成熟的逻辑思维能力,他们的汉语二语习得不是一个头脑清零后的重新开始,而是要充分利用原有的知识经验,因此汉语二语习得有很强的自主性。我们要在充分了解学习者特点的前提下,探讨汉语二语教学模式,寻求符合汉语实际的、满足学生学习需求的、合理有效的汉字教学路径。

我们认为,要从学生母语中去发现问题,从学生的汉语习得过程的特征中去发现问题。中国学生在学习英语的时候,也是不断地将英语和汉语进行比较,尝试找到两种语言共通的部分,或者比较接近的地方,以建立他们的第二语言基础。汉语二语学习者同样也会将他们的母语对应于汉语,以求最佳的学习方法。母语对留学生汉语习得产生影响的方式、特点、原因是值得深入探讨的。

在我们以英语母语的汉语学习者为研究对象进行的汉语习得考察中,有的学生显然是从汉字识别角度来认识汉字的,他们将汉字笔画和英语的字母做对比;而有的学生更关注汉字的意义,把汉字看成是最小的意义单位,于是他们把汉字和英语词汇做类比;还有的学生把汉语的词和英语单词对应起来,他们考虑的是句子,词汇是可以独立运用的最小的语言单位,只有掌握了词汇，才谈得上造句，才可能进行表达与交际。且不说这些类比存在哪些问题，可以肯定的是，这些汉语二语学习者都在借助他们的母语来对二语进行解析。那对外汉语教学应该怎么办？是视而不见、听之任之、置之不理，还是深入研究、刻苦钻研、解决问题？

对外汉语教学理论，甚至现代汉语语言理论都是借鉴和参考西方语言理论和语言教学理论建立起来的，其中以英语为代表。在借鉴西方语言学理论建立了以词汇为基础的汉语语言体系后，对外汉语教学回避了汉语构词的复杂性，导致在现行理论指导下建立起来的教学模式，在教学实践中却一直存在字和词的问题，而且成为一个难以逾越的障碍。我们的对外汉语课程体系与英语二语课程体系相似，阅读教学、语法教学、写作教学样样齐全，唯独缺少了与汉语特点密切相关的关于汉语字词教学的课程。

改变这一状态的最有效方法应该是考虑到汉语复杂的字词关系等特有的因素，改革创新对外汉语教学理论，改变教学设计中过于割裂字词关系的情况，在完备的理论指导下进行教学模式的创新。要针对汉语二语学习者的实际情况，建立更为完善的对外汉语教学理论体系、教学模式体系、课程体系。

四、结论

综上所述，我们认为，汉字教学是汉语教学不可或缺的组成部分，应该包括汉字字形教学、汉字字义教学、汉字组词教学以及汉字文化教学。当前的对外汉语教学忽略了汉字教学，没有很好地体现出汉语自身特点，导致了汉语教学和汉语习得在字词方面的瓶颈。我们应该从汉语语言实际出发，从学习者的习得特征出发，对汉语教学模式进行改革与完善，补充合理的有效的汉字教学，推进汉语语言理论的发展，最终实现汉语教学与汉语习得的进步。

参考文献

[1]白乐桑．汉语教材中的文、语领土之争：是合并，还是自由，抑或分离？［A］//第五届国际汉语教学讨论会论文选．北京：北京语言大学出版社，1997．

[2]布鲁斯·乔伊斯．教学模式［M］．北京：轻工业出版社，2009．

[3]陈天泉．汉字正字法［M］．武汉：湖北人民出版社，1983．

[4]陈贤纯.外语阅读教学与心理学[M].北京:北京语言大学出版社,1998.

[5]陈贤纯.对外汉语中级阶段教学改革设想[J].世界汉语教学,1999,(4).

[6]崔永华.基础汉语教学模式的改革[J].世界汉语教学,1999,(1).

[7]崔永华.汉字部件和对外汉字教学[J].语言文字应用,1997,(3).

[8]崔永华.关于汉字教学的一种思路[J].北京大学学报(哲学社会科学版),1998,(3).

[9]崔永华.基础汉语教学模式的改革[J].世界汉语教学,1999,(1).

[10]董燕萍.心理语言学与外语教学[M].北京:外语教学与研究出版社,2005.

[11]冯丽萍.词汇结构在中外汉语学习者中中文词汇加工中的作用[D].北京:北京师范大学,2002.

[12]冯丽萍,宋志明.词素性质与构词能力对留学生中文词素识别的影响[J].云南师范大学学报,2004,(6).

[13]胡明扬.西方语言学名著选读[M].北京:中国人民大学出版社,1988.

[14]江新.对外汉语教学的心理学探索[M].北京:教育科学出版社,2007.

[15]江新.对外汉语字词与阅读学习研究[M].北京:北京语言大学出版社,2008.

[16]李泉.对外汉语教学理论与实践的若干问题[A]//对外汉语研究的跨学科探索,北京:北京语言大学出版社,2003.

[17]李晓琪.对外汉语文化教学研究[M].北京:商务印书馆,2006.

[18]陆俭明.跨入新世纪后我国汉语应用研究的三个主要方面[J].中国语文,2000,(6).

[19]陆俭明.增强学科意识,发展对外汉语教学[J].世界汉语教学,2004,(1).

[20]陆俭明.汉语作为第二语言教学的本体研究和汉语本体研究[J].世界汉语教学,2007,(3).

[21]吕必松.汉语和汉语作为第二语言教学[M].北京:北京大学出版社,2007.

[22]苏培成.现代汉字学纲要[M].北京:北京大学出版社,2001.

[23]索绪尔.普通语言学教程[M].北京:商务印书馆,1980.

[24]田延明,王淑杰.心理认知理论与外语教学研究[M].北京:北京大学出版社,2010.

[25]万业馨.汉字与汉字教学研究论文集[C].北京:北京语言大学出版社,2012.

[26]徐通锵.语言论[M].长春:东北师范大学出版社,1997.

[27]徐通锵.基础语言学教程[M].北京:北京大学出版社,2001.

[28]徐通锵.字本位和语言研究[J].语言教学与研究,2005,(6).

[29]张和生.对外汉语词汇教学研究——义类与形类[M].北京:北京大学出版社,2007.

[30]张静贤.现代汉字教程[M].北京:现代出版社,1992.

[31]张朋朋.词本位教学法和字本位教学法的比较[J].世界汉语教学,1992,(3).

[32]赵金铭.国际汉语教育论文集[C].北京:北京语言大学出版社,2012.

[33]赵金铭.对外汉语教学概论[M].北京:商务印书馆,2004.

[34]赵金铭.对外汉语教学模式创新与教材编写[A]//第八届国际汉语教学讨论会论文选,北京:高等教育出版社,2007.

[35]邹晓丽.基础汉字形义释源[M].北京:北京出版社,1990.

关于对外汉语新词语教学的思考

刘 进[*]

[摘要]近年来网络新词语大量涌现并频繁见诸各类媒体,对来华留学生来讲,在造成一定阅读理解困难的同时,也提供了一个更贴近现实的词语学习的契机。目前普遍使用的教材在这方面已经很难适应留学生的学习需求与在华的生存需求。本文从网络新词的发展现状及构成特点入手,分析新词在对外汉语教学中的意义并对其教学原则进行初步探讨。重点探索新词语在对外汉语教材中的选取原则,以及教学方式。

[关键词]对外汉语;网络新词语;教材

一、引言

众所周知,汉语新词语在新时期以前所未有的速度与数量蓬勃发展,影响到人们生活的方方面面。来华留学生的汉语教学也因此面临着新词语教学的挑战。本文就目前新词语的类型与因此带来的对外汉语新词语教学的困难和挑战进行分析,探讨可行的教学策略。本文讨论的新词语范围包括:新造词、旧词新用、进入普通话的方言词、外来词、缩略词、运用修辞方法新造而最终稳固下来的词语、广泛使用的网络用语、因扩大使用范围而产生新义的术语、字母词等。

二、新词语教学的必要性与可行性

本文选题缘起是目前对外汉语教材新词语相关内容的严重滞后与留学生

---

[*] 刘进,女,吉林长春人,首都师范大学国际文化学院讲师,文学硕士,主要从事对外汉语教学法及词汇教学研究。

实际学习生存需要之间的矛盾。影视作品、社会新闻、公众号文章、微信朋友圈、广告、标语等是学生的日常读物,因此扩充词汇量,尤其是形式、内涵极其丰富的新词语,是与了解日新月异的中国社会经济发展,了解人们社会心理变化密切相关、相辅相成的,教学得当,可以一举三得。

来华留学生多为成年人,理解力较强,求知欲旺盛。出于学习与工作生活需要,迫切希望学习随处可见的新词语。

三、新词语发展概况

(一)来源不一。外语,方言,特殊行业,甚至流行文化现象,如动漫、电竞、嘻哈等都产生或借用了一些新词语,出现在各类新媒体上并进入人们的日常生活。

(二)数量巨大。新词语生命力旺盛,衍生能力强,日常接触到的真实语料中的新词语如雨后春笋,令人常有应接不暇之感。

(三)类型复杂。除了有规律可循的,还有以讹传讹、将错就错成为常用语的,如"梗",在综艺节目中,所谓"梗"的意思是笑点。据考证,"梗"系讹字,正字应为"哏"。但是其实"梗"这个义项是台湾人以讹传讹、人云亦云误传而来,没想到后来会大行其道。

(四)使用广泛。信息爆炸的时代,传统媒体与新媒体并行,新词语已经频频出现在主流媒体上,人们每天都在接受、使用甚至创造新词语。

四、从词汇学角度看新词语的特点

(一)外来语的汉化增加了汉字/词的义项

如:秀,是英语单词 show 的音译词。本义为演出、表演,又发展出演戏、表现自己等新的意义。由此衍生了一些新词语,如:作秀,时装秀,秀恩爱等。

再如:晒,是 share 的音译兼意译,展示、分享、炫耀等。常用的新词语搭配有晒照(片),晒成绩单等。

语气词"嗨",不但因为和英语的"hi"发音一样而有了打招呼的功能,近年来还发展出"玩得非常尽兴,兴致极高"的意义,与英语对应的是"high"。嗨起来,玩嗨了。词性灵活,发音活泼轻快,音节少又符合语言表达的经济性原则,所以备受追捧,迅速走红。

(二)外来语的汉化增加了新的词缀化形式

英语的-ness、-ity、-hood、-fication、-ization 等结尾成分创造出与之对应的"×性、×度、×化"之类的日语翻译的结尾成分,汉语借用过来,并利用这种构词法创造出大量新词。如:单一性、透明度、城市化等等。这一类以改变原词语的词性为主,丰富了搭配等语言表现形式,多用于书面语中。

(三)大量使用词根复合法构造新词语

"宅"在新词语中的用法来源于日语的"御宅族",形容不爱出门,在家里做一切事情的人,由此衍生的汉语新词语包括:宅男/女、阿宅、深宅、死宅等。

萌有可爱的意思,可与其他形容词、动词、名词性的语素组合成新词,呆萌、软萌、蠢萌、激萌、卖萌、萌萌哒、萌妹子、萌属性、萌化了。

与原有词缀结合,创造新词语"吐槽"——"槽点"也有抱怨、找茬、吐苦水的意思,一些人将它等同于"抱怨"、"吐苦水"、"找茬"来使用,认为这样使用既没有了其他几种用法的贬义和侮辱的性质,又能达到自己想表达的意思,并且语气俏皮,容易使人接受。

再如"值",意为价值。颜值、武力值、魅力值等词语在原来的"颜""武力""魅力"等抽象名词后加上"值",使本来抽象的特点因为用了"值"字看起来可以量化。实际搭配的形容词只能是泛泛的"高""低",仍然丰富了表现力。如"颜值"比"容貌的美丽程度"简洁新颖。更受年轻人青睐,并基于此逻辑意义衍生出为数不少的×值,××值。

(四)新词语进一步打破了词性限制

如:网红,本指网络红人,即在网络走红的人,很快被用来做定语,修饰其他在网上走红的事物,如咖啡店,可以被称为"网红"咖啡店。

熊孩子的"熊",渣男的"渣",也都是名词活用为形容词的例子。

"秒",作为一分钟的六十分之一的计时单位,因其短暂的特性而被用来形容短暂、快速,在新词语中常用如副词:秒懂、秒回、秒杀,但同时也有动词的用法:把……秒了,意思是很快速地轻松打败。

"黑"作为颜色的区别词,本来有消极的引申意义,做形容词,在新词语中又多了动词的用法:自黑、黑人、被黑了,是犀利地指出自己或他人缺点、错误的意思。"黑子"则是指专门无中生有地指责、诽谤他人的人。

"赞",原本单用时只有动词意义,因为新兴媒体"点赞"的操作日益流行,也被赋予了新的用法。用如名词:给了一个大大的赞;用如形容词:中国很赞。

"尬",出自"尴尬",原本是双声连绵词,尴、尬两个字作为语素基本都不会单独使用,但是目前也出现了尬舞、尬聊等更符合双音节习惯的新造词。使用尬作为副词,修饰单音节动词,保留尴尬的意义,如尬聊;甚至增加了"比赛"的义项,如尬舞。"尬舞"指的就是发源于美国的街舞对抗,即 battle,是闽南话"较舞"的变音,"较"是较量的意思。闽南话里把"较"字发成"ga"的音。

"怼"一般只作为语素出现在"怨怼"这个书面语的心理动词中,而作为新词的"怼"变成了一个及物动词。"怼怼对方",意思变成了指责、批评,带有幽默色彩。如给影视人物起绰号"李怼怼",表示其性格咄咄逼人,但这个怼字的贬义色彩并不太浓厚,反而带有更多风趣、调侃的意味。

(五)大量修辞构词具有灵活、形象的特点,是现有词汇系统有益的补充

1. 比喻造词法。如:"玻璃心",指人太脆弱,心灵容易受伤,生动形象,意义一目了然。

2. 借代造词法。如:"毛爷爷"指人民币,含蓄幽默,带有"人人都爱"的潜台词。

3. 仿拟造词法。如:"公务员考试"太长,仿照"高考"、"中考"造的"国考"一词简明扼要,又同时点出了其重要性与普遍性;又如:"佛系"是仿照"美系""日系"而来,指带有佛教教义特点的生活方式或价值观。

4. 排比造词法。如:"高大上"、"高富帅"、"羡慕嫉妒恨",概括力强大,令人印象深刻。

5. 谐音造词法。如:"程序员",目前有两种新说法:男的是"程序猿",女的则是"程序媛"。暗指从事此行业的成员的两种可能的特点,男的邋遢,女的精致。"员"、"猿"、"媛"皆为谐音,十分风趣形象,令人捧腹,极富表现力。

6. 夸张造词法。"爆款"、"剁手"、"神转折"等很多新词语极尽夸张,带有语不惊人死不休的特点,达到了"其特点不容忽视"的表达效果。

修辞手法的引进是新词语的构造中一大特色，也是新词语表达能力强，具有强大生命力的一个重要原因。

(六) 符号，字母，数字等混合使用

1. 拼音字母组合。如："TA"在性别不明的情况下指代"他"或"她"，意在解决汉语词汇中这个第三人称统指的缺位问题；"BT"则是"变态"的拼音首字母组合，达到委婉的表达效果。

2. 英文字母组合。如："PK"、"一对一淘汰赛"、"WTO"、"世界贸易组织"，直接从外语中以"拿来主义"的方式引进，使用广泛。

3. 数字组合。如："1314"、"520"利用谐音做的数字游戏，或说是数字迷信，分别代表"一生一世"、"我爱你"。

4. 数字及文字或符号组合。如："十九大"、"双 11"、"00 后"、"3X"，往往有概括性的特点。

五、新词语教学难点与应对策略

难点一：新词语本身存在不稳定性

时效性。新词语往往反映新生事物、新现象或新价值观。有些昙花一现的事物现象自然相应地很快消失。从经济的角度讲自然不必列入教学范围，但是如何辨别，并不容易。

不稳定性还有一个表现是新词语的约定俗成的程度，也可能见仁见智。在某一群体中极其常见的词汇对其他群体来说可接受程度并不高。

教学策略：尽量选取有代表性的、收入新词语词典、官方认可的新词语。可以参考教育部、国家语委年度《中国语言生活状况报告》，及近十年每年总结的年度十大新词材料，如：

2016 年度中国媒体十大新词：两学一做、冻产、表情包、洪荒之力、阿尔法围棋、网络大电影、摩拜单车、山寨社团、吃瓜群众、闺蜜门；

2016 年度十大网络用语：洪荒之力、友谊的小船、定个小目标、吃瓜群众、葛优躺、辣眼睛、全是套路、蓝瘦香菇、老司机、厉害了我的哥。

难点二：新词语语义的复杂性与不确定性

当代中国文化的多元性，使新词语的理解需要相当的语言背景文化知识。

例如：著名的华为公司，其企业文化号称"狼文化"，此处提到的所谓"狼性"就不能简单地等同于普通的狼的特点;"道德绑架"这一提法也体现了道德观、价值观的变化。

相应的教学策略:联系实际,引入相关文化背景知识。这实际上也是学生了解中国现代社会经济文化等的契机。

难点三:褒贬意义的反转甚至错乱

1. 褒贬意义反转

如:"奇葩"最早是奇异的花,褒义。现在不论名词还是形容词,都带有明显贬义,且更多地用来形容人或与人直接相关的行为方式、语言等,俨然变成了完全独立的一个新词。

再如:"歪果仁",是"外国人"的谐音词,表面上看,"歪"即不正,是否同时带有调侃外国人发音不准的意味,不可考,但基本只是像"老外"一样略带调侃,可以告诉外国人这个并没有恶意。

又如:淘宝有时被用"某宝"指代,此时则多少有点"档次不高"的贬义。

"套路"本来是中性名词,仅指做事的固定程序、方式,现用来形容精心策划的事情,一般是说某个人有心计有城府,会算计人,如"城市套路深";"我走过最远的路,就是你的套路";且可以用作动词,"我被套路了";"工匠"本来指专门手工业者,多是小人物,甚至"匠气太重"被认为不够"艺术",不能登大雅之堂。作为2016年热词的"工匠精神"却使代表普通劳动阶层的"工匠"有扬眉吐气之感,成为敬业精神、技艺精湛的代名词。

2. 褒贬意义错乱

如:与"高大上"、"白富美"、"高富帅"不同,"傻白甜"中三个修饰性语素本来各自的褒贬意义并不一致,不易判断感情色彩。

再如:"霸"作为语素,不论是动词还是名词都是贬义的,但是最近"学霸"却是指在学习方面带有"王霸之气"的了不起的学生,和"学神"只有程度的差别了。"霸气"做副词时也更多地突出了褒义的一面,如"霸气回归",只强调好的一面,不再带来负面联想。但是"车匪路霸"、"地方一霸"这类词的本来的贬义依然沿用,比较混乱,对留学生来讲,只能各算各的。

又如:以"货"形容人本来都是包含明显贬义的,如"蠢货"、"傻货"等,最近出现的"吃货"却包含了"可爱"的潜台词,甚至影响了"二货"等词语,使其贬义明显减弱,更多的是戏谑。如果学生已经对"货"的感情色彩方面的语言知识形成固有印象，则不易扭转。类似的还有"侧颜杀"、"摸头杀"、"魔都"、"晒娃狂魔"、"老婆奴"、"女儿奴"等。

教学策略：向学生介绍这种特殊现象，使其对感情色彩的差异有初步了解，注意可能有两种极端释义的可能；并对褒贬意义在不同的搭配组合中不同的新词语分别学习，分别记忆，联系上下文、背景知识等信息做到正确理解。

难点四：新词语来源复杂

如："安利"，直销品牌名，特殊的营销方式使"安利"从品牌名称变成直销的代名词，含有热情、真心推介的意思。从一个中性名词发展为中性动词，安利给别人(推荐给别人)或者说卖个安利(推荐个东西)。安利，就是指"把自己认为好的东西告诉别人，因为自己喜欢所以真心推荐"。最后引申为带有一定感情色彩的动词，意为强烈推荐。如微信的朋友圈经常出现"给你安利一下"的商品广告或私人推介，安利一下也就是推荐一下的意思。

教学策略：追本溯源。有典故的，可以通过讲故事的方式帮助理解记忆。

难点五：生僻字词变成热词

如："囧"，谐音"窘"，有尴尬，窘迫的意思，字形又酷似尴尬的表情，字的形音义相辅相成，成就了网络词语中的新宠。本义"光明"反而无人问津。又因为成为热门电影系列的名称(《泰囧》、《港囧》)而红极一时。

又如："又双叒叕"，通常读作"yòu, shuāng, ruò, zhuó"。表示某事物变化更替相当频繁，也表示一件事反复出现。也是因为字形能够造成一种出人意表的表达效果变成了常用表达方式。又、双是反复出现，数量较多的意思，叒、叕则与数量、出现频次无关，但是放在一起视觉冲击力却以几何倍数增长。流行的原因主要在于比普通的形容词副词叠加效果更突出。可以看作是"买买买"这种表达的升级版。

教学策略：鼓励猜测，根据字形等表象特征，联系上下文理解。找特点，抓重点，有所取舍，方法得当的话，完全可以变"一言难尽"为"一目了然"。

难点六：突破了音节数的限制

新词语很多不仅限于单音节或双音节，出现大量多音节的新词语，结构更为复杂，断句分词尤为困难。如2016年十大媒体新词语与2016年度十大网络用语，共20个，只有一个双音节词，其余的都是三音节以上的短语，最长的是五音节，而实际在日常生活中出现的新词语不乏更复杂的结构。

教学策略：帮助学生有意识地掌握新词语特有格式：

1. 多次重叠

如：吃吃吃，买买买。

2. 缩略语

如：短平快、高大上、高富帅。

3. 被＋自主式行为动词

如："被自杀"、"被分手"，表示在当事人不知情、不情愿的情况下被强加某种行为，是一种看似违背语法规则的新兴表达方式。

对这些特有的格式及其含义有所了解，学会推理，可以大大减少"每个字都认识，组合在一起就不知其所谓"的问题，同时减少因此带来的焦虑感、挫折感。

难点七：受限于新词语发展迅速，更新换代快，而教学大纲更新缓慢等原因，新词语教学在教材方面明显滞后

相应策略：比较稳定、已被广泛接受的新词新义应该酌量收入大纲，编入教材。日常教学中，教师要有意识地补充使用广泛、较为稳定的新词语，应用到例句编写，练习设计中，做到与时俱进。

针对课文中词汇滞后的现象，以头脑风暴的形式进行与课文主题相关的词语拓展，通过词语的学习，帮助学生了解相关主题的最新进展，进而了解社会文化。如关于交通出行的话题，课文可能还在讨论步行好还是乘车好，我们应该引入"共享单车"的话题，引导学生思考，回忆生活中见过的类似事物，扩展"共享汽车，共享充电宝，共享雨伞……"，进一步了解共享经济这一现象。类似地，课文在购物的章节中可以有意识地引入网购、电商、支付宝、众筹等新词语新概念，并利用语素扩展，高效扩充词汇量。

六、教学中应该避免的新词语类型

1. 生僻词。晦涩难懂，使用范围有限，不必加重学生负担。

2. 生造词。如："人艰不拆"、"不明觉厉"等一批生造的"成语"因为超强的概括力流行了一段时间，但是因为并不能明确表达语义，不符合语言规律，现在大部分已经销声匿迹了。

3. 有对应汉语词汇的外文词汇，避免滥用外语。比如，"diss"是什么梗？该词是英文单词 Disrespect（不尊重）或是 Disparage（轻视）的简写，是 Hip Hop 中的一个重要的文化组成部分，rapper（说唱艺人）之间用这种唱歌的方式来互相贬低和批判，成为会互相竞争的嘻哈文化风格。虽然因为时髦受一时的追捧，但是两相比较，长远来看符合中文构词风格的"怼"应该有更强的生命力。而"diss"囿于受众有限，在汉语中很可能只是昙花一现。

还有中英文混用的，如"Mark 住"，或干脆利用其谐音记做"麻竹"，对很多人来说是不知所云的；另外像"厉害了 word 哥"的格式火爆一时，最近上映的纪录片片名就是"厉害了，我的国"，word 还是改回为"我的"，接受度更高。有汉语对应词而中英文混用的基本不提倡。像"笑 cry"，还是写作"笑哭"比较好，完全不影响表达，一样包含调侃意味，而这两个汉字本身形态与笑、哭的表情相关，有足够的表现力，完全没有必要中英文混用。

4. 不文明的新词语。如"逗比"，已经被列为新华社新闻报道中的禁用词，并不为主流媒体接受。

5. 政治不正确的词语。如曾经广泛使用的"村官"，现在已经因为不恰当而被官方媒体弃用。

6. 表现不良社会现象的新词语。如"刷单"，不必作为教学内容，应尽量传播正能量。

综上所述，现阶段的对外汉语的新词语教学应该结合时代特色，以正确理解为主要目的，教授新词语主要来源、类型与构造规律；引导学生综合运用所学语言知识，对新词语的特点扬长避短，以尽可能高效扩大词汇量，培养语感，提高词汇教学效率。

参考文献

[1]符淮青. 汉语词汇学史[M]. 合肥：安徽教育出版社，1996.

[2]沈家煊. "粉丝"和"海龟"[J]. 东方语言学，2008，(1).

[3]张静. 汉语新词语形成方式的特点及规律[J]. 济宁师范专科学校学报，2005，(6).

关于语言学习与教学过程中践行与体证的几点思考

沙 杰[*]

[摘要]对外汉语语音教学是整个对外汉语教学中最关键的环节,因此也成为我国的汉语教育者日渐关注的问题。本文对语音教学过程中产生的一些问题进行了针对性的论述并提出了一些解决方案。我们也应当把语音教学视为整个语言教学的有力平台。

[关键词]对外汉语;语音;教学

无论在对外汉语学习的哪个阶段,语音的教学都始终是一个重点和难点。任何一个学习者想要掌握汉语都要立足于语音的学习,而作为对外汉语的教育者,也应当把语音教学视为整个语言教学的有力平台。

首先,从生理语音学(发音学)的角度上研究发音,而决定音节的最基础的方法是"口腔肌肉紧张度"。留学生的母语中相对来讲没有或极少有相应的音,但是这也和教学有着密切不可分的关系,"学习外国语的内容分成发音、语法跟词汇三个重要的部分,学习次序当然也应该照这三样按步进行。发音部分最难也最要紧,因为语言的本身、语言的质地就是发音,发音不对,文法就不对,词汇就不对"[1]。语音教学具体要在每一个语音要素的教学中落实。由于目前对外汉语教学界已普遍认为洋腔洋调形成的关键原因在于声调和比声调更高的语音层面,因此声调教学和语句韵律教学就成为关注的焦点。

我们从韩国学生习得汉语声调的偏误上不难看出,在调长、调域及声调

---

[*] 沙杰,男,北京人,首都师范大学国际文化学院讲师,教育学硕士,主要从事对外汉语听说课教学以及英汉语言比较和文化研究。

格局等几个方面,韩国留学生最容易习得的是去声,其次是阴平,然后是阳平,最难的就是上声。他们习得汉语声调最大的偏误是阳平和上声的混淆,极容易把阳平发成低曲折调。

无论在对外汉语学习的哪个阶段,语音的教学自始至终都是重点和难点。任何一个学生想要掌握汉语,都要首先立足于语音的学习,而作为对外汉语的教育者,更应当把语音教学视为整个语言教学的有力平台。并且,我们应该能够同步发现在教学过程中不断产生的问题,因为这些问题是我们进行教学指导的根本原则,同时也是我们不断提出可行性的解决策略的不竭源泉。下面根据实际教学中总结的5M模式(mini class; meaningfulness; motivation; must; match)进行阐述:

在实际教学中,可以采用 Mini Class 形式针对不同国别的学生进行口腔训练。目前大部分所谓的纠音课,都是教师带领学生反复地进行发声练习,但这只是学生在课堂上的时间段纯粹的模仿。有效果,但是离开教室后基本又回到最初的错误的发音上去了。如果在母语的环境中幼儿阶段每时每刻都在耳濡目染之中的话,经过不断模仿和自我纠正意识的训练,随着年龄的增长自然可以逐步形成系统的发音和走位的固化。而学习第二语言的留学生不可能具备这样的先天条件和环境,最终导致学生没有真正了解声调系统、重音和音调法、汉语字音的复杂性,特别是舌头在口腔里走位的正确方式。

作为教师,必须完整掌握语言系统内部的关系,必须清楚地"知道每个发音部位和发音方法,只有这样,才会提高辨别能力,知道学生错在哪里,也才能有针对性地加以纠正。"[2]

举例说明,在汉语中送气不送气是区别性特征,绝不可混淆,否则影响到意义,影响到交际。这也是在高级班学生中极易出现的现象。同一音位的不同音位变体也往往是导致学生学习另一种语言发音不准确的原因,由于受到了母语音位系统的影响而忽略或不容易认识到目的语言相应音位的不同音值。在日本学生中就会经常将汉语元音 u 发成日语う行元音,这种错误很普通也非常顽固,但是如果我们从音位对比入手,讲清楚不同音位的区别特征,即在发音方法上去阐明和体会圆唇、展唇的区别,这样问题就轻而易举地解决了。

再比如,汉语和英语作为非形态语言和形态语言的代表,不仅具有人类语言语音系统的共同性,又有其自身的特点。"两种语言中的异质性问题和同中有异的问题是产生负迁移、造成语言学习干扰的主要因素,我们必须特别加以注意"[3]。在第二语言的学习过程中,根深蒂固的母语音系的听感和发音习惯会对他们接受目的语音系语音过程中产生极大的影响,使他们形成的中介语音系统发生偏误。

留学生学习汉语的过程其实是对中国文化和逻辑内涵的学习和习得,并以此为载体去践行和体证汉语。中国的学问,都是体证之学,重点都是如何转化生命能量。我们在教学中应该真正关注的,是如何透过对语言的体会与实践,与汉语有着同步的对应。"琢磨"这个词就充分体现和贯穿于学习语言的过程中。语言本来就是琢磨、体会出来的,若真要定义、分析,都只会越离越远。就如佛教禅宗所说,"不说最真切",其实是在提醒我们,"道"是体证之事,就像我们喝水,冷暖自知;语言、文字皆有其假相,如果浸在其中,整天忙着分析、定义,整天在观念和概念的旋涡里摸爬滚打,终究都要误人误己的。所以在具体教学中,我们应该本着如下方式让学生不断地实践和揣摩:

声调系统方面。汉语有"平、上、去、入"四声以及平仄交替组合的规律,这在学生学习汉语的初级阶段就应该跟学生强调,并在教学中不断纠正其声调发音的错误。

重音和音调方面。英语有词的重音和句的重音,汉语只有句的重音。在音调法中,汉英也完全不同。英语有升调、降调、升降调规则,汉语没有"升降调",升降的规则也不同于英语。这是在篇章教学中值得强调的问题。

在学习汉语过程中,另一个重要的方面是 Meaningfulness。就是要让学生真正了解到语音、汉字、词汇等的真谛。从而使留学生对汉语自然产生兴趣,理解其中的内涵。中国汉语字音的复杂性方面表现在同音字、多音字较多。汉语中的同音字是以书面的形式表现出来,重点在于"字"。而多音字是以口头形式表示出来,它是相同字符组成却有不同读音,重点在于"音"。国人对此都很容易搞混淆,更何况是外国的学习者。尤其是一字有不同读音和不同意义的多音多义字,它因读音不同而有不同的意思,例如,汉语当中的"和"字它有几种读音,意思也不同,读作 hé,例"天和地";读作"hè"音,例"曲高和寡";读作"huó"音,例"和泥";读作"huò"音,例"和药",表示量词时可以表示次数,"衣服洗了三和";读作"hú"通常为麻将牌戏用语,意思为"赢";读作"huo",例"掺和、搅和"。这些类似的发音形式在汉语中出现的次数也很多,对外国学生是个难关。

另一个重点,学生和老师都需要自身的 Motivation。第二语言的获得是规则的学习以及习惯的养成。这种养成我们不希望是被动的,相反地,学生,特别是教师应具备主动和激情,起到"循循然善诱人"的作用。反映在课堂教学中就是精"演"多练。这是对外汉语语音教学的一条重要原则。精"演"是指教师在对外汉语语音教学中,对语音知识和语音规则的讲解和介绍要讲得少而精,就是指教师在教学过程中,要抓住语音的重点和难点进行演示和不断展示出口腔的 pose,它强调老师的教授方式,要求教师有渊博的实践体验知识,不能照搬书本知识。"多练"是指学生在课堂、课下进行大量的练习。在语音教学时要进行大量的语音口腔操练,从模仿开始,把汉语的声母、韵母和声调练得滚瓜烂熟。这考验学生自己的学习态度。学者要熟练掌握汉语中的声母、韵母和声调。

教师在教学过程中具备的这种技能是一个 Must,这样学生才能真正理解教与学互动的真谛。老师在学生的学习过程中应不断引导学生,发现问题,及时帮助矫正,并给予正确引导。而对于教师而言,其首务,则是自己内心的明晰。对于学生,就已是最好的示现了。在教学过程中最容易出现的失误就是过多地强调知识点和概念。概念也好,知识也罢,皆"身外之物"。概念和知识点并非不好,是不相干。其实都是逐物,都会是"往而不返"。

对外汉语教学语音习得中一个普遍现象就是一些音的混淆。我们要给学生一个完整的系统,使学生们能把在发音上不同的规则和类似的方面自己逐一比较,然后去 Match。像平舌音 z、c、s 三个声母,对国人来说,学习也有难度。特别是南方方言,对于平舌音 z、c、s 与翘舌音 zh、ch、sh 也是不能很好发音的,对这两组进行比较区分的话,外国人就更觉得无所适从了。如果处理不好,必然会严重影响到学生学习的兴趣,甚至会完全失去自信心,导致留学生对汉语整体学习的恶性循环甚至放弃。还有就是韵母 o、e、u、ü 对于外国学生来说也比较困难,还有 n 和 ng 等等,都是外国学生在学习汉语时最为头痛的部分。以韩国学生为例,他们在发音中,感到 n、l、zh、ch、sh、r、z、c、s 的发音很难,再就是韩国学生容易混淆 zh、ch、sh 和 z、c、 s，因为韩语中根本没有卷舌音。日本等国家的学生也有类似问题。解决这一问题开始阶段可适当利用夸张的方法，延长发音过程。比如用带音法教 r 的发音：教 r 时先发 sh，利用 sh 的发音部位，拖长 sh 的音程，然后慢慢舌位抬高，便自然发出 r 来。

我们应该庆幸能够发现在教学过程中不断产生的问题，因为这些问题是我们进行教学指导的根本原则，同时也是我们不断提出可行性的解决策略的不竭源泉。

参考文献

[1]何善芬. 英汉语言对比研究[M]. 上海：上海外语教育出版社，2002.

[2]吕必松. 对外汉语教学概论（内部资料）. 国家语委对外汉语教师资格证审查委员会办公室，1996.

[3]赵元任. 语言问题[M]. 北京：商务印书馆，1980.

过去式在汉语中的表达分析
——以《阿甘正传》电影台词为例

杨武元[*]

[摘要]本文对奥斯卡获奖影片《阿甘正传》台词中大量的过去时间范畴表达句式及其对应的汉译进行梳理,力图发现翻译过程中的规律,以解决留学生大量运用"了"来对应过去时的问题。通过数据统计分析发现,过去时在汉语中用了[1]来表达的情况较多,但只占所有对应翻译法的一小部分,大部分对应翻译法并不需要了[1],而是采用在一定时间背景下的多种无"了"句式。

[关键词]过去时;翻译;结果补语;口语

一、引言

外国留学生在汉语学习中,经常将母语中固有的过去时观念植入汉语学习中,因而产生了大量错误的表达。本文将通过对奥斯卡获奖电影《阿甘正传》台词的英、中文对应表达形式进行梳理,得出一些对应规律,相信会有助于留学生们掌握汉语的过去时间范畴中的各种表达形式。

正版译制片的中文字幕是八一电影制片厂译制的,译制导演彭河,翻译沈宁。因此比较具有权威性。

关于英语的时态,如果按照 Poutsma(1926:205)、Cume(1931:354)、张道真等人的语法体系,最多认为有16种之多,给人感觉非常繁杂,本人更倾向于双时态论,Jespersen、Quirk 等及章振邦等是典型的双时态论者,他

---

[*] 杨武元,男,黑龙江绥化人,首都师范大学国际文化学院讲师,文学硕士,主要从事汉语教学法、汉外语言及文化对比研究。

们认为英语只有过去时和现在时,这种理论体系的优势在于可以避免将时tense和体aspect混为一谈[1]。按照这种语法体系,由于汉语的现在时间范畴对留学生来说几乎没有什么难点,英汉对译时最大的难点就变成了过去时在汉语中的翻译问题。

所以本文力图管中窥豹,通过分析一部以过去时占多数的电影,来统计分析一下过去时在汉语中的对译状态,以方便广大对外汉语教师和留学生熟知两种语言在过去范畴的相应表述方式,根治留学生中普遍存在的"一提过去的事情就加'了'"的现象。

二、分析

(一)几种汉语对应表达概览

笔者总共在该部电影的台词中找到388句过去时的句子,它们主要以以下几种表达方式出现在汉语中:

1. 有"了"句式
2. 无"了"句式
(1)普通无了句
(2)过去进行时句式
(3)表否定的"没""不"句式
3. "过"字句
4. "是……的"句式
5. 结果补语表完成义的句式

(二)有"了"存在的句式

有研究者指出,"了"不是汉语里的体范畴标记,而是过去时标记,它标示了事件位于指示中心之前。"了"在做动态助词表示完成和实现的时候与英语中的过去时对应较吻合,这种"了"被称为"了^1"。了^{1}的情态功能与它是过去时密切相关[2]。杨玉玲和应晨锦编著的《现代汉语语法问答》[3]中更进一步指出,"了^1"只用在过去的短暂动作性事件,不用于过去的恒常状态。相应地,在英语中,不是所有动词的过去式都与了^{1}对应,只是那些短暂动词的过去式与汉语的了^{1}句式相对应。我们在此影片范围内找到的有"了^1"句式共115句,占所有过去时句388句的23%,有"了"译法和无"了"译法的比例是3:7。

这种汉语表达通常有一个可结束的动词,当动作完成或改变时,中英文句式中都有"了¹"或"ed"等过去形态。

如:

(1)Mama named me after the great Civil War hero General Nathan Bedford Forrest. 妈妈用了一位内战英雄的名字为我取名内森·贝弗·福雷斯将军。

(2)He started up this club called the Ku Klux Klan.
他建立了一个俱乐部叫"三K党"。

(3)I met the principal and all. 我见到了校长什么的。

(4)Ma'am,you dropped your book. 太太,你的书掉了。

(5)President Kennedy met with the collegiate all-American football team.
肯尼迪总统接见了全美大学足球队。

(6)I must have drunk me about 15 Dr. Peppers.
我大概喝了15瓶汽水。

(7)Somebody shot that nice young president.
有人枪杀了这位不错的年轻总统。

(8)At first it seemed like I made a mistake and got drafted. 开始我觉得我犯了个错误然后就应征入伍了。

(三)无"了"存在的过去式

表示习惯性、恒常性的、描述状态的过去时句子,包括那些动词有恒常特征或整体句义有恒常性的,经常不用加"了¹",只需一定的时间背景即可,我们把它们又细分为普通实义动词的常态性过去与系动词的过去两种译法。

通过统计,普通非"了"过去表达占调查的过去式句子总数的比例是33%,而普通实义动词非"了"过去表达占所有非"了"句式的比例是44%。

1. 普通实义动词的过去式对译

(9)Mama always said there's an awful lot you can tell about a person by their shoes.
妈妈常说要想知道一个人的很多事情,只要看看他穿的鞋就能知道。

(10)Mama said the Forrest part was to remind me that sometimes we all do things that,well,that just don't make no sense. 妈妈说这名字是提醒我,

我们会经常做一些，并没有意义的事情。

(11) If God intended everybody to be the same, he'd have given us all braces on our legs.

如果上帝要让人人都一样的话他会给每人一双脚撑。

(12) Mama always had a way of explaining things so I could understand them.

妈妈总有办法让我明白她的意思。

(13) We lived about a quarter mile off Route 17.

我们住在17号公路附近。

2. 系动词的过去式对译

(14) Mama was a real smart lady. 妈妈是个很聪明的女士。

(15) Me and Mama was on our own. 我和妈妈无依无靠。

(16) Our house was never empty. 我们的房子总住满了人。

(四)过去进行时的对译

过去进行时的汉英对译比较完美，基本上可以互译。当然汉语的过去进行的表达更加丰富，有"在"、"在……呢"、"正在……呢"、"……呢"等细化的表达。

(17) He was wearing an American flag for a shirt.

他身上穿着美国国旗。

(18) Some years later, that nice young man from England was on his way home to see his little boy and was signing some autographs. For no particular reason, he got shot. 几年以后，那位从英格兰来的好端端的年轻人，回家去看他的孩子，半路上在给人签名，被人射杀。

(19) I hoped whatever she was doing made her happy.

不管她在做什么，我希望她开心。

(五)否定式用"没"翻译的句子

对于英语中的过去否定，主要在教学中要提醒学生，"没"字句对应的是英语中短暂动词的否定形式，不可乱用；过去时中的恒常性动词的否定，要用"不"来实现。

以"没"对译过去时中非"了"译法的否定式的比例是6%，用"没"对译英语过去式的句子总数比例是4%。例句如下：

(20) Only this time, they didn't get us rooms in a real fancy hotel.

不过这次他们没有给我们安排酒店套房。

(21) I'd never named a boat before.

我以前从来没有给船命名。

(22) Now, I hadn't heard from Jenny in a long while.

我没听到珍妮的消息已经很久了。

(23) He never actually said so. 他从来没说出来。

(24) Like she hadn't slept in years. 好像她多年没睡觉了。

需要指出的是，对于英语中的否定，在汉语中当然还有很多是由"不"来完成的，由于剧中出现较少，这里不举例。

(六)翻译成"过"的句子

这里需要跟学生指出"了"和"过"在过去时间范畴内的区别，"了"字句主要是以过去时间为背景，"过"字句只能加一些模糊的时间词如"曾经"、"以前"，表示经历。

"过"对译英语过去式非"了"译法的句子比例是5%，用"过"对译英语过去式的句子总数比例是3%。

(25) I understand you were wounded.

我知道你受过伤。

(26) I promised Bubba in Vietnam.

我在越南答应过布巴的。

(27) And we walked by Vincy's Furniture and Appliance Store.

我们路过文斯家私商店。

(28) This is my good friend I told you about.

这是我跟你提起过的好朋友。

(29) Because I'd made a promise to Bubba.

因为我答应过布巴。

(30) Boy, I heard some whoppers in my time.

孩子，我听过很多牛皮。

(七)翻译成"是……的"的句子

以"是……的"对译英语非"了"过去式的句子比例是2%,用"是……的"对译英语过去式的句子总数比例是1%。如:

(31)Jesus Christ! What did they do with this?

天那!他究竟是怎么搞的?

(32)You have to do the best with what God gave you.

你要凭着上帝所给予的做到最好。

需要说明的是,"是……的"结构作为汉语独有的强调句,是汉语过去范畴中十分常用的一种句式,但我们是以英语口语作为翻译来源,所以对译的汉语句子比例不一定能真实地反映"是……的"句式在汉语中的比例。

(八)以具有强烈的完成性质的动词或动补结构来翻译的句子

以"强烈结果意义"对应英语过去式非"了"译法的句子比例是11%,用"强烈结果意义"对译英语过去式的句子总数比例是8%。例句如下:

1. 汉语动词本身有强烈的完成义,如:

(33)Federal troops, enforcing a court order, integrated the University of Alabama today.

联邦军队,执行法庭的判决,今天在亚拉巴马大学取缔种族隔离。

(34)Kennedy ordered these cretary of defense to use military force.

肯尼迪下令国防部使用武力。

(35)The University of Alabama in Tuscaloosahad been desegregated.

在图卡卢沙的亚拉巴马大学的隔离被取缔。

(36)And students Jimmy Hood and Vivian Malone had been signed upfor summer classes.

学生杰米胡和费文马隆已登记参加夏季的课程学习。

(37)And when I got there, I thought maybe I'd just run across Greenbow County.

而当我到达那里,我想也许我能跑遍绿茵县。

(38)The city fathers of Greenbow, Alabama, decided to get together and offered me a fine job.

亚拉巴马州绿茵镇的父老乡亲决定给我一个好工作。

(39) The ceremony was kicked off. 典礼已经开始。

2. 以结果补语、趋向补语、"得"字补语来对译的句子

(40) Govern or Wallace did what he promised.

华莱士州长说到做到。

(41) Two weeks later, I left Vietnam.

两星期后,我离开越南。

(42) I was so good that some years later…

我打得很好,所以几年后……

(43) Because the streets was awful crowded with people.

因为街上人挤得要死。

(44) I only caught five. 我只捕到五只。

(45) You did good. 你做得很好。

(46) So I gave a whole bunch of it to the Four square Gospel Church…

所以我拿出一大堆给四方福音教堂……

(47) She saw me on TV… running. 她在电视上看到我……跑步。

(48) You died on a Saturday morning. 你在星期六清晨死去。

三、结论

从以上的分析可以看出,英语口语中的过去时在汉语中的对应关系基本上可以这样来表述:用"了^1"来对译的占较小部分,比例只有23%,用非了句式来表示的占一大部分,比例是77%,因此,以对外汉语教学中,除了进行"了^1"与英语的对译教学以外,要大力加强学生们对各种非"了"过去时句子的训练,使其早日掌握地道的汉语口语。

参考文献

[1] 陈敏哲. 英语动词过去时语法意义拓展的隐喻化过程[J]. 外语教学与研究, 2005, (3).

[2] 周睿丰. 试论了^{1}是汉语里的过去时标记[J]. 黑河学刊, 2011, (4).

[3] 杨玉玲, 应晨锦. 现代汉语语法问答[M]. 北京: 北京大学出版社, 2011.

新中国成立以来的语言规范历程与展望

郝 锐*

[摘要]语言规范问题历来备受关注。新中国成立以来的语言规范实践经历了继承、探索、成形、发展并不断完善的历程。随着全球化、信息化深入发展,展望当前及未来较长时间内的语言规范工作,有三个重要课题值得关注:网络语言规范、媒体语言规范、"大华语"语言规范。

[关键词]语言规范;新中国成立以来;历程;展望

一、引言

语言生活离不开语言规范,我国历来重视语言规范问题。先秦时期,周朝形成了以国都所在地方语言为基础的"雅言",并注重采风;秦朝更是厉行"书同文",后来各代总体都有一个相对统一的语言取向,并出现了如《仓颉篇》《切韵》以及《康熙字典》等带有规范性质的文献。我国古代的语言规范基本属于国家行为,是一种自上而下的规范,政治色彩较为浓厚。及至近代,不论是"仿古求雅"还是"匡谬正俗",这种自上而下的语言规范模式一直延续下来。清末民初,我国的语言规范出现了新的特点和趋势。学者文人开始自下而上自发探求语言文字规范和统一的道路,并与社会革命联系在一起,产生了影响颇深的三大语文运动:提倡汉字改革,创制切音新字的汉语拼音运动;统一并推广民族共同语国语的国语运动;提倡"言文一致"的白话文运动。有关上述各时期的语言规范实际情况,已有相关研究进行了专门的讨论,如詹

---

* 郝锐,男,湖南汉寿人,首都师范大学国际文化学院讲师,文学博士,主要从事现代汉语共时状况与历时演变研究。

伯慧(1981)，刘坚(1986)，戴昭铭(2004)，陈章太、谢俊英(2009)，李宇明(2010)，王理嘉(2011)等。新中国成立以来的语言规范工作也在不断推进，当下的语言规范工作面临新的形势，出现了许多新课题。有关这两个方面的内容可见零星论述，并不多见，因此，有必要系统阐述，梳理这一阶段的语言规范历程，并提出展望。

二、新中国成立以来的语言规范历程

新中国成立至今已足六十五载，语言规范实践与国同进，与时俱进。它经历了准备、探索、停滞、恢复、发展、完善直至迈入"新纪元"，整个过程既创造了不少成绩，也留下了颇多反思。

(一) 新中国成立初期的语言规范(1949—1965)

这一阶段的语言规范实践大抵可以用"准备"、"探索"来概括。"准备"时期从 1949 年至 1954 年，这一时期语言规范的概念还基本没有形成，规范工作大体还是以"纯洁健康"指代。

新中国成立以前的语言文字工作初步产生了一些成果，但发展不够充分，影响范围也十分有限。新中国成立后，语文建设成为统一国家文化事业建设的重要部分。而当时语言文字使用混乱随意的情况十分严重，国家、社会以及个人生活都亟须对语言生活的领域进行规范，使之有序。于是，由党和政府发起、组织、领导并由专家学者配合指导、全社会大众积极参与的语文建设工作在探索中展开了。1950 年，毛泽东给时任中央文化教育委员会秘书长胡乔木写信，提出要起草一个中央文件来纠正写电报的缺点的建议。1951 年 2 月便由中共中央下达了《关于纠正电报、报告、指示、决定等文字缺点的指示》。这份文件指出了各地文件中的常见文字缺点，并规定了纠正办法(戴昭铭，2004)。1951 年 6 月 6 日，由毛泽东亲自修改《正确地使用祖国的语言，为语言的纯洁和健康而斗争！》的重要社论在《人民日报》上发表，这对社会语文使用影响深远，也极大促进了语言规范进程。社论把正确地运用语言表达思想提升到政治的高度，号召全国人民"坚决地学好祖国的语言，为祖国语言的纯洁和健康而斗争"。特别地，社论把毛泽东和鲁迅作为创造性运用现代汉语的典范，并批评了报刊文章在语言运用中的种种混乱和不正文风。这表明了国家搞好语言文字工作的决心，不过今天看来，"'纯洁语言'的口号不够确切,有些绝对化"(陈章太、谢俊英,2009)。同日,《人民日报》开始连载吕叔湘、朱德熙合写的《语法修辞讲话》,这不仅对当时语文知识的普及和语文水平的提高产生了极大的推进作用,对今天的语言学习和语言运用也有积极的指导意义。其后在全国机关、学校、部队、文艺团体中迅速地掀起了学习语言、正确使用语言的热潮,广大的人民群众也参与其中,不少青年学子甚至受其影响走上语言研究的道路。《语法修辞讲话》还奠定了以政府主体和专家学者主体相结合、以书面语言为主要对象、以"匡谬正俗"为主要方法的规范模式。

这一时期,语音和文字改革也已展开。1951年编成《第一批简体字表》,1954年7月到11月先后完成了《常用汉字简化表草案》第四稿、《常用汉字简化表草案》第五稿以及《汉字简化方案草案》。语音方面从1950到1955年间,全国各地各行业及海外华侨共献出了655个汉语拼音文字方案。全民参与语文建设的热情可见一斑(王均,1995)。而少数民族语言规范工作也拟出了头绪,成立少数民族语言文字工作、研究、翻译机构,并在自1950年到1954年间先后组织人员对南方各少数民族语言、北方各少数民族语言进行了初步调查,还着手为少数民族创制改革文字等。

此外,这一时期党和政府提出了语文工作的三大任务即简化汉字、推广普通话和推行汉语拼音方案(詹伯慧,1981);并开始建立和完善语言文字工作的政治构架,先后于1949年成立新中国第一个全国性文字改革组织"中国文字改革协会"、1952年成立新中国主管文字改革工作的第一个国家专职业务研究机构"中国文字改革研究委员会"、1953年成立党内机构"中央文字问题委员会"以及1954年成立直属于国务院的"中国文字改革委员会"等。这些政治组织为后来的语言规范工作提供了组织保障和方向指导,在研讨文字改革工作中的重大问题时发挥了重要作用(陈章太、谢俊英,2009)。此外,语言建设的媒体宣传工作也不断推进。仅"文字改革委员会"就先后创办了《中国语文》《文字改革》杂志,又设立《光明日报》文字改革专刊,创办《汉语拼音报》,成立文字改革出版社等,此外还有《语文知识》杂志开辟的《改错句》专栏,等等。规范工作动员和宣传全面展开,为后面的现代汉语规范工作做好了舆论准备。

"探索"时期从1955年到1966年。通过前面"准备"时期的规范实践,人们意识到零敲碎打的"匡谬正俗"还不足以推动社会的语言生活全面规范，不能解决语文规范的根本问题。于是，"汉语规范问题"被正式提出，语言规范工作也开始系统展开。其标志是两次会议：1955年10月15日的"全国文字改革会议"和1955年10月25日的"现代汉语规范问题学术会议"。其中，由中国科学院哲学社会科学部召开"现代汉语规范问题学术会议"更是具有里程碑意义。众多学者专家齐聚一堂，建言献策。会议由郭沫若致开幕词，他提出"我们所提出的汉语规范化问题，那就是要确定汉民族共同语的组成成分尽可能地合乎一定的标准，那就是要根据语言发展的规律，采取必要的步骤使得这全民族的语言在语音、语法、词汇方面减少它的分歧，增加它的统一性。"罗常培、吕叔湘做了《现代汉语规范问题》的大会报告，报告集中而全面地论述了与现代汉语规范化有关的一系列基本理论问题和实践内容，包含为什么要提出现代汉语规范的问题、语言规范的几个基本原则性问题、促进语言规范化要做的工作等内容。报告成了会议讨论的中心。大会上众多专家学者响应报告内容，分别就语言规范的方方面面做了发言，并达成了统一认识。大会决议对规范化的含义进行了阐释，并指出普通话是"以北方话为基础方言，以北京语音为标准音"这一定义。后来又加入了"以典范的现代白话文著作为语法规范"。大会决议还对汉语规范工作提出了七条具体建议，是为总体部署。由此，加强汉语规范化成为中心任务，并与前面"三大任务"结合起来，成为语言文字工作的主体内容。两次会议极大地推动了语言工作的开展。在《人民日报》等各级媒体的宣传下，"为促进汉字改革，推广普通话、实现汉语规范化而努力"成为全民共识。

在普通话推广方面，1955年11月教育部和中国人民解放军总政治部分别发出了针对推行汉语规范化工作的通知指示；1956年1月，国务院决定成立"中央推广普通话工作委员会"，2月，国务院发出了《关于推广普通话的指示》；1956年起，教育部会同中科院语言所举办"普通话语音研究班"，同年，又组织进行了全国近两千个点的方言调查，并据此编写出版了各地学习普通话的手册和各地方言概况；1958年至1964年，中央推广普通话工作委员会和教育部等单位先后联合举办了四次全国普通话教学成绩观摩会，反响极大，全社会掀起了一场遍及城乡的推广、学习普通话的群众运动，学说普通话成为新风尚。

语音方面，1956 年中国科学院语言研究所筹备组建了"普通话审音委员会"，专门处理语音问题；1957 年到 1962 年间陆续审定了三批普通话异读词，并于 1963 年 1 月公布《普通话异读词三次审音总表初稿》；在前面的汉语拼音方案制定工作基础上，汉语拼音方案工作取得新的成果。1956 年 1 月毛泽东在中央召开的知识分子问题会议上表示出赞成采用拉丁字母、放弃民族形式自创字母的态度。同年，《人民日报》发表了拉丁字母形式的《汉语拼音方案（草案）》，向全国征求意见。经过拼音方案委员会的整理修改，《汉语拼音方案修正草案》形成，1957 年 11 月国务院第 60 次会议通过了《关于公布汉语拼音方案草案的决议》，1958 年 2 月《汉语拼音方案》被全国人大正式批准。至此，汉语拼音化工作基本完成。

词汇语法方面，人民教育出版社编写《汉语》教科书，1956 年秋季在全国中学使用。实现了把语文分为文学和汉语两科的想法。1960 年《现代汉语词典》试印本产生，1965 年发行试用本。此间，全国各地也出版了不少现代汉语语法著作。还有很多词汇语法规范化微观操作，作风务实严谨。

文字方面，承接前一时期的工作继续深入。1955 年，《汉字简化方案草案》发表，公开征求意见；其后，文改会又拟定了《汉字简化方案修正草案》；1956 年 1 月，国务院公布《汉字简化方案》，开始全面推行简化字；1964 年 5 月，中国文字改革委员会印发了《简化字总表》，简化字以此为参照，正式作为媒体和教学用字。而异体字整理等方面也有突破。1955 年 12 月，文化部和中国文字改革委员会公布了《第一批异体字整理表》；1965 年又推出《印刷通用汉字字形表》（刘坚，1986；戴昭铭，2004；陈章太、谢俊英，2009）。文字简化和规范化可以极大推动人民文化素质提升，对扫盲工作等意义重大，促进了言文一致。

总结整个新中国成立初期的语言规范，规范工作从准备、探索渐至于成形。语言规范理论建设初有成果，语言实践工作系统开展，国家行政、学界推动、社会参与和宣传动员各个环节形成了强大合力，影响深远。期间，国家政府推出了多项政策支持；语言学界开展了词类问题讨论（1953—1954）、主宾语问题讨论（1955—1956）、普通话音系问题讨论（1955）、普通话基础方言问题讨论（1955）等，既具有语言学理研究的价值，又为语言规范工作的开展做了系统性的准备；各种刊物如《中国语文》《语文学习》《语文研究》《文字改革》(后改名为《语文建设》)等成为学者乃至大众讨论语言问题的主阵地,并为后来的规范工作提供极好的平台。词汇语法的普及性著作如吕叔湘、罗常培《语法修辞讲话》,丁声树等《现代汉语语法讲话》,张志公《汉语语法常识》,周祖谟《现代汉语词汇讲话》等等,对于汉语规范起到了极大推动作用;人民群众积极参与,体现了极高的语言规范学习热情。总体上,这一阶段的中心是确立并推行民族标准语,进行汉语规范化(吕叔湘,1959)。这涉及推广普通话,建立词汇、语音和文字的标准等,分别从微观和宏观分别规范人们语言生活中的语言使用。不足之处在于"匡谬正俗"的规定主义对语言变化中的合理因素考虑不够;而"一刀切"的推行规范标准,推广普通话可能效率并不高;另外,语言规范理论体系建设刚刚起步,受到俄罗斯语言思想特别是政治因素影响明显,根据汉语特点的语言规范理论还需要进一步探讨。而对于规范工作的长期性、复杂性估计不足则是这些问题的根本。

(二)"文革"阶段的语言规范(1966—1977)

1966年"文化大革命"爆发,整个科学文化领域遭遇空前浩劫,语言工作也备受摧残,语言工作者和研究者不能从事研究、教学活动,"帮八股"严重地妨害汉语的健康,严重干扰了汉语规范工作。十年动乱期间,语文水平出现滑坡,语言研究资料大量损失,人才匮乏,导致后来语言工作青黄不接,加重了后来重建社会语言规范的成本。

这一阶段又可以分成两个时期:1966—1971年语言文字工作完全停顿;1972—1977年语言文字逐渐恢复。后一时期恢复了"文改会",推广普通话和《汉语拼音方案》取得了一定进展。1977年拟订了《第二次汉字简化方案(草案)》,该方案并不成熟。总体上,这一阶段讨论汉语规范化的文章可谓寥寥,除了简化汉字、统一印刷字形、审定异读词音等有些进展,但因"左"倾思想干扰,致使语言规范工作"欲行又止"。

(三)改革开放新时期的语言规范(1978—1996)

这一阶段跨度近二十年,取得的语言理论和时间成就蔚为可观。"恢复"(1978—1985)和"发展"(1986—1996)是这一阶段的主题词。

恢复时期(1978—1985)对十年浩劫造成的混乱进行整顿清理,语文战线上的是非开始得到澄清,中断了十年之久的汉语规范化工作重新被纳入正常的轨道。汉语规范问题不仅为语言学界所重视,而且得到整个社会的关注(刘坚，1986：19)。

"推普"的宣传工作走在最前面。1978年5月，"文改会"和中央人民广播电台联合举办了"汉语拼音广播讲座"，并有王力、周有光、徐世荣三位语言专家介绍文字改革工作和推行汉语拼音的讲话。1978年8月教育部发出了《关于加强学校普通话和汉语拼音教学的通知》，在教育系统内恢复了普通话的推广工作。1979年3月部分省份开始恢复普通话教学成绩观摩会。1979年4月"第五次全国普通话教学成绩观摩会"在停办十五年后在北京召开。同年，文改会、教育部、社科院语言所在北京联合开办了普通话研究班，培训"推普"干部(詹伯慧，1981)。与之相应的是，全国从1978年开始招收语言文字方向的研究生，培养了一批强有力的后备力量。此外，还有大批业余的语言研究爱好者也加入其中。1982年，教育部召开全国学校推普工作会议，极大调动了教育领域"推普"的积极性。1982年11月，"国家推广全国通用的普通话"被写入《中华人民共和国宪法》，推普工作上升为明确的国家意志，有了法律保障。

标准化工作方面，为规范普通话的语音标准，1982年"文改会"重建"普通话审音委员会"，并于1985年12月发布了《普通话异读词审音表》。另，1978年停用了"文革"期间的《第二次汉字简化方案(草案)》。此间，地名标准化工作也迅速开展，1979年开始，我国对外译文均采用汉语拼音方案拼写中国人名地名，1984年，《中国地名汉语拼音字母拼写规则》颁布。

辞书编纂工作也有了大发展。"文革"后大量人力物力投入辞书编纂中来。中小型辞书如《现代汉语词典》《新华词典》《新华字典》《同义词词典》《古汉语词典》等分别都在这一时期编成或得到修订。这些词典多具有较高的学术水平和实用价值，特别是《新华字典》，印刷销售量惊人。大型辞书编写工作也卓有成绩。《辞海》经历二十余年的修订终于在1979年完成并出版发行。《辞源》也在1980年出版了第一分册。此外，《汉语大字典》也在1984年编成初稿，《汉语大词典》《中国大百科全书》等的编纂则在这一阶段加紧推进(詹伯慧，1981)。词典字典编纂可以作为语言规范的参考，"成文的规范"内在包含辞书类所定下来的规范。特别要指出，《现代汉语词典》这部高质量的规范性语文词典在语言规范中发挥了重要作用。

这一时期，学术会议成为一个蔚为壮观的现象。1978年4月《中国语文》

编辑部在苏州召开"语言工作者批判'两个估计'、商讨语言科学发展规划的座谈会",会议对语文水平普遍下降这一现象给予了高度关注,并对"文革"进行了批判反思,着手语文科学领域的拨乱反正。随后,"现代汉语协作教材编审会"(1979年2—3月)、"第一次中国地名工作会议"(1979年3月)、"全国民族院校汉语教学经验交流会"(1979年4—5月)、"部分高等学校汉字改革教材协作会议"(1979年5月)、"汉字编码问题会议"(1981年初)等等,各个大小语言文字学术会议接连举行,一派复苏的景象。与学术相关,各种类型的语文刊物如《中国语文》、《方言》、《民族语文》、《语文现代化》、《辞书研究》、《语言教学与研究》等相继复刊或增办(詹伯慧,1981)。学者专家在这些语言规范的学术平台上开展了热烈的语文评论。如针对"所到之处……受到"、"打扫卫生"等一系列问题的"病"与"不病"的"百家争鸣",可谓一大奇观。

伴随语言学研究逐步与国外研究接轨靠近、与其他学科紧密结合起来,语言研究的新成果不断涌现。这也推动了语言规范新理论的引入和提出。特别是从社会语言学的角度来分析汉语规范问题。如,从社会生活的变化观察语言的变异,或从语言变化来探求社会生活的变动;通过对语言变异形式的合理性因素评判来建立规范;研究社会心理或社会习惯在语言规范和发展过程中的作用等。

语言规范工作的机构设置有了调整变化。1980年10月,全国性的语言学术团体"中国语言学会"成立。1985年12月,"中国文字改革委员会"改名为"国家语言文字工作委员会"。这两个机构对后来的语言学研究和语言规范产生了极为深远的影响。

发展时期(1986—1996),语言规范工作拉开了新的序幕。

1986年1月,国家教委和国家语委在北京召开"全国语言文字工作会议",这次会议标志着中国语言文字工作新的开端。会议总结了30年来语文规范化工作的经验教训,并从更高的立足点上阐述了语言文字工作的意义、政策、目标及方法,理论基础更为深厚。会议所突出的新的精神是:语言文字工作与现代化尤其是与新技术革命和精神文明建设具有密切联系;应大力推广普通话,做好现代汉语规范化工作。紧密结合现代化、信息化来进行语言规范成为大会集中讨论的问题(戴昭铭,2004)。《全国语言文字工作会议纪要》反映当时已经总结出语言文字演变的基本规律:"为了适应社会发展和人们交际需要，语言文字要不断发展变化，同时又保持相对稳定。"(全国语言文字工作会议秘书处，1987)这就对前面的语言规范工作理念进行了矫正。大会讨论并制定新时期语言文字工作方针任务，规定做好现代汉语规范化和推广、普及普通话为首要任务。

关于普通话推广方面，九十年代初做了方针调整。国家语委制订了《国家语言文字工作十年规划和"八五"计划纲要》，把前一时期的"大力提倡、重点推行、逐步普及"调整为"大力推广、积极普及、逐步提高"。具体目标是在21世纪内使普通话成为教学用语、工作用语、宣传用语、交际用语。还对不同地区、不同部门、不同行业、不同人群提出了不同要求，并将普通话水平分为三级的设想。1994年10月，国家语委、国家教委和国家广播电影电视部发出《关于开展普通话水平测试工作的决定》。这标志着我国推广普及普通话工作走上了制度化、规范化、科学化的轨道(陈章太、谢俊英，2009)。

文字规范方面，1986年经国务院批准废止《第二次汉字简化方案(草案)》。需要指出，"二简"的制订过程是认真的，其中很多简化字有合理之处，而且有推行的社会基础(陈章太、谢俊英，2009)。其间，对"文革"遗留的简化字、繁体字、自造字等社会用字混乱的情况进行了进行了整治。1987年3月，国家语委会同有关部门联合颁发《关于地名用字的若干规定》；同年4月，国家语委等又颁发《关于广播、电影、电视正确使用语言文字的若干决定》、《关于企业、商店的牌匾、商品包装、广告等正确使用汉字和汉语拼音的若干规定》。这些"规定"使社会用字渐趋规范有序。同时，汉字整理和编码工作也全面展开。1988年3月国家语委和国家教委联合发布《现代汉语常用字表》；1988年5月，《现代汉语通用字表》问世。"成文成法"使汉字规范得到进一步发展完善。

词汇语音方面，为准确把握普通话基础词汇的概貌，1986年至1995年，进行了北方话词汇调查，并于1996年出版《普通话基础方言基本词汇集》。这一时期的口语规范化开始向理论性和科学性全面发展(李如龙，1986、1988)。学术刊物特别也对推进语言文字工作起到了重要作用。如《中国语文》、《语言文字应用》、《语文建设》、《语文学习》、《修辞学习》以及各类学报等大量刊发有关规范理论和规范具体问题的研究。如《语言文字应用》杂志从1994年开始展开了语言观的讨论；《语文建设》在1994年到1995年间以"我谈规范化"为中心先后刊发了二十多篇语言专家的文章,见仁见智,集思广益。此外,学界还召开了全国性的社会语言学学术讨论会。

此外,1986年《汉语大词典》在上海辞书出版社出版第一卷,1994年全书顺利完成。《汉语大字典》也于1986年出版第一卷,至1990年出齐八卷。1989年经过增新、补缺、改错的新版《辞海》出版。少数民族语言规范化工作在这一阶段也在同步发展。

总体来看,这个阶段(1977—1996)推普工作进入了法制化、科学化、信息化的轨道。语言规范的手段不断丰富、效率不断提高,语言规范理论受到学科交叉的推动,也在快速、系统地发展完善。社会和语言使用者对语言规范产生了更为自觉的作用。这一阶段的宝贵经验在于:语言文字工作的方针政策必须顺势而为才能成功,即顺社会交际效率之势,顺语言使用统一之势。当然,这一阶段语言规范虽经历了快速发展但也不是尽善尽美的,比如关于语言文字的法律还不具体、不健全,对方言区的推普工作研究需要进一步深入,有些目标提得过高、过急等,个人的语言使用上也有"留念古文""歆羡外文"的心理(吕叔湘,1991)。

(四)信息时代的语言规范(1997年至今)

全球化和信息化成为当今时代发展的两个大背景。在这个背景下,语言规范的理论和实践都需要有所调适。这一阶段有两个要义,其一是对上一阶段工作继续完善,其二是着手新的任务。

1997年12月,第二次"全国语言文字工作会议"召开,积极响应"十五大"的"建设社会主义法治国家"这一精神。许嘉璐在1997年的主题报告中提出"建立健全法律法规章和宏观管理机制,使我们的工作逐步实现制度化、法律化"。他还提到:"语言文字的发展变化和相对稳定是其内在特性,开展规范化、标准化工作是语言文字健康发展的必然要求。既不能放任自流,无所作为;也不能简单化,'一刀切',搞纯而又纯。"(许嘉璐,2005)这次会议确定了新世纪的语言文字工作的目标和任务,开启了语言规范工作一个新的跨世纪的里程。

为完善前一阶段法制化建设,1997年1月,国家语委配合全国人大教科文卫委员会起草《中华人民共和国国家通用语言文字法》。经过三年多时间的征求意见、讨论修改,新世纪元年即2000年10月31日,九届全国人大常委会审议通过此法；2001年1月1日，由国家主席发布《中华人民共和国国家通用语言文字法》正式生效。围绕这部国家语言文字专项法，各省、市、自治区及各相关部门相继制定地方和部门通用语言文字法规或实施条例。至此，国家语言生活有了专门的法律保障，语言规范也形成了既有根本法保障又有专门法规定和地方条例实施的立体的法制体系。2001年教育部、国家语委发布《关于开展城市语言文字工作评估的通知》，对城市语言文字工作进行分类评估和精细化管理。

信息化则是这一阶段的又一重要任务。邓明以、申小龙（1986）早在第三阶段的"发展"时期就"信息时代和汉语规范化"问题发表了看法。而真正深入围绕这一主题开展语言规范工作则是在本阶段。21世纪中文信息处理将是高新技术的基础和重点。这就必然要求实现语言文字的标准化。新世纪，成立了国家语委规范（标准）审定委员会；制定发布了《汉语拼音方案的通用键盘表示规范》、《GB13000.1字符集汉字折笔规范》、《第一批异形词整理表》、《中国通用音标符号集》等规范标准；审定发表了《普通话水平测试大纲》、《信息处理用现代汉语词类标记集》、《汉字应用水平等级及测试大纲》；研制了《通用规范汉字表》，要特别指出的是，2001年发布的《第一批异形词整理表》首次在政府规范性文件中采用"推荐词形"的做法，指导性意见开始打破指令性规定一统天下的局面（郭熙，2005：18）；此外，还建立了各种类型的语料库，促进了语言研究和语言规范。还发布了少数民族的语言文字规范化、信息化标准性文件《维、哈语人名汉字转写规范》。此外，2002年，国家语委和教育部语言文字应用研究所开通了"中国语言文字网"，这成为国家包含语言规范工作在内的语言文字信息化工作平台。2013年1月该平台发布《国家中长期语言文字事业改革和发展规划纲要（2012—2020年）》（以下简称《纲要》）并大力进行宣传。《纲要》把"语言文字规范化建设"和"语言文字规范标准建设"作为重点工作对待；此外还列出了"国家通用语言文字培训""语言数据库和语料库建设""语言国情调查"等工作项目。

推普工作的进展巨大。1997年国务院第134次总理办公会议决定，每年9月份第三周为全国推广普通话宣传周。这对普通话的推广起到积极作用，收到了很好的社会效果。此外，中央和各地陆续成立了普通话培训测试机构，培训专业的测试员，并把普通话等级测试纳入国家公务员考试和高等教育考试中来。普通话水平测试工作已初具规模,并形成了全国性的测试网络。作为标准语的普通话正不断深入到人们的社会经济生活中去。

语言调查和监测方面,国家语委1998年至2004年在全国范围内对包括普通话、汉语方言、民族语言、汉字、汉语拼音和民族文字等进行抽样调查,为今后制定语言文字政策、开展语言文字工作提供了依据。建立了中国语言资源监测与研究中心,定期公布监测结果;发布了《中国语言生活状况报告》,作为重要的参考。

这一时期在辞书编辑、刊物出版、学术研讨、语言教学等各方面都实现了系统而跨越式的发展。借助现代技术手段和信息化平台,语言规范工作取得了丰硕的理论和实践成果。可见的语言规范成果如国家政府的规范文件、政策及其举措、学界的研究文章、学术成果等等尚且难计其数,更不论在信息化背景下隐藏的一些语言规范作用形式了,特别是作为社会成员的个体贡献在规范工作中虽难以量化,但个体通过信息化的社会传导则会产生越来越重要的影响。

三、当下语言规范新课题展望

语言规范实践发展到今天,创造了巨大成绩,产生了众多成果。不过,对这些成果进行分条举陈,或把每类或每项研究成果展示出来都是一项浩大的工作。通过对新中国成立以来语言规范历程的回顾,结合当下的国内国际语言环境,这里我们紬绎出当前语言规范的三个重要课题,作为对国家语言规范工作的进一步展望。

(一)网络语言规范

随着近年来计算机网络的普及,网络社区日趋活跃,一些新的语言现象开始出现并产生了越来越重要的影响,网络语言规范成为当下语言规范的新课题。对这一新课题,政府和学界给予了充分的关注,并初步形成具有系统性的网络语言规范观。

网络语言广义的理解指在网络交际领域中使用的各种语言形式,主要包括两大类:一是与互联网有关的专业术语和特别用语;二是网民在聊天室和网络论坛上的交际用语,狭义的网络语言主要是指后者,这也是一般采用的界说(施春宏,2010)。网络语言是一种社区方言或社会方言,是一种在特定人群和特定使用范围内流行的话语形式(刁晏斌，2010)。但这种主要流行在网民中间、在网络交际中使用的语言已经开始从虚拟空间走向纸质媒体，从网民走向了社会。

网络语言特点的研究已经相对成熟，苏培成(2012)指出的三个特点是：交际方式和沟通媒介是通过网络和电脑(按：即具有网络依存性)；使用者主要是青少年群体，特别是城市中的部分青少年(按：即具有年龄性的社会方言)；网络语言是全民语言的社会变体，其主要不同点在于一般词汇和网络语体(按：即社会共同语的变体)。更具体来说，则有缩略简约、新奇独特、杂糅多样、私语性和口语化等特点(江南、庄园，2004)。网络新词有谐音、缩略、英文字母缩写、旧词新意、汉英杂糅、符号化等各种类型，甚至出现了一些"后现代成语"(如"喜大普奔"、"人艰不拆"等)。(邓文彬，2009；徐念霞，2014)网络语体在句法上有口语句使用极多、多语言混合句普遍、热衷对语法的突破形成超常句式；修辞运用上则多采用仿拟、比喻、押韵，以及丰富的网络图文形貌修辞(李军、刘峰，2005)。此外，网络语篇衔接上有相邻衔接、交叉引用衔接等特点。总体上，网络语体呈现出开放性、交融性和多层次性的特点(张玉玲，2008)。特别要指出，网络语言的话语类型开始随着网络信息交流平台的增多而日趋多样化，呈现出了BBS体、QQ体、博客体、手机短信体、电子邮件体以及新近出现的微信体，等等，这既扩大了网络社区的影响力，又增加了网络语言的复杂度。加之网络语言在媒体传播上具有语言生活平民化、词语事件化与信息浓缩化、新词新语更迭具有相对短暂的周期、网络语言与现实生活的通用语言快速融合等特点(周梅，2013)。这些将会使得网络语言规范工作呈现出多元化、层次化等特点，并且自下而上的语言规范形式将要扮演越来重要的作用。

具体该不该进行网络语言规范，如何进行网络语言规范，期间的争论和成果也是蔚为大观。从最初的斥之为"语言垃圾"到理解、宽容，到理性地进行研究，网络语言规范的观点可以分作三类：坚决赞成规范者斥网络语言为文字游戏和传统颠覆，支持立法对网络语言进行规范，让网络语言停留在网络(金志茹等，2009)；坚决主张网络语言自由者认为特定交际群体有其表达需要，新奇、个性的表达体现了语言的创新，甚至是"语言史上的一场革命"，所以根本不需要规范(王德亮、仲梅，2008)。还有一类观点是辩证、相对地、宽容地看待网络语言规范，认为网络语言有其价值，也存在一定负面影响，网络语言规范应当把握层次，体现宽容，总体控制（施春宏，2010）。而就如何进行网络语言规范，可以用不盲从原则、雅俗原则、扬弃原则加以引导（李素琼、杨燕群，2009）；可以从网络语言对语言系统造成的影响来进行社群外规范，限制其向网络社区外的语言社群扩展（邹立志，2007）；或在共同语标准和方言之间的接口处严格把关，网络语言本身不需要规范，只是要阻止网络社区方言进入共同语（徐阳春，2014）；还可以用平和的心态看待，允许高接受度和高流通度的新词语进入现代汉语词语库（刁晏斌，2010）。这些都是有价值的看法，当然我们应当看到要真正做好网络语言规范还需要系统而精细的操作，面对网络语言中的不规范现象，还需要树立科学的语言规范观，充分利用网络信息化手段和平台，宣传、引导、规定多管齐下（姚喜双，2008）。需要强调的是，网络使用者自我规范对于网络语言规范具有特别重要的意义。网络语言规范之路才刚刚起步，可谓任重而道远。

（二）媒体语言规范

信息化时代的网络其实也是一种新的媒体形式。但我们这里讨论的媒体更加侧重于新闻报刊、广播电视、娱乐广告等媒体。媒体本身既有宣传功能又有传播功能，既是语言规范的执行者又是倡导者。党和国家领导人及相关部门负责人历来重视播音及语言规范问题（姚喜双，2006）。新中国成立以来，媒体语言经历了四个发展阶段，从相对单一逐步走向丰富和创新。受到多元化、信息化的冲击，当前第四阶段的媒体越来越注重不同受众的差异化阅读和欣赏（姚喜双，2010）。与此同时，"推广普通话以媒体语言为榜样，媒体语言规范应高标准、严要求"（姚喜双，2005）。这两个看似冲突属性内在地要求着媒体做好自身的语言规范。

广播电视利用现代传播方式产生了巨大的传播作用，它可以及时、迅速、广泛、深入地传播于社会并产生示范导向作用，其作用范围和深度比之网络有过之而无不及。可以说，广播电视的语言使用会影响到社会的语言生活走向。因此，广电媒体应特别重视传播中的语言规范特别是有声语言规范（付程，2003：61—62）。作为媒体代表的中央电视台一直是媒体语言规范的标杆，自然应当高标准严要求。以国家形象标志的《新闻联播》为例，其语音上的发声问题、停连，语法上的病句等，以及内容上的一些常识性问题都时有发生,其他各档电视节目如《今日说法》更为常见。这就需要在播音员基本功、准备态度以及节目的语言编排上加强规范(卢迪迪,2012)。此外,广播电视节目中对"外文缩略词"如何处理也是十分重要的问题,特别是全球化背景下,如何在国内使用一些国际通行的缩略词,如 NBA、GDP、WTO 等等。有人建议编写《广播电视等大众媒体使用外文缩略词的规范手册》定期发布,颇有意义(刘佳等,2011)。总之,电视媒体特别是中央媒体在面对这些问题时,既要让普通受众明白易懂又要保持与国际的一致性。

不过,媒体语言规范首先要明确对象:狭义来看,媒体语言主要是单指在媒体中使用的语言、文字。广义上还可以包含一些副语言、图表等。其次还有分清层次,即语言规范要分层,且媒体系统有层次。前者要求媒体语言要有规范性,有审美感,如广播电视节目中普通话音需讲究播音主持艺术等,后者则会出现不同层次的媒体有不同的规范要求,如报刊中的综合性日报语言要规范庄重些,而面向市民阶层及日常生活的晚报语言则更具生活气息、相对活泼和口语化(王航,2010);青年报刊语言活泼华丽而专业报刊和主流报刊则要严谨、书面化(姚喜双、张艳霜,2010)。此外,娱乐节目和广告用语中的语言使用比新闻联播更为自由;地方媒体比国家媒体更为灵活。区分对象、区分层次才能是媒体语言规范更为有效。比如,2014年新闻出版总署发出《关于广播电视节目和广告中规范使用国家通用语言文字的通知》,对一些流传较广的广告词如"晋善晋美""咳不容缓"等予以禁止,就是从严管理央视的广告用语的表现。但这也不能一概而论,广告用语特别是地方广告用语出发点就是吸引受众,而且有些得体的用例未尝不可放行,不然,广告者可以改为"晋,善;晋,美""咳,不容缓",这又当如何规范?另外,对一些国外企业特意出奇地生造广告语如"让妈妈开心的礼物,开了又开"之类,国家反而没有明确规定。

总体上,我们坚持"广播电视的语言应该规范而多样,高雅而活泼"。(许嘉璐,2002)当然,我们不希望看到一些综艺类节目中的"港台腔"、"中英文夹杂"、"乱用网络词"以及"泛方言化"等愈演愈烈(郑静,2010;毛力群,2006)。虽然允许节目形式活泼自由,但在一定程度上应当予以规范。媒体语言规范研究虽然成果不少,如姚喜双(2007a,2007b,2007c)对解放区新闻播音语言规范的系统深入的研究等,也反映出这一课题还有很多领域值得进一步探索。特别如：提高媒体从业者的语言规范意识和语言素养、解决语言文字规范与多样化媒体语言使用的矛盾、探究广播电视语言语体、研究字幕使用的"度"与字幕的规范问题等都是在媒体语言规范课题下亟待解决的重要命题(郭龙生、张桦，2003)。

(三)"大华语"语言规范

全球化背景下，我们需要从全球华语的视野下考量汉语的语言规范问题。

涉及这一问题的，除了对外汉语教学与研究，便是"大华语"的规范问题。徐杰(2006)提出了"国际宽式汉语共同语"的概念，即所有汉语共同语区域变体一起组成一个没有家长的语言大家庭。应该给予汉语共同语的各地特色以充分的地位和完整的尊严，摆脱"中心"和"一统"的观念。陆俭明(2007)提出：为了使汉语走向世界，有必要建立"大华语"的概念，即"以普通话为基础而在语音、词汇、语法上可以有一定的弹性，有一定宽容度的汉民族共同语"。这都表明，华语和汉语同中有异，这种"同中有异"既不是要"统一"，也不是要"分异"，而是有弹性的规范，即这里要强调的是弹性标准和宽容度(戴昭铭，2012)。

世纪之初，陆俭明(2001)就提出了华语规范的问题。他通过分析新加坡华语和中国普通话在句式、句法格式和词的重叠式功能三个方面存在的差异，就新加坡华语本身提供了一些规范意见，即要处理好方言成分和外来语的影响，考虑规范的系统性和普遍性。并认为新加坡华语的规范不必完全受中国普通话规范的限制。其理由是在日益频繁的语言交流会使得两者"你中有我，我中有你"，而且语言有自我调整机制，最终会自觉地"求同弃异"(陆俭明，2002)。

郭熙(2002)也提出了域外汉语协调的说法。他采用了"域内汉语"和"域外汉语"的概念，并区分广义和狭义。广义的域内汉语是包含港澳台在内所使用的汉语变体(包含方言)统称；狭义的域内汉语则是普通话。依此，广义的域外汉语则是中国以外的国家和地区所使用的各种汉语变体(包含方言)的总称；狭义的域外汉语则是普通话的域外变体。由于历史和社会的原因，域外汉语和域内汉语在语音、词汇、语法、语用上会出现差异，或者说变异。这样，两者的交流和共存就需要协调了。文章放弃了"规范"的说法，认为它意味着人有意识地干预，蕴含着有一种汉语是不规范的。而"协调"则有利于双向互动,不坐等域外汉语像域内汉语靠拢,舍弃片面强调话语纯洁和规范的观念。他还论及了这种协调的可能性和总原则,如合作性、通用性、多样性、迫切性等,提出建立多种域外汉语语料库,构建一个有效的协调机构以及深入调查域外汉语的分布、形成、使用和语言态度等建议。在《论华语研究》(2006)一文中,他进一步从语言规划的角度指出"应该重新审视中国的语言政策和语言规划,重新审视各种语言规范和标准的制定","中国的语言规划不再只是中国内部的事务……应该从全球的角度考虑汉语","为全世界学习和使用汉语的人服务"。而《华语规划论略》(2009)一文中作者更是主张把"问题"看成"资源",从跨国境的角度共同开发和利用。文章特别强调了自觉的语言规划。

周清海(2007)则探讨了全球化语境下华语的规范问题。虽然文章使用"规范"一词,但基本思想和"规划"类似。主张在普通话影响力不断扩大、华语共同核心进一步坚实的基础上去争取更大共识,而主要的规范措施则是带有指导性的规范,特别是《现代汉语词典》《全球华语词典》等规范性词典。

徐杰(2007)的观点是新加坡华语的规范应以自身标准为依据,即"根据约定俗成的原则归纳整理出新加坡华语的语言规则系统,并以此作为规范新加坡华语的基础和标准"。这体现了柔性原则以及约定俗成的语言规范在华语规范中的重要性。

戴昭铭(2007)指出全球扩布的汉语规范标准在海外汉语中形成了多种次级变体,主要有海外汉语的方言变体(主要是南方方言)、海外方言的区域变体"华语",他认为后者是"汉语输出中在代码规范基础上形成的域外变体",具有超方言性、特征多样性、强认同感和向心力。由此,包含"孔子学院"教学在内的全球汉语规范立场如何坚守?他认为要把握"华夏本位",即以北京语音为标准音的普通话(国语)为华夏汉语的标准形式,放弃自己并不标准的方言口音或"杂菜式华语"。以中国为中心,从汉语全球扩布来看应当"坚守核心规范标准和容忍多种变体",在"全球视野"下打出"北京汉语"品牌,不勉强但倡导通过核心规范标准进行"规范化"。这种规范观有一定的自我中心倾向,在处理不同地区的华语规范时不一定被轻易接受,但其可贵之处是有中心的语言规范会极大促进华语区的统一性,推动全球化背景下的各地交流。应当说这是立足中国的积极华语规范观。

尚国文、赵守辉(2013)则以新加坡规范化工作为例,详细探讨了华语规范化的标准和路向。他们区分了"规范华语"和"大众华语",并把"规范华语"作为主要规范对象,从而引导"大众华语"向"规范华语"依归。他们还列举新加坡政府的语言规范举措,如隐性地有调整地把大陆简体字规范作为新加坡汉字规范化的标准,有保留地引进《汉语拼音方案》并暗中紧随,通过受普通话影响的华文教材进行语音规范,通过"讲华语运动会"和规范词典特别是《全球华语词典》进行词汇规范等,而语法规范则是受闽粤方言和英语的长期影响,和普通话有所差异。总体上,新加坡华语规范的特点是"隐性追随、抓大放小"。针对华语规范中多采用宏观的、不具体不明晰的规范做法,他们指出:"各华语区应该成立专门的规范化机构,为当地华语制定出一套明确的使用规范,变隐性标准为显性标准"。这种观点可以看作是在华语区各国间相互宽容,保持柔性,而本国内应该建立促进规范,明确标准。

刁晏斌(2014)从规范理论出发,认为:华语语言规范不宜批评议论内地以外的华语社区语言使用中的"不规范"或"语误"等,指谪其破坏了中文的行文习惯。应该"以当地语言的规范为标准和依据,而不能完全以普通话为依归。"在规范观上,应该树立动态的、柔性的、二元的规范观,对于发展中的现象不能用一成不变的规范来评判,对于和普通话不在一个规范层次的海外华语社区也不能按同一个标准来要求。要根据交际需求能否得到满足来考量。

关于这一课题,近年还产生了一些应用性的成果。如《全球华语词典》的编纂对减少全球华人社区的交际障碍产生了积极的影响(冯学峰,2011);大规模、多来源、多形式的海外华文媒体语料库建设为华语全方位的描写和深入研究,以及华语规范工作和华语传播都将起到推动作用(刘华、郭熙,2012)。

当然,我们应当看到这一课题还有诸多领域有待挖掘。"大华语"的规范方式、原则及相应的具体规范理论和实践都需要有新的突破,不论是消极规范还是积极规范,我们始终要看到"规范既是服务"(于根元,1999)。华语区之间应当充分尊重,宽容对待;各华语区自身又要坚持标准,建立科学的规范体系。在有国别、地区、社会文化差异的情况下,我们不能"以己度人",更不能强行"推己及人"。

四、结语

综观新中国成立以来语言规范的整个历程中四个阶段六个时期的语言规范工作,六十余年来推广普通话、简化并规范汉字、推行现代汉语规范化成为语言规范的三大主题,贯穿了国家和社会语言文字工作的始终(陈章太、谢俊英,2009)。而在可以预见的很长一段时间里,这三个主题仍旧将是重中之重。而不同阶段根据其所面临的社会背景又会有所侧重,或呈现不同的发展特点,特别是"文革"时期的语言规范几乎停滞。不过,各个阶段之间的语言规范既有承接又有发展,从而使整个过程呈现出一定的连续性和相对的阶段性。第一阶段侧重规范的制定和规范的成形;第二阶段则规范缺失停滞;第三阶段侧重规范的推广和普及;第四阶段侧重规范的多元与和谐。整个规范实践从纯洁化到大众化再到标准化最后发展到信息化,这种发展一方面证明了语言规范自身的必然性和可行性,另一方面反映了新的社会环境推动着语言规范工作不断出新,不断发展。

在当前信息化和全球化背景下,网络语言规范、媒体语言规范以及"大华语"语言规范成为三个重要课题。如果说信息化和语言规范互为推动,全球化和语言规范亦然。只是二者作用的方式不相同:信息化对语言规范的作用是精微的、刚性的;而全球化对语言规范的作用方式是多元的、柔性的;前者更强调标准的控制,而后者更强调差异的整合。当然,信息化、全球化并不天然地就统一在语言规范的理论和实践中的,这就使得政府和学界开始越来重视语言规划,强调大华语,强调方言和语言资源保护,强调从更长时间、更深层次、更广地域着眼进行语言规范。

参考文献

[1] 陈章太,谢俊英. 语言文字工作稳步发展的60年[J]. 语言文字应用,2009,(4).

[2] 戴昭铭. 规范语言学探索[M]. 2版. 上海:上海三联书店,2004.

[3] 戴昭铭. 全球汉语时代的文化问题和规范问题[J]. 南开语言学刊,2007,(1).

[4] 戴昭铭. 现代汉语规范化答问[M]. 北京:北京大学出版社,2012.

[5] 邓明以,申小龙. 信息时代和汉语规范化[J]. 语文建设,1986,(4).

[6] 邓文彬. 网络语言的定位与规范问题[J]. 西南民族大学学报(人文社科版),2009,(1).

[7]刁晏斌.网络语言三题[J].阜阳师范学院学报(社会科学版),2010,(5).

[8]刁晏斌.两岸四地语言对比研究现状及思考[J].汉语学习,2012,(3).

[9]冯学峰.描写全球华语实态,突破语言规范观——《全球华语词典》述评[J].国际汉语,2011,(1).

[10]付程.论广播电视语言传播的影响力[J].现代传播,2003,(4).

[11]郭熙.域内外汉语协调问题刍议[J].语言文字应用,2002,(8).

[12]郭熙.近20年来中国的语言文字规范化工作[J].修辞学习,2005,(5).

[13]郭熙.论华语研究[J].语言文字应用,2006,(2).

[14]郭熙.华语规划论略[J].语言文字应用,2009,(3).

[15]郭龙生,张桦.媒体语言研究刍议——《媒体与语言:来自专家与明星的声音》读后感[J].语言文字应用,2003,(4).

[16]江南,庄园.网络语言规范与建设构想[J].扬州大学学报(人文社会科学版),2004,(2).

[17]金志茹等.国内外网络语言规范对比研究[J].西南民族大学学报(人文社科版),2009,(1).

[18]李军,刘峰.网络语体:一种新兴的语体类型探析[J].宁夏大学学报(人文社会科学版),2005,(2).

[19]李如龙.论普通话的普及和规范——就福建省推广普通话工作谈几点认识[J].语文建设,1988,(2).

[20]李如龙.在方言复杂地区加速推广普通话[J].语文建设,1986,(6).

[21]李素琼,杨燕群.网络语言变异现象与现代汉语语言规范[J].中南林业科技大学学报(社会科学版),2009,(3).

[22]李宇明.中国语言规划绪论[M].北京:商务印书馆,2010.

[23]刘坚.为促进汉语规范化而努力[J].语文建设,1986,(Z1).

[24]刘华,郭熙.海外华语言生活状况调查及华语多媒体语言资源库建设[J].语言文字应用,2012,(4).

[25]刘佳等.如何引导媒体语言规范——以外文缩略词在广播电视语言中的使用为例[J].语言文字应用,2011,(4).

[26]卢迪迪.推普周期间电视语言规范问题研究——以央视新闻类、专题类、综艺类节目为例[J].语言文字应用,2012,(1).

[27]陆俭明.新加坡华语句法特点及其规范问题(上)[J].海外华文教育,2001,(4).

[28]陆俭明.新加坡华语句法特点及其规范问题(下)[J].海外华文教育,2002,(1).

[29]吕叔湘.十年来的汉语研究[J].科学通报,1959,(23).

[30]吕叔湘.四十年间[J].语文建设,1991,(8).

[31]毛力群.媒体语言泛方言化现象的思考[A]//语文现代化论丛(第七辑).中国天津,2006-10-28.

[32]全国语言文字工作会议秘书处.全国语言文字工作会议纪要[A]//新时期的语言文字工作.北京:语文出版社,1987.

[33]尚国文,赵守辉.华语规范化的标准与路向——以新加坡华语为例[J].语言教学与研究,2013,(3).

[34]施春宏.网络语言的语言价值和语言学价值[J].语言文字应用,2010,(3).

[35]苏培成.网络语言的规范化问题[J].通化师范学院学报,2012,(1).

[36]王航.论广播电视中普通话语音发声的规范性与美感[J].重庆理工大学学报(社会科学),2010,(2).

[37]王均.当代中国的文字改革[M].北京:当代中国出版社,1995.

[38]王德亮,仲梅.网络语言:语言史上的一场革命[J].电子科技大学学报(社科版),2008,(6).

[39]徐杰.国际宽式汉语共同语的性质、标准与意义[A]//首届新时期汉语语言学理论建设与应用研究国际学术研讨会暨浙江省语言学会第十三届年会.浙江绍兴,2006-3-29.

[40]徐杰.语言规划与语言教育[M].上海:学林出版社,2007.

[41]徐念霞.社会语言学视域下的网络"后现代成语"[J].海外英语,2014,(4).

[42]许嘉璐.开拓语言文字工作新局面,为把社会主义现代化建设事业全面推向21世纪服务[A]//新时期语言文字法规政策文件汇编.北京:语文出版社,2005.

[43]许嘉璐.媒体与语言[M].北京:经济科学出版社,2002.

[44]姚喜双.党和国家领导人及相关部门负责人重视播音及语言规范问题[J].语言文字应用,2006,(2).

[45]姚喜双.加强媒体语言研究——需要解决的几个问题[J].语言文字应用,2005,(3).

[46]姚喜双.解放区新闻播音语言规范的形成及特征[J].中国广播电视学刊,2007a,(6).

[47]姚喜双.解放区新闻播音语言规范形成的动因[J].中国广播电视学刊,2007b,(8).

[48]姚喜双.中国解放区新闻播音语言规范研究启示[J].语言文字应用,2007c,(3).

[49]姚喜双.网络语言与语言规范[N].人民日报,2008-12-9.

[50]姚喜双,张艳霜.媒体语言发展刍议[J].语言文字应用,2010,(1).

[51]于根元."消极规范"和"积极规范"[A]//语言应用论集.北京:北京广播学院出版

社，1999.

[52] 詹伯慧．三十年来中国语言工作的一些情况——在日本中国语学会演讲会上的讲话[J]．武汉大学学报（社会科学版），1981，(3).

[53] 张玉玲．网络语言的语体学研究[D]．上海：复旦大学，2008.

[54] 郑静．综艺类电视节目主持人语言规范研究[D]．合肥：安徽大学，2010.

[55] 周梅．新媒体背景下网络语言规范问题[J]．淮北师范大学学报（哲学社会科学版），2013，(6).

[56] 周清海．论全球化环境下华语的规范问题[J]．语言教学与研究，2007，(4).

[57] 邹立志．从语言系统本身看网络语言的规范[J]．修辞学习，2007，(3).

论情境教学法在对外汉语教学中的运用

郝云龙*

[关键词]语言教学不同于知识学习，它是一种技能的传授，是师生间的双向互动活动。如何使学习者有效掌握汉语，达到用汉语进行交际的最终目的，是我们每个对外汉语教师应该思考的问题。本文讨论了情境教学的起源、含义及其基本理论和方法，并将情境教学法和对外汉语教学结合起来，探讨了二者之间的关系以及在对外汉语教学中的具体应用方法和途径。总之，在对外汉语课堂中，运用情境法进行教学，有利于活跃课堂氛围，培养学生的综合语言能力和交际能力。因此，教师应设计以学生为主体的情境教学模式，选择与学生语言水平以及生活实际相适应的交际情境，以达到良好的教学效果。

[关键词]情境教学法；对外汉语教学；具体运用

一、情境教学法的起源及基本含义

情境教学法由英国应用语言学家在20世纪30年代到60年代发展形成的，是建构主义教学的延伸和发展。情境教学法是指在教学过程中，教师有目的地引入或创设具有一定情绪色彩的、以形象为主体的生动具体的场景，以引起学生一定的态度体验，从而帮助学生理解教材，并使学生的心理机能得到发展的教学方法。情境教学法的核心在于激发学生的情感。

建构主义学派从内因和外因相互作用的观点来研究人类的认知发展和语

---

* 郝云龙，男，北京人，首都师范大学国际文化学院助理研究员，教育硕士，主要从事汉语语法和对外汉语教学研究。

言的习得规律。他们认为认知的发展和语言的习得是在与周围环境相互作用的过程中，逐步建构起关于外部世界的知识结构和语言环境，从而使自身认知结构得到发展的过程。因此，高效、优质的语言教学过程应是学生在建构情境的指引下，通过多器官体验建构自己对语言知识的理解、实际交流经验的总结的过程。

二、情境教学法的理论基础

（一）情境教学法情感和认知相互作用

情绪心理学研究表明：个体的情感对认知活动至少有动力、强化、调节三方面的功能。动力功能是指情感对认知活动的增力或减力的效能，即健康的、积极的情感对认知活动起积极的发动和促进作用，消极的不健康的情绪对认知活动起阻碍和抑制作用。情境教学法就是要在教学过程中引起学生积极的、健康的情感体验，直接提高学生对学习的积极性，使学习活动成为学生主动进行的、快乐的事情。情感的调节功能是指情感对认知活动的组织或瓦解作用，即中等强度的、愉快的情绪有利于智力操作的组织和进行，而情绪过强和过弱以及情绪不佳则可能导致思维的混乱和记忆的困难。情境教学法要求创设的情境就是要使学生感到轻松愉快、心平气和、耳目一新，促进学生心理活动的展开和深入进行。课堂教学的实践中，也使人深深感到：欢快活泼的课堂气氛是取得优良教学效果的重要条件，学生情感高涨和欢欣鼓舞之时往往是知识内化和深化之时。

传统教学中，无论是教师的分析讲解，还是学生的单项练习，以至机械的背诵，所调动的主要是逻辑的、无感情的大脑左半球的活动。而情境教学，往往是让学生先感受而后用语言表达，或边感受边促使内部语言的积极活动。大大挖掘了大脑的潜在能量，学生可以在轻松愉快的气氛中学习。因此，情境教学可以获得比传统教学明显良好的教学效果。

（二）情境教学法认识的直观原理

三百多年前，捷克教育家夸美纽斯在《大教学论》中写道："一切知识都是从感官开始的。"这种论述反映了教学过程中学生认识规律的一个重要方面：直观可以使抽象的知识具体化、形象化，有助于学生感性知识的形成。情境教学法使学生身临其境或如临其境，就是通过给学生展示鲜明具体的形象，一则使学生从形象的感知达到抽象的理性的顿悟，二则激发学生的学习情绪和学习兴趣，使学习活动成为学生主动的、自觉的活动。

情境教学法要在教学过程中收入或创设许多生动的场景，也就是为学生提供了更多的感知对象，使学生大脑中的相似块（知识单元）增加，有助于学生灵感的产生，也培养了学生相似性思维的能力。

(三)情境教学法有意识与无意识心理

自弗洛伊德以来，无意识心理现象为越来越多的学者所重视。所谓无意识心理，就是人们所未意识到的心理活动的总和，是主体对客体的不自觉的认识与内部体验的统一，是人脑不可缺少的反映形式。无意识心理活动具有两个方面的功能：第一，对客体的一种不知不觉的认知作用。第二，对客体的一种不知不觉的内部体验作用。

研究表明，无意识心理的上述两个功能直接作用于人的认知过程：首先它是人们认识客观现实的必要形式；其次它又是促使人们有效地进行学习或创造性工作的一种能力。可见，无意识心理活动的潜能是人的认知过程中不可缺少的能量源泉。情境教学的目的就在于尽可能地调用无意识的这些功能，也就是强调于不知不觉中获得智力因素与非智力因素的统一。

(四)情境教学法智力与非智力因素统一

教学作为一种认知过程，智力因素与非智力因素统一在其中。否则，人们常言的"晓之以理，动之以情"就失去了理论依据。在教学这种特定情境中的人际交往，由教师与学生的双边活动构成，其中师生间存在着两条交织在一起的信息交流回路：知识信息交流回路和情感信息交流回路。二者相互影响，彼此依存，从不同的侧面共同作用于教学过程。知识回路中的信息是教学内容，信息载体是教学形式；情感回路中的信息是师生情绪情感的变化，其载体是师生的表情（包括言语表情、面部表情、动作表情等）。无论哪一条回路发生故障，都必然影响到教学活动的质量，只有当两条回路都畅通无阻时，教学才能取得理想的效果。

三、情境教学法的基本方法

创设情境的途径方法初步归纳为以下六种：

(一)情境教学法生活展现情境

即把学生带入社会,带入大自然,从生活中选取某一典型场景,作为学生观察的客体,并以教师语言的描绘,鲜明地展现在学生眼前。

(二)情境教学法实物演示情境

即以实物为中心,略设必要背景,构成一个整体,以演示某一特定情境。以实物演示情境时,应考虑到相应的背景,如"大海上的鲸""蓝天上的燕子""藤上的葫芦"等,都可通过背景,激起学生广远的联想。

(三)情境教学法图画再现情境

图画是展示形象的主要手段,用图画再现课文情境,实际上就是把课文内容形象化。课文插图、特意绘制的挂图、剪贴画、简笔画等都可以用来再现课文情境。

(四)情境教学法音乐渲染情境

音乐的语言是微妙的,也是强烈的,给人以丰富的美感,往往使人心驰神往。它以特有的旋律、节奏,塑造出音乐形象,把听者带到特有的意境中。用音乐渲染情境,并不局限于播放现成的乐曲、歌曲,教师自己的弹奏、轻唱以及学生表演唱、哼唱都是行之有效的办法。关键是选取的乐曲与教材的基调上、意境上以及情境的发展上要对应、协调。

(五)情境教学法表演体会情境

情境教学中的表演有两种,一是进入角色,二是扮演角色。"进入角色"即"假如我是课文中的××";扮演角色,则是担当课文中的某一角色进行表演。由于学生自己进入、扮演角色,课文中的角色不再是在书本上,而就是自己或自己班集体中的同学,这样,学生对课文中的角色必然产生亲切感,很自然地加深了内心体验。

(六)情境教学法语言描述情境

以上所述创设情境的五种途径,都是运用了直观手段。情境教学十分讲究直观手段与语言描绘的结合。在情境出现时,教师伴以语言描绘,这对学生的认知活动起着一定的导向性作用。语言描绘提高了感知的效应,情境会更加鲜明,并且带着感情色彩作用于学生的感官。学生因感官的兴奋,主观感受得到强化,从而激起情感,促进自己进入特定的情境之中。

四、情境教学法与对外汉语教学的关系

学习语言只有在一定的情境中才能理解和表达。正如人类学家马林诺斯基所说:"如果没有语言情境,词就没有意义,也不能代表什么,话语只有在情境、语境中才能产生意义。"语言的词、句、篇来源于情境,又不能脱离情境。学习汉语的外国学生最感到缺乏的就是语言文化环境。因此,营造良好的语言环境,能使学生尽可能多地接触汉语及文化特质,有利于增强学生的语感,提高学生的听、说、读、写能力。

情境教学法的基本要求是使学生有看到、听到,甚至摸到的学习对象,充分调动学生运用各种感官去感知学习的对象。情境教学强调在教学中给出一个脉络化的问题情境,用问题引导语言学习或通过学习生成语言习惯,丰富学生语言,培养思维。这种学习方式可以充分调动学生的潜能,培养学生的主体性、能动性、独立性,不断生成张扬、发展、提升的过程,而这也正是对外汉语教学所倡导的。

在20世纪80年代初,对外汉语教学引进了"交际性原则",后来又提出了"结构—情境—功能"相结合的原则。在这两条原则中,"情境"都是一个不可忽视的重要环节。交际都是在具体的情境中进行的,情境对语言起着一定的限制和解释作用。从结构、情境、功能三者的关系看,情境处于结构与功能中间,跟两者都有密不可分的联系。

语言知识需要在一定的情境中传授、巩固和应用;而每一个具体功能的实施,也无一不是在特定的情境中进行的。从某种意义说,情境是联结结构与功能教学的纽带,它是语言结构教学的工具(途径),也是功能项目的载体。

五、情境教学法在对外汉语教学中的具体运用

汉语情境教学法,是指教师根据留学生的年龄特点和心理特征,遵循留学生在中国日常生活的认知规律,结合教学内容,充分利用形象,假设具体生动的语言情境,使抽象的语言形式变成生动具体的可视语言,创设尽可能多的汉语语言环境,让学生更多地接触和感受汉语,产生身临其境的感觉,从而激发其用汉语表达思想感情的欲望,达到培养学生运用汉语表达的能力。该教学法的特点是:将言、行、情境融为一体,有较强的直观性、科学性和

趣味性。

具体来说,情境教学法在对外汉语教学中的运用可有以下几种方式:

(一)课堂模式

用语言组织教学是最基本且常用的教学形式。教师可以根据课堂教学内容,充分利用汉语语言内涵丰富的特点为课堂教学创设多种情境,让学生在教师的指导下从易到难、由浅入深地进行学习,最终使学生不仅能牢固掌握课本知识,还能根据教师所设情境,根据自己的生活经验,举一反三,做到在情境中学习,在情境中理解,在情境中运用。

当然,情境教学无疑要求教师在备课时要进行精心设计,注意所设置的情境与课本内容、学生的学习生活和社会生活紧密且自然联系。设计情境时我们可以从以下角度进行分类:

1. 从与客观实际相符与否的角度对情境分类

(1)真实情境:是指走出教室,到社会中与人交际、对话的情境,如到商店买东西,到邮局寄信等。

(2)模拟情境:主要指在课堂上准备一些道具,布置一个模拟环境,要求学生分角色扮演的情境。准备道具和布置环境的工作不是每节课都可以做到的,但角色扮演却是随时随地都能进行的。

(3)想象情境:可分为两种:第一种是指由教师规定情境,学生根据教师提出的参照条件进行单句练习或自己编对话的操练过程;第二种是从已知的话语中反过来想象出相关情境的参照系、意向等。这样让学生身临其境地进行言语练习,使他们产生学习的动力,成为学习过程的积极参与者。

2. 从语言教学的侧重点对情境分类

(1)语义、语法范畴情境:《现代汉语教程》中"会话"的编排,很多情境属于这种类型,就是有意识地安排一定的语义功能和结构知识存于情境之中,让情境的设置为语义、语法范畴的教学服务。

(2)语体情境:这是指为不同语体的学习所设计的情境。我们知道,一个相同的语义功能,因为情境的不同,表达的方式方法也不同。要学习这些不同的表达方法,相应情境的设置和运用是必要的。

(3)语用情境:主要指把语用知识融进情境的设计和教学当中,根据描写语用学中话语和语境间的关系和一定的指示语,在语言结构上得以表现的论点。

3. 从情境参与者的多少对情境分类

(1)简单情境：指只有 A、B 两人代表交际双方的情境。

(2)复杂情境：指有交际多方的情境。复杂情境在教学中，最大的优点是可以让更多的学生同时置身于某一特定情境的交际之中，调动多数人参与交际的意识。

(二)课后模式

课后练习的方法也要灵活多样，体现出练习充分、广泛、有深度的特点。特别是语境假设题，要留给学生一定的自由发挥空间，不拘泥于某一个词语或句式的练习，不是只有与问题唯一对应的正确答案，才符合语言交际能力培养的要求。

例如：回答问题：你丢了东西，向周围的同学询问，你该怎么说呢？

学生1回答：请问同学，你看到我的书了吗？

学生2回答：请问，我的笔你见到了吗？

学生3回答：你好，我的伞不见了，你有没有看到？

可以看出，通过这种灵活的练习，学生能有效地利用已学语言知识来完成这项练习。这样既能考察其对情境的准确把握，又能考察其对语法词汇的正确使用。当然，学生在自由发挥完成练习的过程中，难免会出现语音、语法和词汇等方面的问题，教师在发现这些问题时应及时予以纠正，再由学生给予正确回答，以加深对语言的理解和运用。

教师在运用情境教学法进行教学的时候，要注意以下几点：

第一，要把学生作为学习的主体，充分发挥其主动性，只有这样，才能达到良好的教学效果。

第二，情境教学要求学生对教师布置的交际任务有较高的参与性，并且每个学生都要积极参与并相互合作。教师可以让学生以小组的形式来学习、讨论并参与交际会话练习，学生的座位安排也可以突破传统的形式，可以五六个人一组，围坐在一起，便于交流和讨论，课堂气氛也会更加活跃。教师可以在各组之间来回走动，对学生进行指导和帮助，通过这样的安排，学生的注意力不是完全地集中到教师身上，而是更多地与组员进行交流，真正参与到语言交际活动当中，成为课堂教学的主体。

第三，语言情境的选择要充分考虑到学生的语言水平，对于不同阶段的学习者，要有层次地进行教学情景的设置。对于初学阶段的学生，教师安排的交际任务应该侧重于基础知识的再现和巩固，要注意所学词汇和基本句型的复习和运用，可以安排一些有关生活实际的场景，比如购物、图书馆借书、朋友会面等；对于高级阶段的学生，教师应该注意文化知识的导入以及交际习惯和礼貌用语的使用，要培养学生在交际过程中适当并得体地使用语言的能力，可以安排一些关于中外文化问题的讨论，比如节日风俗、待人接物的礼仪等内容，确立以文化为背景的语言教学模式。

六、结语

综上所述，在对外汉语教学中，情境教学法的运用可以更好地培养学生的语言交际能力，学生可以通过具体的交际语境进行练习，具有较好的实用性。此外，情境教学能够营造良好的语言环境，充分调动学生的非智力因素，使学生获得感性材料，从被动学习到主动学习。

情境教学在对外汉语教学中表现的巨大魅力和优势正在被越来越多的人重视和运用，教师应充分认识到这一方法的重要性，并努力在教学实践中予以实践。

参考文献

[1]党永芬. 交际能力在对外汉语教学中的实践[J]. 青海民族大学学报（教育科学版），2010，(4).

[2][美]罗勃特·W. 布莱尔. 外语教学新方法[M]. 北京：北京语言学院出版社，1987.

[3]吕必松等. 对外汉语教学探索[M]. 北京：华语教学出版社，1987.

[4]杨立华. 对外汉语课堂情境教学初探[J]. 吉林省教育学院学报（学科版），2010，(8).

[5]赵玉霞. 情景教学在对外汉语教学中的应用探索[J]. 湖北成人教育学院学报，2008，(4).

[6]郑金洲. 教学方法应用指导[M]. 上海：华东师范大学出版社，2006.

基于翻转课堂模式的初级口语教学实践研究[*]

应晨锦[**]

[摘要]翻转课堂提倡"以学生为中心,关注学习效果"。这与对外汉语教学的教学目标和教学原则在本质上是一致的。但目前对外汉语学界运用翻转课堂的案例还不多见,可供参考的教学经验很少。我们在初级口语教学中进行了为期一年半的教学实践,试图探索在对外汉语教学中运用翻转课堂的可行性,对这一教学实践取得的教学效果进行分析,反思其中存在的问题。

[关键词]翻转课堂;初级口语教学;微课;教学效果

一、引言

当今信息科学技术的迅猛发展,既给学校课堂教学提供了各种多媒体辅助手段,也给教师和学生提出了新的挑战。基于现代多媒体技术的翻转课堂教学模式是真正的"以学生为中心,关注学习效果"。而这一教学理念与对外汉语教学的基本规律在本质上是一致的。对外汉语教学课程的教学目标是培养留学生听、说、读、写等方面的语言技能。从理论上说,对外汉语教学的课堂要精讲多练,即学生练习的时间不应少于整堂课的60%(杨慧元,2007)。但在实际课堂教学中,学生语言输出的时间和总量都远远低于这一数字。基于现代多媒体技术的翻转课堂教学模式是真正的"以学生为中心,关注学习效果",为实现对外汉语教学目标提供了可能。但是,目前对外汉语学界运用翻转课堂的案例还不多见,可供参考的数据和经验都很少,有待进一步的实践

---

[*] 本文得到首都师范大学教学范式转变教学研究项目"翻转课堂在汉语口语教学中的实践与效果研究"的资助。

[**] 应晨锦,女,浙江永康人,首都师范大学国际文化学院讲师,文学博士,主要从事汉语语法和对外汉语教学研究。

研究。

我们选择首都师范大学国际文化学院一年级第二学期的初级口语课为实验翻转课堂的课程。本文打算对这为期一年半的教学实践进行总结,介绍一下我们的教学设计和教学活动,分析一下教学效果,反思其中存在的问题。

二、基于翻转课堂模式的初级口语教学设计

(一)教学对象分析

首都师范大学国际文化学院一年级下的留学生主要来自韩国、意大利、英国、俄罗斯等国家,大多数是刚来北京的交流生,在海外学过一年左右的汉语,大约掌握800个词语,学过基本的句型,但是汉语听说能力较弱,几乎不能用汉语跟中国人进行交际。初级口语课的教学目标是培养学生的口头表达能力和用汉语进行交际的能力,掌握初步的汉语口语交际策略和交际技能,能就日常生活中的爱好、购物、出行、看病等话题与他人进行沟通。要达到这样的教学目标,势必要求学生在课堂上进行大量的口头输出练习。但是我们以往的课堂教学往往达不到这样的要求,一年级下初级口语课使用的教材是《发展汉语·初级口语(Ⅱ)》,每课2篇课文,每篇课文有12个左右的生词。按照教学计划,每课应该用5～6课时完成。我们以往的教学流程是:

讲练第一部分生词—讲练第一个课文—复述课文—讲练语言点—巩固练习—情景对话—讲练第二部分生词—讲练第二个课文—复述课文—讲练语言点—巩固练习—交际练习—个人口头汇报。

但是,这些教学环节要在5～6个课时内完成,而且做到教师精讲、学生多练真的非常不容易。事实上,生词和语法的讲练常常占据课堂教学的大部分时间,以致口语课的课程特点不分明;而且由于受限于对生词掌握不熟练,学生在情景对话时也是磕磕巴巴,口头操练效果并不明显。即使反复要求学生课前预习生词和课文,也无法对课堂教学效果起到改善作用。这时,翻转课堂教学模式的出现给我们教师带来了新的思路,为我们解决初级口语教学的困难提供了可能的办法。

(二)翻转课堂模式

翻转课堂(Flipped Classroom;Inverted Classroom)有很多名称,比如:颠倒课堂、颠倒教室、翻转教学等。何谓翻转?"就是在正式学习中,学生在

课前利用教师分发的数字材料(音视频、电子教材等)自主学习课程,接着在课堂上参与同伴和教师的互动活动(释疑、解惑、探究等)并完成练习的一种教学形态。"(张渝江,2012)这一教学模式起源于美国,很快就在世界范围内获得了热烈的响应和推广。"大量的研究及实践数据显示,通过该模式的实施,课堂教学质量和教学效果得以提升,学生的学习能力和学习兴趣得到加强。"(杨晓宏、党建宁,2014)

(三)新的教学设计及其实施

基于教学对象的汉语水平和初级口语课堂教学存在的问题,我们决定将翻转课堂运用到初级口语课的生词教学中。也就是说,只是在生词教学部分进行翻转课堂。因此,我们对初级口语课进行了新的教学设计,主要分成了三大块:课前学习、课堂操练和课后实践。

课前学习包括:学生跟着书上附带的光盘熟读课文,把读课文的录音提交给教师,教师检查、了解学生发音上的不足,给出反馈意见;学生在网上观看微课,学习生词,进行词汇测试。网上的微课是教师就本课高频使用的生词及个别语法点录制的讲解视频。录制讲解视频时,教师尽量用最简单的语言并配合图片以及1~2个直观的例句式练习。讲解视频总时长控制在10分钟左右。在讲解结束后,在网上学习平台上,还会提供一个针对这些词汇的小测试,题量控制在5~6个,并限制学生在15分钟内完成,但允许重复测试。学生测试情况教师能够在后台实时了解。

课堂上由以前的教师讲解为主变成了教师引导学生进行操练:词汇操练、课文操练、语言点操练,然后就某一话题进行情景对话、采访、个人口头汇报等课堂活动。课后则是实践部分:除了跟以前一样的完成书上部分练习,我们增加了语言实践活动——让学生就某一话题采访中国人,这是课堂操练的延伸,使课堂上的情景演练变成真实的语言交际活动。此外,我们还给学生提供《能力量表自查》,让学生对自己的学习效果进行自查、自评。

比如在上第六课《这个颜色挺适合你的》以前,教师通过查看网上学习平台的词汇测试报告,了解到80%以上的学生已经掌握了"讨厌"、"奇怪"等词汇的用法,这部分词汇教师在课堂上就不做重点讲练,而是让学生以看图片说词语、看图问答的形式操练。如在 PPT 上出现一张色卡图,问学生:"这是什么颜色?""你喜欢什么颜色?""你讨厌什么颜色?"但对学习难点"合适—适合"的辨析,教师在课堂上就会重点讲练。在教师讲解之后,教师利用网上学习平台让学生做 5 道关于"合适—适合"的选择测试,发现仍有 25% 左右的错误率。教师接着就这些题进行分析讲解,针对学生的困惑进一步辨析,最后再次进行 5 道题的选择测试,测试结果是有 1 道题的准确率是 95%,而另外 4 道题的准确率是 100%。

三、基于翻转课堂模式的初级口语教学效果分析

(一)课堂教学进展顺利,提高了教学效率

由于课前的学习任务明确,学生的预习工作做得比以前踏实,为之后的课堂教学打下了良好的基础。教师可以在网上学习平台了解学生的学习情况,督促学生做好课前学习,更好地了解学生的学习难点所在,在课堂上可以就学生学习难点进行更有针对性的教学。我们发现,采用翻转课堂模式后,初级口语课堂上的教学活动推动比以往顺利得多,交际活动的实施更顺利,学生的开口率大大提高,教学效率得到了很大的提升。具体来说,体现在以下几个方面。

第一,教学进度完成顺利,教学内容顺利且常能超额完成。以往的课堂教学中往往是三部曲:讲练生词、讲练课文和操练语言点,基本上没有时间进行话题交际练习。但运用翻转课堂教学模式后,由于学生对生词和课文已经比较熟悉,我们在课堂上就可以把生词的操练环节控制在 10～15 分钟以内,把课文讲练环节控制在 10 分钟左右,这样就有更多的时间让学生进行交际练习,把所学词汇、语法、句型进行运用,更快地练习口语表达能力。

第二，课堂互动大大增加，交互式活动频繁开展，活动了课堂气氛。由于课堂上操练时间增多，我们就有充足的时间让学生在课堂上进行分角色表演、就某个话题或创设的情景进行对话。初级水平的学生特别是亚洲学生往往怯于在课堂上当众进行交际活动表演，而且他们往往习惯先设计书面对话，然后拿着草稿朗读对话。针对这一现状，我们采用了很多活动，如让学生模拟课文部分内容进行表演、就课文内容进行分角色表演、带着学生设计对话等，让学生在表演活动中进一步体会课文内容和某些表达句型、语气词的使用，往往能收到事半功倍的效果。如第一课《我哪儿都没去过》的场景是朋友在路上偶遇，就有"这不是铃木吗？""好久不见。""真没想到在这儿看见你。"等功能句。学生对此似懂非懂，朗读时也没有惊喜的语气。我们就给学生创设两个好久没见的师生/朋友在国外突然相遇的场景，让学生在情景对话中理解、运用这些功能句。首先是师生模拟表演，然后让学生两人一组表演。随着次数的增多，学生的表演越来越轻松、越来越传神，对功能句和语气的理解和掌握越来越到位，课堂气氛特别活跃。

第三，口语课堂上有更多的时间进行词语操练，课文复述和做口头交际练习，大大提高学生的开口率和课堂参与度。据不完全统计，课上学生平均说话时间大约为 56 分钟（一次课为 90 分钟），比以往的 47 分钟有了显著增加。比如第四课《我帮你拿上去吧》课文一相对比较简单，在操练生词和课文之后，我们一般会做了两个课堂活动：(1)就书上 45 页的图片进行介绍（有个女孩拿着很多东西进门）；(2)两人一组（A 拿着很多东西，电梯坏了，B 想帮他）进行角色扮演。第一个第二个活动基本上是课文一内容的复现，当然学生也可以进行适当的改编。在以往的课堂中，第二活动有时会完不成，当成课后作业布置下去。但自从我们采用新的教学设计后，我们不但能顺利完成这两个课堂活动，还开展了第三个活动：两人一组（A 拿着很多东西，电梯坏了，A 给同屋 B 打电话求助）进行角色扮演。这个活动是需要学生进行再创作的，有一定的难度。没想到学生非常感兴趣，有些创设的对话非常有意思，甚至出人意料，不但活跃了课堂气氛，而且激发了学生课堂表演的兴趣和成就感。

第四，能更好地发挥教师的主导作用和学生的主体作用，使探究式学习成为可能。比如留学生一般很难理解、掌握"好吧"表示的勉强语气。在第三课《咱们去爬山吧》我们就用以下几个问题引导学生思考:"友美说出去玩儿,汉娜想去吗?为什么?""友美又说了什么?""这时汉娜说什么?""为什么汉语说'好吧'?"在第四课《我帮你拿上去吧》里又出现了"好吧",教师也是采用引导的方式让学生理解:"友美请珍妮下午做什么?""珍妮同意了吗?为什么?""后来友美说什么?""她是很高兴地同意了吗?你是怎么知道的?"

(二)学生的汉语口语水平在短期内显著提高

据任课教师反馈,翻转课堂教学模式,使学生的汉语口语水平在短期内普遍得到较大的提高,新词汇的使用率也有所增强。为了进一步得到客观数据,我们抽取了学生的口语期末考试成绩和汉语水平口语考试成绩进行对比分析。我们将2016年秋季学期的实验组(采用翻转课堂教学模式,20人)和对照班(采用常规教学模式,19人)的开学时的口语测试成绩和期末考试的口语测试成绩(任课教师换班测试)进行对比。

表1

分数	开学初		期中考试		期末考试	
	实验组	对照组	实验组	对照组	实验组	对照组
≥90	1	5	4	0	6	5
80~89	2	5	9	10	8	7
70~79	3	3	3	6	5	5
60~69	6	3	3	2	1	2
59≤	8	3	1	1	0	0
平均分	64.8	71.2	79.4	77.1	84.4	82.3
合计	20	19	20	19	20	19

从表1的口语测试成绩看,实验组的教学效果明显优于对照组。

我们还对采用翻转课堂教学模式的2017年春季学期、秋季学期学生在学期初和学期末进行了汉语水平考试(以汉办公布的HSKK初级、中级模拟试卷为测试试卷,得分60以上者视为达到该水平),成绩对比如表2所示。

表 2

	开学初		学期末	
	未达到汉语口语初级水平	达到汉语口语初级水平	达到汉语口语初级水平	达到汉语口语中级水平
2017年春季学期(27人)	17	10	16	11
2017年秋季学期(31人)	18	13	16	15

遗憾的是,这组数据我们没有对照组进行对比。

(三)学生对翻转课堂教学的主观评价良好

这一年半的教学实践中,我们学期末都对使用翻转课堂教学模式的学生进行了问卷调查和访谈。参加问卷调查的学生共有50人。98%的学生认为网上学习微课对学习汉语有用,86%的学生认为学了微课以后在上课时能更容易听懂老师说的话,82%的学生说在网上学习使自己的预习时间变长了;76%的学生会经常或每次看微课,完成网上的词汇测试;74%的学生认为课堂上的交际活动比较多,表示满意;72%的学生表示会反复观看微课,52%的学生希望能有更多的机会参与语言实践活动。可见,大多数学生对翻转课堂教学模式持肯定态度。

我们还对学生进行了个别访谈。从访谈结果看,学生对网上学习微课、课上有更多的口语操练机会持肯定态度。但学生指出他们很希望课上的学习内容能跟生活中的口语更一致,以便他们在生活中学以致用。比如课文中的"结账",在生活中服务员一般用的是"买单"(其实教师在课堂上已经补充了"买单"这个词语)。他们认为跟中国人聊天最能锻炼他们的听说能力,希望能有更多的机会跟中国人聊天。但也有同学指出采访中国人的作业虽然有用,但有点麻烦,特别是有些性格内向的学生不喜欢采访中国人的作业。

四、结语

限于学生的汉语水平,我们并没有做到完全意义上的翻转课堂,只是在生词教学部分进行了翻转课堂的尝试。这一年半的教学实践表明,翻转课堂能激发学生的学习积极性,增加学生在课堂上的开口率,能帮助教师做到精讲多练，提高教学效率。因此我们认为，翻转课堂教学模式在初级口语课乃至对外汉语教学中的运用很有可行性。但同时，我们也发现了一些问题值得反思。

首先，翻转课堂模式要求学生具备较好的自学能力，因此不太适用于初级水平的汉语课程教学，更适合于中高级水平的汉语课程。

其次，翻转课堂教学模式对教师提出了更高的要求，教师角色由"讲授者"变为"引导者"，学生由"被动学习者"变为"主动学习者"。教师需要从学生的角度来考虑如何制作微课，对教材和学生都需要有充分的了解和把握，对学生在网上平台的学习进行监控和引导，对信息技术要熟练应用，在课堂上根据不同学生的学习特点进行精心设计和引导，等等。这些都需要教师投入更多的时间和精力，也对教师的教学能力和技巧提出了更高的要求。

最后，学生是教学活动的主体，翻转课堂的实现在很大程度上依赖于学生的学习自主性、自主学习能力和高度的课堂参与意识。我们在教学实践中就发现，在翻转教学模式下学生的学习自主性、学习努力程度与其最后取得的口语成绩和达到的汉语水平高度相关。教师应该采取更多的办法激发学生的学习自主性。

参考文献

[1] 卜彩丽，孔素真. 现状与反思：国内翻转课堂研究评述[J]. 中国远程教育，2016，(2).

[2] 李京南，伍忠杰. 大学英语翻转课堂的实践与反思[J]. 中国外语，2015，(6).

[3] 龙藜. "翻转课堂"教学模式与对外汉语口语教学[J]. 海外华文教育，2015，(4).

[4] 孙瑞，孟瑞森，文萱. "翻转课堂"教学模式在对外汉语教学中的应用[J]. 语言教学与研究，2015，(3).

[5] 杨惠元. 课堂教学理论与实践[M]. 北京：北京语言大学出版社，2007.

[6] 杨晓宏，党建宁. 翻转课堂教学模式本土化策略研究——基于中美教育文化差异比较的视角[J]. 中国信息技术教育，2012，(11).

[7] 章欣. 基于任务的汉语翻转课堂教学模式初探[J]. 北京教育学院学报，2015，(4).

[8] 张渝江. 翻转课堂变革[J]. 中国信息技术教育，2012，(10).

和融之道
——《中国文化系列漫谈》课讲授探析

张 静*

[摘要] 中华文明是世界上最古老的文明之一,同时也是绵延不绝,一直持续发展的一种生机勃勃的文明。面对外国留学生,如何通过用英文讲授"中国文化系列漫谈"的形式,把这一古老而又充满活力的文明客观、立体地呈现给他们,是一个有趣但同时也极具挑战性的任务。本文即从教学实践出发,对由此引申出的跨文化交际的问题进行深入的探讨。

[关键词] 中国文化系列漫谈;中国文化;英文授课;外国留学生

笔者从 2015 年春季学期开始为首都师范大学国际文化学院本科一年级的留学生开设用英文授课的"中国文化系列漫谈",这是一门为期一个学期的选修课程;学生来自世界各地,亚洲、非洲、欧洲、美洲的学生都有,但以欧美国家的留学生为主。虽然文化背景迥异,但在这个课上有两点大家是共同的:一是使用英语为课堂用语,二是大家都有对于中国文化特别的喜爱,都愿意更加深入地了解中国文化的方方面面。本文拟从教学理念、教学方法及教学内容三个方面,对如何上好这样一门课进行深入分析。

众所周知,中国传统文化一般意义上是指以华夏民族文化为主体的多元文化。在漫长的历史发展过程中,它兼容并蓄,包括哲学思想、市井民俗、宗教信仰、文学艺术、教育伦理等诸多方面的内容。作为一个中国人,我们都深知中华文明的博大精深、历史悠久。可以说,中国传统文化几千年来一

---

* 张静,女,北京市人,首都师范大学国际文化学院副教授,博士,主要从事跨文化交际方面的研究。

直是中国人安身立命的文化根基,同时也是中华文化的精神所在。中国之所以成为世界上唯一一个文化延绵几千年而从来没有中断的国家,某种程度上正是由于有如此深厚的传统文化作为支柱,而这种文化一直贯穿于我们每个国人的成长历程之中。那么,如何使来自世界各地的青年学生客观地了解这一宝贵的文化财富呢?这也是我在开设这门课程之初苦思冥想的一个问题。

一、教学理念——"礼之用,和为贵"

"和"是中国儒家哲学学派所特别倡导的一种政治、伦理和社会原则。那么在一个学生来自五湖四海的课堂上讲授中国文化,尤其是中国传统文化时,我认为儒家的这句经典同样适用于作为这门课的指导思想,或者说是授课理念。这里我理解"和"为适合、合适,进而达到和谐,即在相互尊重的基础上,达到一种合适的状态。那么又如何理解"合适"呢?作为授课教师,我希望通过我的课,能够使不同文化背景的学生对于中国文化有一个正面的、积极的了解和认识。

从 2015 年春季学期开始开设这门"中国文化系列漫谈"选修课以来,课堂上学生的来源国越来越丰富。因为是用英文授课,一开始只有英国、法国、意大利的学生选课;但随着时间的推移,到 2017 年春季不断有来自俄罗斯、日本、韩国、美国、哈萨克斯坦、蒙古、洪都拉斯等国家的留学生选修这门课。学生来源的多元化使我认识到必须在彼此互相尊重各自文化传统的基础上才有可能有效的给他们介绍中国文化。

在春秋时代,"礼"泛指社会的典章制度和道德规范。中国的知识分子也强调"知礼"是一切的基础和出发点,因此在课堂上,我们也以"礼"为基础,从彼此尊重的前提开始进行跨文化的交流与探讨。我一直坚持给学生们这样一种学习理念,即文化没有高低贵贱之分,不同时期的文化都具体其自身特点及合理性;而我们在课堂上正是要通过学习、了解、提出问题、进行对比分析,最终达到"和融"的境界,换言之,就是相互理解,彼此尊重。

二、教学方法——跨文化比较,生动活泼

在教学方法方面,我主要采用跨文化对比的方法,使课堂上的每个学生都有机会参与话题的讨论,贡献自己的思想和观点。我在开学之初就反复和

学生强调,在"中国文化系列漫谈"课上,尽可以畅所欲言,因为思想与文化方面的讨论没有根本的对与错,主要在沟通与交流,最终看看能否达到一个共识。例如,通常我在介绍完成一个话题后会组织学生进行讨论,比如,我会请来自有相近历史文化背景国家的同学发表意见,讲出道理,给出一个结论。一般来说,韩国、日本和中国在很多方面有着共同或是相通之处;而有着完全不同历史文化背景国家的学生可能又会给我们完全耳目一新的见解。很多时候,东西方文化的碰撞由此显现,很多精彩的思想火花也因此而产生。例如,在讲到孔子的学说,学生,尤其是欧美的学生通常会提问,为什么中国的学生在课堂上即使没有听懂,也选择不在课堂上提问?这时我会引导他们体会儒家学说中学生对于老师的尊敬与服从这一思想,尽管现在看来这是不合适的,但这的确表现了儒家思想至今在中国人民生活的方方面面仍然起着重要的作用,有很大的社会影响力。同时请来自韩国、日本的同学分享一下他们在国内的课堂体验,通常情形和中国是差不多的。这从一个侧面反映出儒家思想对东南亚乃至亚洲地区的深远影响。

在上课之初,我就决定这门课的基调应该是轻松愉快的,无论是我教授的内容,还是由此引申的讨论等都应该在轻松愉快的气氛中进行。跨文化比较的目的不是比出个高低优劣;而是希望借此扩展大家的视域,这里也包括任课老师——我本人的视域。教学相长是我衷心希望达到的一个目的,因此我非常欢迎学生们提出各种各样的问题,因为通过他们的问题,一方面老师可以了解他们对于课堂知识的掌握情况;一方面我也可以从他们的问题中发现新的研究视角,真是何乐而不为啊!

可以说,讲解、提问(这里是指师生之间互相的提问)、讨论构成了本课的基本授课模式。我亦希望通过这样的授课模式能够使课堂上的每个人都参与其中,互相学习,共同进步。

不同的文化存在差异,然而更多的是共同、共通之处。比如在介绍与喜庆节日有关的民俗时,教师请来自不同文化背景的同学介绍各自国家过节时的风俗习惯,大家很自然地发现,在看似不同的仪式背后,全世界各地人民对于幸福、平安、自由的向往和希望都是完全一样的。这样就很容易拉近来自不同地域、国家同学们之间的心理距离,使全班同学产生一种相亲相爱一家人的认同与共鸣。我想作为教师,这也是我开设这门课程的终极目标——

达到中国古代儒家思想中所推崇的一种"和融"的境界。顺便插一句，来自世界各地的学生对于孔子都有一定的认识和了解，因此，孔子的学说也是他们最感兴趣的。通过课堂讨论，通过一个个话题所引发的对比、讨论，我们不是要比个高下，而是要通过课堂对话、讨论的过程学习包容、沟通。包容不同的习惯，包容不同的思想，包容不同的思维表现形式，而最终达到"和融"。

三、教学内容——兼容并包，与时俱进

"中国文化系列漫谈"是一个宏大的主题，因为中国文化本身就是一个博大精深的宝库，内容丰富，浩如烟海，但也令选题者有种"甜蜜的苦恼"。因此在选取教学内容方面，我决定先从每个国家、民族、人民都喜闻乐见、毫无违和感的传统节日入手。通过介绍中国传统节日的起源及相关的民俗活动，让学生对某个节日先有个基本的了解，然后让他们对比自己国家有没有类似的节日活动；进而从民俗活动再引申，结合特定的历史背景、历史事件和历史人物，使学生对于中国历史有一个深层次的学习和认识。

虽然这门课的内容可以包罗万象，但我认为还应该与学生所处的现实社会环境有一个紧密的勾连，这样效果会更好。因此在课堂上我经常启发学生思考，发生在身边的事情，或者在课外接触到的中国同学乃至陌生的中国人，他们在行为举止上有没有令他们不能理解的地方？应该说，学生们很喜欢这样的问题，每每都会提出很多这样那样的问题。在告诉他们中国人为什么会这样做之前，我通常会启发学生联系学习过的中国文化课的内容，比如从中国人的哲学学养中、从中国人所受的基础教育中、从中国人千百年来的道德传统中去探究可能的答案。例如，来自西方国家的学生经常会问："为什么中国男人不遵循'女士优先'？"而同样的问题来自韩国、日本的同学是不会问的，因为他们在中国所看到的情况和在他们自己国家是基本上一致的。通常，我会引导同学们回忆学习过的儒家思想中涉及的"三纲五常"，因为中国人千百年来受儒家思想的影响颇深；儒家思想体系中无论精华还是糟粕仍对中国社会乃至亚洲很多国家和地区产生着影响。进而由"女士优先"问题，我们还可以进一步分析世界各地的妇女问题，尤其是男女平等问题。其实即便是在很多"女士优先"的国家，真正意义上的男女平等也远未实现。"女士优先"更多体现的是一种礼仪、礼貌，当然这是非常好的；但如果想在社会生活的方方

面面实现真正的男女平等,恐怕是任重而道远。

　　课堂实践证明,文化课的教学内容需要尽量贴近实际生活。这样会让学生感觉有趣味,不会认为老师只是讲一些古老的东西,可能今天的中国完全不同了,更可以把历史文化与现实有机结合,加深外国学生对中国历史文化,尤其是中国的昨天、今天、明天的演进历程的认识和理解。讲好中国故事,最终达到认同。

　　总之,教授留学生中国文化方面的课程具有其特殊性,但是求同存异是大方向和基本教学方针。还是开篇的宗旨,希望通过"中国文化系列漫谈"课的授课,学生不但能够学到中国历史文化方面的知识,更可以开阔视野,收获不同的思想和不同的观察问题的视角,最终达到"和融"之境。

教学范式研究综述

卫 斓[*]

[摘要]本文对近年来国内教学范式的研究进行了总结，分别从教学范式变革的认知思考、具体教学范式的研究等不同角度阐述了教学范式的研究情况，并对上述研究进行了讨论。本文认为目前国内对教学范式的认识和研究均不够充分，理论探讨较多，而涉及以学生为中心的范式变革如何操作的文章几乎没有，可见教学范式变革的研究还有很长的路要走。

[关键词]教学范式；教学理念；以学生为中心

范式(paradigm)是20世纪60年代美国著名科学哲学家托马斯·库恩提出的，指"常规科学所赖以运作的基础理论和实践规范，是从事某一科学的研究者群体所共同遵循的世界观和行为方式。"(转引自李莹，2010)，美国著名教学研究专家盖奇(N. L. Gage，1963)首次将范式与教学研究联系起来(转引自桑元峰，2015)，而教学范式(teaching paradigm)是指人们对教育领域教学这一特殊现象和复杂活动的最基本的理解或基本看法。简单地说，就是人们对教学所作的最基本的界定或基本的解释。(R. B. Burns，1995，转引自陈晓端，2004)传统的教学范式是以教师、课本、课堂为中心的教学范式，在这种范式中，教师处于中心地位，是绝对的权威，主要采取的是灌输式教学方式，在此范式下，学生没有机会发挥自己的主观能动性，只是被动地接受知识和信息，因而无法带动学生的学习积极性。近年来，人们开始意识到传统教学范式的问题所在，逐渐向新的范式转变。

---

* 卫斓，女，陕西华阴人，首都师范大学国际文化学院副教授，文学博士，主要从事汉语语法和词汇研究。

近年来国内关于教学范式的研究已有一些成果，但是总起来看，研究教学范式的论文还不算多，从目前查到的论文看，可以大致分为以下两个方面：一是从教育角度对教学范式及范式转变进行的研究；一是各种具体教学范式的研究，其中包括普通课堂教学范式研究、外语教学课堂范式研究以及汉语课堂教学范式研究。

一、教学范式及其变革的研究

教学范式的研究在我国还处于起步阶段，近些年来开始有学者关注教学范式的研究，首先是对教学范式本身的研究。在对范式本身的研究方面，主要集中在对教学范式进行的综述研究。陈晓端（2004）对当代教学范式的研究成果进行了比较全面详细的综述，他认为教学是一种复杂的活动，也正是这种复杂性引起人们对教学的不同思考，从而产生了不同的教学范式，当代教学范式的研究成果显示，有五种范式受到学者们的普遍关注并产生了广泛的影响，它们分别是艺术范式、科学范式、系统范式、技能范式和反思范式（陈晓端，2004）。这五个范式并存于教学中，代表了不同的教学理念和相应的教学方法，各有优劣，因此，"课堂教师应该树立当代教学是一种复合范式活动的新理念，坚持用多种视角对教学进行整体把握，以便从系统整体的角度去理解教学过程各因素的相互关系"（陈晓端，2004）。桑元峰（2015）从外语教学的角度探讨了上述五个范式在外语教学中如何运用，并提出有效的外语教学范式的构建模式。

除上述两位研究者将教学范式分为艺术范式、科学范式、系统范式、技能范式和反思范式，目前在教学范式变革研究中，学者们讨论的教学范式的变革主要集中在从"以教师为中心"的教学范式转变为"以学生为中心"的范式，这已经成为教育界的共识。不少学者对此问题进行了论述。王鉴、王明娣（2016）对传统的教学范式和当代新的教学范式进行了梳理，他们认为传统的教学范式以教师为中心，课本为中心，课堂为中心，这种"为教而教"的教学范式与工业化社会背景是息息相关的，随着时代的发展，这种教学范式已经不能适应当代社会的发展和需求，杜威提出"学生中心、经验中心、活动中心"的新理论，同时出现了"为学而教"的新范式，以适应现代信息技术发展的需要。21世纪以来，教学逐渐从与"为教而教"相适应的"适教课堂"向与"为学而教"相适应的"适学课堂"转变。"适教课堂"虽然"在传授知识上是有效的",但是不利于培养学生的各种能力和创造性,而"适学课堂"则首先要适合学生的特点,教给学生适合他们的学习方法,开发适合学生的学材,以学生为中心,使课堂教学有利于学生的学习。他们也指出,转变为"适学课堂",首先要从老师开始,老师需要首先改变其观念及教学方法,才能引导学生更好地学习。

钟启泉(2017)从认知科学的视角辨析两种不同的教学范式在观念与体制上的根本差异。他从教学观念的差别以及对教师主导型与学习者中心型两种教学体制的差异两方面探讨了传统的教学范式和现代的教学范式之间的差异,文中还具体介绍了教师主导型和学习者中心型的不同下位形态的特点及优劣,这些都值得我们去思考在实际教学范式变革过程中如何避免传统的教师主导型教学的弊端,在以学生为中心的教学中如何使用不同的形式引导学生思考和学习。同样,马理惠(2013)也论述了传统的以教师为中心的教学范式的问题所在,并提出大学的教学范式必须向科学的教学范式转变,而科学的教学范式应该是"五位一体"的,即研究型教学范式、启发型教学范式、实证型教学范式、互动型教学范式、开放型教学范式的集成。

朱涌河(2015)通过对英语教师和学生的调查和访谈发现,在范式转变的过程中,教师对"以学生为中心"的教学范式有所了解并认可,但是"未能充分意识到实现范式转变所需的教学策略以及教学评价体系",因而教学方法和手段匮乏;而学生对新的教学范式认知不多,部分学生并不认可教师教学方法的转变。因此,他认为教学范式的转变需要师生双方的努力。

上述研究都对传统的教学范式,即以教师为中心的教学范式进行了反思和批评,大家都认为这种教学范式束缚了学生自主学习的能力和创新能力,不易激发学生的学习积极性,因此提出应该向学生为中心的教学范式转变,但是实际上,传统的教师为中心的教学范式虽然确实存在各种各样的问题,但是也并非一无是处,我们在进行教学范式转变时,还需要借鉴传统教学范式的一些优势,扬长避短,这也是对学生为中心的教学范式的一种弥补。

二、各类具体教学范式的研究

除了上述从教学思想、认知理论等方面对教学范式转变进行的研究外,大部分关于教学范式研究的论文是对具体教学范式的研究，其中包括普通课堂教学范式研究、外语课堂教学范式研究以及中文教学范式研究，关于外语课堂教学范式的研究文章相对比较多，而针对语文教学的相对较少，针对对外汉语教学的课堂教学范式研究的文章则一篇也没有。

李莹(2010)提出了"对话教学"的教学范式，对话教学实质上也是以学生为中心的教学范式，在实行对话教学时，同样需要进行教学目标、教学过程、师生关系及课程上的转向，即教学目标要多元化，动态生成，而不是传统的单一化；教学过程则要从传统的教师讲、学生听的模式转化为师生围绕教学内容展开平等的对话和交流；在师生关系上，她提出传统教学中，不论是教师为中心，学生为中心，还是教师主导，学生主体，师生关系实际上都受到二元对立思维方式的影响，但是对话教学中的师生关系怎是一种共享、互惠的关系；对话教学的课程"不再是预设好的固定不变的知识"，而是师生共同参与，"在教学过程中不断生成和扩充经验"。该文提出的对话教学的理念是一种理想化的教学范式，但只是从理论上论述了这种教学范式应该在哪些方面进行转变，并没有实际的操作性。转变教学范式的理论是容易理解和接受的，但是在实际操作中会出现各种各样的问题，如何操作，如何避免这些问题的产生，如何把新的教学范式的优势发挥出来，还需要更多实证性的研究。

杨敏(2005)认为我国近年来"英语教学范式及理论基础呈两大发展趋势：一是从以传统语言学(包括传统语法学和结构主义语言学理论)为基础的教学范式向以当代语言学理论(包括功能语言学、认知语言学、教育建构主义)为理论基础的教学范式转化；二是从以教师为中心的教学范式向以学生为中心的课堂教学范式转化"。她从范式转变的三个理据入手分析了我国英语教学中存在的问题，并认为目前的英语课堂教学范式并没有实质性的转变，而且国内的课堂英语教学范式多是"舶来品"，并不适应中国学生的实际情况，因此需要加强范式革新的探索。

吕筠、董晓秋(2006)运用认知语言学的理论讨论了基于《综合英语教程》第五册、第六册英语研究型教学范式，认为研究型教学范式能与教材相匹配，并能针对学生需求，有效促进学生中介语的发展。

陈兵、黄美(2009)则以美国肯塔基州墨海德州立大学的硕士研究生课程跨文化交际(COMM650)课堂教学为例，介绍了美国大学本科和研究生教学的一个重要范式——Seminar(习明纳)范式,这是一种以学生为中心的教学范式,"旨在为学生提供综合性的、跨学科的和有深度的大学学习体验。要求学生不但要成为知识的接受者,还要成为知识的探索者、创造者"。

王淑芬(2014)从知识可视化的特点及作用入手探讨了基于知识可视化的课堂教学范式重构策略。但是从其介绍来看,她所说的基于知识可视化的课堂教学范式更多是一种新的教学手段在课堂中的运用,不应属于课堂教学范式,而是一种教学模式。

李杰(2014)介绍了美国写作教学范式的两个转变,第一次是从现时—传统修辞模式向过程教学法的转变,倡导通过阶段性的写作和改写来提高语言能力。第二次则向后过程理论转变,相比较而言,更全面也更符合写作的文化和社会特性。它"强调交际的效果,将语言、修辞与交际技巧相融合,使写作成为动态的文化实践活动,帮助学生在实际交往中体会、学习和提高修辞技巧及交际策略,体现其优良道德品行及文字修养"。他认为后过程法写作教学范式同样也在一定程度上满足了我国对国际化人才素质的需要。

董莹(2015)则提出在英语教学中引入语文教学范式,而典型的语文教学范式包括授受范式、导学范式和对话范式。她认为在英语教学中引入语文教学范式,是因为二者的教学目的相同,教学内容相通,教学方法类似,而且汉语知识是英语教学的基础,可以促进英语教学。同时她也论述了语文教学范式引入英语教学中的积极和消极影响,并提出相应对策减少消极影响。在英语教学中引入语文教学范式实际上就是在英语教学中要注意汉语母语对学生的正迁移和负迁移影响,如何利用母语的正迁移作用,避免负迁移的产生。她所提出的语文教学范式实际上并非语文教学所独有的,而是教学通用的教学方式。

三、总结

从上述国内研究者对教学范式及其转变的研究可以看出,首先,教学范式的研究尽管已经进入研究者的研究视野,但是成果还比较有限,而且大部分教学范式研究的文章重在介绍和理论上的探讨,而真正实证性的、实践性的文章还没有出现,因此,可以说国内教学范式的研究还停留在对国外理论的介绍和理解过程中,还没有真正应用到教学中,或者还没有开始实证性的工作。

其次，对于教学范式，学者们大都借鉴了托马斯·库恩关于范式的概念以及国外学者的研究，在上述研究中，研究者们提出了各种不同的教学范式，如对话范式、Seminar范式等。但是教学范式如何界定，教学范式和教学模式如何区分，国内的研究并不是很明确，依据教学范式的定义，即"人们对教育领域教学这一特殊现象和复杂活动的最基本的理解或基本看法"，"范式，在众多考虑的问题之中，确定一个学科应当包括什么、剔除什么、教什么、不教什么，区分什么是重要问题，什么是次要问题，而且明确哪些研究对于学科发展是有价值的"（Young，1978）（转引自李杰，2014），那么我们可以说，广义的"教学范式"应该只是教师为中心的和学生为中心的两个范式，而其他的则是比较狭义的教学范式，以教师为中心和以学生为中心是两个典型的教学范式，而其他研究者提出的Seminar范式、对话范式、研究型范式等，应该是以学生为中心的教学范式之下的具体的教学模式。但是这些具体的教学模式实际上为以"教师为中心"的教学范式转变为"以学生为中心"的教学范式提供了具体可行的方法，不失为一种积极的探索。

综上所述，教学范式的变革是必然的趋势，如何进行变革，对于新的教学范式如何操作，在变革过程中会出现哪些实际问题，如何解决，这些都是范式变革过程中留给我们的新课题，应该说，虽然国内对于教学范式的研究还停留在理论介绍阶段，对于"范式"的概念和范围也并不是很清楚，但是为后续如何进行范式变革，如何操作奠定了理论的基础。

参考文献

[1]贝学问．语文教学范式的重建与思考[J]．当代教育科学，2010，(4)．

[2]陈兵，黄美．美国大学Seminar教学范式的特点及其启示[J]．学术论坛，2009，(8)．

[3]陈晓端．当代教学范式研究[J]．陕西师范大学学报，2004，(5)．

[4]董莹．英语教学中语文教学范式的现实影响与优化路径[J]．语文建设，2015，(9)．

[5]李杰．从语言技巧到社会功能嬗变——美国大学写作教学范式转变述评[J]．外语教学，2014，(4)．

[6]李莹．对话教学——教学范式的转向[J]．现代科学教育·普教研究，2010，(2)．

[7]马理惠．大学教学范式转变的思考与路径[J]．外国语文，2013，(6)．

[8] 桑元峰. 有效外语教学的范式研究[J]. 外语教学，2015，(6).

[9] 王鉴，王明娣. 课堂教学范式变革：从"适教课堂"到"适学课堂"[J]. 山西大学学报，2016，(2).

[10] 王淑芬. 网络技术下知识可视化的课堂教学范式重构[J]. 课程·教材·教法，2014，(7).

[11] 杨敏. 我国英语课堂教学范式革新的理据[J]. 外语界，2005，(6).

[12] 钟启泉. 从认知科学视角看两种教学范式的分野[J]. 中国教育学刊，2017，(2).

[13] 朱涌河. "以学习者为中心"教学范式认知研究[J]. 外语电化教育，2015，(166).

基于访谈的德国应用科技类大学经济(商务)汉语专业教学现状与面临问题

竺 燕*

[摘要] 随着中德贸易的发展，德国对既懂经济又会汉语的复合型人才的数量和质量的需求持续增加和提高。目前，德国共有四所应用技术类大学设立了经济(商务)汉语专业，本文分别对这四所大学相关专业的负责人及主讲教师就培养对象、教学目标、专业设置及教材使用等问题进行了访谈，了解了这四所大学经济(商务)汉语教学现状以及共同急需解决的问题，并为后续编写对德国国别化商务汉语教材进行了初步需求了解。

[关键词] 访谈；德国；应用科技大学；经济汉语；教学

一、德国汉语教学全貌及经济(商务)汉语教学概况

近年来，随着经济全球化的发展及世界政治格局的微妙变化，中国在国际舞台的政治、经济、文化影响力逐步提高，举足轻重。中德关系持续升温，经贸往来不断扩大。据德国工商大会(DIHK)2017 年 1 月 27 日发表的最新测算结果，中国已于 2016 年成为德国在全球范围内最大的贸易伙伴，而此前多年中国已是德国在亚洲最大的贸易伙伴，德国亦多年位居中国在欧盟最大的贸易伙伴。另据欧盟统计局统计，截止到 2017 年 3 月，中国已成为德国第四大出口市场和第二大进口来源地[1]。频繁的经贸文化交往，使汉语在德国的地位日益重要，社会对既懂经济又会汉语的复合型人才的需求也不断增加。德国年轻人看好掌握汉语的就业前景，纷纷加入到学习汉语的群体中来。

---

* 竺燕，女，北京人，首都师范大学国际文化学院讲师，文学硕士，主要从事对外汉语教学研究。

目前,在德国的汉语教学形式主要有以下几种:综合性大学的传统汉学专业、应用技术型大学的应用汉语专业、大学语言学院第二语言第三语言的汉语教学、各类成人教育机构的汉语教学、中小学汉语教学、孔子学院的汉语教学和各类私立中文班的汉语教学。其中,系统化专业化水平最高的是前两种形式。

自1909年汉堡大学开设名为"中国语言文化系"的汉学专业以来,综合性大学的汉学专业始终是德国汉语教学的主力。从20世纪90年代开始,为适应中德关系的发展,不少大学开始将语言教学与语言实践结合起来,转向中国现代社会经济、现代汉语和当代文学的研究,培养能在经济贸易、政治法律、教育科技和文化旅游等领域就业的人才。例如汉堡大学、特里尔大学这种具有代表性的综合性大学的传统汉学系,近年来也增加了经济汉语这个专业方向,在全面掌握古代汉语、现代汉语和汉语书面语的基础上,还增加了经济类课程,旨在培养精通汉语同时掌握宏观经济学的国民经济类复合型人才。[2]

与传统汉学系相比,德国应用技术性型大学开设的应用汉语专业在培养目标、学制、课程体系等方面都更突出实用特色。目前,德国不来梅应用科技大学、德国康茨坦茨应用科技大学、德国西萨克森茨维考应用科技大学和路德维希港应用科技大学共四所应用技术型大学开设了经济(商务)汉语课程,通过基础汉语、经济(商务)汉语和在中国实习半年的模式,培养懂经济、懂汉语,同时了解中国社会与企业运转模式并在中国拥有一定人脉资源的实用型复合人才。

二、访谈项目介绍及四所应用科技型大学经济(商务)汉语教学现状

(一)项目简介

由于在多年的教学实践中一直受到没有合适的经济汉语教材的困扰,2017年,不来梅应用科技大学经济外语系经济中国学专业与"首都师范大学—不来梅"孔子学院联合申报了一个科研项目,项目名称为:经济汉语研究及相关教学材料研发(Forschung und Entwicklung wirtschaftschinesischer Lehrmaterialien)。主要工作是了解目前在其他三所与不来梅应用科技大学经济中国学专业类似的三所应用科技型大学的经济(商务)汉语教学和教材使用的现状

以及急需解决的问题,最终目的是为编写对德国国别化经济汉语教材做需求分析和前期准备工作。笔者受邀参与了此次访谈工作。

访谈分别在康茨坦茨、莱比锡、路德维希港和柏林四个城市进行。受访对象分别是：德国康茨坦茨应用科技大学中国事务部主管朱锦阳教授,德国西萨克森州茨维考应用科技大学国际事务副校长乔惠芳教授及经济汉语专业代理教授曹娟博士、主讲教师韩博士,路德维希港应用科技大学中文教师戴毅博士,柏林自由大学汉语系主任兼德语区汉语教学协会会长顾安达教授。针对三所大学教授的访谈共有 23 个问题,涵盖了专业名称、总体要求、培养目标、学制情况、课程设置、教学大纲、教材使用、教学方法和测试等多方面的内容。对顾安达教授的访谈主要是听取他从他的高度对经济(商务)汉语教学定位与教材编写的意见。

(二)四所应用科技型大学经济(商务)汉语教学现状

虽然同为应用科技型大学实用型汉语教学专业,但四所大学在专业名称、培养目标、学制和课程设置、经济汉语教学内容及教材等方面都不尽相同。

1. 关于课程名称

表 1

学校	专业名称	隶属
不来梅应用科技大学	经济中国学专业	经济外语系(经济类)
康茨坦茨应用科技大学	对华商务专业	亚洲经济学系(经济类)
西萨克森州茨维考应用科技大学	经济汉语专业	应用语言与跨文化沟通学院(人文社科类)
路德维希港应用科技大学	国际(中国)市场营销专业	市场营销学系(经济类)

与其他三所大学不同的是,茨维考应用科技大学的经济汉语专业是设置在人文社会科学院里的,其经济类课程是请经济系教授来授课,而其他三所大学的经济(商务)汉语专业都是设置在经济学院里。此外,各校的培养目标、学制要求、课程设置、教学内容也有所不同。

2. 关于培养目标

四所大学都旨在培养懂经济也会汉语的实用型人才,其中不来梅和康茨坦茨两所学校更为接近,均以培养既懂宏观经济又懂微观经济,同时还掌握较高水平汉语的复合型人才为培养目标,要求学生毕业后能适应在华从事经贸类相关工作；茨维考的培养侧重点与前两所有所不同：专门为萨克森州中小型企业培养懂商务会汉语了解中国社会的实用型人才，要求毕业生一人多能、进入企业后能够独当一面；路德维希港应用科技大学的教学目标则着眼于培养精通企业经济企业管理同时也具有一定汉语水平的专业人士，毕业生能胜任与企业管理有关的工作。

3. 关于学制、课程设置与毕业时的汉语水平要求

这四所大学的学制如表2所示：

表2

学校\学制	不来梅应用科技大学	康茨坦茨应用科技大学	茨维考应用科技大学	路德维希港应用科技大学
总学期数	8学期(4年)	7学期(3.5年)	7学期(3.5年)	8学期(4年)
基础阶段	1~4学期	1~4学期	1~4学期	1~4学期
在华实习	5~6学期	5~6学期	5~6学期	5~6学期
实习内容	4个月汉语学习＋6个月公司实习	一个学期汉语学习＋一个学期公司实习	一个学期汉语学习＋一个学期公司实习	一个学期汉语学习＋一个学期公司实习
在华学习情况	独立成班。开设经济汉语课	不独立成班，分散到各国留学生中。不开设经济汉语课	不独立成班，分散到各国留学生中。不开设经济汉语课	不独立成班，分散到各国留学生中。不开设经济汉语课
语言课与经济类课程比例	25%语言课；25%中国经济政治社会概况；50%经济学	与不来梅接近	60%语言与跨文化沟通、40%经济类课程	未获得明确比例
毕业时语言水平	B2/C1①	B2/C1	理解各类经济文章；可以进行工作书信交流、撰写求职、简历、撰写广告、理解并拟定合同	至少达到HSK四级水平。能够理解媒体上的经济政治文章、可以听懂较长的专题报告、可以做专题报告

① 据外语教学与研究出版社2008年12月出版的《欧洲语言共同参考框架：学习、教学、评估》的能力量表对B2/C1水平的描述为：B2：能理解一篇复杂文章中的具体或抽象主题基本内容，包括学习者专业领域的技术性讨论课题；能比较自如流利地跟讲本族语的人进行交际，双方都不感到紧张；能清楚、详细地谈论广泛领域的话题，能就时事发表自己的观点，并能对各种可能性陈述其利弊。C1：能理解广泛领域的高难度长篇文章，能抓住文中隐含之意；表达自如、流畅，几乎无须费心地遣词造句；在其社会、职业或学术生活中，能有效、灵活应用语言；对复杂主题书清楚，结构合理，表现出对篇章的组织、衔接和逻辑用词等方面的驾驭能力。

续表

学校＼学制	不来梅应用科技大学	康茨坦茨应用科技大学	茨维考应用科技大学	路德维希港应用科技大学
毕业学位	Bachelor of arts 文学学士	Bachelor of arts 文学学士	Bachelor of arts 文学学士	Bachelor of science 理学学士

4. 关于经济（商务）汉语的教学情况

在经济汉语教学方面，四个学校也有所不同。不来梅应用科技大学1～4学期学习基础汉语，第5学期在中国开始经济汉语的学习，第6学期在中国的一些外资或者合资企业实习。回到德国后第7学期学习内容以宏观经济学为主导，主要包括中国国内经济形势、国家统计局全年经济发展报告、中国经济地理、中德经贸发展热点话题等。第8学期以微观经济学为主，主要是企业整体介绍、跨国企业文化、本土化与全球化策略、企业内部人力资源管理、商务洽谈、自主创业等方面的话题。每个学期里还包括各种调查报告和商务类应用文写作等。一些商务词汇、礼仪及文化方面的内容在课程中也有体现。

康茨坦茨应用科技大学的经济汉语教学集中在学生从中国学习实习归来后的第7学期。主要内容包括中德贸易、中德企业文化及管理、人力资源管理等内容，涉及宏观经济学与微观经济学，包括但不局限于商务谈判等内容。

茨维考应用科技大学的经济（商务）汉语教学的总目标更具体，就是要为西萨克森州中小企业培养实用型人才，因此其汉语教学更偏重商务汉语，而不像不来梅和康茨坦茨两所大学那样注重中国经济地理知识、区域经济发展等宏观经济学的部分。学生从第三学期开始接触商务汉语的内容，第四学期全面学习商务汉语课程，突出从事公司工作、处理公司事务时所用汉语的学习。

路德维希港应用科技大学的经济（商务）汉语教学内容又不同于前三所大学，学生以用德语学习企业经济和企业管理作为专业，同时学习一些汉语并了解中国市场和中国社会，作为除了掌握企业管理市场营销之外的一项特殊技能，毕业时要求达到汉语水平考试四级，相当于中级水平。

5. 关于经济（商务）汉语教材的使用情况

不来梅应用科技大学第5学期使用的教材是《海外视角商务汉语教材——

经贸汉语中级》，于 2006 年出版。第 7 学期、第 8 学期只有话题范围，没有固定教材，主要是从网络等媒体上寻找相关文章，修改补充以后作为教材使用。康茨坦茨应用科技大学第 7 学期使用的是朱教授自编的教材，话题包括中德贸易、跨国企业的文化适应、合资企业的人力资源管理等方面，均为德国学生普遍感兴趣并且将来就业可能遇到的问题。教材以活页形式呈现，不定期进行改编替换，以保持时效性。茨维考应用科技大学在第 3 学期开始设置初级商务汉语课，使用的是外研社 2007 年出版的《新世纪商务汉语系列教程——初级商务汉语：口语》，内容偏重生活中的经济类活动，而非商务活动。路德维希港应用科技大学使用的教材也是授课教师从网络及其他媒体上寻找并编写的，话题侧重企业经济管理的方方面面。

三、四所大学目前发展面临的共同问题和需求

总体来看，在中德关系持续友好发展的大背景下，四所侧重培养实用型商务汉语人才的应用科技大学在生源质量、学生人数和就业情况等方面都比较令人满意。但通过访谈也发现，至少有两个问题是需要解决的。

(一)关于经济汉语还是商务汉语的定位问题

通过访谈发现，作为建立德国第一个经济中国学专业的不来梅应用科技大学，其教学内容和课程设置比较接近培养国民经济学家的方向，该专业学生不仅要学习企业管理、人力资源管理等微观经济学的内容，还必须了解中国国家经济形势政策、经济地理、区域经济发展等宏观经济学的内容。康茨坦茨应用科技大学比较接近不来梅的教学内容。相比之下，茨维考和路德维希港就更侧重培养能到企业独当一面的实用型商务人才。因此，究竟是定位为经济汉语还是商务汉语？德语区汉语教学协会会长顾安达教授建议定位为商务汉语，教学也应更加突出实用性。本文也倾向于定位为商务汉语，因为这也符合应用科技大学培养实用型人才的总目标。而培养国民经济学家的任务可以交给开设了东亚经济政治专业的波鸿大学、开设中国经济文化学的汉堡大学以及开设了中国学(经济、社会、法律方向)的科隆大学等综合性大学去完成。

(二)关于教学大纲

虽然各个学校都有自己的培养目标，但目前还需要更加细化的教学大纲

和能力要求，比如根据《欧洲语言共同参考框架》新增加的词汇语法等级，来明确词汇语法方面的要求，特别是常用商务语体格式表达法和商务词汇等，以便任课教师通过课程描述明确其所担任课程最终应该达到的目标。

(三)关于教材问题

通过访谈了解到，老师们普遍认为现有商务汉语教材对德国教学现状来说存在着以下的问题：

1. 生词太多，每课动辄五六十个，而适宜德国学生学习的经济商务类词汇应控制在每课三十几个。

2. 课文话题老，有些经济现象已经消失。内容缺乏针对性。

3. 课文太长，不适合德国大学的授课时间。

4. 练习形式枯燥死板，无法激发学生兴趣。

5. 缺少配套的教师用书和练习册，德国汉语教师普遍课多，还要编写大量的练习，难以承受。

6. 缺少翻译类练习。

几位在德国从教十几年二十几年的教师都希望能有便捷实用的针对德国学生特点的国别化商务汉语精读教材和口语教材，同时配有教师用书和学生练习册，并配有多媒体材料，可供学生自学。

四、结论

通过与德国一线任课教师面对面的交流，了解了四所德国应用科技大学经济(商务)汉语的教学现状和面临的问题，也听取了一线教师对教材编写的建议，为后续研究指明了方向。教学涉及教和学两方面，但由于时间及渠道等原因，只收集了一部分不来梅经济中国学专业毕业生的报告和反馈，未能对四所学校的历届毕业生进行大范围的调查，这是本文的一个遗憾，希望能在后续的研究工作中进行弥补。

参考文献

[1]王宝锟,谢飞.中德经贸合作迎来重要机遇期[N].经济日报，2017-7-5.

[2]徐肖芳.21世纪以来德国汉语教学现状研究[D].武汉：湖北工业大学，2010.

留学生汉字书写偏误探因

成 文*

[摘要]对于希望系统学习汉语的外国人来说,汉字的认读和书写是无法回避的难点。在汉语学习的起始阶段,学生的汉字书写偏误层出不穷,呈现出混乱不堪的状态。实际上,外国学生书写汉字产生的偏误都是有理据可寻的。本文搜集整理了拼音文字背景零基础学生在汉字书写过程中产生的假字、非字和别字,力图通过归类、分析,了解外国学生认知汉字的心理图式,在教学中帮助外国学生构建正确的汉字认知图式,从而提高习得汉字的效率,减少书写偏误的产生。

[关键词]汉字;心理图式;整体;部件;笔画

一、引言

学期即将结束的时候,对外汉语教师们又收到了来自各国外国学生的谢师卡,于是我们看到了写给"咸(成)老帅(师)"和"樊(樊)老帅(师)"的卡片。在批改外国学生的听写和作业时被一些让人摸不着头脑的错字、别字弄得啼笑皆非是对外汉语老师的日常,有时候要弄懂其中的意思还真要费点儿脑筋,比如,"我的恪(性格)适合当老师"。

对外汉语教学中的汉字教学一直是难点,从事对外汉语教学工作的教师在汉字教学方面颇费心思。对非汉字圈的外国学生来说学会写汉字确实是不小的挑战。那些真正希望系统学习、掌握汉字的学生,也想了不少办法、窍

---

* 成文,女,北京人,首都师范大学国际文化学院讲师,文学硕士,主要从事汉语语法和认知语言学研究。

门来帮助自己认识、记忆和书写汉字。

本文将对收集到的外国学生汉字书写错误进行分类，尝试分析产生这些错误的心理机制，提出对教学的建议。

二、外国学生汉字书写中出现的错别字

本文收集了首都师范大学国际文化学院汉语速成系初级 A 班和初级 B 班学生在汉字书写过程中出现的错别字 300 余个，从中选择具有普遍性的和形式比较特别的在这里列举出来，并尝试加以分析。学生汉语精读课所用教材为《汉语会话 301 句》和《博雅汉语起步篇》。写出这些错别字的学生都认同学汉语就要学会写汉字，并且在学汉字上很认真，愿意花工夫练习写字。实际上，从以下错误也可以看出，为了记忆和书写汉字，他们的确想了一些办法，采取了不同的策略。

(一)别字

写别字在汉语初学者中是很常见的现象。这种情况在听写中出现得最多，在学生自主的造句和作文中也时有发生。

1. 与发音有关的别字

外国学生，特别是初学者在有了一些汉字积累以后，常常会把音近的字记错，混用。比如：

a. 今天我很忙，没事见（时间），明天再说吧。

b. 路上的汽车像和六（河流）一样。

c. 有一钟（种）动物眼圈黑黑的，想（像）戴这（着）衣服（一副）墨镜。

d. 星期天上天（商店）不开门。

这些别字一方面可以解释为学生对汉字的发音、声调掌握得不准确，辨音能力差。另一方面也反映出他们对汉字的认知有偏差，会不自觉地把汉字看作是记音符号，只专注于发音，而忽略了汉字音—形—义三位一体的特性，在书写时只是"按音索字"。这样的学生在汉字认读方面往往也会表现得比较薄弱。

2. 与字形有关的别字

把字形相近的汉字、部件相混淆，或者增加或丢掉了某个部件，从而形成别字。比如：

e. 我去百货大数(楼)买东西。

f. 她是狗(独)生女。

g. 汉字不太准(难)。

h. 令(今)天我上课，写咋(作)文。

i. 星期天我可以睡悚(懒)觉。

这类错误说明外国学生学习生字时主要依靠字形，他们把汉字按结构、部件归类，但是过分关注某一个或几个部件的特性，而并没有注意到其他部件以及音、义的不同。

3. 与意思相关的别字

j. 你爸亲(父亲)在哪儿工作？

k. 你用英话(语)写的作文真不错。

l. 兄兄(哥哥)姐姐都很忙。

m. 这家餐厅环境不错，价钱也数(算)公道。

这类错误反映出有一部分外国学生是依赖意思来学习汉字的，他们按照义类来记忆汉字，但忽略了字音、字形和用法的差异。

4. 与学习顺序和内容有关

有时候外国学生会利用汉字常见的搭配产生联想，以此来记忆汉字。于是就会写出一些表面上看起来没有理据的别字。比如：

n. 走(路)上堵车，所以我迟到了。

o. 天气好的说(话)我就去散步。

p. 这本书介留(绍)了记汉字的方法。

有些字外国学生会记混，有时候与学习的先后顺序或同现频率高的其他字、词有关。有的学生还会把同一课学的生字放在一起记忆。比如：

例 n 中"路"被写成了"走"，因为平时在课上学生们常说"走路去……"，于是在书写时从字库中检索提取的过程出了错。例 o 比较好理解，就是因为"说话"的组合在这个阶段最常用。例 p 看起来错得莫名其妙，其实如果了解他们使用的教材，也就说得通了，"介绍"和"留学生"这两个词是开学之初在同一课出现的，学生们反复练习的句子就是"我来介绍一下，我叫……，我是留学生。"与同时学的其他生词相比，"介绍"和"留学生"两个比较难，学生会花较多的精力记这两个词，也可能就是这个原因，两个字发生了混淆。另外，在跟例o相关的课文中,提到的是一本给外国学生编的汉字故事书,有时候外国学生在写汉字的时候联想太丰富也未必是好事。

(二)错字

外国学生"创造"的错字形形色色,常常突破我们的想象力。

1. 与笔画有关的错字

与笔画有关的错字只有某一笔出现了错误,而其他部分是正确的。这类错误在外国学生的汉字书写错误中最为常见,独体字、合体字都可能发生。又可以细分为增加笔画、丢失笔画、笔形笔势错误、笔画关系错误等几种情况。比如:母、家、拳、睡、真、低、和、购、贵、戈、木、我、音、甲、羊、为、束、锅、策、帛、禾、许。

2. 与部件有关的错字

(1)改变部件

谑、热、歌、仙、怜、橄、剂、服、厌、写、阮、萧、絮、感、效、晓、凶、延、照、饼、轻、梭、造、扱、都、都。

(2)部件位置倒错

叫、陪、驳、圫、押、唉、姑、醉、艰、和、蚓、忾、乌、扣、凶、厨。

3. 字形不符合汉字审美

有时候外国学生写出的汉字并没有以上提到的错误,但看上去就是不正确,比如:吅、起、咭、喂、坚。这些字的笔画、部件都没有用错,但是上下左右的位置关系或大小比例发生了改变,破坏了汉字的拓扑结构[1](尤浩杰,2003)。

4. 增加部件

这种错误是在一个字中加入另外一个意思或发音上有关联的字的部件,比如:鴉(喝)、侼(作)、玛(玛)、昨(昨)、怏(快)、店(店)、聊(聊)、您(怎)。

5. 独体字、合体字、词的概念不清

初学汉字的外国学生中有一种现象,就是分不清字和词的界限。有时会把一个合体字写得很开,就像两个字;有时又会把两个字写得很近,看起来像一个字。比如:

q. 请关注从(人人)网首师大足协公共主页。

r. 这是亲斤(新)出的手机。

还有时会把一个词的两个字重新组合成一个字,但在句子中代表原来的那个词,比如:熬(熬夜)、秾(面积)、俕(身体)、憇(休息)、朕(前天)、诘(请问)。

三、外国学生汉字书写偏误告诉我们什么

我们收集来的错别字都是书写成形,可以被认为是"字"的字。从这些错别字可以窥见外国学生学习汉字、记忆汉字、识别汉字、书写汉字的策略。为了记住并掌握汉字,学生们是把语音、意思、字形等跟一个字有关的方方面面的因素和能力都用上了。但可惜的是,他们往往只偏重其中一个或几个因素,考虑得不全面,以至于出了偏差。

有的学生只关注汉字的发音,对汉字的认知只停留在语音的层面,把汉字当成记音符号来记忆,没有意识到汉字还有表意功能,所以就出现了例a、例b、例c、例d那样的同音字或音近字替代的情况。同样也是因为太过注意发音,才出现了"气车"、"方假"、"写汉子"等丢失意符的音同或音近别字。但是,由于汉语语音的演变和汉字的简化,丢失意符的结果可能让人摸不着头脑,比如:"咸冒"、"工乍"。

也有的外国学生具备初步的汉字知识,有了偏旁部首的概念,于是为了便于记忆,就把汉字按相同的部件进行归类,比如:"犭"、"扌"、"氵"、"灬"、"娄"、"斤"等等。但是,这样做的缺点是,如果只关注相同的部分而忽略了不同的部分,在使用中就可能把形近字搞混,比如:"孤狗(独)"、"教学数(楼)"、"请楼(数)一下儿"、"一所(听)啤酒"。

有的时候外国学生只记得一个字的部件和结构方式,比如:"左右结构,有'月'和'生'",但是没有注意观察部件的位置关系,就可能写出"胡"这样的字来。

在收集到的外国学生错别字中,别字的第3、第4种情况,错字的第4、第5种情况很值得讨论。

别字的第3种情况,"爸亲(父亲)"、"兄兄(哥哥)"、"英话(英语)"、"数(算)",这些别字既不是字形相似,也不是发音相近,而是因为意思相关。由此可知,外国学生会利用词义间的关联把汉字归类,以此来帮助记忆,比如:

"父"的意思是"爸爸";"兄"的意思是"哥哥";"英语"就是"英国话","数"和"算"有相同的义项。但在关注字义的同时却忽视了字音和字形,从而发生了混淆。

别字的第 4 种情况与第 3 种情况有些相似,但借助的不是意思,而是在学习过程中最先出现或相对高频率的组合。在书写时产生联想,发生错误。比如:常说"走路",把"路"写成了"走"。

错字的第 4 种情况中,瑪(玛)、昨(昨)、悏(快)、庑(店)是形声字被泛化的结果。鴻(喝)和伴(作)既有形声字泛化的因素,也有意义联想的干扰。伴(作)还同时发生了部件位置错乱。聊(聊)、您(怎)可以看出外国学生可能会借助之前学过的其他汉字,按照共同的部件特征记忆汉字。但是这样先学的汉字可能对后学的汉字产生负迁移。

错字的第 5 种情况中,例 q 和例 r 表明学生对字的单位的概念还没有建立,分辨不清独体字与合体字中的部件。熬(熬夜)、秫(面积)、傸(身体)、憇(休息)、朕(前天)、请(请问),这几个字就比较有趣了,学生"巧妙"地把一个词(短语)的两个字合二为一,创造出了"双音节"的汉字。这种错误是因为母语为拼音文字的学生,对于汉语一字一音节、单纯词、合成词等概念不清楚,而又依赖词语记忆汉字,头脑中的印象是整个词,而每个字的形象是模糊的。

虽然我们把外国学生写出的错别字分成很多类型来分析、解释,但是从这些错别字(音近别字除外)可以看出一个共同点,即它们都没有脱离原字的整体框架,或者说,字虽然错了,但是整字的轮廓看上去依然跟原字保持着高度一致。江新、赵果(2001)认为外国学生记忆汉字一般是采用整体记忆的策略[2],每个汉字是作为一个个的整体储存在外国学生的大脑里的。汉字是被作为整体输入的,那么也就会被作为整体输出,也就是说,在外国学生书写汉字时,他们想到的是组成每个字的部件,甚至是字的整体框架。但笔画的形态、走势、数量,部件的上下左右排列位置等细节却不清晰。

四、如何通过汉字教学帮助学生减少汉字书写偏误

以上对外国学生汉字书写偏误的观察和分析,给我们针对非汉字背景外

国学生的汉字教学提供了思路。汉字认知包括字形识别、读音认知、语义获得等内容。完成汉字的书写需要具备字形识别和书写技能两方面的基础[3]（万业馨，2009）。

对希望系统学习汉语的学习者，在明确了要学习并掌握汉字书写技能的前提下，我们的汉字教学需要完成两个任务，一是给学生补充汉字的认知图式，二是帮学生完善汉字的认知模式。非汉字背景的学习者从小没有接触过汉字，他们的认知结构中需要增加有关汉字的图式[4][5]（黄卓明，2000；谢天，2014）。增加图式主要是学习新知识，让学习者认识汉字笔画、笔顺、部件和结构，并了解书写方法，补充他们头脑中关于汉字的知识空白。完善认知模式主要是习惯和能力的培养，也就是教会他们在学习汉字的过程中如何观察和解析一个汉字，如何把汉字存储在脑子里，书写时如何提取信息、实现编码、正确书写。这个过程可以分成以下几个步骤：

第一，明确汉字与音节的对应关系，明确汉字音—形—义三位一体的特性。特别是要清楚地知道，不能"按音索字"。

第二，明确汉字与词的关系，了解汉语词汇构成的特点，搞清楚汉字、语素、单纯词、合成词的关系。

第三，认识汉字基本笔画，特别要注意相似笔画的区别。了解汉字书写中基本、常规的笔顺规则。笔顺直接影响书写的编码过程，如果下笔顺序毫无章法，就会降低书写的准确率[6]（罗艳琳等，2010）。

第四，了解并掌握汉字的拓扑结构类型，注意部件的空间排列关系[1]（尤浩杰，2003）。

第五，接触到新汉字的时候，在看到其框架轮廓的同时，也要注意分析部件、部件的排列、笔画等特点，尤其是要注意跟形近字、音近字、义近字的区别。如果以顺利书写为最终目的，那么学习过程中对汉字的解析就应该是全面的，从整体到局部，从框架到细节，都不能忽视。

在课堂教学中，除了向学生展示生字的笔画、笔顺，让学生照字帖描写、临写汉字，听写生字、生词等方法以外，带领学生剖析学生自己的错别字也是一种行之有效的方法，这样做可以引导学生理性地认识到自己汉字认知的不足，自觉地补充汉字认知图式，改善认知模式。

总之，如果说汉字的认读是输入和解码的过程，主要靠整体激活，是自上而下的加工。那么汉字书写是编码和输出的过程，对汉字的加工则应该是自下而上的，要顺利完成这个上行的过程，就需要一定量的汉字认知图式和良好的认知模式做基础。学生仅在大脑中储存整字是远远不能满足书写的要求的。这就要求我们的汉字教学不仅限于读音、意思和组词，还要教学生掌握笔画、笔顺、结构等基本知识和技能，让一个个汉字的形象在学生头脑中清晰起来。学习和记忆汉字可以动用各种策略、技巧，但最终的目的应该是识别、书写快速自如，这就需要我们在教学中对学生加以引导。

参考文献

[1]尤浩杰.笔画数、部件数和拓扑结构类型对非汉字文化圈学习者汉字掌握的影响[J].世界汉语教学，2003，(2).

[2]江新，赵果.初级阶段外国留学生汉字学习策略的调查研究[J].语言教学与研究，2001，(4).

[3]万业馨.略论汉字教学的总体设计[J].语言教学与研究，2009，(5).

[4]黄卓明.从图式理论角度谈留学生的汉字学习问题[J].汉语学习，2000，(6).

[5]谢天.从图式理论视角看留学生"画"汉字[J].吉林广播电视大学学报，2014，(5).

[6]罗艳琳，王磊峰，李秀军，陈默，彭聃龄.笔顺与笔画对汉字构成过程的影响[J].心理科学，2010，(3).

[7]彭聃龄，张必隐.认知心理学[M].杭州：浙江教育出版社，2004.

[8]彭聃龄.汉语认知研究——从认知科学到认知神经科学[M].北京：北京师范大学出版社，2006.

[9]张积家.语言认知心理研究[M].广州：暨南大学出版社，2007.

[10]F. Ungerer, H. J. Schimd. An Introduction to Cognitive Linguistics[M].北京：外语教学与研究出版社，2001.

[11]林西莉.汉字王国[M].北京：三联书店，2012.

论少数民族地区双语教师的双语能力和双语教学能力

惠天罡[*]

[摘要] 本文立足少数民族地区双语教学的实际,分析了少数民族教师应具备的普适性的双语能力和双语教师专业素养中尤为重要的双语教学能力,尤其对与教学活动各环节密切相关的双语教学能力进行了分类与分层研究,并逐一具体分析,为少数民族地区双语教师的专业化发展提供了一定的理论与实践性参考。

[关键词] 少数民族;双语教师;双语能力;双语教学能力

一、引言

《国际教育百科全书》对双语教育如此定义:指一种使用两种语言作为非语言学科教学媒介语的教学方法。M.F.麦凯提出双语教育是指以两种语言作为教学媒介的教育系统。王斌华(2003)指出,双语教育可分为广义的和狭义的两种,前者指在学校教学中使用两种语言的教育,后者指在学校教学中使用第二语言或外语教授数学、物理、化学、历史、地理等学科内容的教育。目前我国民族地区双语学校的双语主要是作为国家通用语言的汉语和当地的少数民族语言,在这样的背景下开展的双语教学是指在非语言学科课程教学中部分或全部运用汉语,使学生的母语和汉语能力均能得到发展,能熟练运用两种语言进行交际、学习,能借助母语、运用汉语学习学科知识。

---

[*] 惠天罡,男,陕西西安人,首都师范大学国际文化学院副教授,文学博士,主要从事语言学及应用语言学理论、对外汉语教学研究。

以新疆为例，目前中小学双语教育推行两种双语教学模式[①]：模式一：小学汉语、数学、科学、信息技术、初中汉语、外语、数学、物理、化学、生物、信息技术、高中汉语、外语、数学、物理、化学、生物、信息技术和通用技术课程使用国家通用语言文字授课，其他课程使用本民族语言文字授课。模式二：全部课程使用国家通用语言文字授课，开设民族语文课程；不具备师资条件的学校，体育、音乐、美术课程可以使用本民族语言文字授课。以上两种教学模式都充分强调了汉语作为国家通用语言文字在课堂教学中的主体地位，不过，使用国家通用语言文字授课不等于教师在课堂教学中不能使用民族语言，双语课堂上，在保证教学主体语言的地位的同时，允许适当使用第二种语言是符合教学规律的，这已是受到学界认可的不争事实。当地教育部门也有规定："凡明确要求使用国家通用语言授课的课程，应以国家通用语言作为主要授课语言，……在学生理解困难的情况下，可以适当使用少数民族语言进行辅助解释，但课堂上国家通用语言使用比例不低于85%"[②]。可见，在民族双语班课堂，无论是政策规定还是教学实际，国家通用语和民族语并存的状态符合双语教学规律。在这一背景下，双语教师的语言能力就包括两种语言的能力，一方面是双语的基本能力，这种能力和双语人普适的语言能力大致相同，但也蕴含一定的专业需要。另一方面是双语教学能力，它应该是以两种语言能力为基础的教学能力，具有一定的专业性特征。本文主要讨论少数民族双语教师的双语能力和双语教学能力。

二、双语能力

我国少数民族地区推行的双语教育要求教师在课程教学中能熟练使用国家通用语言和民族语。所以掌握两种语言是少数民族双语教师的必备条件。"双语教师"双语能力应包含三个层面的内容：第一个层面是双语知识，包括汉语和民族语的语音、词汇、语法、文字等语言要素的知识；第二个层面是两种语言的语用知识、语言中渗透的文化知识以及对比两种语言异同性的敏感性和能力；第三个层面是双语技能，包括两种语言的听说读写的运用能力

[①] 新疆维吾尔自治区教育厅《关于进一步提高中小学双语教育质量的意见》（新教双〔2012〕9号）。
[②] 同上。

和普适性的语码转换能力。

　　对很多少数民族双语教师来说，每个层面的双语能力都存在民族语和汉语的不平衡性，这种不平衡性主要体现在学习过程和状态的不平衡，在第一个层面的双语知识中，语音、词汇、语法等语言要素规则的学习在汉语和民族语中存在很大差异，前者是母语的自然习得，很多时候是掌握了使用规则后，再去学习使用规则。后者属于二语学习，是在学习语言要素的使用规则后在语言实践中逐步掌握、进而强化使用规则。在第二个层面中，双语教师的母语的语用知识和文化知识相对强于汉语，双语教师应正视这种差异，发挥母语这方面的教学管理辅助功能，如与学生家长进行无障碍沟通，与学生谈心，有效了解学生的学习动机和学习状态等。同时，双语教师也应通过学习和实践丰富自身的汉语语用知识和文化知识，并有意识地将其与民族语做适当对比分析，并能在合适的时机下将这种体验教授给学生，以增强学生的学习效率。在第三个层面的双语技能中，在听、说、读、写方面熟练地掌握两种语言，并能保持同步的语码转换，对双语教师来说是一个挑战。因为双语教师更需要克服两种语言的"此消彼长"状态，他们不是单纯地强化目标语学习，而是保持母语能力，完善汉语能力，力求达到两种语言的"同步"发展。正如欧卫红(2009)所说，如果没有取代或减少第一语言的压力而获得第二语言及其文化，或许会形成双语的增加状态(欧卫红，2009：119)。

　　这里先谈双语教师的普适性的语码转换能力，下面还将谈及教学层面的语码转换能力。语码转换能力同样具有不平衡性，由民族语向汉语的转换与由汉语向民族语的转换很难做到理想状态的"同步"效果。这里就涉及"中介语"的调节能力。目前学界对"中介语"的界定是：在第二语言习得过程中，学习者通过一定的学习策略，在目的语输入的基础上所形成的一种既不同于第一语言也不同于目的语、学习者在学习外语时自己所创造出的语言系统，是一个随着学习的发展，向目的语逐渐过渡的动态的具有连续性的语言系统。中介语的特征有：系统性，动态性(无限接近目的语)，可渗透性(学习新知识时调整现有结构以适应新知识)，受母语影响(利用母语知识和先前经验来处理二语中的问题，负迁移不可避免)，石化现象普遍存在于中介语中(欧卫红，2009：35—40)。由此可见，少数民族双语教师的双语能力存在习得语言规则与准确、得体表达上的差异性与不平衡性，进而存在自然习得到掌握规则的母语学习与掌握规则到运用体验、再到语言实践,进而到强化规则的过程性差异。值得注意的是,双语教师在使用汉语时,其语言表达的示范功能比母语更为凸显,因此,如果双语教师的第二语言和学生的第二语言一致,就更要注意对自己的中介语的调节能力,以使自己的"中介语"向规范化的汉语最优化靠近,这才有助于帮助学生"同步"提高双语能力。

以上的双语能力实际上是双语教师的普适性的语言能力,双语教师的双语教学能力更加不容忽视。

三、双语教学能力

教学能力是满足教学目标的根本条件,所以从教学目标的角度界定双语教学能力是有意义的,王海福等(2013)把少数民族地区教师的双语教学能力界定为"教师能够熟练运用民汉两种语言达到教学目标,取得教学成效所具有的能力"。

满足教学目标,取得教学成效就需要开展相应的教学活动,美国学者杰克逊把教学活动划分为"行动前"和"行动中"两个阶段,克拉克和彼得森增加了"行动后"阶段,这三个阶段分别指课堂教学前的准备、教师与学生在课堂上的互动、教师对课后的评价并对下一阶段教学进行决策(王宪平、唐玉光,2013)。这种教学活动过程的阶段性划分至今仍具有借鉴意义。姜宏德(2011)提到了双语教学中的内部因素,包括:双语教学的主体——双语学习者和双语教师,包括双语学习者的生理、心理、策略等个体素质和双语教师的基本素质;双语教学活动的客体——教学媒介语,即第二语言或外语;双语教学活动本身——包括总体规划、课程设计、教材编写、课堂教学和测试评估四大环节的理论与实践。以上内部因素较为全面,双语教师的双语教学能力与以上内部因素都具有较强的关联性,为了更清晰地分析少数民族双语教师的双语教学能力,我们可以借鉴以上学者提到的"教学活动"角度,对少数民族教师的双语教学能力做一分析。

由此,我们从双语对教学的干预性以及教学对双语的依赖性这一角度对双语教学能力做一个阶段性分类:基于课程资源的使用及研发的双语能力;基于教学设计的双语能力;基于课堂教学的双语能力;基于教学需求的语码转换能力;基于教学评价的双语能力。

(一)基于课程资源的使用及研发的双语能力

课程资源包括教材以及和教学相关的各种教学资料,教师需要结合本课程的特点以及学生的特点对这些教学资料进行选择、利用、整合、分析、加工,形成较为完整、具体的课堂教学内容。对教学内容的广度、深度以及重点、难点进行体验性分析,尤其是教材,它是学生获得系统知识和学习的主要材料,双语教师对教材的掌控能力直接影响到学生的学习效果。

目前,无论是教材还是教学参考书等教学资料,基本都是以国家通用语为主体,这主要是由于语言的工具性功能在发挥作用。马戎(2007)认为语言的工具性可以通过三个指标进行测量:第一,使用某种语言的人口规模;第二,某种语言所能够提供的科技、财贸、学术等领域的信息的先进程度;第三,可通过某种语言进行各方面交流的其他群体的人口规模。汉语作为国家通用语言,完全符合以上三个重要指标,所以,教师在上课前需要了解、学习和参考的资料基本都是汉语的,教师对教材的体系和主要内容的理解和把握都需要靠汉语去完成,在具体的使用中还需要结合民族语背景下的认知语境找到合适的切入点,以达到良好教学效果。教师使用教材的过程也是体验教材的过程,它比学生的体验层次更广、更深。以我们调查的 156 名新疆和田地区的小学双语教师为例,完全使用维语教材和教辅材料的仅占 8.3%,使用以汉语为主体的教学材料的教师(含完全使用汉语教学材料)则占到了 60%以上。因此,少数民族双语教师需要借助汉语融入教材,借助民族语体验教材,借助双语选择和利用教材。

(二)基于教学设计的双语能力

教学设计是指教师对整个教学系统的规划,是教师教学准备工作的重要组成部分,是在分析教学对象、教学目标、教学内容、教学条件等基础上进行总体设计,提出教学具体方案,最终形成教学结构、教学方式、教学方法、板书设计等具体的教学过程。我们认为,少数民族双语教师的双语教学设计能力是指双语教师结合课程目标(情感态度与价值观,过程与方法,知识与技能),以教材为依据,充分考虑学习者的特点确定教学目标,设计教学内容、教学过程、教学条件和教学方法,确定教学方案的能力。

双语教师在教学设计中,要借助双语深入理解课程目标和教学对象的关系、教学内容和教学对象的关系,了解学生的学习需求和需要解决的问题,根据教材，设计出有针对性的教学方案，尤其是针对的教学对象不同于汉语为母语的教学对象，所以双语教师就需要用双语进行双向思考，优化教学方案。（见表1）

表1

教学设计基本程序	与双语教学有关的教学设计要素
规定目标	双语课堂教学目标
确定学生起点状态	汉语为第二语言的教学对象（知识水平、技能、动机、状态等）
设计教学方法，传授学习策略	双语条件下学习、体验知识过程的特殊性
获取学生反馈的方法	双语的积极与消极影响对学习者反馈效果的影响

在我们调查的136名新疆和田地区的小学双语教师中，在进行教学设计时完全使用汉语的占31%；两种语言都用的占56.6%，其中，使用汉语比维语多的占23.5%，使用维语比汉语多的占22.8%，使用汉语和维语比例相当的占10.3%；完全使用维语的仅占12.4%。105名中学教师中，完全使用汉语的占18.1%；两种语言都用的占44.8%，其中，使用汉语比维语多的占11.5%，使用维语比汉语多的占29.5%，使用汉语和维语比例相当的占3.8%；完全使用维语的占37.1%。可见，大多数双语教师在进行教学设计时，意识到了国家通用语言优先的要求，也意识到了教学对象和教学过程的特殊性，借助双语进行教学设计很普遍，这方面的能力自然就显得较为重要。

（三）基于课堂教学的双语能力

课堂教学能力也被很多学者认为是教学实施能力，它包括知识呈现能力、交流沟通能力和课堂协调管理能力，这是教学能力的核心，在双语课堂中，这三种能力都会受到双语教学课程特点的影响而区分于单语课程所需要的语言教学能力。

基于知识呈现的双语教学能力。从一定意义上说，教师呈现知识的过程是用语言转述教材和教案的过程，是把教材语言和教案语言转化为课堂教学语言的过程，转述这一过程注定是一种筛选、加工信息的过程。在这一过程中，"如果谁像记录证词的人那样原封不动地转告所说的话语，那他无须有意识地进行歪曲就会改变掉所说话语的意义"。实际上，"对意义的最纯粹的重述恰是不可理解的"。伽达默尔(1999:599)教师在呈现知识时,不能以强迫学生放弃其固有的认知特点与习惯为代价来追求教学效果,如果没有准确把握学生的认知特点和思维习惯,学生在接受知识时就会出现不习惯或不适应的"受阻"现象,严重时可能会出现"认知熔断"[①],进而停止接受知识,这将直接减弱学生的学习自信,也会削弱其学习效果。教师应该"顺乎自然,因势利导",充分预判学生对知识点理解时的认知特点与思维习惯,并结合自己的知识学习体验与二语习得体验用双语结合灵活的教学方法呈现知识。

基于交流沟通的双语教学能力。课堂教学的过程也是师生交换信息、彼此沟通过程。教师通过语言传导,并辅以面相身势与学生沟通、互动,一步步把未知信息变成已知信息,针对汉语为二语的教学对象,双语教师与学生交流时,使用双语就显得较为普遍,这将促使师生之间的交流更为顺畅,进而提高教学效率。比如,双语教师在解释新概念时,为了保证信息传递不会出现偏差,会用汉语向学生提问,当学生回答出现偏差时,教师为了帮助学生更好地理解,有时会用民族语向学生解释,在鼓励学生用汉语回答问题的同时,教师有时会用民族语评价学生,进一步强化了语言的情感功能,增强了表达效果,也较好地调节了师生关系。这种根据需要选择不同的语言在课堂中与学生交流的能力,是双语教师应该具有的基本能力。

基于课堂协调管理的双语能力。从语言表述中涉及的话题来看,双语教师讲解知识点和维持课堂纪律分属两个不同的话题,所以他们分别使用两种语言呈现两个不同的话题,有助于保持一种话题的连贯性和两种话题的相对独立性,具体表现为教师使用汉语讲解知识点,维持课堂纪律时,会根据需要选择使用民族语,此时教师更多地考虑了使用何种语言维持课堂纪律的言后效果。

(四)基于教学需求的语码转换能力

语码是社会语言学家用来指语言或语言的任何一种变体。语码转换是语言接触的一种自然现象,是指在一个对话或交谈中使用两种或两种以上语言

[①] 经济学术语。是指对某一合约在达到涨跌停板之前,设置一个熔断价格,使合约买卖报价在一段时间内只能在这一价格范围内交易的机制。熔断机制(Circuit Breaker),也叫自动停盘机制,是指当股指波幅达到规定的熔断点时,交易所为控制风险采取的暂停交易措施。在这里指超出学生认知接受能力范围而出现"思维断层"或停滞现象。

或语言变体的现象。语码转换的内容十分丰富，不仅有多语或双语情况下的语码转换，也有同一语言的标准变体与非标准变体之间的语码转换，还有同一变体内的语码转换；有口语中的语码转换，也有书面语中的语码转换。双语课堂的语码转换是指双语教师根据需要在课堂教学中选择性地使用汉语和民族语进行教学。

社会语言学家甘柏兹（Gumperz）把语码转换当作一种社会现象来对待。并把它分为两种类型：一种是情景语码转换（situational codes-witching），指由于参与者或者话题等情景因素的改变而引起的语码转换。一种是喻义型语码转换（metaphorical codes-switching），指说话人为了改变说话的语气或双方的角色关系而进行的转换语码。基于以上分类和双语课堂的性质及特点，我们认为，少数民族双语教师，在双语课堂进行语码转换时会考虑三个重要的要素（教师、学生、课程），由此，我们把双语课堂语码转换大致分为三种类型：一种是双语教师顺应所教课程的特点，为保证教学效果而进行的语码转换，我们称其为顺应课程型语码转换；一种是双语教师更多地考虑到学生能力水平等特点，为了保证教学效果而进行的语码转换，我们称其为顺应学生型语码转换；一种是教师因为语言能力、教学能力等自身因素，为了保证教学顺利进行而进行的语码转换，我们称其为顺应教师型语码转换。以上三种语码转换实际上是教师在课堂教学过程中为了帮助学生建立认知、理解知识的有效、连贯性思维过程而采用的语言教学策略。

1. 顺应课程型语码转换

我们发现，双语教师在课堂中使用哪种语言教学与该门课程更适合用哪种语言教学有重要关系，在课堂教学中不管是多使用民族语还是多使用汉语的教师都受到了这一因素的影响。如新疆的双语教学模式一要求数学、物理、化学、生物、信息技术等学科用汉语授课，双语教师在课堂教学中的语码转换频率有时会比教授人文学科的低，可能有两个原因：一是自然科学学科内容和概念的表述在不同语言间的差异不大，教师自己的专业学习过程也主要借助国家通用语言习得，教材和教辅材料等也大多都是由国家通用语言表述，所以教师在教学设计时也主要使用国家通用语言，在教学过程中再翻译成民族语言反而会影响教学效率；一是自然科学的内容大多时候更适合用实验、图表、图片、模型等方式呈现，更具直观性、形象性，这客观上适当地弥补了学生由于语言障碍可能引起的理解困难。人文学科有时更多涉及国家制度、地区政策、宗教信仰、价值判断等内容,如果都用国家通用语进行表述,对教师和学生而言都存在一定难度。

2. 顺应学生型语码转换

教师很多时候在进行语码转换时都会考虑学生的双语能力,学生的两种语言能力的发展水平和学习态度、动机都会影响教师在课堂上的语码转换。我们对新疆和田256名中小学学生进行了调查,不管是文科课程还是理科课程,绝大多数学生认为在教学过程中,最好同时使用双语进行教学(见表2)。这种学习倾向和态度也会影响双语教师在课堂上进行语码转换。同时,学生具有的双语能力使得学生会在课堂上进行语码转换,256名学生在课堂上同时使用双语的情况占到了71%。完全使用汉语回答问题的仅占6.4%,完全使用维语回答问题的则占到了22.6%(见表3)。可见,学生的双语水平发展的不平衡势必影响教师根据教学实际在两种语言中进行语码转换。

表2

对于文科类课程,(如汉语、语文等)下列讲课方式当中,哪一种能让你学到更多知识			
	全部使用汉语授课	汉语维语相互转换使用授课	全部使用维语授课
人数	37	203	16
百分比	14.5%	79.3%	6.3%
对于理科类课程,(如算术、数学等)下列讲课方式当中,哪一种能让你学到更多知识			
	全部使用汉语授课	汉语维语相互转换使用授课	全部使用维语授课
人数	24	208	24
百分比	9.4%	81.3%	9.4%

表3 学生课堂回答问题使用双语的情况

双语使用情况	百分比
完全使用汉语	6.4%
汉语、维语都用,使用汉语比使用维语多	24.4%
汉语、维语都用,使用维语比使用汉语多	36.5%
完全使用维语	22.6%
使用汉语和使用维语差不多	10.1%
总计	100%

3. 顺应教师型语码转换

教师的双语能力会影响语码转换。比如能用两种语言准确地以多种解释呈现知识，并能运用两种语言互补式地对知识进行深度的理解，并把这种体验向学生准确输出，帮助学生用多种方式认识、理解所学内容。在双语课堂中，教师常常会遇到一个矛盾，即交际中省力原则下的母语优先倾向和教学模式要求下的国家通用语言优先倾向之间的矛盾，所以，双语既是交际工具，也是教学工具，如何科学、合理、合情地进行在两种语言中进行语码转换是对双语教师的考验。

(五) 基于教学评价的双语能力

教学评价能力是一种对教学的认知监控能力，既是对教师自身教学方法和策略的评价和监控，也是对学生学习状态和学习效果的评价和监控，这是一个双向的评价，有助于教师发现教学中存在的问题，想出解决对策，调整教学设计，提升课堂教学能力。双语教师的教学评价能力则是针对双语教学进行的双向评估与监测，进而调整双语教学课程的设计和教学策略，提升双语课堂的教学效果。少数民族教师对自身教学的评价要结合双语教学的目标、双语课堂教学的性质和学科课程的特点，以及学习目标语言的少数民族学生的特点进行综合评价，是结合以上因素对课程资源的使用、教学设计、课堂教学、语码转换等主要方面的全方位评价，是关注双语课堂教学活动始终，关注学生双语能力提高的发展过程的过程性和动态性评价。

需要说明的是，由于汉语和民族语在双语教师个体身上发展具有不平衡性，根据不同的课程，对以上双语教学能力的要求是分层次的，最高层次是具备完全使用标准的汉语进行教学的能力，可以根据教学需要选择两种语言在教学中的参与度；中等层次是双语教师自身不能做到完全用汉语教学，在强调完全用汉语教学的同时，允许他们用中介语或者民族语维持教学；较低层次是双语教师自身不能做到完全用汉语教学，在强调用汉语教学的同时，能使用汉语表达一些基本的课堂用语，能使用民族语表达与所教课程相关的专业名词、术语。这样，双语教师对自身的双语教学能力会有一个阶段性认识，也便于他们根据自身实际在教学实践中不断提升自身的双语教学能力。

四、结语

本文立足少数民族地区双语教学的实际,分析了少数民族教师应具备的普适性的双语能力和双语教师专业素养中尤为重要的双语教学能力,并结合动态的双语教学活动对教学活动涉及的相关双语教学能力进行了分类与分层,并逐一具体分析。希望能为少数民族地区的双语教师的专业化发展提供一定的理论与实践性参考。

参考文献

[1] Sandra Lee McKay, Nancy H. Hornberger. Sociolinguistics and Language Teaching.[M]. Cambridge: Cambridge University Press, 1995.

[2][德]汉斯-格奥尔格·加达默尔. 真理与方法——哲学诠释学的基本特征[M]. 洪汉鼎,译. 上海:上海译文出版社. 1999.

[3]惠天罡. 新疆维吾尔族双语课堂语码转换的类型、功能及影响因素[J]. 语言文字应用,2016,(3).

[4]姜宏德. 对双语教育学科定位问题的认识[J]. 重庆教育学院学报,2011,(1).

[5]马戎. 从社会学的视角思考双语教育[J]. 云南民族大学学报,2007,(6).

[6]欧卫红. 双语教学论[M]. 北京:北京大学出版社,2009.

[7]王海福,陈红曼,汪海红."特培生"双语教学能力调查研究[J]. 当代教育与文化,2013,(2).

[8]王宪平,唐玉光. 课程改革视野下的教师教学能力结构[J]. 集美大学学报,2006,(1).

漫谈国际汉语教育理念

王晓君*

[摘要]本文简要梳理了第二语言教育在最近一百多年间的嬗变,最初比较流行的是传统教学理念,重视书面语学习,忽视口语教学。在20世纪全球化浪潮的影响下,外语学习变得更为重要,重视口语的直接教学理念应运而生,该教学理念还衍生了多种其他教法。其后行为主义心理学对教学理念影响也很深,衍生出另外多种教学法。国际汉语教育界影响较大的理念分两派,一是受国外早期直接教学理念影响的经验派,主要是运用汉语教学一线教师总结出来的传统教学经验;一是近些年影响较为广泛的任务教学理念。

[关键词]国际汉语教育;理念;方法

"理念"一词原本对应的是英文的 idea,源自古希腊文,本来的意思为形象。由于西方历代哲学家从不同的立场使用该词,所以渐渐累积起"理想或永恒的普遍范式"的含义,比如柏拉图把从具体事物抽离出来的精神称之为理念,而康德把某些超越经验的概念称之为理性的理念。国内学界最初也主要是在哲学和美学领域使用该词,泛指各种理性的概念,跟形象、具象等概念相对。从目前的文献来看,"理念"一词在早期的语言教育领域并不怎么使用,如今大行其道是另有原因的。我们注意到,美国的外语教学法知名专家Anthony 在论述外语教学过程时,将所涉及的主要因素分解为 approach、method 和 technique 三部分[1],直译过来应该是"思路、方法与技巧"。在英文语境下,approach 和 method 并不是天然的上下义关系,正如在汉语语境下,"思

---

* 王晓君,男,生于1977年,2007年毕业于中国社会科学院研究生院,获文学博士学位,现为首都师范大学国际文化学院副教授,主要研究方向为国际汉语教育。

路"与"方法"也很难说清楚究竟是谁包括谁。直到有人把美国外语教学界的 approach 译作"理念",该词在词义表面上顿时增添了一层高大上的哲学意味,于是在语言教育界逐渐得到广泛运用。

国际汉语教育是一个比较晚近才兴起的学科。国际上第二语言教育逐渐深化,影响深远,与此同时,中国也开始融入全球化潮流,各学科纷纷与国际主流靠近,国际汉语教育的理念与方法也逐渐与第二语言教育的国际前沿接轨。本文将简要勾勒第二语言教育理念在最近百年间的嬗变,在此基础上讨论国际汉语教育的理念内涵。

一、第二语言教育理念嬗变

近二三百年以来,各个国家与地区之间的交流日趋频繁,在各国影响力此消彼长的大背景下,世界上的语言呈现出激烈的竞争势态。古典意义上的通语原来占据绝对的强势地位,在最近一二百年的现代化浪潮中,其作用大大削弱。在率先进入现代化的西欧,拉丁语的神圣地位逐渐被消解,而以英语、法语、德语、意大利语等为代表的民族语言迅速崛起。现代意义上的民族国家概念由此逐渐成形,与之对应的是,第二语言教育开始有了市场。

在欧洲开展第二语言教育的初期,主要沿用古典通语拉丁语的教学理念,比如记住语法规则和词格变化,练习翻译等。但是学习古典通语的目的是阅读古典文献,学习古典文化,并不重视人际交流。进入 20 世纪之后,各民族国家之间的人际交往逐渐密切,语言学习迫切需要提高人们的口头交际能力。一些年轻的语言教育工作者开始质疑古典语言教学方法在新兴的外语教学中的有效性,进而尝试探索新的外语教学方法。

第一种公认影响比较广泛的第二语言教育理念是直接教学,主张在外语教学中少用乃至不用学习者的母语,直接用外语授课,用外语练习,也很少有语法分析内容。该方法近似于儿童习得母语,简单易懂,一度为欧洲各国教育部门广泛接受,并强行推广,所以影响颇为深远。在此理念影响下,先后又涌现了听说法和交际法等外语教学方式,每兴起一种新方法,仿佛就彻底换了教学理念,但若是仔细深究,仍不脱直接教学理念窠臼,可以算是从直接教学理念这棵大树上孳生出来的新方法。

20 世纪中期,行为主义心理学开始影响到外语教学理念,新的外语教学方法强调把外语学习与学习者的行为结合起来，认为这样能有效地提高外语的学习效果。在这一理念影响下，先后出现交际法、全身反应法、合作学习法和任务型教学法等十多种新的外语教学方法[2]，其中，任务型教学法影响尤其广泛。

二、对外汉语教育理念的演变

我国比较系统的对外汉语教育实际上是从20世纪50年代开始逐渐发展起来的，由于信息相对封闭，国内学界与国际前沿并不是很接轨，当时国际上盛行的新式外语教学理念及方法，没有及时影响国内的对外汉语教学。对外汉语教学开展之初，主要借鉴的是母语教学的理念和方法，注重书面语教学，重视阅读和写作。但在教学实践中发现，留学生的听说能力应该率先得到提高。所以旧方法遇到了一些阻碍，受到了一线教师的质疑，周祖谟先生就该呼声而提出要区分对外族人的汉语教学和对本族人的语文教学[3]。

对外汉语教学系统地开展十多年之后，一线教师在摸索中逐渐形成了一套自己的比较有实效的教学方法，比如精讲多练，靠大量反复操练，引导学生自己总结语言规律，同时强调"语文并进"，认为学汉语的同时也要学习汉字[4]。这套方法与欧洲早期的"直接教学理念"暗合，强调的是直接用汉语口语练习，而精讲语法的另一面就意味着少讲语法分析。稍有中国特色的是更强调文字方面的学习，毕竟作为表意文字的汉字不能直接标音，学习汉语需要拼音辅助，而学了拼音之后还需要学习汉字，才能真正掌握汉语。

到20世纪70年代的后期，对外汉语教育界特色思路的影响依然强势存在，当时提出的教学方针是"听说领先，读写跟上"，强调先把口语和听力学好，汉字学习也不能放松，其理念内核与欧洲早期的交际语言教学有惊人相似之处。该思路直接催发了后来影响巨大的综合教学法，后者正是在前一套理论的基础上，兼顾语法结构的教学。从中也可以发现来自20世纪50年代的结构主义语言学对汉语教学界的影响。其中直接教学法的成分最多，也有交际法的影响，甚至还借鉴了不少结构主义分析的长处，所以在实际教学中颇见效果，广受欢迎，至今仍可能是影响最为广泛的理念[5]，但同时也受到了较多的非议。

另有很多学者是大步地跟国际外语教育的前沿理念接轨，尤其是进入20

世纪90年代之后,任务型教学法登陆国内外语教育界,并日渐深入人心。该理念主张"用中学"、"做中学",强调在学习外语的过程中侧重语言运用能力,让学习者发展出交际能力[6]。这一教学法背后的理念实际上受行为主义心理学影响至深,致力于把语言学习和学习者的交际行为结合起来,在交际过程中,要模拟真实的社会文化环境,使用真实的语言素材,通过完成特定的交际任务来达成语言学习的目标。

三、国际汉语教育新理念

从上述内容可知,目前在国际汉语教育界影响比较广泛的理念大致可以归纳为两种,一种是基于几十年来的具体教学实践经验的传统教学,一种是基于行为主义的任务型教学。这两种理念下的国际汉语教育方法各有所长,传统教学重视语言结构方面的系统训练,学习效果比较扎实,但总是显得比较刻板,有时会不太受学习者甚至教学者的欢迎。而任务型教学在教学形式上相对更为活泼,课堂可以更为生动有趣,但在语言的系统学习方面则需要加强。任务型教学在初中级汉语教学中,只要任务设置得当,一般能极大地激发学习者的参与性,语言训练富有效率,但是当汉语学习者进入中高级阶段,要想设置合适的任务会遇到较多困难。

上述两种理念各有利弊,在国际汉语教育的实践中仍可以继续斟酌使用。但对于国际上新出现的教学理念,处在后方法时代的汉语教学一线的老师也可以借鉴使用。下面我们胪列数种。

第一种是组块教学理念。该理念是基于认知心理学发展出来的,人类在处理语言的过程中,实际上使用了大量的预制组块,因此,在外语教学中,也可以把常用的搭配形式作为组块处理,整体存储,直接提取并运用到更大的语言单位中去[7]。该理念的长处是可以有效地结合语言形式和功能,在语言学习过程中能切实有效地提高学习者的人际交流能力。

第二种是以学生为中心的教学理念。国内其实已经有人提出过"以学生为中心"的教育概念,但有点流于形式,没有太多可操作性,并且严重削弱了教师在教学过程中的作用。近年来国外有学者系统地提出该理念,认为教师在教学中仍需要发挥较大的主导作用,在尊重学习者个体差异的前提下,教师要尽心尽责地根据学生的差异,安排教学内容、教学方法以及教学反馈等[8]。

该理念的核心之处在于,在教师的有效主导下,充分发挥学习者的主观能动性,激发他们的创造性和想象力,并启发学习者之间的互动。

第三种是尊重语言生成规律的教学理念。生成语法问世以来,不仅大大推进了语言本体研究,对语言教学也产生了非常深远的影响。最近三四十年的第二语言习得的研究发现,不管学习者的母语是哪一种,也不管他们学习的第二语言是哪一种,他们在学习过程中都会有类似的学习过程。比如所产生的偏误类型都差不多,其第二语言的语法系统刚开始基本上是凌乱的,但经过一段时间的学习之后,会进入一个相对稳定的阶段等。尤为令人惊异的是,第二语言习得者的语言生成规律较少会受到教学的影响,其第二语言的语言点出现顺序及常见偏误等,在整体上是依次出现,随着学习时间的投入,又慢慢自我纠正[9]。该理念的价值在于,教师应该掌握学习者的语言习得或生成规律,在此基础上安排合理的教学内容,提高二语习得者的语言学习效率。

参考文献

[1] Anthony, E. M. Approach, Method, and Technique[J]. English Language Teaching Journal, 1963, 17, (2).

[2] Richards, J., T. S. Rodgers. Approaches and Methods in Language Teaching[M]. Cambridge:Cambridge University Press, 2001.

[3] 周祖谟. 教非汉族学生学习汉语的一些问题[J]. 中国语文, 1953, (7).

[4] 钟棨. 十五年汉语教学总结[J]. 语言教学与研究, 1979, (4).

[5] 赵金铭. 对外汉语教学理念管见[J]. 语言文字应用, 2007, (3).

[6] 程晓堂. 任务型语言教学[M]. 北京:高等教育出版社, 2004.

[7] Wray, A. Formulaic Language and the Lexicon[M]. Cambridge:Cambridge University Press, 2002.

[8] Nunan, David. Second Language Teaching and Learning[M]. 北京:外语教学与研究出版社, 2001.

[9] Doughty, C., M. H. Long (eds.) Handbook of Second Language Acquisition[M]. New York:Basil Blackwell, 2003.

Evernote 在国际汉语教学中的应用

任春艳[*]

[摘要]随着计算机多媒体技术的迅速发展,各种新型软件在汉语教学中也得到了一定的应用。本文立足于汉语教学的发展需要,结合 Evernote 的功能分析,讨论了将该应用软件引入汉语国际教育中的可能性及应用价值,并提出在汉语教学课件的设计、制作和课堂教学过程中,应始终遵循汉语教学的规律,方可助于汉语多媒体教学的健康发展。

[关键词]国际汉语教育;Evernote;多媒体

一、引言

随着信息技术的飞速发展,网络与手持移动终端设备的利用率越来越高,各种新开发的课程软件资源也层出不穷。汉语国际教育如何与新的软件技术结合,并在课程设计和教学方法上做出相应的技术改革,成了汉语教育工作者共同关注的问题。Evernote 作为国际上一款优秀的多功能笔记类应用,拥有极为广大的用户群,多数用户用其收集整理资料,满足自己日常工作的需要。也有学者做了如何将 Evernote 用于专业领域的研究,如探讨该软件在高校辅导员(王国政,2015)、学科管理(罗秀娟,2013)等工作中的应用;如何使该应用更好地服务于科研工作者(罗秀娟,2013)、大学生个人知识管理(覃柳思,2010);还有基于该软件的词汇学习的实证研究(钱玉彬,2016)。除了用于简单的日常信息管理和应用于研究以外,国外许多教育工作者也在尝试

---

[*] 任春艳,女,河南上蔡人,首都师范大学国际文化学院副教授,文学博士,主要从事汉语教学与测试研究。

在课堂中使用这一应用,特别是在中小学的课堂上,该应用发挥了极大的优势并得到师生的一致欢迎和认可。不过目前为止国内还未见到它在国际汉语教育中作用的相关讨论,因此,本文在分析 Evernote 相关功能的基础上,探讨如何将其运用在汉语教学工作中,以及师生工作学习中。

二、Evernote 介绍

Evernote 是国际上一款优秀的多功能笔记类应用,在中国市场被称为"印象笔记"。该应用具有强大的信息捕捉功能,支持语音、图片、文字、视频等多媒体信息的录入、自动整理和即时搜索。借助互联网的云存储功能,它还能实现信息的多平台共享和同步更新,完成便捷的知识存储和管理。用户可以在"印象笔记"的官方网址(www.yinxiang.com)下载该程序,并且建立普通账户免费使用,收费的高级用户具有较多的上传额度和共享功能等。这款优秀的云储存型笔记软件在信息处理和使用上的优势具体表现如下。

(一)资料获取方式

网络时代,人们常常满足于信息资料的便捷和丰富,却忽略了如何高效地使用这些大量的信息资源。从获取资料的方式来看,传统的方法莫过于下载储存或者复制粘贴,需要在网页和自己的文件夹之间来回操作,以保证获取的信息准确无误。Evernote 本身具备的跨平台特性很好地解决了这一问题,它的"网页获取"功能可以使我们在浏览的网页信息时,通过一键点击直接加入自己的笔记分类中。除了智能的网页获取功能外,Evernote 还可以保存各种文献、图片、音频和视频资料。支持的文件类型包括 Word、PDF、CAJ、TXT 以及多种格式的图片。建立各类笔记的方法也非常简单,直接将需要的文件或者图片拖入新建的笔记中即可。笔记可以自动命名文件以及文件收录的时间和大小。

(二)组织管理

Evernote 在提供方便快捷的信息获取途径外,还具有智能化的信息组织管理能力。它不仅具有和传统文件夹一样的笔记本功能,还提供了一种特有的更加灵活的信息组织方式,就是标签的添加。在创建笔记本或者笔记时,用户可以将不同的信息按照主题进行一个大概的归类,而且可以给笔记本中的每一条笔记、文章、音频、视频或者照片等加上标签。一个笔记可以被标上一个或者多个标签，处在不同笔记本中的笔记也可以有同一个标签，这保证了系统强大的搜索功能得以实现。

(三)信息检索

作为一个笔记类应用，常常会出现资料越积越多的现象。面对海量的笔记信息，Evernote 的核心优势之一就是它的搜索功能。因为通过该应用创建的笔记本和标签实现了自动分类，系统可以根据用户输入的关键词在应用中自动定位。该应用强大的搜索功能体现在以下几个方面：首先是文字信息的全文搜索。笔记中所有的文字信息都可作为搜索对象，凡是有满足搜索条件的结果都会列出来。其次，该软件具有高水平的图片文字识别功能，也就是说当图片中的文字满足搜索条件时，含有该图片的笔记就会出现在搜索结果里。除了文字和图片识别搜索外，该软件还可以根据文章的类型以及设置多条件的高级搜索等 18 种方式，从而满足用户的个性化需求。

(四)同步与共享

Evernote 还提供了与网络数据库同步的功能，这样可以避免笔记的丢失，摘录笔记的方式更方便。网络同步功能体现在用户一旦输入笔记就不再需要做任何事情，Evernote 会定时自动保存用户更新的内容。Evernote 利用这个功能，将用户所有设备上的文本、图片、录音等各种类型数据保持一致。用户在电脑上编辑一篇文章，同步之后在个人所有的电脑系统与移动终端上都会自动更新，你相当于随身携带自己的文献资料库。若在一台没安装有 Evernote 软件的计算机上，可以通过访问网页的方式访问网络数据库中的笔记，编辑笔记的方式跟本地的相似。而且也可以同步到本地的 Evernote 上。

Evernote 推出的共享笔记本功能，允许不同用户之间共同编辑一个笔记本，实现团队协作。Evernote 客户端提供了两个途径的共享方式。第一种方式是用户通过"共享笔记本"邀请他人查看你的内容，允许他人将其保存到自己的笔记本中。同时当加入的或者共享给别人的共享笔记本有更新活动时，用户会收到通知。第二种方式就是利用 Evernote 中的"分享"功能，通过 Evernote 自带的邮箱将你的资源与他人共享(罗秀娟，2013)。

Evernote 还有许多可以尝试的功能，以上主要介绍了可以在汉语教学中运用的部分，下面我们来谈一下具体如何实施。

三、Evernote 在汉语国际教学中的运用

(一) 备课阶段

备课是教学的第一步,也是决定着教学效果好坏的重要一步。在汉语教学中,老师们为了讲解生词需要准备大量的例句,为了使课文内容更加有趣,需要找相关的音频视频资料。传统的操作方法是网页搜索,然后把搜索的内容拷贝粘贴到自己建立的备课文件中。这中间还要调整拷贝内容的大小,甚至还会遇到有些网页内容只允许阅读不可以复制的情况。至于音视频那就要下载、保存,如果加到课件中还需要建立超链接等。而如果运用 Evernote,就可以省去以上烦琐的步骤。因为我们可以使用它的"网页减藏"功能,直接将自己需要的内容所在页面直接加入自己的课件中。现在主流的网络浏览器都支持这一功能。无论你使用哪一款浏览器,安装只需花费一分钟,安装后浏览器上方会添加一个新按钮,只需单击这个按钮,网页内容便添加到自己的笔记中。而且在使用这一功能时,我们也可以根据自己的需要选择是仅添加文本内容还是全部网页或者仅仅一个网页的链接地址,非常方便。添加之后,在自己的笔记本里就可以随意查看、打印相关的内容,可以直接看文本内容,也可以通过网址链接再返回到资料来源的网页了解更为全面的背景信息。这个过程的实现如果不是借助该软件的话,用传统的方法则需要先保存再建立超链接等烦琐步骤才能完成。

除了获取网页资料方便以外,老师们也可以随时将生活中看到的、想到的与教学有关的内容,随时以文字、照片、视频等形式添加到自己的备课笔记中。比如看到一个有用的广告语,我们就可以直接拍下来,然后在软件中选择照片一项加入笔记就可以。这些随时随地记录下来的信息又会同步到用户的电脑等其他设备上,需要用电脑工作时就可以直接打开使用了。

备课时除了需要获取资料,还会涉及对以往备课资料的参考或者整理,Evernote 同样在这方面具有强大的功能。比如老师可能需要用到以前的某一个教案,但是不记得存放在哪一个文件夹里。这时可以发挥 Evernote 的多种不同检索功能的优势,通过标题、内容或者作者自己设定的标签等进行快速查询。

(二)课堂教学

在课堂教学过程中,老师可以充分使用 Evernote 的共享功能,邀请学生共享一个笔记本。老师的所有备课资料都在笔记中,包括出勤表、课程大纲等文件,上课时老师可以充分、灵活地使用任何相关资料。在授课过程中出现的任何新问题,比如给学生解释一个课本中没有出现的问题的板书,都可以图片的形式记录在本节课笔记内。如果发现学生需要对以往某一个知识点进行复习,老师就可以直接使用搜索功能将这一知识点重新调出来给学生们解释。

学生有了该软件,课上记笔记就变得非常容易。因为留学生的语言水平有限,有时会出现跟不上记笔记的情况。学生运用 Evernote,可以直接录音、拍照,将课上重点加入自己的笔记中。对于个别缺勤的学生,老师或者学生都可以直接把上课内容重点分享给他,帮助他自学。还有很重要的一点,不管对老师还是学生,上课过程随手在纸上记下的点滴想法,都可以加入笔记,因为该软件还可以识别手写的内容。

总之,教学过程中可以基本上做到了无纸化教学,同时避免了老师找不到某一材料、学生忘记带作业的情况发生,一切都在一个软件之中,一切都变得有条理、整齐、快捷、高效。

(三)作业与考试

由于 Evernote 基础账户是免费的,学生们建立了个人账户之后,师生之间可以充分利用该软件的共享功能。老师将作业共享给班级,学生可以随时查看并完成作业。而完成的方式则非常灵活,可以随时随地,将看到、想到、拍到的都加入笔记,整理后共享给老师。老师也可以随时随地打开应用批改作业,这就让老师从办公桌和成摞的作业本旁解放出来。学生在准备考试时,也只需要打开应用,查看老师共享的所有课程资料,复习也就变得不再困难。

四、结语

Evernote 作为一个应用软件,如果被很好地运用到国际汉语教学中,将会给汉语教学带来较大的改革,也会相当大程度上改变传统的汉语教学模式。首先,传统老师主导的授课方式将会彻底改变。Evernote 融入教学,为老师和学生带去了新的工作、学习方式。这个过程可以提高老师总体设计教学的能力，也可以培养学生学习自主性和能动性。课堂上教师不再是主导者，应该仅是学生学习的引导者。学生的学习更具个性化，参与度得到保证，积极性也能得到充分的发挥；学习兴趣和热情得到激发，教学的效果也将大步提升。其次，教学内容也改掉了传统的一本教材一学期的常态。由于 Evernote 可以随时随地使用网络资源，不管老师还是学生的思路都不再局限于一本教材之内。相关的资料可以随手拈来，然后互通有无，学习的内容将会极为广泛，而且是有目的、有针对性地自主探索、自主学习。

总之，老师是教学的总设计师，Evernote 的强大功能如何在教学中得到充分发挥，关键还是要看老师的理解和运用。不能过于保守，也不能太过依赖。特别是汉语教学，具有其独特之处。希望国际汉语教育在 Evernote 的助力之下，可以得到更快、更好、更强的发展。

参考文献

[1]罗秀娟. 基于云笔记 Evernote 的科研工作者个人知识管理研究[J]. 图书馆学研究，2013，(17).

[2]王国政. Evernote 在高校辅导员信息管理工作中的应用[J]. 管理工程师，2015，(2).

[3]罗秀娟. 学科馆员利用 Evernote 印象笔记开展学科化服务工作的设计[J]. 图书情报工作，2013，(3).

[4]覃柳思，季隽. Evernote 在大学生个人知识管理的运用[J]. 软件导刊，2010，(12).

[5]钱玉彬. 计算机辅助语言学习环境下词汇的学习研究[J]. 现代教育技术，2016，(3).

浅谈俄罗斯民族性格特征
——从《战斗民族养成记》谈起

马晓辉*

[摘要] 本文从热播剧《战斗民族养成记》谈起，从矛盾性（极端化）、好战性和忍耐性三方面论述了俄罗斯的民族性格特征。俄罗斯的民族性格与俄罗斯的自然地理条件、历史、宗教以及思想根源等各方面都有着密切的联系，他们相互影响又相互作用，影响和决定着俄罗斯的社会形态和社会变革。

[关键词]《战斗民族养成记》；俄罗斯；民族性格特征

一、引言

在《战斗民族养成记》这部剧中，阿列克斯是一个美国邮报的记者，因为发表的一篇文章得罪了政客而被上司发配到了奶奶的故乡——人人皆战士的俄罗斯。阿列克斯在俄罗斯经历了一系列啼笑皆非的事情，他以一个外国人的视角去观察俄罗斯，在每集的开篇和结尾，都提出了一些文化差异的问题，并有自己的思考和体会，慢慢地他的情感也发生了改变而爱上了这个民族。这部电视剧一改以往厚重、忧郁而苍凉的俄剧风格，全剧充满了明快、诙谐、搞笑的色彩，通过这部电视剧，观众可以更多地了解俄罗斯文化，了解到俄罗斯人民淳朴善良的一面，体会他们谐谑放达的性格，还能学习到各种各样的俄罗斯民俗风情。

俄罗斯的民族性格特征在这部剧中表现得淋漓尽致。"民族性格是指各民

---

* 马晓辉，女，黑龙江牡丹江人，首都师范大学国际文化学院副教授，文学博士，主要从事中俄文化比较和汉语国际教育研究。

族在形成和发展过程中凝结起来的表现在民族文化特点上的心理状态,是一个民族的共同特征。一个民族性格的形成是一个长期的历史发展过程,受到许多因素的影响,其中最重要的因素就是该民族的文化和历史。"[1]

俄罗斯独特的地理位置、历史积淀和外来文化的影响造就了本民族的性格特征,这种民族性格特征主要表现为三方面:矛盾性(极端化),好战性和忍耐性。

二、俄罗斯民族性格中的矛盾性和极端化

俄罗斯人及俄罗斯民族的性格矛盾、复杂,容易走极端,正如这部电视剧里主人公总结的:"如果恨,你们会恨之入骨;如果爱,你们会一往情深。"

(一)矛盾性和极端性的表现

粗与细的并存:在俄罗斯有个非常特别的经济现象,那就是能源、军火、矿产等重工业极其发达,重工业技术比较先进,当年还曾派专家援助过我国。在细致的方面典型,当属俄罗斯辉煌的、在全世界享有盛誉的芭蕾舞艺术。俄罗斯在17世纪末把芭蕾舞引入本国,从此,俄罗斯人创造出了世界上最高水准的、也是无人可以超越的芭蕾舞蹈。芭蕾舞成了俄罗斯文化的一个象征,也从一个方面满足了俄罗斯人对文化的极度追求。我们通过俄罗斯的重工业和芭蕾舞艺术这两方面来看,一个国家可以把粗犷和细致的东西做到极致,足见俄罗斯人的矛盾性。

俄国学者利哈乔夫曾发表过这样的观点:"在俄罗斯民众中善与恶之间的摇摆特别大。俄罗斯民族是一个极端性的,从一端迅速而突然转向另一端的民族,因此,这是一个历史不可预测的民族。"[2]

(二)矛盾性和极端化表现的原因

俄罗斯之所以有这样情绪化的表现,首先与这个国家所处的地理位置有较大的关系:与其他国家一开始就有自己的疆界不同,俄罗斯从莫斯科公国开始,通过不断的开拓和蚕食而逐渐发展成如今横跨欧亚大陆的国家,一座乌拉尔山脉贯穿南北,把俄罗斯分为欧洲的俄国和亚洲的俄国。因而俄罗斯人一直被俄罗斯文化的东西方问题困扰着,如果说自己属于欧洲国家,但是领土的3/4却在亚洲;如果说属于亚洲国家,但是领土的1/4在欧洲,所以俄罗斯人用一个词来界定自我,就是"евразия"。夹在东方文化和西方文化这

两个巨大的文化板块之间,他们认为自己既是西方,也是东方。瓦·罗赞诺夫早在一百年前就一针见血地道出俄罗斯人的身份认同问题:"俄罗斯人受宠若惊地声称他们即是东方民族也是西方民族。他们身上既联合了欧洲也联合了亚洲,然而他们根本就没有意识到,他们实际上根本不是什么欧洲人,也不是什么东方民族,因为他们既没给亚洲带来什么,也没在西方起过什么重大的作用。"[3] 俄罗斯人认为自己是欧洲人、西方人,而客观上,西方人又不认可俄罗斯人的观点,而且时常会有意无意地流露出这种态度,这时,俄罗斯人会很敏感,产生一种极端的反应,之后,他们又会把令他们不快的"罪责"推到东方人身上,他们认为是这些东方人使得俄罗斯社会产生种种问题,进而对东方人施以暴力,表现为俄罗斯"光头党"和警察常常刁难或者袭击东方人。

俄罗斯人性格中的这种矛盾性产生的第二个原因源于俄罗斯民族社会结构上的矛盾。历史上俄罗斯长期存在的农奴制导致社会上下层在政治经济文化方面的分化差异都极大,封建专制统治无疑对俄罗斯民族性格的矛盾性产生了深刻的影响。回顾俄国历史,我们可以发现,俄国史就是一部封建社会史。从九世纪基辅罗斯建立之日起,俄国经历了约一千年的封建社会时期,在那个时期,农民深受贵族压迫,社会分化严重,在西方国家已经进入工业时代的时候,俄国依然保持着农奴制。长期的农奴制度必然对俄罗斯人的民族性格产生深刻的影响,也是其民族性格中矛盾性形成的因素之一。

三、俄罗斯民族的好战性

这种好战性可以总结为一言不合就开枪。这是个神奇的民族,不仅酗酒还随时携带枪支,因此这部剧被译为《战斗民族养成记》。在剧中,超级土豪"黑手党"爸爸喝完酒就要拿起自己的枪乱开,先是打雕塑,打汽艇,接着还要照着自己的脑袋开枪;房东爷爷一言不合举起装了盐的长枪朝着败家子儿子屁股上就是一枪;等等。俄罗斯人是好战的,具有战斗的传统。列宁曾经指出:"俄国专制制度的全部历史是一部掠夺各地方、各省区、各民族的土地的历史。"[4]

俄罗斯起源于以莫斯科为中心的莫斯科公国,最初的领土面积只有43万平方公里,16世纪中期伊凡四世即位时已经扩大到了280万平方公里。经过三百多年的对外扩张,从 1682 年彼得一世在位开始,为打通到欧洲的出海口,历代沙皇发动了一次又一次战争,亚历山大一世更是把俄国在欧洲范围的争夺推向顶峰,至苏联成立时期斯大林基本恢复了俄罗斯帝国的疆域,领土面积达到 2200 多万平方公里,成为横跨欧亚大陆的世界上最大的国家。从俄罗斯民族形成的 1368 年起到 1895 年,几百年间俄罗斯经历了数百场战役。从莫斯科公国崛起之日起,俄罗斯就开始了欧亚两洲的扩张战略,在西方从欧俄南部地区开始,向西伯利亚进军,在亚洲也侵占了别国包括中国的大片领土。他们以战争为荣,在曾经打过胜仗的地方建起一座座纪念碑。历史上数次为扩张领土而进行的对外战争中,俄罗斯民族性格中的好战性一览无遗,正是由于这种好战性,俄罗斯才拥有了如今广阔的疆域。

四、俄罗斯民族的忍耐性

这部电视剧每集的末尾都有主人公提出的跨文化的问题,表达美国小伙子对俄罗斯民族的感悟,其中一集里是这样描述的,"俄罗斯民族信奉的是有时候什么都不做比拼命争取更好"的消极生存哲学。众所周知,俄罗斯民族爱喝酒,如果跟俄罗斯人喝酒,那么你不用劝酒,他会自己喝醉。他们认为酒是好东西,可以使人忘记悲惨的人生。俄罗斯民族中大部分人都有长久的忍耐性,他们不会积极主动地去改变生活,只是采取消极的态度期待生活发生变化。这种忍耐性最突出的表现就是擅长排队,在食品短缺的年代里,人们要排上几个小时的长队买食品和日用品,即使排到最后没有买到,他们也毫无怨言。现在食品短缺的问题解决了,但是由于各机构办事效率低下,人们在外办事时,还需要耐心地排队等待。在第二次世界大战的列宁格勒保卫战中,这个城市被围困长达 17 个月,近九百个日日夜夜,苏联人民每天都在与敌人的炮火、寒冷和饥饿做抗争,表现出了超常的忍耐性,不屈不挠,最终取得了战争的胜利,类似的战争还有莫斯科保卫战和斯大林格勒保卫战等。

俄罗斯民族这种对待苦难的态度,是受到他们信奉的东正教的影响。东正教又称正教、希腊正教,是基督教三大流派之一。俄罗斯人民开始信奉的是多神教,有雷神、战神、风神等,没有一个统一的教派。公元 988 年,基辅大公弗拉基米尔依靠强权强迫全体基辅居民烧毁多神教神像,到第聂伯河边接受拜占庭教士的洗礼,让人们改信东正教。东正教教义中的核心思想是

"重精神、轻物质、弃私利、禁私欲、善忍耐"。俄罗斯人把耶稣神圣化,看成一个完美的人,这种对待耶稣的态度使俄罗斯人产生了长久忍耐的哲学和美学,在俄罗斯人中有了对人无能为力的状况听天由命的服从的哲学和美学。[5]这一民族对待苦难的虔诚态度,是其他民族无法比拟的,他们把苦难理解为宗教意义上的,而非现实意义的。他们没有把贫穷和苦难看作现实生活中无可奈何的选择,而看作精神上的内在需要,只有承受苦难,才能更接近上帝,以实现自我灵魂的救赎。

俄罗斯的民族性格与俄罗斯的自然地理条件、历史、宗教以及思想根源等各方面都有着密切的联系,他们相互影响又相互作用,影响和决定着俄罗斯的社会形态和社会变革。对俄罗斯民族性格的探讨,将会使我们对俄罗斯这个民族和国家有更深入的了解,以更好地解决我们在交往中出现的问题。

参考文献

[1]百度百科. 民族性格[EB/OL]. https://baike.so.com/doc/5869646-6082505.html.

[2]科哈乔夫. 解读俄罗斯[M]. 北京:北京大学出版社,2003.

[3]罗赞诺夫. 瓦·罗赞诺夫选集[M]. 慕尼黑:图书出版与发行出版社,1970.

[4]列宁选集:第1卷[M]. 北京:人民出版社,1975.

[5]朱达秋,周立:俄罗斯文化论[M]. 重庆:重庆出版社,2004.

浅谈新时期来华留学生职业生涯教育

贾 茹*

[摘要] 近年来来华留学生逐渐增多，但他们的职业生涯发展教育往往被忽视。目前留学生有在华就业创业意向的也越来越多，他们本身也需要职业规划，因此加强来华留学生职业生涯教育成为新时期来华留学生培养环节一项重要内容。本文对开展来华留学生职业生涯教育的必要性、现状做了阐述解读，同时针对如何构建来华留学生职业生涯提出了自己的建议。

[关键词] 来华留学生；职业生涯教育；体系构建

一、引言

随着中国经济的迅速发展和国际影响力的不断扩大，近十多年来逐步加大了教育服务贸易的开放力度，世界各国来华求学的留学生人数呈持续上升的趋势。2016年留学生规模突破44万人，其中硕博研究生人数达6.4万人①。2010年教育部发布的《留学中国计划》制订了到2020年把我国建设成为亚洲最大的留学生目的地国家、来华留学人员达到50万人次的战略目标②。

二、开展来华留学生职业生涯教育的必要性

(一) 有在华就业意向的留学生增多

来华留学生的日益增长意味着来华留学生在华就业逐渐成为一项新的课

---

* 贾茹，女，四川成都人，首都师范大学国际文化学院助理研究员，法学硕士，主要从事来华留学生教学管理和职业生涯教育工作。

① 《2017参考：2016最新出国留学和来华留学大数据》，http://www.sohu.com/a/152664047_419880，2017年6月28日。

② 《教育部：2020年建成亚洲最大留学目的地国家》，《中国教育报》，2010年9月29日第1版。

题。从教育部留学服务中心 2016 年 4 月在首届来华留学人才招聘会上做的问卷调查看,来华留学生对在华就业的意向很高。当时随机发出 1000 张调查问卷,回收有效问卷 804 张。调查显示:计划在中国进行短期实习的留学生比例达到 86.1%,希望留在中国工作的留学生比例更是高达 95%。其中 64.7% 的留学生表示希望在中国企业的海外机构工作,70.1% 的留学生表示希望进入跨国企业工作[①]。

(二)国家政策层面的支持力度加大

为了配合来华留学生在华就业的需求,国家出台了相应政策,2016 年 2 月,中共中央办公厅、国务院办公厅印发了《关于加强外国人永久居留服务管理的意见》,其中放宽了外国优秀留学生在华工作限制,为其毕业后在中国境内工作和申请永久居留提供渠道。自 2015 年开始,公安部相继出台支持上海科创中心建设 12 项出入境政策措施(2015 年 7 月 1 日实施)、支持北京创新发展 20 项出入境政策措施(2016 年 3 月 1 日实施)、支持广东自贸区建设和创新驱动发展的 16 项出入境政策措施(2016 年 8 月 1 日实施),在上海、北京、广东试点实施相关出入境新政策[②]。

(三)来华留学生就业指导工作的基础是开展职业生涯教育

国家生涯发展协会(National Career Development Association)提出:生涯是"个人通过从事工作所创造出的一个有目的的、延续一定时间的生活模式"。个人的生涯发展是指那些综合起来塑造我们生涯的经济、社会、心理、教育、生理与机遇等因素的总和,它受资金和财政资源、团队关系和社会阶层、心理健康和个性、教育水平和经历、生理能力和特质以及各种机遇因素的影响。所有这些个人内在的和外在的因素结合起来会影响一个人职业生涯道路展开的方式。[③]因此,我们可以看到,职业生涯的发展是一个人综合素质的体现,而对于大学生而言,生涯教育即是使他们探索和发现自身的优势、兴趣、能

[①] 中华人民共和国发改委:《来华留学生如何在华求职就业(人在中国)》:http://www.ndrc.gov.cn/fzgggz/jyysr/jqyw/201612/t20161230_836663.html,2016 年 12 月 30 日。

[②] 中华人民共和国发改委:《来华留学生如何在华求职就业(人在中国)》:http://www.ndrc.gov.cn/fzgggz/jyysr/jqyw/201612/t20161230_836663.html,2016 年 12 月 30 日。

[③] [美]Reardon, Lenz, Sampson, Peterson 著,教育部高校学生司组织编译,侯志瑾、伍新春等译:《职业生涯发展与规划》,2005 年 5 月第一版,第 6—7 页。

力和价值观、学会搜集职业信息、获得求职能力，适应职业世界，从而提升生活幸福度，减轻在学业和求职过程中带来的焦虑。只有用科学的职业生涯教育知识理论去开展就业指导工作，来华留学生的职业发展需求才可能得到满足。

(四)对高校提出更高的要求

教育国际化、经济全球化高速发展的当前，大陆地区高校留学生管理部门必须要有意识和措施来切实提高来华留学生的职业生涯教育水平，以适应来华留学生教育事业的整体发展需求。笔者在《来华留学生在京就业意向调查》结果中显示，在超过50%愿意留京的学生中，有近60%的学生希望得到就业指导和职业能力培训，有超过70%的学生希望学校能够提供应聘技巧、求职心理辅导、用人单位信息等方面的服务。留学生职业生涯教育关系到留学生的成长，也是高校整体教育实力的体现。因此，开展来华留学生职业生涯教育是很有必要的，对我国高等教育发展有着积极而长远的意义。

三、来华留学生职业生涯教育的现状

(一)教育背景不同对开展职业生涯教育带来不小的挑战

留学生来中国之前接受过的教育内容不同，不同地区留学生的教育背景也不同，有的接触过职业生涯理论，有的有比较清晰的职业倾向；从专业结构来看，较早前文科类专业如汉语言、管理则远远高出理工科人数，而近年来来华留学生选择理工科、经贸类的比例正在上升；实际上，汉语水平的高低对学生专业学习的表现有一定影响，且不同背景、不同专业的留学生必然会产生不一样的职业认知，他们的学业目标和生涯目标不同。所以，来华留学生的多样性给职业生涯教育的开展带来了较大的挑战。

(二)高校对来华留学生职业生涯教育的重视程度不够

高校招收留学生已成为常态，但是大多数高校还没有把来华留学生生涯规划和就业指导纳入整体工作体系。高校对于留学生更多是专业知识的教授，而忽视留学生综合素质培养以及留学生职业发展的需求。大学阶段是所有大学生形成良好职业观念的最佳时期，高校对留学生职业生涯的不重视在某种程度上制约了留学生来华的积极性。

(三)来华留学生职业生涯教育体系还未建立完善

从生涯理论来说,自我探索是职业生涯发展的基础部分。目前国内高校针对来华留学生,相关管理人员会开展一些课程,帮助留学生完成自我探索,主要从留学生的职业兴趣、能力和价值观三个方面出发,可以说当前来华留学生职业生涯教育体系还处在初级阶段。当然,作为一名来华留学生在大学期间,把这三者探索清楚明确不是一件容易的事情,但重要之处在于,告诉他们这样的自我探索方法,可以使他们对自己有更加深入和客观的了解和评估,在面对选择时,具备这样的生涯意识。

四、来华留学生职业生涯教育体系的构建

很多留学生在华学习期间,对自己未来的职业方向缺乏规划,甚至不清楚自己所学习的专业未来能做什么,有的学生还依然保持着学什么就只能干什么的观念。因此,为了让更多的留学生能够对自己、对所学专业以及对职场有客观和全面的认识,有必要构建起适合来华留学生职业生涯教育的体系。

(一)转变观念,增强来华留学生职业发展教育意识

在国家发展进入新时代的当前,高校要及时转变观念,充分认识到留学生职业生涯教育的重要性,把留学生职业生涯教育纳入大学生职业生涯教育体系,要有意识为留学生提供科学合理的就业指导,营造留学生关注自身职业发展和生涯规划的气氛。同时,学习借鉴国外大学在留学生职业生涯教育方面的先进理念和方法,加强国内同类高校之间关于留学生职业生涯教育的交流学习,做好校内相关部门的协同教育工作。

(二)专人专岗,设立来华留学生职业生涯教育中心

国内设有专门职能部门负责来华留学生职业生涯教育的高校寥寥无几,因此有必要率先在部分高校成立来华留学生职业生涯教育中心,配套专职教师,下拨专项经费,开辟专门场地。中心需开发出一套适合来华留学生的职业生涯类教材,使得在进行生涯教育和就业指导时有充分的科学知识体系做支撑。教材内容需包括留学生在华就业政策研究,留学生求职技能训练,留学生职业发展心理咨询等等。中心要以教材为基础,开设留学生就业指导课,贯穿留学生的大学生涯,进一步帮助留学生了解自我,评估自我。

(三)结合需求,注重来华留学生的职业探索

留学生的职业探索离不开其所学专业,需要帮助他们理性地认识职业世界,从行业、企业、职业三个方面建立职业的概念。但是留学生本身有自己的优势,他们不仅可以凭借所学专业知识技能进入职场,还可以凭借语言优势获得更多的岗位机会。具有全球化背景的企业、驻华使馆、外交翻译、教育培训等行业都可适用于留学生。随着信息、科技、社会、文化的发展,以及职业分工细化、职业类型分化的特征日益明显,就业机会已经和过去有着很大的不同,"无边界职业生涯"的提出,意味着"独立于而非依赖于传统组织并且超越任何单个雇主的一系列职业生涯机会"(项炳池,2017)。而这对于本身具备跨文化身份的来华留学生有着很大的优势。所以尝试给来华留学生搭建实习平台、创造企业学生面对面交流的机会,是来华留学生职业探索的有效途径。

五、结语

加强来华留学生职业生涯教育是我国高等教育全球化发展的必然。高校不仅要服务来华留学生的专业学习,还要满足学生的就业行为和职业生涯发展需求。高校应当转变观念,重视来华留学生职业生涯教育,将其作为专项工作来抓。设立专门的职能部门负责职业生涯教育工作开展。开发符合来华留学生实际情况的生涯课程,并且在合法合规的前提下,开拓渠道,为留学生提供相关就业信息,举办专场企业招聘宣讲会,积极推荐留学生给用人单位,帮助留学生能够在中国实现其人生价值,为世界共融发展贡献力量。

参考文献

[1]韩维春. 来华留学生兼职就业问题研究[J]. 国际商务:对外经济贸易大学学报,2014,(5).

[2]姜倩. 来华留学生职业生涯规划状况及其影响因素的实证研究[J]. 亚太教育,2016,(10).

[3]蒙仁君. 高校来华留学生就业服务体系构建[J]. 高教论坛,2015,(8).

[4]王尧美. 高等教育国家化背景下的来华留学生教育[J]. 中国成人教育,2017,(24).

[5]项炳池. 我国高校职业生涯教育的发展基础及当代转向[J]. 高校教育管理,2017,(3).

任务型语言教学法在对外汉语中级口语课堂教学中的实践浅析

次晓燕*

[摘要]对外汉语教学方法是多种多样的,其中任务型语言教学法(Task Based Language Teaching,TBLT)兴起于20世纪80年代,是一种教师根据教学目标引导语言学习者通过完成具体任务掌握语言的教学模式,经过多年实践证明,任务型语言教学法已被广泛认为是行之有效的对外汉语口语教学方法。本文从任务型语言教学法的内涵入手,结合对外汉语口语课堂教学特点,参照任务型语言教学法的三阶段的实施步骤,依托具体汉语中级口语教学课程进行实践探讨。

[关键词]任务型语言教学法;对外汉语教学;中级口语课堂

一、引言

对外汉语口语教学,其最本质的特点是"说"。通过课堂学习,教师应教会学生解决在不同的语境、不同的场合下,同相异的对象说什么、怎么说的问题,但是在实际操作中,汉语口语教学并没有很好地解决"说"这一本质问题。口语课上,往往是教师说得多,学生开口机会少,即便是学生"说",也经常出现以句型练习替代模拟情境对话沟通能力培养的问题,学生并未实现口语教学的终极目标,即掌握语言功能的交际手段。在对外汉语中级口语阶段,学生更易进入汉语学习的"瓶颈期",口语能力提高缓慢且无力。"如何使学生在语言的实际运用中启动自身的库存,活化已掌握的语言规则,巩固已

---

* 次晓燕,女,北京人,讲师,文学硕士,研究方向为汉语口语教学法和韩汉翻译。

有的话语结构,习得新的表达方式,是目前对外汉语中级口语课要解决的主要问题。"[1]对目前对外汉语中级口语课堂教学现状,本文通过探讨任务型语言教学法在对外汉语口语课堂教学中的适用性,浅析任务型中级口语教学的实践设计,以期达到帮助学生提高汉语口语水平的目标。

二、任务型语言教学法

20世纪80年代,外语教学研究者经过大量的研究和实践,提出了一个具有重要影响的语言教学法即任务型语言教学法(Task Based Language Teaching,TBLT)。它的理论基础基于语言习得的研究成果,课堂中教师与学生的互动和交际有助于学生运用语言,学生在完成任务的过程中产生语言的习得,并最终达到学习语言和掌握语言的目的。

英国语言学家J. Willis(1996)在其专著 *A Framework for Task-based Learning* 中将任务型课堂教学严格地分成三个阶段,即(1)任务前的准备(Pre-task)即教师引入任务、(2)任务循环流程(Task-cycle)和(3)语言聚焦(Language focus)三个步骤。[2]她指出:教学过程旨在为语言学习创造一个实质性的环境,以语言运用的流畅性、准确性来提高学习者语言知觉为目的。

(一)任务前的准备(Pre-task)阶段——教师引入任务

在任务前的准备阶段,由教师根据学生对学习任务的熟悉程度安排教学内容,并引入课堂教学,引入与任务紧密相关,并充分说明学生不熟悉的话题,引导学生学习和复习与任务相关的词、短语、句子等,同时向学生下达任务,使其理解并明了学习任务的目标与结果。

(二)任务循环流程(Task-cycle)阶段——学生实施任务

任务循环流程阶段由三部分组成:任务、计划和报告。在任务阶段,教师向学生下达学习任务,并监督、鼓励学生完成任务;在计划阶段,学生为完成任务报告做准备,老师解答学生在此过程中所遇到的各种问题;在报告阶段,学生以口头(或书面)形式报告本人(或小组)所完成的学习任务所达成的目标与结果。

(三)语言聚焦(Language focus)阶段——教师分析任务、学生进行针对性操练

语言聚焦阶段包括分析与操练两部分。教师分析学生实施阶段中的任务

报告结果,以便学生进一步理解相关的课文内容、词汇短语与句子等;在语言分析之后,学生根据教师分析结果,再针对性地进行一些相关的语言操练,达到掌握语言的目标,完成任务。

由此可见,在任务型语言教学法中,教师以计划和操练为中心引入任务,围绕教学目标,设计出操作性强、任务化的教学安排;学生通过语言操练完成任务,达到学习语言和掌握语言的目标。任务型语言教学法的重点在于学生通过课堂教学,积极主动地参与学习任务,不是简单、单纯地对学生进行语言输入,它不仅吸收了其他教学法的长处,而且更容易使学生投入到课堂教学活动中,激发其学习兴趣,最大限度地调动和发挥学生的内在潜力,在学习中充分发挥其自主性和能动性,并提高其发现问题和解决问题的能力,培养学生与人共处的合作精神和参与意识。

三、任务型语言教学法在对外汉语中级口语教学中的理念

在汉语学习的初级阶段,听力和口语比较容易掌握,外国留学生一般都能产生较为容易实现的荣誉感,但进入到中级阶段,在打下一定程度的汉语基础后,进步就不那么明显了,学习的时间与语言表达的关系不成正比,这种现象可以成为进入汉语水平的"瓶颈期",即学生虽然能够说出相对较为标准的句子,但连句成段时仍感到一定困难;虽然能够做到一定程度的成段表达,但却给人以不合逻辑、不流畅、避重就轻的感觉;虽然一部分学生每天都进行大量的口语练习,但却只是数量的增加,并没有"质"的突破。[3]

处于中级阶段的学生往往会发现汉语中的某一种句式可以表达诸多内容,进而依赖在初级阶段所掌握的词汇及句式进行交际,表达自己的想法。在一些留学生看来,汉语学习只要能够满足其基本交际目的就可以了,认为没有必要进一步学习诸如同义词、近义词、词汇扩展操练或与原有句型意同形异的句式和结构。同时,随着学习知识的增多,加上在初级阶段遗留下来的问题,学生觉得汉语越来越难,有时不敢尝试使用刚学习的新词、新句子,而总是用初级阶段掌握的词和句式来表达,导致口语表达能力止步不前。

与此同时,口语课堂教学也面临着诸多问题,某些教师并没有把握中级口语教学特点,其表现在:一是教师在教学中缺乏新颖多样的方法,手段单一,固守讲解—练习—表达的3P模式,照本宣科,课堂教学枯燥无味,难以

提起学生兴趣；二是目前在多数中级口语课堂中仍然以教师为中心，教授课文中的生词或语言点往往占据了课堂的大部分时间，学生缺乏主动参与，开口操练机会少，口语课堂教学类似于阅读课或综合课，导致中级口语教学质量与效率低下，学生对口语课堂不感兴趣，出现口语水平提高缓慢甚至倒退的现象。

但中级阶段在汉语学习中又是非常重要的，它是承上启下的阶段，应着重提高学生在词汇量、成段表达、适应不同场合不同对象等方面的交际技能，要纠正以词汇为中心的教学模式，高级阶段之所以出现长期停留在语言知识层面的问题，就是因为中级阶段的任务没有很好地完成。[4]

留学生在中级阶段出现"瓶颈期"现象在所难免，但也应看到这些问题的产生与对外汉语口语教学方法不无关系，需要不断地进行探索以期解决教学中遇到的问题，不断提高留学生的表达能力。针对对外汉语中级口语的特点，笔者认为在中级口语中实施任务型语言教学法是解决目前中级口语所面临问题的一条有效途径。教学理念在教学中占有至关重要的位置，它决定教师编写什么样的教材、用什么样的方法组织教学工作、取得什么样的教学效果等。对外汉语中级口语的教学理念将彻底改变中级口语教学原有的教学模式，其表现为：一是在中级口语教学中要以真实的交际任务为驱动，尽可能地激发学生的学习动机，充分调动学生的积极性；二是要在教学中突出口语教学的特点，以学生为中心，让传统的"教师教、学生学"的教学模式转变为"教师教学生学，学生在互动交际中应用"；三是要让教学任务以表达意思、提高交际能力为主，摒弃机械操练语言的旧式模式，通过完成不同语言任务平衡好意义和形式的关系，让学生做到"学说话"而不是"学话说"。[5]

四、任务型语言教学法在对外汉语中级口语教学中的应用

英国语言学家 Jane Willis 提出了任务型教学过程的三个阶段，据此，笔者认为任务型汉语口语教学也可以分为以下三个步骤：教师演示、学生操练以及语言输出。

1. 教师演示

教师向学生介绍目的语的形式、意义和用法，为其提供一个适当的情境，使之能够反映目标语言的功能和与设计情境间的相关度。选择满足学生交际

需求并有价值的适合学生语言水平的交际任务。让学生明确交际任务的内容和目的，复习学过的有关词语结构并加以导入，有助于学习新的交际任务的语言材料。

2. 学生操练

在操练阶段，设定一个情境让学生练习目标语言。练习阶段可以分为控制式练习和指导式练习，在练习过程中教师逐渐减少对学生语言输出上的控制。

语言操练常采用控制练习方式，以便学生熟悉目标语言。控制式练习要尽量设计成交际性的练习，使学生在语言表达时能有目标。在指导式练习中，学生可以有大量的机会进行有意义的交际性活动，可以自由表达个人观点和喜好，自主决定所使用的词汇和句式。教师应该提倡采用加强结对交流或小组交流的任务型活动，以期增强学生对口语表达的兴趣。

3. 语言输出

语言输出阶段，学生会有机会更自由、更有创造力地使用新学习的语言点，同时让新、旧语言知识得到衔接，达到综合运用。学生还将有机会将课堂中的设计语境中使用的语言和生活中的真实语言相联系。在这一阶段应注意：教师多引导学生、监督鼓励学生参与活动，但不应成为活动中心；学会利用大部分说的时间完成任务；学生运用语言时会出现错误；教师应把纠错行为控制到最低，保证语言任务活动的畅通完成。

口语教学就是"通过口语语篇对新的语言结构进行重点训练，达到一定的熟练程度为交际性的运用打下基础"。[6]在口语教学中，教师应以教材中的口语篇章为依托，围绕话题用相关的语言知识培养学生的语言交际能力，让学生实现将"已学知识"和"新学知识"联系实际综合运用的目标。

本文以北京语言大学出版社出版的《发展口语》第四课《爱上搜索》为实例，探讨如何利用任务型语言教学法组织对外汉语中级口语课堂教学。本篇口语课文由三篇文章构成。课文主要内容是关于上网的问题。

(一)任务前的准备阶段——引入语言新材料

1. 引入上网话题

教师利用多媒体，可让学生看一些网站，可以是综合类的、购物类的、娱乐类的或者是学习类的。一般选用比较知名的网站，以便使学生对当堂所学的内容和讨论的话题有个初步认识，向学生提一些与课文和上网相关的问题：

（1）你喜欢上网吗？平时喜欢浏览哪些网站？

（2）你上过哪些中国的网站？

（3）你最喜欢的网站是什么？

教师这样引入话题有助于学生对课文学习的理解，同时还能够引起学生的兴趣，活跃课堂气氛，调动其积极性。学生通过回答上述问题，可以对本课的学习内容有个大致了解，同时将语言学习同生活实践相结合，做到激发学习兴趣，扩展思维维度。

2. 导入与课文相关的语言知识点

教师带领学生复习与课文相关联的已学词语，之后导入生词，同时补充课文中未介绍但是在完成任务时必要的词语，最后介绍句型，为学生提供完成任务所必需的语言条件。

3. 设计语境以便学生运用新的的语言点

教师为学生设计合适的语境，使学生得以掌握新的语言点。可以根据课文设计合适的情景，让学生尝试使用新学词汇或者句型进行表达。学生既熟悉了所学内容，并加以巩固，又增强了自信心，积极主动地用汉语表达观点。在进行课文学习前，教师已经介绍了生词和一些句型，增强学生的语言组织能力和成段表达能力，避免学生在学习完课文后复制模仿课文中的句子。

(二)任务循环流程阶段——学生操练任务

1. 教师展示问题，学生听两遍课文并回答如下问题

(1)描述一下网上可以做什么；

(2)网上可以搜索到哪些内容；

(3)爱上搜索的表现是什么；

(4)网友离不开网络的什么；

(5)喜欢或不喜欢网络的原因。

2. 学生朗读课文

3. 分小组讨论下面的话题

(1)中国的网站给你最深的印象是什么？你们的国家有没有类似于中国的网站，这些网站有什么特点？

(2)在你的国家有网上购物节吗?

(3)说说你了解的中国"双十一"网上购物节的特点。

教师引入上述跟课文相关的话题,让学生带着问题听课文中的对话,进入课文提供的情境。这样,有助于学生对课文的理解,又可以让学生带着问题进行下面的教学活动,为下面的活动做好准备;学生以协作的关系分角色有感情地朗读课文,这样让学生完成上一阶段没有完成的任务,同时训练语言模仿能力,并感知课文中出现的新的语言点;教师提问,学生口头表述课文内容,可加深理解,进一步熟悉课文内容和语言点。

(三)语言聚焦阶段——语言输出阶段

把学生分成小组,各小组成员运用刚学习的语言知识巩固所学的语言点,通过合作方式讨论课文话题。教师让学生听课文中的介绍,将学生分成小组,同时给学生布置任务:

1. 在你的国家有什么好的购物网站?(可以让学生一边演示一边介绍)

2. 你喜欢中国的哪一个购物网站?

3. 中国的购物网站和你们国家购物网站有什么不同的特点?

让学生运用对话中新学的相关词语和语言点,在独立思考的基础上,小组共同合作进行语言实践,最后以小组为单位,按组别报告任务讨论结果。这样,在训练中让学生将学习任务和交际型任务[7]完整结合,提高其语言能力。

以上实例是任务型语言教学法在对外汉语口语课堂运用时的三个步骤。学生在完成任务中,将发挥主观能动性,主动思考怎样表达、如何正确地表达,积极习得汉语。教师在教学过程中,通过主导作用发挥学生的主体作用,通过内容各异的任务充分调动学生的能动性。任务型语言教学法确立学生的主体地位,以完成语言任务活动为中心,让对外汉语口语课变得更加生动、活泼,学生也会在完成语言任务的同时,感到满足感和获得感,激发自己学习汉语的热情,特别是对于处于"瓶颈期"的汉语中级阶段的学生而言,不失为一种目标明确、效果较好的口语教学法。

总而言之,任务型语言教学法实用且有效,以学生语言学习的交际过程为中心,强调教师与学生的互动,通过设计真实自然的语境使学生充分发挥自身的认知能力,调动已有的汉语资源,经协商和交流完成语言任务。学生在此过程中学会使用语言，进而培养和发展语言能力，特别是语言交际能力。对外汉语教师在教学实践中可以充分利用任务型教学法的优势，完善对外汉语口语教学设计，提高口语课堂的教学质量，改善课堂气氛，提高学生的汉语口语水平。

参考文献

[1]孙宁宁. 支架式教学法及其在对外汉语中级口语教学中的应用[J]. 暨南大学华文学院学报，2004(4)：37.

[2]J. Willis. A Framework for Task-Based Learning[M]. Addison Wesley Longman，1996.

[3]次晓燕. 试论中级阶段留学生汉语口语"瓶颈期"的成因及其对策[J]. 首都师范大学学报(社会科学版)，2016年增刊.

[4]刘晓雨. 对外汉语口语教学研究综述[J]. 语言教学与研究，2001，(3).

[5]赵雷. 建立任务型对外汉语口语教学系统的思考[J]. 语言教学与研究，2008(3).

[6]王才仁. 英语教学交际论[M]. 南宁：广西教育出版社，1999.

[7]原苏荣，方乐. 任务型语言教学的课堂活动模式[J]. 山西财经大学学报，2004，(6).

对外汉语教材中的人物设计分析
——以三本教材为例

吕玉兰[*]

[摘要]本文主要通过对三种对外汉语教材中虚拟人物的设置的考察,分析了其中的人物设置、人物关系、人物性格,以及对课文情节的积极作用与影响,并参考其他二语教材的编写,综合分析出教材虚拟人物设置应注意的问题。文章认为,在教材编写过程中,应为教材中的人物赋予清晰的面貌和背景信息,塑造鲜明的性格和明确的人物关系,人物的设置应为情节和内容服务,最终为学习者服务。

[关键词]对外汉语教学;教材研究;教材虚拟人物设计

一、引言

目前,在不少二语教材中,利用人物展开情节与对话的情况比较常见,例如人民教育出版社 20 世纪 90 年代的初中英语教科书里的李雷和韩梅梅(Li Lei and Han Meimei)、《实用汉语课本》中的古波和帕兰卡,等等。这些教材中的人物,往往是"虚拟人物"。之所以被我们称为虚拟人物,是因为他们既区别于历史和现实中的真实人物(如秦始皇、爱因斯坦等),也区别于在文学艺术作品中出现的人物(如林黛玉、哈姆雷特等),而是编写者为二语教材编排的需要而设置出来的。

这些虚拟人物的具体功能是什么?对课本内容的呈现和师生的教学活动有

---

[*] 吕玉兰,山东潍坊人,北京师范大学博士毕业,首都师范大学国际文化学院副教授,主要从事对外汉语教学法研究。

何影响？在设置教材虚拟人物时应该注意哪些原则？这些问题还没有引起足够的思考。然而，我们在教学实践中发现，如果教材编写者未对以上问题进行深入思考而随意设置教材虚拟人物，这个看似细小的问题会直接影响到教材的趣味性和适用性，甚至对课堂教学的组织，对学习者的学习兴趣和效果等都会产生比较直接的影响。

本文将主要剖析三本对外汉语教材中的虚拟人物设计，并结合其他二语教材的经验，分析在教材编写时设计虚拟人物所要考虑的因素，希望为教材编写者提供一定的参考。

二、教材虚拟人物的作用探讨

首先我们应该明确，二语教材中虚拟人物的作用有哪些。我们分析发现，在以下几个方面，虚拟人物能够起到比较突出的作用。

教材虚拟人物能够拉近读者与课文内容的距离。在二语教材中，这些虚拟人物的主要作用体现在对教材内容的引领功能。例如在初级教材中，往往通过虚拟人物的社交活动，展现相识、购物、问路、换钱、庆祝生日等基本的交际场景。这些社交场景同时也是二语初级阶段的教学重点，有了比较固定的虚拟人物，教材的对话场景显得更加真实和具体，特别是形象比较鲜明的教材人物能够使学习者产生一种亲近和崇拜的"人物代入"心理，从而拉近读者与教材的距离，增强对二语学习本身的兴趣。例如《实用汉语课本》通过精心的虚拟人物设计，使得"在长达20多年的时间里，古波和帕兰卡的名字随着这部教材响彻国外的汉语课堂"。反之，如果没有设计虚拟人物，而仅仅使用A、B这样的人物代号，就使课文中的交际场景无所凭依，读者难以产生比较生动深入的阅读体验。

教材虚拟人物能够对教材中的内容起到贯穿联系的作用，是一种非常实用的编写技巧。一般来说，对外汉语教材的编写基本上是分课式的，而每课之间的内容如果没有比较固定的人物来引领，就会显得缺乏有机连贯性。例如《实用汉语课本》就通过古波和帕兰卡的生活学习经历，把各课的内容贯穿起来，使学习者在整个学习过程中跟随主人公的生活场景行进，整个教材内容非常自然地被整合在一起。除此以外，如果没有比较固定的虚拟人物，编写者就不得不在每次对话人物出现时介绍人物背景与关系，这显然也是非常不经济的。

此外，教材虚拟人物的具体身份背景还可以比较自然地引领不同的社会生活场景。例如在《实用汉语课本》中，古波和帕兰卡的身份是学习汉语的学生，在自己国家学习汉语，因此，生活交际范围限于非中国场景。为了打破这种局限，教材第一册最后安排古波和帕兰卡去北京留学，把场景拉到中国，以便展示中国社会生活。而编写者基于了解中国文化的需要，还安排了帕兰卡的父母布朗夫妇来中国旅游(《实汉》3、4册)的情节，使得课文内容不再局限于北京生活的小圈子，而扩展到了长江三峡、上海南京路和杭州西湖等等。又如《大为和海琳在中国》中的大为从美国去北京留学，而她的女朋友海琳则去了台湾实习和工作，通过二人各自的经历，教材为读者展现了大陆和台湾不同的生活场景，以及校园和工作两种不同的社交场景。这种教材人物可以说是经过精心设计的，也是非常成功的。

三、教材虚拟人物的设计对教材使用的影响

教材中的虚拟人物的设计，表面看来仅仅是教材编写者的一种编写技巧，但我们在教学实践中发现，这种看似细枝末节的因素有时甚至影响到教学过程是否顺畅，教学效果是否理想。我们将以《新实用汉语课本》(第一册)、《中级汉语口语》(上)、《汉语口语速成·提高篇》(以下简称《提高篇》)三本教材为例，实际分析教材中的人物设计以及对教材使用产生的影响。

(一)教材虚拟人物的数量与主次关系设计以及对教材使用的影响

教材中人物的数量与人物之间关系的处理，是人物设计的一个重要方面，这方面三本教材的设计区别比较大，请看表1：

表1 教材中虚拟人物的数量与关系对比表

	《提高篇》	《中级汉语口语》(上)	《新实用》(第一册)
小课文篇数(含复习课)	87篇	20篇	27篇
总人物数	87人	47人	16人
人物主次关系	几乎没有主要人物	人物主次比较明显	人物主次非常明显

《提高篇》中人物数量众多，达到87个，几乎每个小课文中都出现新的人名，其中人名中又含有不少学习者未掌握的汉字，例如仅仅第一课中，学习

者就要应付昆丁、马丁、克雷门、傅华夫这四个辨识度不高、发音较为拗口、汉字较为难认的人名,难免会造成记忆和识记负担,可以说是非常不经济和不必要。《提高篇》中人物众多,重现率极低,因此几乎可以认为这部教材中没有主线人物,学习者需要在面对每篇新课文时重新定位对话者的姓名、身份和关系,增加不必要的麻烦。

相比之下,《中级汉语口语》中主要人物与次要人物的区别比较明显,比较注重人物身份的对比。例如第六课中玛丽分别与"过路人"和"值班人"的对话,由于彼此身份对比鲜明,读者就不容易混淆二者的话语。

而《新实用汉语课本》中的人物数量相对精炼,主次人物的区别非常明确,人物重现率比较高,同一个对话课文中所涉及的人物基本上以两人为主,对话内容脉络清晰,更加有利于课堂教学。

(二)教材中虚拟人物的刻画以及对教材使用的影响

按照我们前文的分析,理想的教材虚拟人物,应该具有吸引读者、引领情节等作用。我们认为,虽然不能要求汉语教材中的虚拟人物形象能够像文学作品中那样丰满鲜活,但是编写者所设置的虚拟人物应该至少性格鲜明的,应该"赋予这些虚拟人物个性化的语言和鲜明的性格特征,这样的虚拟人物不仅会给学生留下深刻的印象,同时也给教材增加了趣味性"(刘弘,孔梦苏,2014)这就要求编写者要从人物身份背景、外貌、性格、嗓音、性格特点、语言特点等多个方面进行就需要对这些人物进行刻画描摹。但我们对这个问题还未引起足够的重视。表2是我们的比较表:

表2 三本教材的人物刻画情况对比表

	《提高篇》	《中级汉语口语》	《新实用汉语课本》
职业身份	留学生以外,大部分中国人的职业身份没有交代。	主要人物大部分有明确交代。	大部分有明确交代。
性别	多数没有交代。	有些有明确交代,有的可以从名字推断。	主要人物有明确交代。
年龄	完全没有交代。	完全没有交代。	主要人物有明确交代。
相貌	在插图上没有一对一的外貌设计,多数没有插图。	插图较少,人物形象不够鲜明。	主要人物的外貌通过插图来表现。多数课文配上相应人物和场景的插图,人物形象比较鲜明。

续表

	《提高篇》	《中级汉语口语》	《新实用汉语课本》
性格特点	性格特点不太鲜明。	性格特点不太鲜明。	性格特点不太鲜明。
嗓音(根据其教材所配的录音材料)	嗓音特点不明显。	嗓音特点不明显。	嗓音特点不明显。
语言特点	多数人物不明显。	多数人物不明显。	多数人物不明显。

我们发现，三本教材中，《提高篇》中的人物大都缺乏国别、职业、年龄等信息，在人物性格塑造上也未加以注意，因此很难谈得上人物形象塑造。可以认为，《提高篇》中的人物只是"人名符号"，与一些教材中使用"甲乙"或"AB"代替不同的对话者并无二致。在实际使用过程中，由于这里的对话参与者的背景没有任何交代，人物与信息内容的关系不够明确，人物即使互换也不影响内容，因而学习者很难搞清楚不同人物与话语之间的所属关系。教学中我们不止一次遭遇类似下面的尴尬。

课文：（小黄和小马边走边聊）

小黄：我发现你花钱很节省。

小马：对，我从来不买奢侈品，能省就省。

小黄：我喜欢让自己过得舒服一点儿，干吗跟自己过不去呢？

小马：我过得也挺舒服的，只不过不大手大脚罢了。我想多攒点钱去旅游。

以下是教师关于课文的提问（内容来自笔者本人的课堂教学实录资料）：

教师：（根据课文）谁花钱比较节省，小黄还是小马？

学生：小马？小黄？不知道。

教师：是小黄？不对，是小马！是吗？

《中级汉语口语》中部分课文在人物背景关系的处理上比较清晰，例如第二十四课中玛丽和王峰分别代表外国留学生和中国人，由王峰向玛丽介绍中国人的春节习俗，这就达到了课文内容与人物关系的一致性，显得顺理成章，学习者不会产生混乱感和芜杂感。但该教材的人物设计也存在一些不足之处，比如该教材中主要人物的形象刻画不够深入，加之有些人物的背景过于相似，例如玛丽与安娜，山本与田中等，在性别、国籍背景、身份上都属于"同类项",当他们出现在同一课文中时,由于人物背景相近,性格对比度差,加上对话内容缺少戏剧焦点,容易造成读者理解上的混乱。以其中的第十课为例,其话轮形式如下所示:

苏珊—玛丽—苏珊—安娜—苏珊—玛丽—安娜—玛丽—苏珊……

《新实用汉语课本》比较注意人物形象的刻画,比如在教材前言中配有人物表,并配有人物插图和中英文介绍,让学习者认识和熟悉教材人物的性别、年龄、国籍、身份、外貌等特征。不过这本教材有些方面还可以进一步提升,例如外貌刻画还显得不够生动形象(见图1),声音效果区别度也不够明显。

图1

三本教材比较起来,除了《新实用汉语课本》中表现出了一定的人物形象刻画意识,其他两本教材中的人物形象比较模糊,这就使他们很容易沦为人名符号,很难对学习者产生特定的吸引力。同时,人物形象模糊对学习者的阅读理解造成不必要的困难,比如《中级汉语口语》中主要人物安娜和玛丽的性格特点不明显并且背景极为相似,因此两人的对话内容很容易被读者混淆。

在教材虚拟人物刻画方面,一些二语教材的设计值得我们借鉴,例如《PLAYWAY剑桥国际儿童英语》教材中,不但在前几课中多次通过插图和录音展现人物的外貌形象和嗓音形象,还通过有针对性的练习,使读者熟悉教材中的人物 Mr. Star 一家(见图2),从而让读者产生比较深刻的印象,而主要人物的年龄、性别、职业、性格等信息也被充分利用到以后的课文中去,这样的虚拟人物设计值得我们借鉴。

图 2

(三)人物与事件的重现率与贯穿性以及对教材使用的影响

教材虚拟人物的贯穿性也是我们需要重视的问题。人物的贯穿性强,有利于进行情节引领和单元组块,使教材内容整体化。而人物的贯穿性主要体现在两个方面,一是以同样的人物引领不同的课文内容,使得人物在教材中具有一定的重现率。二是在故事情节上,不同的教学单元之间存在情节发展关系,也就是说不但以人物来体现贯穿性,最好也以人物的故事发展体现出整体性。在这个方面,三本教材的比较如表 3 所示:

表 3

	《提高篇》	《中级汉语口语》	《新实用汉语课本》
人物重现率	人物重现率非常低,多数人物重现率为零。	主要人物重现率较高。	主要人物重现率较高。
情节贯穿性	几乎不存在情节贯穿性。	几乎不存在情节贯穿性。	体现出一定的情节贯穿性。

这三本教材中《提高篇》几乎完全没有体现出人物贯穿性;《中级汉语口语》人物贯穿性较好,但情节贯穿性比较弱;《新实用汉语课本》则在两个方面的贯穿性都比较强。

如果教材人物的贯穿性比较差,教材使用者很难对其中的人物达到一定的熟悉度,也就很难形成亲近感,教学中师生都要重新定位新的人物与故事背景,同时也不利于自然展现人物经历与社会场景。

四、教材虚拟人物的设计原则

上文中我们比较分析的三本教材都是在国内外比较流行的优秀的对外汉语教材,但是在教材虚拟人物设计这个方面,却或多或少地存在着一些问题。例如人物设置随意性比较明显,身份不够明确,形象特征比较模糊等。

编写者在进行教材人物设置时应考虑哪些因素,如何能使这些虚拟的人物发挥其应有的作用,并且服务于教材使用者呢。综合以上分析,我们对教材编写者提出以下若干建议。

首先,应该确立关于人物设计意识。编写一部兼具科学性、趣味性、实用性和针对性的教材,进行前期的构想设计无疑是非常重要的。在教材编写构想中,如何设置和利用虚拟人物,应当成为编写者需要考虑的因素之一。我们主张,教材虚拟人物设计,不仅仅是为人物取不同的姓名,更应在人物的身份背景、人物的相互关系、具体人物的性格特征等方面精心考虑,并在编写中严格实施。目前有的教材已经注意到这个方面,例《新实用汉语教材》的编写者在教材编写的前期调研中就充分考虑到了人物的总体设计。而《中级汉语口语》的编写者也在前言中提到"以若干主线人物贯穿始终,赋予人物一定的性格特征",这都是非常值得提倡和学习的。

具体来说,我们认为,教材虚拟人物的设计应该遵循以下几条原则:

(一)主线人物应精简数量,加强人物贯穿性

教材中虚拟人物的数量应该少而精,人物之间的关系应该主次有别。因为人物数量过多,主次不分,容易给教师的教学带来一些困扰。上文中我们对三本教材的比较来看,只有人物数量精简,才能使主线人物突出,并且为人物多次重现创造更多的机会。如果每次人物都随文出现,就难免沦为"甲乙"或者"AB"一类的人名符号,并且这些人名还会浪费教材使用者的时间和精力,是完全没有必要的。

人物重现率和情节贯穿性也是保证人物形象刻画的必要手段。只有在不同的场景中多次重现,才能多角度和多层次的对人物形象进行描摹,从而有利于学习者对相关课文内容的把握,因此这种贯穿性是值得提倡的。

(二)人物的背景信息要有鲜明的区分度

理想的虚拟人物设计应该是人物背景清楚并且具有较明显的区分度,例如国籍、性别、职业、年龄等最好有所区分，使他们能够代表不同的社会人群发声，便于在教材编写中引领不同的社会生活场景，如果人物背景过于相似，例如不少教材的人物角色基本局限于外国学生，就不太有利于展开课堂以外的社会场景。

在这方面，刘珣等主编的《新实用汉语课本》体现出对人物的精心设计。人物背景设计思路明确，比如设计主要人物丁力波为混血儿，兼通中西两种文化，便于他在两种语言和文化间穿插。设置几个中国人如宋华、王小云，可以较好地体现对汉语汉文化的揭示情节，该教材还设置了一位职场人士"陆雨平"，为教材的故事情节提供了扩展空间。

除了整本教材的人物设计以外，在单个的对话课文中，人物的设定也应注意身份区分度和性格区分度，避免太多的"同类项"干扰读者的信息提取。如《中级汉语口语》中"田中和山本""安娜和玛丽""王峰和李阳"等同类人物在同一篇课文中出现的情况应尽量避免。

(三) 教材虚拟人物应性格鲜明，形象丰满，并与课文情节统一

在虚拟人物的塑造方面，我们认为人物性格应鲜明生动，区分度较高。在教材中，我们应通过插图设计加强其外貌现象描绘，通过音频文件塑造其嗓音特征，通过话语突出其语言特点，通过具体的事件展现其性格特征。

此外，还要加强人物性格的贯穿性，人物性格最好是固定的，并与课文内容统一起来。例如我们设定一位性格比较马虎的人物，那就应在课文中展现他丢三落四、健忘、迟到等对应情节。

(四) 虚拟人物的设计要具有针对性，充分考虑目标使用者对象的情况

在编写汉语教材时，编写者还应针对不同年龄和身份背景的学习者，设计相应的教材人物。例如《汉语乐园》针对的是儿童学习者，《体验汉语》主要针对中小学生，因此应考虑教材中虚拟人物的年龄、身份背景等，使他们与读者之间能够产生更多的互动与共情。

总之，教材编写者应设计好人物的数量与角色定位、人物的区分度、人物形象刻画以及与课文内容的相互关系，从而提升教材的适用性与趣味性。

参考文献

[1] 刘珣. 新实用汉语课本[M]. 北京：北京语言大学出版社，2002.

[2]刘德联,刘晓雨.中级汉语口语(上)[M].北京:北京大学出版社,1996.

[3]马健飞主编.速成汉语口语系列教材(提高篇)[M].北京:北京语言大学出版社,2006.

[4]刘珣.实用汉语课本[M].北京:商务印书馆,1981.

[5]刘弘,孔梦苏.对外汉语教材中虚拟人物的刻板现象研究[J].语言教学与研究,2014,(1).

[6]刘珣.为新世纪编写的新实用汉语课本[J].暨南大学华文学院学报,2003,(2).

[7]Phyllis N. Zhang. David and Helen in China[M]. New Haven:Far Eastern Publications, Yale University,2003.

树立文化自信,中国文化走向世界

王 进[*]

[摘要]习近平总书记指出:文化是一个国家、一个民族的灵魂。文化兴国运兴,文化强民族强。没有高度的文化自信,没有文化的繁荣兴盛,就没有中华民族伟大复兴。

[关键词]文化;自信;民族;复兴

一、引言

习近平总书记在《决胜全面建成小康社会夺取新时代中国特色社会主义伟大胜利——在中国共产党第十九次全国代表大会上的报告》中指出:中华民族有五千多年的文明历史,创造了灿烂的中华文明,为人类做出了卓越贡献,成为世界上伟大的民族。中国特色社会主义文化,源自于中华民族五千多年文明历史所孕育的中华优秀传统文化,熔铸于党领导人民在革命、建设、改革中创造的革命文化和社会主义先进文化,植根于中国特色社会主义伟大实践。

中国经济的崛起和国际政治地位的提升,其背后有着深刻的文化渊源。中国文化强调"天人合一","和而不同";强调"天行健,君子以自强不息","大道之行,天下为公";强调"天下兴亡,匹夫有责",主张以德治国,以文化人;强调"言必信,行必果";强调"与人为善";等等。这样的思想与理论,具有鲜明的民族特色和时代价值,得到他国民众的认可。文化自信是一个国家、一个民族发展中更基本、更深沉、更持久的力量。

---

[*] 王进,女,首都师范大学国际文化学院讲师,文学博士,主要从事汉语对外教学研究。

二、当今世界经济与文化

人类进入21世纪后,世界格局开始由一超多强向多极演变。我们生活在一个多元化的世界。综合国力竞争将文化的地位和作用凸显出来,很多国家把提高文化软实力作为重要的发展战略。随着经济全球化和文化产业化的增强,文化在国际关系中的重要性在增加。世界各国纷纷增强其文化和教育的国际地位,改善自身的国际形象,提高各自的"软实力"。许多国家开始关注自己的民族文化。

中国经济实力、军事实力等硬实力的增强为提高软实力奠定了基础。中国自成为世界第二大经济体后致力于提高中国文化的国际影响力,提升国家形象的国际亲和力,增强文化产业的国际竞争力。鉴于中国当前的国际地位及重返世界中心位置的前景,需要世界人民了解中国文化,需要中国文化走出去。

2007年10月15日,"国家文化软实力"的概念正式进入党的十七大报告。中国文化软实力有着得天独厚的优势。中国不仅拥有丰富多彩的文化资源,包括旅游观光、文物珍宝、民俗风情、表演艺术,尤其是具有普世性的价值理念,而且拥有巨大的国内潜在市场。2011年党的十七届六中全会通过了《中共中央关于深化文化体制改革、推动社会主义文化大发展大繁荣若干重大问题的决定》,进一步明确提高国家软实力的目标涉及扩大中华文化的国际影响力、提升国家形象的国际亲和力、增强文化产业的国际竞争力。

当前,国内外形势正在发生深刻复杂变化,我国发展仍处于重要战略机遇期,前景十分光明,挑战也十分严峻。面对世界经济复苏乏力、局部冲突和动荡频发、全球性问题加剧的外部环境,西方学者开始跳出以西方为中心的思维并提出:为了人类的未来,文化应该是多元的,特别应该从东方文化中、从中国文化中汲取营养。因此,把中国文化介绍给各国人民这是中国人民对世界应尽的义务。经济的成功将促进中华文化在世界的影响和传播。中国是有着五千年文化的文明古国,其文化渊源与传统有别于西方文化。中国用几十年的时间走完了发达国家几百年走过的发展历程。中国和平崛起给世界格局演进带来深刻影响,其理论和实践受到中华文化的影响,久经磨难的中华民族迎来了从站起来、富起来到强起来的伟大飞跃。

三、汉语的国际推广

党的十六大明确将发展文化产业作为新时期建设中国特色社会主义文化的重要战略任务。2004年9月，党的十六届四中全会通过《中共中央关于加强党的执政能力建设的决定》提出："推动中华文化更好地走向世界，提高国际影响力。"中国文化走出去，提高国际影响力，语言是重要的桥梁。为适应海外民众学习汉语的需求，2004年11月21日，全球第一所海外孔子学院在韩国首尔挂牌，讲授汉语和中国文化。2005年7月在北京举行的首届世界汉语大会是对外汉语教学的转折点。它标志着中国对外汉语教学向汉语国际推广的转变。在这样的大背景下，中国汉语国际推广事业迎来了新的春天。习近平总书记指出：孔子学院属于中国，也属于世界。孔子学院创办12年来，在中外双方和社会各界共同努力下，稳步发展，办学质量不断提升，服务能力得到拓展，运行机制日益健全，为可持续发展注入了新活力。刚刚结束的第十二届孔子学院大会从文化层面反映了中国社会主义现代化建设所取得的成绩，反映出新时代文化特征。根据本届孔子学院大会统计：截至目前，全球已有146个国家和地区建立了525所孔子学院和1113个中小学孔子课堂。近五年来，全球孔子学院及孔子课堂累计主办文化活动10万余场，受众人数达6000万人，美、英、俄、德、巴西、南非等国家元首、政府首脑、联合国秘书长及欧盟主席等国际组织领导人出席200多次相关活动并盛赞中国在促进中外人文交流和人民友好所发挥的积极作用。60多个国家颁布法令将汉语教育纳入国民教育体系。170多个国家开设汉语课程或汉语专业，全球学习使用汉语的人数攀升至1亿人，助推中国从语言大国迈向语言强国。孔子学院成为中外文明交流互鉴的"架桥人"和世界认识中国、中国与各国深化友谊和合作的重要窗口，成为汉语国际推广与中国文化传播的全球品牌和平台。孔子学院的成立和迅速发展，成为中国文化"走出去"，提高中华文化国际影响力的重要标志。

汉语国际推广是一种客观的必然，当今世界一方面需要各国政府、企业之间加强交流与合作，另一方面还需要多种文化之间的接触、了解和融合。交流与合作就需要语言的沟通，语言是文化的一部分，因此在学习他国语言的同时自然就要了解该国的文化。汉语国际推广之责任重大，就在于它能促进中外各国人民的交流。中国文化参与世界文化的多元化,各种文化之间相互接触,相互学习,甚至相互激荡,来共同谋求人类的进步,只有这样世界才有持久的和平,人民才能过得安宁幸福。

在庆祝中国共产党成立95周年大会上,习近平总书记指出:"当今世界,要说哪个政党、哪个国家、哪个民族能够自信的话,那中国共产党、中华人民共和国、中华民族是最有理由自信的。"我们的文化自信,源自我们这个民族绵延不断的文明,源自中国特色社会主义事业的全面开拓,源自坚守自身文化理想和文化价值的文化创造新实践。中华文化影响力的核心是中华文化核心价值观在各国的共享性。中华文化若能解决当今世界面临的问题,无疑是对人类文明发展的贡献。习近平同志指出:"中华民族创造了源远流长的中华文化,中华民族也一定能够创造出中华文化新的辉煌。"

四、中华文化的伟大复兴

党的十八大以来,以习近平同志为核心的党中央带领全党全国各族人民扎实推进社会主义文化强国建设,提出的一系列新理念新思想、推动的一系列新战略新实践,进一步深化了我们党对中国特色社会主义文化建设规律的认识,展开了中华民族这个古老民族的文化新画卷,开启了当代中国走向文化强国的新征程。

面对我国经济发展进入新常态等一系列深刻变化,中国人民坚持稳中求进工作总基调,迎难而上,开拓进取,取得了改革开放和社会主义现代化建设的历史性成就。这个新时代,是承前启后、继往开来、在新的历史条件下继续夺取中国特色社会主义伟大胜利的时代,是决胜全面建成小康社会、进而全面建设社会主义现代化强国的时代,是全国各族人民团结奋斗、不断创造美好生活、逐步实现全体人民共同富裕的时代,是全体中华儿女勠力同心、奋力实现中华民族伟大复兴中国梦的时代,是我国日益走近世界舞台中央、不断为人类做出更大贡献的时代。

哲学家张岱年认为:21世纪将是中国文化复兴的世纪,中国文化必将赶上西方的步伐,而且独放异彩。当今我们应当以"人类命运共同体"的新视角,加强中外人文交流,以我为主,兼收并蓄。推进国际传播能力建设,讲好中国故事,展现真实、立体、全面的中国,提高国家文化软实力,使21世纪成为中华文化对人类有新的贡献的历史新时期。

参考文献

[1]中国共产党第十九次全国代表大会文件汇编.北京:人民出版社,2017.

图片对汉语二语者具体词学习影响的实验研究

冯 浩[*]

[摘要]本文通过前后测实验,考察学习过程中是否提供图片,对印欧语母语的初级水平汉语二语者学习具体词的影响。研究发现,提供图片会促进学习者对具体词的意义和拼音的记忆效果,但是,这种促进作用在具体词是否有文化意义上,未能体现出差异。基于研究结果,我们建议在对外汉语初级水平的生词教学中,应尽量使用图片以帮助学生理解和记忆。

[关键词]图片;具体词;汉语二语者

一、引言

随着手机、平板电脑等移动设备的普及应用,越来越多的学习者开始使用手机软件学习汉语。例如笔者所在首都师范大学国际文化学院的印欧语母语汉语二语者经常使用的翻译软件 Pleco。与常用的英语学习软件(例如百词斩)相比,Pleco 在翻译的时候,没有提供与意义相对应的图片。另外,在汉语二语课堂中,有些教师喜欢提供与生词意义相关的图片,有些教师不喜欢提供图片。那么在生词学习中是否应该提供图片,就是汉语二语教学中亟待解决的具有争议的问题。

词语有具体和抽象之分。具体词指很容易联想到具体事物或动作的词,例如苹果、闹钟、打、踢等等;抽象词指较难联想到具体事物或动作的词,例如公平、困难、承担、蔓延等等。研究发现,词汇加工中存在具体性效应,

---

* 冯浩,男,河南信阳人,首都师范大学国际文化学院讲师,文学博士,主要从事心理语言学及二语习得研究。

即具体词的识别比抽象词更快更准确(陈宝国、彭聃龄,1998)。考察图片在语言学习过程中作用的实验研究,在图片对具体词和抽象词学习的促进作用上,存在不一致的结果。

有研究发现,提供图片能促进具体词的学习。Arlin等(1978)发现,学习生词时提供图片比提供发音,更能加速幼儿园儿童学习具体词。Rodriguez和Sadoski(2000)考察西班牙语母语者学习英语时发现,利用词根意义想象图片能促进第二语言具体词的学习。

但是,有研究发现,提供图片仅能促进抽象词的学习。Shen(2010)考察了图片对在美国学习汉语两个学期的美国大学生学习词语的影响。实验材料为20个具体词和20个抽象词,实验组被试学习词语的意义和图片,控制组被试仅学习词语的意义。实验结果显示,在记忆具体词的字形和意义上,实验组和控制组没有显著差异,但是,在记忆抽象词上,实验组要明显优于控制组。

另外,有研究发现,提供图片能促进具体词和抽象词的学习,并且对两类词的促进作用没有差异。Bull和Wittrock(1971)考察小学生学习生词时,利用想象产生图片对学习效果的影响,结果发现,无论具体词还是抽象词,想象了图片的学习者记忆效果好于没有想象图片的学习者。Smith等(1987)的研究没有区分词语的具体性,但是研究结果发现,学习中提供图片的作用甚至大于提供语境的作用。

具体词和抽象词的根本区别在于诱发词语意义表示形象的难易程度上。根据这个根本差异,有一类具体词对于二语者来说,具有和抽象词一样难以激活的具体形象,即有文化意义的具体词。以汉语为例,对联、屏风、编钟等等,对于印欧语母语汉语二语者来说,都难以激活相应的形象。

综上所述,现有的研究成果还不能回答以下问题:第一,提供图片是否能促进汉语二语者学习具体词;第二,提供图片是否能促进汉语二语者学习有文化意义的具体词;第三,提供图片对汉语二语者学习有无文化意义具体词的作用如何。针对以上三个问题,我们采用前后测结合的学习实验,通过在学习过程是否提供图片,考察图片在汉语二语具体词学习中的作用。

二、实验研究

实验:图片对具体词学习影响的实验研究。

(一)研究目的

考察学习过程中是否提供图片,对印欧语母语的初级水平汉语二语者学习具体词的影响。通过前后测试,考察图片对学习记忆效果的影响。

(二)研究方法

1. 被试

被试为印欧语母语的初级水平汉语二语者,共28人。其中美国25人,意大利1人,俄罗斯1人,法国1人。采用自编的汉字识字量量表[①]对被试的汉语水平进行测试。要求被试选出认识的汉字,并告诉主试读音,读音正确的即认为认识。测试分数在21到44之间,平均分为31,标准差为6.66。表明这些学生都处于初级水平,而且水平差异并不很大。

2. 实验设计和材料

采用2×2两因素被试内设计,第1个自变量为生词是否具有文化意义,第2个自变量为学习生词时是否提供图片。因变量为被试记忆生词意义和拼音的成绩,意义和拼音分别记分。

实验材料选自《汉语国际教育用音节汉字词汇等级划分》中高级水平双音节名词,《新实用汉语课本》3、4册中双音节名词。根据学生识别情况确定24个没有学过、没有听说过的汉语具体名词。其中12个有文化意义的词,12个无文化意义的词。偏正结构的共23个,动宾结构的一个。计算所有词语的笔画数,然后随机排列12个有文化意义的词,前6个学习时提供图片,后6个学习时不提供图片;随机排列12个无文化意义的词,前6个学习时提供图片,后6个学习时不提供图片。统计四组词的笔画数。结果显示:四组词的笔画数有显著差异,$F(3, 20)=3.85$,$p<0.05$。之后用杜凯氏法比较各对词语的笔画数间是否达到显著,发现只有无文化意义的两组词有显著差异,其他各对均无显著差异(见表1)。考虑到对学习成绩的测量不包括书写汉字,并且无文化意义有图组的笔画数比无图组的要多,所以没有对已有的24个词进

---

① 该量表为从宋柔统计的小说、报纸中的前1000个高频字中随机选取50个字编制而成。

行调整。

表1 四类实验条件的汉字笔画平均数

实验条件	笔画平均数
有文化意义有图	16.00
无文化意义有图	20.33
有文化意义无图	17.67
无文化意义无图	14.17

3. 实验程序

采用纸笔测试的方法。被试学习汉字、拼音以及意义。为平衡顺序效应，一半的被试先学习有图组，一半的被试先学习无图组。被试觉得自己已经掌握了这些词语后，进行即时后测。一天后进行重新排序后的延时后测。测验时要求被试写出生词的拼音和意义。生词的拼音声、韵均正确则记为正确，忽略声调的错误。意义正确记为正确，不要求和实验材料完全一致。拼音和意义分别记分。写对一个记1分。错误记0分。

(三) 结果与分析

分别计算被试在即时后测和延时后测中，生词的拼音和意义记忆正确的得分，如表2所示：

表2 即时后测和延时后测的拼音成绩及意义成绩平均数

实验条件		即时后测		延时后测	
		拼音成绩	意义成绩	拼音成绩	意义成绩
无文化意义词语	无图	4.00	4.54	2.82	3.25
	有图	4.71	5.43	3.50	4.43
有文化意义词语	无图	3.54	3.46	2.04	2.29
	有图	4.11	4.14	2.57	3.32

分析即时后测被试在拼音记忆上的得分。结果显示，词语有文化意义和无文化意义的记忆有显著差异，$F(1,27)=7.36$，$p<0.05$，无文化意义的词记忆显著好于有文化意义的词。学习时有图的条件和无图的条件有显著差异，$F(1,27)=13.05$，$p<0.05$，有图条件的成绩明显好于无图条件的成绩。图

画和意义没有交互作用，$F(1, 27)=0.15$，$p>0.05$。

分析即时后测被试在意义记忆上的得分。结果显示，词语有文化意义和无文化意义的记忆有显著差异，$F(1, 27)=36.07$，$p<0.05$，无文化意义的词记忆显著好于有文化意义的词。学习时有图的条件和无图的条件有显著差异，$F(1, 27)=12.05$，$p<0.05$，有图条件的成绩明显好于无图条件的成绩。图画和意义没有交互作用，$F(1, 27)=0.38$，$p>0.05$。

分析延时后测被试在拼音记忆上的得分。结果显示，词语有文化意义和无文化意义的记忆有显著差异，$F(1, 27)=19.53$，$p<0.05$，无文化意义的词记忆显著好于有文化意义的词。学习时有图的条件和无图的条件有显著差异，$F(1, 27)=10.06$，$p<0.05$，有图条件的成绩明显好于无图条件的成绩。图画和意义没有交互作用，$F(1, 27)=0.09$，$p>0.05$。

分析延时后测被试在意义记忆上的得分。结果显示，词语有文化意义和无文化意义的记忆有显著差异，$F(1, 27)=24.23$，$p<0.05$，无文化意义的词记忆显著好于有文化意义的词。学习时有图的条件和无图的条件有显著差异，$F(1, 27)=4$，$p<0.05$，有图条件的成绩明显好于无图条件的成绩。图画和意义没有交互作用，$F(1, 27)=0.14$，$p>0.05$。

综合以上结果，无论即时后测还是延时后测，无论记忆词语的拼音还是意义，无论学习时是否提供图片，被试记忆无文化意义词语的成绩均好于记忆有文化意义的词语。同时，学习时提供图片，对被试记忆有文化和无文化意义词语均具有促进作用。另外，图片对两类词语的促进作用没有显著差异，即对两类词语的促进作用相同。

三、综合讨论

研究首先发现，无论何种实验条件，被试记忆无文化意义词语均好于记忆有文化意义词语。根据双语词汇表征模型（Jiang，2000），二语学习者的二语和母语语言系统共用同一概念表征系统，汉语无文化意义词语在二语者的概念系统中已有母语概念。二语者学习汉语时，只需要构建汉语词汇的词形、发音等表征。而学习有文化意义词语时，由于汉语的文化词在二语者母语概念系统中没有表征，因此学习者需要重新建立概念。所以在测试时，学习者提取无文化意义词语的难度要小于有文化意义词语，故而，其记忆表现也优于有文化意义的词语。

本研究另外发现,图片对印欧语母语初级水平汉语二语者学习汉语词汇具有显著的促进作用。图片对学习的促进作用可以用双重编码理论(Dual Coding Theory)解释。该理论由 Paivio(1971)提出,研究者认为,人的记忆中有两种编码系统:非言语的表象系统(nonverbal system)和言语的符号系统(verbal system)。非言语的表象系统用来处理非言语表达的物体、事件、声音、感觉等,言语的符号系统用来处理言语信息。两种表征系统中存在两种不同的表征单元,词元(logogen)和像元(imagen)。语言文字的刺激和非语言文字的刺激通过不同的感觉系统通道,以表征性连接(representational connections)的形式在大脑中形成的表征单元就是词元和像元。词元之间以联想性连接(associative connections)构成言语的符号系统,像元之间以联想性连接构成表象系统。两个系统通过参照性连接(referential connections)联系了词元和像元,允许大脑将非言语信息转换为言语信息,将言语信息转换为非言语信息。根据双重编码理论,学习时提供图片,增加了学习者表象系统中的记忆,学习者不仅构建了二语词元,也形成了与之相应的像元,并且可以在二者中切换。所以在测试阶段,两个表征系统的词语提取好于仅言语符号系统的词语提取。

值得注意的是,图片对词汇学习的促进作用并没有随着词汇是否具有文化意义而变化。即学习时提供图片,对学习无文化意义的词和学习有文化意义的词,具有相同的促进作用。该结果的出现,很可能与初级水平汉语二语者的学习策略和词语表征方式有关。有无文化意义词语的根本差别在于被试是否具有词语的概念表征,如果词语在二语者言语符号系统中有概念表征,就很容易激活与之对应的表象系统,即该概念的形态、气味、情景记忆等信息。据此推测,图片对有文化意义词语的学习促进作用会更大。但是,初级水平的二语者很可能在学习任何生词时都采用直接翻译的方法,即仅将两种语言的词语形式联系在一起,而未自动激活词语的概念,更没有联系二语词语能够激活的母语表象系统。根据双语表征模型(Kroll 和 Stewart,1994)和双语词汇判断的研究(Jiang,2002),初级水平的二语者母语词和二语词之间的联系多为词形方面的连接,尚未通达概念层面。无论从学习策略还是从词汇表征层面,学习有无文化意义的词汇时提供图片,能够促进二语者对概念的通达,能够构建二语者的记忆表象系统,所以,图片对两类词的学习促进作用相同。

四、结语

随着科技的发展,移动互联、多媒体技术、慕课微课等已经在汉语二语教学中扮演越来越重要的角色。人工智能在围棋上战胜人类顶级高手之后,许多领域的工作者开始担心自己的工作是否会被机器人取代,其中不乏对外汉语教师。我们认为,教师"因材施教"的能力很难被人工智能取代,但是如果教师一味守旧,也不会取得很好的教学效果。本研究发现的图片在生词学习中的作用,就应该引起学习软件开发者和对外汉语教师的重视。图片对生词学习的促进作用,可以促使汉英翻译软件开发者关注翻译时提供恰当准确图片的重要性,可以促使对外汉语教师在课堂上尽可能多地使用合理恰当的图片。

参考文献

[1]陈宝国,彭聃龄. 词的具体性对词汇识别的影响[J]. 心理学报,1998,(4).

[2]刘珣. 新实用汉语课本:第三册[M]. 北京:北京语言大学出版社,2004.

[3]刘珣. 新实用汉语课本:第四册[M]. 北京:北京语言大学出版社,2004.

[4]宋柔.《报纸小说字频统计》电子版.

[5]中华人民共和国教育部国家语言文字工作委员会. 汉语国际教育用音节汉字词汇等级划分[M]. 北京:北京语言大学出版社,2010.

[6]Arlin M,Scott M,Webster J. The Effects of Pictures on Rate of Learning Sight Words:A Critique of the Focal Attention Hypothesis[J]. Reading Research Quarterly,1978,(4).

[7]Bull B L,Wittrock M C. Imagery in the Learning of Verbal Definitions[J]. British Journal of Educational Psychology,1973,(3).

[8]Jiang N. Form-meaning Mapping in Vocabulary Acquisition in a Second Language[J]. Studies in Second Language Acquisition,2002,(4).

[9]Jiang N. Lexical Representation and Development in a Second Language[J]. Applied linguistics,2000,(1).

[10]Kroll J F,Stewart E. Category Interference in Translation and Picture naming:Evidence for Asymmetric Connections Between Bilingual Memory Representations[J]. Journal of

Memory and Language, 1994, (2).

[11]Paivio A. Imagery and Language[M]. Imagery. 1971.

[12]Rodriguez M, Sadowki M. Effects of Rote, Context, Keyword, and Context/Keyword Methods on Retention of Vocabulary in EFL Classrooms[J]. Language Learning, 2000, (2).

[13]Shen HH. Imagery and Verbal Coding Approaches in Chinese Vocabulary Instruction [J]. Language Teaching Research, 2010, (4).

[14]Smith B D, Stahl N, Neil J. The Effect of Imagery Instruction on Vocabulary Development[J]. Journal of College Reading and Learning, 1987, (1).

优化对外汉语教学中的例句设计

王环宇[*]

[摘要]例句的设计是教学方案中的一个重要环节,在教学中,例句起着极其重要的作用,例句的质量高低直接关系着学生的学习效果。在目前教材例句设计还不够科学到位的情况下,我们对外汉语教师必须结合学生的实际情况,在课前做好充分的准备,遵循典型性、实用性、科学性的原则,设计和选择最佳例句展示给学生,这样才能使教学事半功倍,取得最好的教学效果。

[关键词]例句;对外汉语教学;课堂教学;原则

一、引言

例句是语言课教师上课时必不可少的一部分,在对外汉语教学中,教师要向学生讲清词汇、语法的用法,必须举出一些例句,加深学生的理解。好的例句能有效地向学生展示所学生词或语言点的结构、意义和典型使用情境,使教材和教师所做的语法解释和说明变得通俗易懂,同时也能促进学生在学习中举一反三,真正掌握语言的用法,提高正确运用汉语进行交际的能力。因此,例句的作用是十分重要的,例句质量的高低直接关系到学习者的学习效果。作为汉语教师,我们必须重视课堂教学中的例句选择和设计编排。

就我们目前的教学状况而言,很多教师尽管从思想上能认识到例句对学生学习的重要作用,但是在实际教学行动中对例句的重视程度还远远不够,

---

[*] 王环宇,女,河北唐山人,首都师范大学国际文化学院讲师,教育学硕士,主要从事对外汉语教学法研究。

主要表现在他们举例子时通常的做法是将教材中的例句直接摘抄照搬到课堂上。张璟(2008)在调查中发现绝大多数教师在备课时会参考教材中的例句,经常使用教材中例句的教师几乎接近一半。使用教材中的例句可以节省教师查找资料的时间,为教师教学提供极大的方便,但目前的问题是现有很多教材的例句还不够规范,有的例句因语境不明而不易理解,有的例句形式或内容方面的重复性太高,有的例句包含的某些词汇或文化因素偏难,还有一些例句与学生的交际需求相差太远而缺乏实用性(王洁茹,2011)。因此,我们在使用教材中例句的时候必须结合学生的实际情况对例句进行调整,认真取舍,有增有减。从便于理解、易于操作的角度出发,我们认为可以将选择和设计例句的原则概括为以下几条:典型性原则、实用性原则、科学性原则。下面我们就结合一些实例具体阐释一下这几条原则。

二、例句设计的典型性原则

所谓例句设计的典型性,就是说我们给学生的例句必须要从形式和意义两大方面凸显目标语言点的特点,有效展示语言点的结构、意义和典型使用情境。郭晓麟(2010)在谈到语法阶段的教学示例时指出:"所谓典型性,即所选取的例句具有代表性,最能体现出所讲解的语法表达形式的语义、语法及语用特点,在三个平面上都经得起推敲。"我们的教学中有的目标语言点是同时兼有两个层面或三个层面的难点的,我们举例时必须兼顾,通过一个或几个例句将它的这些层面的特点尽量清晰、巧妙地展现出来。比如《汉语教程》(第三版)第二册上中的语言点"就"与"才",就既包含语义层面的难点,也包含语法层面的难点。教材中的几个例句是这样设计的:

"就"表示事情发生得早、快,容易做或进行得顺利等。例如:

(1)她来中国以前就学过汉语了。

(2)不用两个小时,一个小时就到了。

(3)她吃了两片药就好了。

(4)我早就下班了。

"才"表示事情发生得晚、慢,不容易做或进行得不顺利等。例如:

(5)他十点钟才起床。

(6)八点上课,她八点半才来。

(7)你怎么现在才来?
(8)我20岁才会骑自行车。

我们可以看出教材中的例句虽然也向学生展示了"就"和"才"的语义内容,但对"就"和"才"语法形式方面的特点却缺乏展示。有教学经验的老师都知道,"就"和"才"的难点不仅存在于语义层面,更在于"就"和"才"的语法形式层面。现实中很多学生在掌握了"就"和"才"语义方面的不同之后还是常常会说出"我吃了药就病好了"、"你给我打了电话就我来了"、"今天早上我八点半才起床了"、"我才懂了"这样的错误句子,原因就在于我们所给出的例句不够典型,没有在语法层面给学生留下直观、深刻的印象,造成学生偏误率比较高。因此在课堂举例的时候,必须兼顾语义、语法这两个层面的难点设计例句,在突出其语义特点的同时尤其要通过例句强调其语法形式方面的特点。我们的例句可以设计成以下的样子:

就

(1)昨天我同屋六点就起床了。
(2)明天我七点就去教室,你呢?
(3)我每天都是十二点睡觉,今天我很累,打算十点就睡觉。
(4)我去了一个书店就买到那本书了。
(5)今天哥哥五分钟就吃完早饭了。
(6)你吃点儿药吧,吃了药病就好了。

才

(1)昨天我十点钟才起床。
(2)我明天前两节没有课,十点才去教室。
(3)你昨天才认识玛丽,我跟玛丽半年以前就认识了。
(4)我去了三个书店才买到那本书。
(5)今天妹妹40分钟才吃完早饭。
(6)老师说了一遍,我就懂了,可他听老师说了三遍,才懂。

这样六组例句清楚地展示了"就"和"才"在语义和语法方面的典型用法,课堂上根据这几组例句展开、操练、说明,可以达到比较理想的教学效果。

王洁茹(2011)强调"目标语言点如果有比较重要和明显的语用特点,则例句应该加以凸显,例如句子使用的场合、比较特殊的语气和说话人心理等",并在文中举了一个"到底"的例子:

(1)明天你到底去不去长城?(我得统计人数了)
(2)明天你去不去长城?(我得统计人数了)

王洁茹认为即使没有"到底",例(2)也是一个询问去向决定的疑问句,无损于人数统计工作的进行,一些学生难以体会这两个句子在具体使用场合上有什么差别,因此例(1)作为例句来说是不典型的。她认为应该展示给学生这样一个例句:

(3)你开始说明天想去长城,后来又说不去,你明天到底去不去长城?

这样就突出了"到底"在语用层面的特点,即表示追问的"到底"经常使用在会话中,常常含有不耐烦和责令立刻决定的意思在内,通常是因被问者犹豫不定、决定反复变动而导致问话者进行催促的情况下使用。

总之,要使例句具有典型性,必须同时考虑形式和意义两方面,设计例句时应充分考虑学习者的认知能力,尽量提供充足的背景信息,使隐性的语境显性化,同时突出使用场合、特殊语气和会话者心理等。

三、例句设计的实用性原则

鲁健骥(1983)提出"实用指的是内容应是学生所需要的,也就是强调语言的交际功能"。而例句设计的实用性,就是指我们给出的例句在内容上是学生生活、学习、工作所需要的,符合学生跨文化交际的需求,"能够最大限度地满足学习者实现他们在外语学习的目标和效率方面的功利之用"(李泉,2007)。简单说来,就是让学生学了能说、学了能用。

比如,教给刚学汉语的学生"哪儿"这个词的时候,我们给出的例句可以是这样的:

(1)你们去哪儿?

(2)你住哪儿?

(3)请问,卫生间在哪儿?

(4)老师,这里哪儿有卖手机的地方?

(5)他是上海人,你是哪儿人?

这样的句子因为是学生现实生活中用得上的,所以即使句子中出现了生词,也不会影响他们学习的积极性,反而会迫不及待地记忆和练习。

前无论是教材还是课堂上的例句,在实用性方面都还存在很大欠缺。张璟(2008)在对学生的调查中发现很多学生认为教材中的例句存在着"距离生活太远"、"内容上语境相似"的问题。造成这种情况的一个重要原因是我们教师对学生了解不够,在设计例句时常常以教师的实用观代替学习者的实用观。

很多教师受限于自己的固定思路、专业领域、兴趣爱好或生活圈子，设计的例句题材单一。"比如有的老师要么热衷于以自己熟悉或感兴趣的领域为取材对象，例句中多是购物、孩子教育等话题范围；要么主要以学生的学习为话题，所造例句枯燥乏味"（单天罡，2013）。例句离学生的真实需求太远，当然也就很难激发起学生的学习兴趣。所以，要想设计出实用性强的例句，我们必须熟悉和了解学生，最好是通过对学生的调查发现学生对什么样的题材和内容感兴趣，对什么样的内容比较熟悉，这样我们所设计的例句才能让学生真正觉得有用。

需要指出的是，一般教师认为课堂上所举例句应该是与留学生的生活有关系的，应该多用口语中的句子，不用或少用书面语，内容方面应该是积极的而不是消极的，例句中应该多包含社会文化知识，但郭文娟、郑翠（2012）的调查结果却显示这只是教师的一种"想当然"，实际上学生希望的例句场景与内容跟他们所处的汉语学习阶段有很大关系，不能一概而论。李泉（2007）也指出，实用性是一个相对的概念，是一个实用程度强弱的问题，是一个对多大范围的群体实用的问题，只能综合考虑各种因素，以绝大多数教学对象的需求和意愿为基准进行优化设计。我们认为，初级阶段可以多用一些与留学生课堂和日常生活有关的例句帮助他们理解、记忆和自然应用，到了中高级阶段，例句的设计则不应局限在他们课堂和日常生活的小范围内，而应该尽量联系社会现实、尽量取材于发生在学生身边的事或近期的社会新闻，这样例句的语料涉及面广、题材多样而且内容真实、表达自然。学生多接触一些这样的例句，在学习兴趣和积极性提高的同时也会变得有话能说、有话会说，更多用汉语进行思辨性表达，他们跨文化交际的需要也就得到了满足。

四、例句设计的科学性原则

李泉、金允贞（2008）提出对外汉语教材科学性最基本的要求是"内容规范，编排合理"，我们认为例句设计的科学性也要体现出内容规范、编排合理这两点。

第一，例句要内容规范。张璟（2008）指出，"例句应该是本族人（母语为汉语）语感可以接受的，在交际中真实、自然、可用的句子。例句使用的语言应该符合普通话的标准"。这一点看似简单，但是真正做好并不容易。在我们的教学中,有的教师为了说明某个语法点而生造例句,脱离具体语境,例句不真实、不自然,不符合大多数人的表达习惯,还有的教师因备课不足在课上举例时临场造句,例句欠自然,甚至有语病。比如,在讲解趋向补语的时候,有的老师为了说明和强调趋向补语在语法形式上的特点,通过动作或图片演示并给出了这样的例句:

(1)老师刚才走出教室去了。

(2)他现在跑下楼去了。

(3)他们走过马路来了。

其实在现实中我们很少有人会说这样的句子,学生在学到这样的句子之后就会跟着说出很多类似的似是而非的不自然的问题句子。

实际上,作为范例的例句是学生学习与模仿的对象,我们在设计例句时一定要仔细斟酌,例句的表达必须准确、标准、可靠,符合中国人的语言表达习惯以及逻辑和语感,绝不可为了使用某个语法点而忽略了例句语言的真实性和规范性,这样才能避免产生负迁移,保证学生学到的汉语是规范正确。

第二,例句要编排合理。这种合理既包括例句在词语使用方面的合理,也包括例句在数量和排序方面的合理。

首先,例句中所使用的词汇和结构应该是学生已经学过的,适合本教学阶段学生的水平和学习难度(王洁茹,2011)。通过在例句中巧妙重现以前学过的词语,我们既帮助学生复习了以前的词语和结构,又避免了出现新词、难词对学生理解目标语言点造成干扰,也使学生能在一个比较熟悉的语义场中理解目标语言点。当然,这并不是说例句中就绝对不能出现新词语,但出现新词语最好不要增加学生对目标语言点的理解难度或给他们造成记忆负担。而且,如果觉得确实需要出现某个新词语,那么一定要进行标识和注解或在课堂上加以说明,千万不能喧宾夺主,分散了学生的注意力。

其次,例句的数量和排序一定要进行优化设计。从例句的数量方面来说,某些教材中例句过少,只有一两句甚至没有,这不利于学生对语言点的理解和掌握;但有些教师一不小心又矫枉过正,一个简单的语言点一大堆例句,这同样也不好。比如笔者曾见过一个新手教师介绍《汉语教程》的"上课"这一生词时PPT给出了下面几个例句:

(1)我们每天八点半上课。

(2)我们学校下午一点半上课。

(3)你们大学每天几点上课？

(4)明天下午我们不上课。

(5)星期五你们上不上课？

(6)你们每天上几节课？

其实，"上课"这一词语的用法并不复杂，(3)、(5)、(6)三个例句就很清楚了。课堂上例句过多一是会挤占学生的课堂练习时间，二是容易让学生产生疲劳感，很可能事倍功半。总之，例句数量与教学目标、学生水平等因素有很大关系，必须以学生为中心，照顾大多数学生的水平来设计。不过基本来说，对高级班的学生解释一个语言点，可以只用一两个例句，七八个例句太浪费时间；而对于初中级的学生则需要设计较多例句帮助他们达成理解，一般三至六个都是比较常见的。当然，这都不是绝对的，教师还是要时常注意学生的反馈。另外，从例句的编排上来说，我们备课时不能只关注例句用法展示是否充分、数量是否充足，也要重视例句出现的先后次序，要注意"在例句的顺序安排中体现规则的类化，属于同一种形式规则的应集中体现"，"从用法及句子结构上看排序应该是从易到难、从典型分布到非典型分布"(方艳，2004)。总之要避免杂乱无章，随心所欲，分散学生的感知力，增加他们的认知负担。

五、结语

例句是对外汉语教学的重要组成部分，是教师讲练语言技能的必要手段，选择、设计和安排例句看似简单，实际上非常重要，对教师而言是一个不小的挑战，作为一名对外汉语老师，一定要遵守例句设计中的典型性、实用性、科学性原则，精心琢磨、设计和编排教学中的每一个例句，改善例句质量，使例句成为课堂教学效率提升的催化剂。

当然，要设计出高质量的例句，必然需要教师在备课时的大量投入，对于教学任务繁重的许多一线教师来说，确实存在一定的心有余而力不足的问题。为了满足教师和学生对例句的需求，构建一个方便快捷的例句语料库是十分必要的，这应该是对外汉语教学界全体同仁共同努力的方向。

参考文献

[1]郭晓麟．对外汉语教材语法教学示例的基本原则——以趋向结构为例[J]．语言教学与研究，2010，(5)．

[2]郭文娟，郑翠．对外汉语教师课堂举例行为的观察与分析[J]．国际汉语教育，2012，(2)．

[3]李泉．论对外汉语教材的实用性[J]．语言教学与研究，2007，(7)．

[4]李泉，金允贞．论对外汉语教材的科学性[J]．语言文字应用，2008，(4)．

[5]鲁健骥．基础汉语教学的一次新的尝试——教学实验报告[J]．语言教学与研究，1983，(4)．

[6]刘若云，徐韵如．对外汉语教学中例句的选择[J]．中山大学学报论丛，2005，(6)．

[7]单天罡．基于语料库的对外汉语词汇例句收集研究[J]．语言应用研究，2013，(9)．

[8]苏英霞．浅谈对外汉语教材"词语例释"的编写[J]．汉语学习，2004，(4)．

[9]王洁茹．初中级对外汉语综合教材例句典型性考察分析[D]．上海：复旦大学，2011．

[10]徐茗．对外汉语词汇教学中的例句设计[J]．安徽师范大学学报(人文社会科学版)，2009，(4)．

[11]张璟．对外汉语教材例句研究[J]．边疆经济与文化，2008，(12)．

[12]张文华．对外汉语教学中的例句设计[J]．文学界(理论版)，2012，(10)．

[13]方艳．对外汉语教学中词汇语境的设置[J]．北京教育学院学报，2004，(3)．

网络汉语课程发展新探讨
——基于 MOOC 新形势以及"汉语＋N"动机

宫天然[*]

[摘要]本文梳理了目前阶段 MOOC 最新发展——MOOC 学位课程兴起、TESOL（对外英语教学）网络在线课程证书的模式、人工智能（AI）技术在网络二语教学中的新应用，并以"汉语＋N"汉语动机的新趋势为网络汉语教学课程发展提出了一些建议。

[关键词]MOOC；在线；二语教学

一、MOOC 最新发展——MOOC 学位课程兴起

Class Central 是全球最著名的深度 MOOC 评论网站。2018 年 1 月 20 日，Class Central 发表了题为《2017 年慕课的六大趋势》(6 Biggest MOOC Trends of 2017)的报告。此报告指出，目前 MOOC 共提供六种不同的课程形式：免费（或免费审核）、证书、微型证书、大学学分、在线学位和企业培训。在 MOOC 兴起之初，人们对 MOOC 的探讨焦点多集中在 MOOC 是否会对传统大学产生颠覆；而六年后的今天，MOOC 已沿着自身的轨道持续运行。目前，MOOC 的教学对象指向了"终生职业学习者"(lifelong career learner)，为其自身专业和职业发展而学习的学习者。

Coursera 是目前发展最大的 MOOC 平台，拥有超过 2000 门来自世界各地大学的课程。2018 年 3 月，Coursera 在 SXSWedu 大会上推出了其第一个

---

[*] 宫天然，女，吉林长春人，首都师范大学国际文化学院副教授，教育学博士，主要从事对外汉语和高等教育国际化研究。

在线本科学位，将于 2019 年 4 月正式上线。此本科学位将与伦敦大学的计算机科学专业合作，注册学生需要花费三到四年时间完成所有在线课程。此在线本科学位课程的特色是学生所处的实际地理位置将决定学费的价格，即学生所处国家的经济发展水平决定了学生对学费的支付能力，如果你来自发展中国家，与发达国家相比，学费将相应减免。

除本科学位外，至 2019 年，Coursera 将增加 20 多个在线硕士学位课程，并将与全球更多的高校开展合作，提供更多更完整的在线硕士学位课程。目前 Coursera 硕士学位课程的学费比原先 80000 美元的价格便宜了 72%～81%，与本科学位一样，发展中国家学生的学费也做了大幅消减。

二、人工智能(AI)技术在网络二语教学中的应用

ELSA 是由斯坦福大学毕业生 Vu Van(ELSA 首席执行官)和 Xavier Anguera 博士于 2015 年成立的。ELSA 使用人工智能和语音识别系统来帮助英语学习者学习并改进发音。在人工智能兴起之前，普通的计算机语音识别技术很难分辨发音中的错误，但是 ELSA 则旨在准确识别英语学习者发音中的错误。

ELSA 目前拥有 600 门左右的课程和 3000 多英语单词。课程主题范围宽泛，并随季节性或流行性更新。ELSA 单个课程时长两分钟，涉及五个难度循序渐进的练习，包括单词、短语和句子的发音练习。

另外，Ponddy Education AI 中文教学平台则针对汉语普通话学习。Ponddy Education 强调内容本身，开发分级学习的课程资料和教科书，并与人工老师做相应的辅助。Ponddy Education 采用弹性课程组合，支持繁体与简体的主体化学习单元，运用 AI 技术帮助学习者找到最适的课程，利用 AKLS 智能引擎，运用核心词汇网，深度学习机制。

5 至 12 岁是二语学习的关键时期，这个时期内的二语学习效果不容忽视。据美国中美强基金预测，2020 年预计学习中文的美国学生将达到 100 万人。英国文化教育协会公布了一项对上千名英国家长的问卷调查结果：中文被英国家长选为"未来最有用"的语言，51% 的家长表示希望自己的孩子能学习中文。

2017 年 8 月，VIPKID 发布了儿童中文在线学习平台 Lingo Bus。经过四

个月的发展，Lingo Bus已经拥有了来自46个国家和地区的4000多名注册用户，并有5000多名中国教师申请加入，VIPKID对教师的严格考核制度也是Lingo Bus的一大特色。Lingo Bus采用沉浸式教学方法，以一对一的网络教学模式，通过创造主题式的互动学习环境进行教学，以一节课一个主题的形式营造和保持学生的参与度，并结合以学生为中心的多样化活动。20美元一节的低廉价格赢得众多家长青睐。

三、"汉语＋N"为汉语动机趋势

在二语习得研究中，一般认为积极的学习者个体情感因素能发掘学习者的认知潜力、有效促进学习。近来神经科学的研究也证实了这一观点。Okon-Singer等人（2015）的研究结论为，"情感和认知在大脑的结构中深深交织在一起。"

这表明"情感"在外语学习的地位不容忽视。学习动机则是个体情感因素中的根本。

在二语动机研究的第一个阶段（1959至20世纪90年代初），动机被看作个体、稳定心理特征。Gardner、Lambert（1972）从社会心理学的角度把动机分为融合型（integrative）和工具型（instrumental），这奠定了现代二语学习动机研究的基础。语言学习动机类型融合型指与目的语群体接触、交流乃至融入其群体的兴趣和愿望，对语言学习的结果有更积极影响。而工具型动机代表对所学语言之实际价值和优势的追求（高一虹，2013）。而后，二语动机的研究从语言学习层面上升到对整体"人"的探讨。Lambert的社会心理模式（The Social Psychological model）认为二语学习会影响学习者自我认同的转变，产生削减性双语现象（subtractive bilingualism），即学习者的母语和母语文化认同被目的语和目的语文化认同所取代。附加性双语现象（additive bilingualism）：习得目的语和目的语文化同时，学习者的母语和母语文化认同得以维持。这时期的经典理论为Schumann（1978）的濡化理论（Acculturation Theory）、Clement（1980）的社会环境模式（The Social Context Model）、Giles和Byrne（1982）的社会群体间模式（The Social Intergroup Model）。这些理论均强调目的语文化认同对语言学习结果的正面影响。

20世纪90年代，二语动机的社会文化学派对社会心理学派发起了挑战，认为"动机"概念没有充分考虑社会环境的影响（Norton，1995）。Norton(1995)把 Bourdieu(1977)社会学的文化资本理论应用到二语习得场域，提出"投资"(investment)概念来扩展社会心理范式的"动机"概念，否认个体稳定的心理特征，认为"投资"是一种动态的观念，二语学习是个体和社会环境的互动建构过程。当学习者与目的语使用者谈话时，他们不仅是在交流信息，而且是在不断构建和重构自己是谁，以及自己与社会环境的关系。（Norton，1995）

Dornyei(2005，2009)的二语动机自我系统(L2MSS)代表了动机理论社会心理范式的新发展。系统包括理想二语自我(Ideal L2 Self)、应该二语自我(Ought-to L2 Self)以及二语学习经验(L2 Learning Experience)。

Gardner、Lambert(1972)融合型(integrative)动机和工具型(instrumental)动机表明了二语学习者对融入目的语群体的期许以及对二语工具化的需求。Dornyei(2005，2009)的二语动机自我系统(L2MSS)表明了二语学习者对二语自我愿景的期待，而 Norton(2001)的"想象共同体"(imagined community)更是彰显了二语学习者对目的语所处社会身份的显著相关。

胡范铸、陈佳璇、张虹倩在《世界汉语教学》(2018.1)发表的《目标设定、路径选择、队伍建设：新时代汉语国际教育的重新认识》中认为，国际汉语教育应该从以语言教学为中心转向以语言教学与服务结合为中心，更重要的是以受教育者的发展需求为中心，"汉语国际教育"是"汉语"+"国际理解教育"，而这应该是一种"汉语＋N"的学科。N 应该是构建于人类命运共同体的"各国社会基础和可能路径"对政治学、国际关系、社会学、历史学、法学、哲学等问题的重新思考。

由此我们来看 2017 年教育部发布的来华留学生大数据。2017 年来华留学生 48.92 万，比 2012 年增长了 35%。一带一路 64 国来华留学生 207746 人，同比增幅 13.6%。2016 年学历生汉语专业人数从 2012 年的第 2 位下降到第 5 位。而教育、理科、工科和农学学生人数增幅超过 100%，经济、西医、文学、法学、管理学生人数增幅超过 50%。学历生学生人数最多的专业为西医、工科、经济和管理。这打破了以往以汉语学习为主的格局，学科分布更加均匀。

汉语学习与中国形象、中国文化紧密相连，同样也因为政府政策扶持，一直以来，来华本科留学生均以汉语专业为首选。目前这种来华留学生对专业选择的变化也显现出了"汉语＋N"的发展趋势。

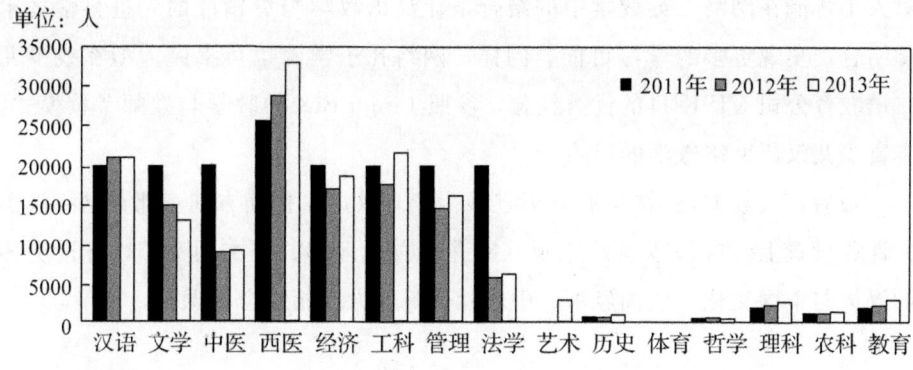

图 1

四、结论

TESOL"Teaching English to Speakers of Other Languages"（对外英语教学）作为证书课程，已被国际上 100 多个国家的 8000 多所学校认可。目前，Coursera 提供与亚利桑那州立大学合作的在线证书课程。课程包括两部分、8 门课程、150 小时的在线起始课程以及证书。

网络孔子学院也开设了国际汉语教师培训的付费课程，受众主要针对国内的中国对外汉语相关专业的学生。课程按照《国际汉语教师证书》考试大纲、教学通用课程大纲开设，意在通过《国际汉语教师证书》考试。

那么，按照国际在线课程的发展趋势，网络孔子学院国际汉语教师培训的在线课程是否也可以探索课程与证书挂钩，让学习与获取《国际汉语教师证书》直接相关。其次，是否可以将课程的受众不仅局限为中国学习者，而让更多想从事对外汉语教学的外国学习者也能有机会参与在线汉语学习并取得相应的资格证书。同样，网络孔子学院也可借鉴国际上大型慕课平台授予学位课程的新趋势，与高校进行更紧密的合作，开发更多的在线汉语学位课程，采取更多的课程结业形式：如免费、证书、微型证书、大学学分、在线学位以及培训。即使不在中国，也让获取中国大学汉语专业的学位课程成为可能，让汉语学习更不受时空限制。

在计算机技术上，近年人工智能技术也在网络二语教学中得到广泛应用。

网络孔子学院也可借鉴专向型网络二语教学应用如 ELSA、Ponddy Education 对人工智能在网络二英教学中的结合，让汉语教学与更精准的先进科学技术相结合，实现更多的学习可能。同样，网络孔子学院也可参照大型在线少儿二语教育公司 VIPKID 的优秀经验，参照 Lingo Bus 的教学与教师考核模式，丰富少儿汉语网络教学的经验。

最后，大数据显示"汉语＋N"已成为全球汉语动机新方向。那么网络汉语的课程设置上，应该秉承此原则，推进跨文化理解、跨文明互鉴，开设更多的汉语与中国文化、中国经济、中国社会等各方面相结合的课程。

参考文献

[1] 胡范铸，陈佳璇，张虹倩. 目标设定、路径选择、队伍建设：新时代汉语国际教育的重新认识[J]. 世界汉语教学，2018，(1).

[2] 高一虹等. 大学生英语学习动机与自我认同发展——四年五校跟踪研究[M]. 北京：高等教育出版社，2013

[3] 刘俊杰. 通过微硕士让传统硕士项目在线完成[EB/OL]. https：//www. jiemodui. com/N/86169. html

[4] 近万留学生在华求学，哪些专业最受"洋学生"青睐[EB/OL]. http：//mp. weixin. qq. com/s/aQA08fvWygxgJ3TT2XVzMA.

网上汉语教学的现状与思考

李启洁*

[摘要]通过丰富的媒体手段对教学内容进行展示和传递是网络教学的优势,但是由于过于注重教学内容的呈现,很多教学网站忽视了对学习环境与学习活动的设计,绝大部分网站只是提供了一部网络教材,而没有真正实现"教"与"学"的互动环节。本文通过对汉语学习者网上学习需求的调查,对目前汉语教学网站的功能进行了全面的评估,指出网上汉语教学与学习者对汉语教学网站需求之间还是存在着差距,有很多可以改进的地方。

[关键词]网上汉语教学;学习者需求;呈现方式

一、引言

网上教学的优势是通过无处不在的网络连接成千上万个终端,使学习者摆脱地域和时间的限制,共享网上的优质教育资源。满足学习汉语的个性化需要,加速汉语的推广与普及。为了适应全球对汉语学习的需求,网络汉语教学近十几年发展较快,国内外很多学校、教育机构和企业都开发了网络课程。一个汉语学习网站的前期建设和后期维护都要投入巨大的人力、物力,但是目前网上汉语教学的发挥的效能并不高,大部分的汉语学习者都有利用网上学习资源的经历,但真正通过网络远程教育学习汉语的学生并不多。这些状况说明汉语网上教学还存在很多值得研究的问题。

远程汉语教学网站有两项主要功能,第一是为汉语教师和汉语学习者提

---

* 李启洁,女,北京人,首都师范大学国际文化学院副教授,文学博士,主要从事多媒体辅助汉语教学研究。

供教学资源;第二是提供一个交互式学习平台,为教师和学生开展交互式的学习提供服务。[1]与课堂汉语教学相比,网上教学是一种全新的教学模式,如何实现这两个功能,也就是如何在师生隔离的网络教学环境下充分体现教师的引导作用;如何利用网络的交互性,实现网络汉语课堂的言语互动,应该说是远程汉语网上教学亟待解决的两个关键问题。

二、问卷调查结果及分析

本文通过问卷调查的方式,了解汉语学习者的需求,分析网上汉语教学的现状,发现学习者的需求与现有网上教学资源之间存在的矛盾,力求找到进一步完善网上汉语教学的方法。调查内容涉及学员的基本信息、对于汉语教学网站看法、汉语网上学习方法、网上教学满意程度、选择网上教学理由、网上教学的好处以及学生需求等七项内容,较全面地反映了学习者对网络学习的看法和需求。

本调查的对象是90名来自五大洲17个国家的留学生,从被调查人员的基本信息可以看出来,98%的受调查者年龄在30岁以下,在校学生占84.4%,学习汉语2年以上(含2年)的人占63.2%,1~2年之间(含1年)占31%。他们中的77.7%来自欧美等网络通信发达的地区,对网络并不陌生,上网也已成为他们日常生活的一部分。

(一)学习者对学习网站的选择及利用方法

在受调查的90名人员中,38.2%的人员认为生存汉语会话网站最有用,其次有26.7%的人认为新闻视听网站对于汉语学习帮助较大,还分别有21.1%和22.2%的人选择了与中国旅游、中国文化、中国社会的网站,而HSK辅导以及经贸汉语网站的选择人数为16.7%和14.4%,有2人认为可以开设专门的语法网站以帮助学习汉语,而有18.9%的人员从未使用过汉语网站学习汉语。调查中有2人未作答。

这些数据显示,通过网络学习汉语很普遍,受调查者中只有18.9%的人从未接触过汉语学习网站,而64.9%的人希望通过网络教学帮助他们提高汉语听说能力。

有将近一半的人(46名,51.1%)认为定期安排面授课进行答疑和指导对其网上学习汉语帮助较大,而37.8%(34名)的人认为网上提问以及回答问题也可以较好促进其学习汉语,有25.6%(23名)的人认为利用网络互动是较好的网上学习方法,有18.9%(17名)的人认为定期提交作业和反馈对网上学习者的帮助较大,在总调查人数中有4个人没有提出自己的观点。调查中有3人未作答。

(二)学习者对网上教学满意度及选择网上教学的理由

在总调查人员中,有近一半人员认为网上教学满意的原因是内容容易理解(26名,28.9%)和教学引导有效(24名,26.7%),而画面清楚和简单(16名,17.8%)也是受调查人员满意的主要原因,而其他原因所占比例较少,如交流真实感(11名,11.2%),网络技术稳定(7名,7.8%),正常网速(4名,4.4%),整体设计协调(3名,3.3%)。全部受调查人员中有1人提出网上教学满意的原因主要是免费提供的学习内容,而有6人未回答此题。

关于选择网上教学的原因,有超过一半的人认为主要是由于学习时间可以由自己决定(53名,58.9%),而有18.9%(17名)的人认为自己决定学习方式是其选择网上教学的主要原因,而得到比课堂更多的练习机会(13名,14.4%)也是大家选择的原因之一,而汉语老师不足(8名,8.9%)和多媒体的表现方式(3名,3.3%)则只是少数人员关注的原因。在调查中,有3人未作答。

关于通过网上汉语课程的学习,占总人数48.9%的人(44人)认为自己可以提高阅读能力,而36人,占总人数40%的人认为听力能力得到了提高,而写汉字(10名)占11.1%,口语(10名)占11.1%和综合运用语言能力(10名)占11.1%三方面则帮助不是很大,而认为网上教学可以提高语音的仅有4人。在调查中有7个人未回答此题。

有43人(47.8%)认为最需要提高的能力是口头交际,其次为听力能力(41名,45.6%),再者语音(20名,22.2%),写汉字(19名,21.1%),阅读(18名,20%),写作(18名,20%)和综合运用语言交际(17名,18.9%)等方面。其中,只有1人认为提高语法比较关键,有5人未作答。

三、远程汉语网络教学资源的呈现方式

(一)客观呈现方式

综观目前的远程汉语教学网站,其教学课件的编制和呈现方式大概可以

分为三种：

第一种是以文字为主要呈现方式，辅以图形、图像、音频，并加入少量的动画、视频来展示教学内容。这样的网络课件一般都依托于某部纸本教材，将教学内容划分成若干课，每课包括若干生词、语法和文化背景知识的相关的解释说明和练习，有的课文和生词配有录音，重点生词配有说明、词组搭配，或例句、练习等。"北京大学远程汉语教学"、北京语言大学下属的网络教育学院开办的"网上北语"，可以说是这种模式的代表。

这种呈现方式，能够体现网上教学优势的地方就是多种媒体的介入，教学内容的呈现方式不仅有文字，还包括图形、图像、音频和少量的动画、视频，这使学习内容更加直观，有利于学习者迅速、牢固地掌握知识，特别是对初级汉语学习者有显著的效果。学习者还可以在网上听到课文或生词的录音，获得语音信息，这一点也是优于纸本教材的。但是网络"教学"不等于网络"教材"，如果只注重知识的呈现，忽略教师引导作用的体现，那么网络学习就与学习者自学纸本教材的区别不大了。所以一些设计思想较弱，只是简单地堆砌教学资料的网站，被业内人士批评为"纸本教材搬家"。

第二种方式是在第一种方式的基础上加大了利用虚拟现实（virtual reality，VR）的手段来展示教学内容的力度，实际上是为学习者提供了一个模拟现实的虚拟的语言环境，通过输入或输出清晰流畅的画面、形象完整的二维或三维动画和音响逼真的声音与对话，使学习者有身临其境的现场感，还可以通过人机对话进行角色扮演，从而使其具有一定的交互功能。典型代表是"长城汉语"。

第三种是以播放情景剧或新闻片等视频为主的教学网站。比如美国 Connecticut College 把美国明德大学和北京师范大学制作的录像片段制作成网络视听课件，并配有中英文字幕及根据对话编写的相关的问题和答案。（胡明亮，玛丽莎·卡斯塔尼奥《网上汉语录像练习》，《现代化教育技术与对外汉语教学》，广西师范大学出版社，2000 年）还有一个比较成功的视频网站是美国人保罗·斯威夫特和他的中国朋友于 2007 年 4 月开办的 ezychinese.com，该网站是全球最大的视频汉语教学平台。以视频的形式播放反映当代中国社会生活的情景喜剧，学生不仅可以将教学资料下载到 iPod 上，还可以与网站聘请的在线教师随时进行口语交流。据保罗·斯威夫特介绍，ezychinese.com

虽然开办时间不长，其访问量已超过25万，覆盖全球140多个国家和地区。

第二、三种方式与第一种方式的主要区别在媒体的选择上，后两种方式通过动画和视频让学习者在接收声音和文字信息的同时，接收到了图像信息，有助于学习者建立语言与图像之间的直接联系。其中第三种方式又优于第二种，因为通过视频呈现出来的语言材料更加真实。依据Long(1996)交际假设的观点，语言习得是通过交际过程中所发生的"语义对接"(negotiation for meaning)来实现的。语义对接的过程包括听懂交谈对方的话，讲话人根据对方的语言水平进行适当的调整。[2]视频提供的语料，更接近真实的生活，表现了真实的语音、语调、句型、语法和词汇；真实场景和生活话题更能表现语用方面的真实情况；此外还可以提供语言外的多种文化信息，提供了更多的可理解输入机会，有助于学习者形成正确的语义对接。

但是目前国内外的汉语教学网站，以视频为主的影像教学还是很少的。原因很多，首先建设这样面向国外学习者的网络远程教学课堂网站，不但要依靠熟练的电脑技术人员，同时也要有资深的对外汉语教师参与。而且技术的操作环境及协作也是至关重要。因为网络远程教学要求浏览速度快，同时还要保证视频教学过程的通顺和画质上的流畅。在低速网络，或用户较多而线路繁忙时，如果传输受阻，8秒钟打不开网页，学习者就会产生厌烦的心理，从而对学习产生负面的影响。"权衡利弊，目前对外汉语教学课件的媒体选择除极少量的视频外，主要采用了文字、图片、图像、动画和音频。"[3]

上述三种网络教学呈现方式的区别主要在于运用的媒体类型不同，但基本上可以归为一类，属于客观呈现型的，也就是说主要是依靠多种媒体展示教学内容，而教学引导作用体现得比较弱。这一点可以说是客观呈现型的局限性，计算机虽然可以模拟教师的一些教学行为，例如讲解生词、课文、语言点，领读，举例，甚至可以利用多媒体的教学优势，直观地呈现教学材料，但计算机毕竟是由人操作控制的，即使是智能化很高的计算机也不可能具备人的智力和随机应变的能力。即使是包括视频在内的网络课程，其表现力也无法与课堂教学相比。

(二)主观呈现方式

为了达到课堂教学的效果，又出现了模仿课堂教学的第四种网上教学呈现方式，这种方式除了利用上面的几种呈现方式之外，还将教师的教学过程用摄像机摄下来，然后再用视频的方式在网上播放。首都师范大学和日本JS公司合作的汉语教学网站就采用了这种方式。这种教学呈现方式与电视远程教学有相似之处，所有的教学过程一如课堂教学，只是没有学生的参与。能够展示教师的教学个性，教学思想也能得到明确的体现，但教师在学生缺席的情况下进行教学，教师只能预设学生的反应，自问自答，缺乏学生的反馈，和师生间的交流。

现代远程网上教学依据的是信息传播的理论模式，根据这个模式，"教学活动总可以分解成以教师为中心的教育信息源，然后运用媒体的传输通道以某种形态对作为信宿的接受者学生提供信息进行刺激，学习者在接受信息后也要经过头脑加工处理做出反应，并向教师反馈，教师再与预定的教学目标对照检查，并予以强化，等等。"[4]虽然网络教学面对的是成千上万的汉语学习者，他们个体差异巨大，但是在目前的技术手段下，而且为了网络教育市场的最大化，网络课件编制的原则只能是以教师为中心，面向全体学习者，最多是将课件分出了高、中、初级。因此设计者必须预先估计学习的重点和难点，编排教学内容、设计说明文字和练习。以学生为中心的个性化学习本来是网络教学的优势之一，网络课件的编制和呈现应该能够为他们提供个性化学习的选择。但在目前，网络教育的个性化主要只是体现在学习者可以自由选择学习时间和学习地点，再加上导航系统薄弱，就造成了网络教学资源大而全、缺少针对性的问题。

在这方面，传统的课堂教学的灵活性是网络教学所望尘莫及，即使是准备最充分的教师也不会完全原封不动地照搬自己预先设计好的教案，因为每一节课都是一次独特的教学经历，都会出现一些不确定的因素造成一些临时性的教学变更，而每一个学生都是独特的，都有与众不同的学习个性和语言水平。所以有经验的教师都会随时关注学生通过各种方式反馈回来的信息，作为进行下一教学环节的重要依据。与之相比网络远程教学就不具备这种便捷性，虽然设计者费尽心思想要模仿课堂教学环境，但也最多是用按照预先设计好的教案用视频将教师的教学过程展示出来，将教学环节中可能出现的问题、疑点都预先展示出来。但具体到每个学习者，他们是不可能得到教师有针对性的指导的。

一些研究者注意到了这个问题："汉语教师的角色是目前的技术手段所无

法取代的。因为当前最先进的计算机智力水平也还无法与人相比,而虚拟的汉语教师还存在着学习者认同感的问题。一定数量的学习伙伴,也是必要的,对于外语的学习尤其重要。""因此,我们可以认为面对面的课堂教学所达到的效果,是任何远距离教学形式都不能比拟的。"[5]教学网站的设计者试图用最新的技术,尝试更人性化的网络教学呈现方式。

第五种网上教学的呈现方式与第四种同属于主观呈现型,但是它构建语境的手段是实现性的,即在电脑上安装摄像头、耳机、话筒等辅助设备,通过网络通信实现音像的同期传播,为学习者提供网上实时交流的机会。这种教学模式下学习者与教师不但可以闻声,甚至能够"见面",并进行实时交流,这不但有利于培养学习者运用语言进行交际的实战能力,更主要的是它在网络教学中实现了接近课堂教学的灵活性,教师可以随时依据课堂教学进行的具体情况决定教学内容和节奏。

日本早稻田大学Tutorial汉语远程教学(Tutorial Chinese Distance Instruction,简称TCDI)就是一个较为成功的例子。早稻田大学的口语强化会话课,是通过网络和视频设备使分处两地的教师和学习者能看到实时的影像并自由地交谈。实际上是利用现代科技手段将课堂教学搬上了网络。教师可以按照课堂教学组织教学,并通过学生的反馈随时调整下一教学环节。学生可以通过与教师的实时交流获得一个汉语交际的小环境,学生学习中的疑难问题也可以得到及时的回答,语言表达中的错误也能得到及时的纠正。"TCDI模式的教学,把国际交流实践成功地引入到了虚拟课堂,创造了一种必须使用汉语进行交流的环境,有利于学生掌握与不同文化背景的人进行交流的应对能力,提高了他们外语学习的积极性。"[6]早稻田大学的网络教学模式,给我们一些有益的启示:虽然教师与学习者身处异地,但仍然可以利用现代通信手段实现网上实时的交流,为学习者提供更为人性化、更为真实的网上交际机会。

第五种呈现方式还只是一种尝试,其中反映出来的一些问题也是值得深思的。它虽然已经很接近面对面的课堂教学,但是因为教师和学生看到的图像完全依靠摄像机的镜头,所以反映在电脑屏幕上的画面是有限的,不可能真实地反映课堂教学的情况。而且由于网络传输速度达不到,会产生声音和画面的延时,所以无论是教师还是学习者都不可能获得真实的课堂感觉。"由于它是在类似于课堂的学习环境中进行,而不是在真正面对面的课堂环境中进行,因此,它与面对面的语言教学相比有很多不同的地方。例如,由物理上的距离感导致的心理距离感;由技术原因导致的反应延迟感。"[6]这些都会影响教师和学习者的交流,双方都需要一定的时间去适应。

另外一点,网上教学的优势之一是其跨时空性和学习的自主性。学习者可以根据个性化需求自由地选择学习时间、地点及学习方式,甚至学习内容。但是TCDI模式,要求学习者与教师必须在同一时间,固定的地点进行网上学习,因为要依靠摄像机镜头采集图像、声音。所以虽然是网络远程教学,学习者却跟课堂教学一样,没有了选择学习时间和地点的自由。同时由于其教学程序与学习内容也完全由教师决定,教学的引导性很强,所以学习者也就没有了自主学习的自由。

这种教学模式还有一种风险是其对技术手段和网络环境的过分依赖。因为"教与学的行为在时间上是同步的,因此,任何技术故障都有可能导致教学中断。这种极其依赖技术条件而开展的教学形式可以说是空前的"[5]。而且,采用这种教学模式的远程汉语教学网络,前期投入和后期维护的费用都是巨大的。早稻田大学的口语强化会话课,通常是一个教师和由四个学习者组成的小班授课。这种网络教学模式不可能为广大的汉语学习者提供学习资源,也不可能解决汉语师资缺乏的问题。

四、网上汉语教学的改进方向

(一)网上汉语教学与学习者需求之间的差距

作为第二语言教学,汉语网络远程教学有其特殊性,现在的汉语教学网站虽然为学习者提供了丰富的学习资源,"就目前的状况来看,技术学科中运用现代媒体技术比较普遍,效果也比较明显。……然而,对外汉语教学则是另外一种状况。语言是人与人之间直接的或间接的交际工具,因此,语言教学离不开人的参与,人的因素在语言教学中有着比其他学科更高的含量"[5]。学习者不可能单纯地通过网上学习获得运用语言进行交际的能力,因为学习、理解和记忆只是语言知识输入的步骤,要真正具备汉语交际的能力,学习者还需要大量的输出性练习。在传统的汉语教学课堂上,学习者通过与老师及其他学习者的交流互动形成了一个小的语言环境,虽然这只是一个人造的语言环境，而且老师在交流时为了照顾学习者的汉语水平，使用的是经过加工的语言，即在语速、词汇、语法等方面配合学习者的接受能力，但学生仍然能从中学到很多语言知识及交际技巧，同时获得机会以锻炼听说读写的技能。

能不能通过远程网络教学培养学习者的语言交际能力，对远程汉语教学来说是至关重要的，也是第二语言学习者的主要需求。问卷调查的结果显示，在受调查者中，有将近一半的人（46名，51.1%）认为在网站设立当地老师定期课堂回答问题和指导的项目对其网上学习汉语帮助较大，而37.8%（34名）的人认为网上提问以及回答问题也可以较好促进其学习汉语，有25.6%（23名）的人认为利用网络互动是较好的网上学习方法，而只有18.9%（17名）的人认为定期提交作业和反馈对网上学习者的帮助较大。这说明通过网络学习获得语言交际能力是学习者的普遍要求，因而如何利用现有的技术手段解决构建语言交际环境这个问题也就成了网络远程教学研究的又一个焦点。

（二）改进的几种手段

目前国内外的汉语教学网站，在交互功能的实现方面也有几种手段，第一种是利用人机对话的手段，同时提供FAQ解答。比如"北京大学远程汉语教学"为学习者设计了相应的拼音、汉字输入练习。每课都设有交际性练习，用英语给出语境，为学习者设置角色，并为其提供进行人机交际的多项选择，帮助其完成交际。选择性练习是网上教学的强项，所以经常被用在"听"和"读"的练习中。"然而选择性的练习也有其局限性，因为这类练习所调动起来的主要是人对语言的判断能力，它与熟练运用语言进行交际的能力还不能完全画等号。用它来测试具有较高的信度，但只用它来训练语言能力就不够了。"[8]由于电脑技术所限，"说"和"写"这类属于主观性、输出性的练习现在仍然是网上教学的弱项。网上进行人机交流的唯一优势就是，交际练习是"一对一"的，相比课堂教学有着无可替代的优势。

第二种手段是通过E-mail、BBS等形式对学习者进行答疑和个别辅导。这种形式对学习者来说是一种输出性的练习，但仅限于"写"，而且只是利用键盘"写"，没有"说"的练习。另外师生间的交流是延时性的，不具有时效性。2006年7月国家汉办面向海外汉语学习者推出了一个名为"中国汉语网"的大型汉语国际推广门户网站，网址是www.linese.com。这一网站提供了在线学习、师资培训、资源中心、志愿者服务和信息查询等功能。上面有用多媒体技术制作的音像材料、互动课程、虚拟社区等,也为用户提供了博客、播客、维基百科等实用工具。

  第三种手段是通过 QQ、MSN 等形式实现网上实时交流,包括文字、声音、图像三种交流方式。国家汉办与华东师范大学合作建设的汉语远程学院已有 128 个国家和地区的 4300 名学生注册学习,是目前国内外最大的汉语学习网站。该网站的特点之一是提供在线教师(Teacher Online)及时指导解决学生的问题。而在美国人保罗·斯威夫特和他的中国朋友开办的 ezychinese.com 网站,学生不仅可以将教学资料下载到 iPod 上,还可以与网站聘请的在线教师随时进行口语交流。这种交流手段对语言学习来说应该是最理想的。但成本和对技术环境的要求也是最高的。

  此外也可以安排定期的面授课程作为网络学习的补充。韩国网络学校不但安排了助教每天按时上网解答课件的问题,实行网校—教授—助教—学生三级管理。而且开设周末面授班,由专业教师对学生答疑和辅导。[7]

  这就表明我们目前所有的汉语网络教学资源呈现方式与学生对汉语教学网站需求之间还是存在着很大差距的。通过分析上面的几种网络互动模式,我们可以看出在目前的技术条件下,较为成功的网络教学互动模式:一是利用现代科技手段,通过影像和声音交互的方式实现目的语交际训练,二是在网络学习之外,利用当地的汉语师资力量,对学生进行定期的面对面辅导。这两种模式之所以成功,也都是由于在互动中充分考虑到人的因素,所以加大了人的参与成分,使学习者的言语交际能力得到有效的训练。如何在师生隔离的情况通过网络成功地进行网络教学,满足学习者的个性化需求,还是有很多地方应当改进的。

参考文献

[1]许琳. 汉语国际推广的形势和任务[J]. 世界汉语教学, 2007, (2).

[2]Long, M. The Role of the Linguistic Environment in Second Language Acquisition. In W. Ritchie and T. Bhatia (eds.) Handbook of Second Language Acquisition[C]. San Diego: Academic Press, 1996.

[3]宋继华, 徐娟, 许见鸿. 对外汉语教学网络课件开发的理论原则[J]. 北京师范大学学报(社会科学版), 2004, (2).

[4]章伟民，曹揆申．教育技术[M]．北京：人民教育出版社，2000．

[5]郑艳群．课堂上的网络和网络上的课堂——从现代教育技术看对外汉语教学的发展[J]．世界汉语教学，2001，(4)．

[6]郑艳群．日本早稻田大学 Tutorial 汉语远程教学模式评析[J]．世界汉语教学，2004，(2)．

[7]金珍我．韩国远程教育(网络大学)外语教学概况[A]//数字化对外汉语教学理论与方法研究，北京：清华大学出版社，2004．

[8]刘超英，王玉．对于网络汉语课程的探索：E-leaning 与对外汉语教学[C]．北京：清华大学出版社，2002．

字源义在近义词辨析中的作用

刘士红*

[摘要] 汉语教学中近义词辨析是重点也是难点，同时近义词辨析方法也多种多样。汉语中字与词的关系具有特殊性，这决定了字义在词义中的重要地位和作用。汉语中许多互为近义词的一组双音复合词都由一个共同词素和一个不同词素构成。这些有共同词素的一组近义词在词义、用法等方面的不同往往与其不同词素有关，而其中又有一些是与其不同词素的字源义有关。通过对其不同词素的字源义的分析，可以简明清晰地将这组近义词辨析开来。因此，字源义在近义词的辨析中具有非常重要的作用。文章通过对"哀求—恳求"、"快乐—欢乐"、"增强—增加"等几组近义词进行分析、证明。

[关键词] 近义词辨析；不同词素；字源义

一、引言

汉语教学中近义词辨析是重点也是难点，同时近义词的辨析方法也多种多样。汉语中字与词的关系具有特殊性，这决定了字义在词义中的重要地位和作用。汉语中许多互为近义词的一组双音复合词都由一个共同词素和一个不同词素构成，郭志良（1988）指出汉语的近义词中84％有共同词素。这些有共同词素的一组近义词在词义、用法等方面的不同往往与其不同词素有关。而这其中，不同词素的字源义决定了互为近义词的一组词的词义用法的不同是非常具有典型性的一类，因为通过对其不同词素的字源义的分析，可以简

---

* 刘士红，男，山东邹城人，首都师范大学国际文化学院讲师，文学博士，主要从汉语言文字学、对外汉语教学研究。

明清晰地对这组近义词进行辨析。因此，字源义在近义词的辨析中具有非常重要的作用。正文将通过几组近义词的辨析实例进行分析证明。

二、正文

(一)哀求—恳求

"哀求"与"恳求"是一组近义词，其含义和用法不完全相同。例如：

(1)苦苦哀求。大声哀求。带着哭腔哀求。边哭边哀求。讲了许多哀求的话。语气近乎哀求。

(2)他恳求她嫁给他。热切的恳求的目光。情真意切的恳求感动了他。流着泪恳求工作人员。

在《现代汉语词典(第7版)》中，对"哀求"的解释是"苦苦请求"；对"恳求"的解释是"恳切地请求"。在《1700对近义词语用法对比》中，对"哀求"的解释是"悲伤痛苦地提出请求，希望得到帮助或救助，哀求时一定是遇到了不幸或悲痛的事情，在非常无奈或痛苦的情况下才求别人"；对"恳求"的解释是"诚恳殷切地提出请求，希望得到帮助、支持或满足，只是表示态度诚恳"。以上两种工具书中的解释辨析一定程度上说明了二者的异同点，但仍不够简明清晰。通过对其共同词素和不同词素的字源义的分析，我们或许可以很简明清晰地说明其异同点。

"哀求"与"恳求"的共同词素为"求"，为"请求"义，所以这两个词都是"请求"的下位词，是不同状态、不同特点的请求。它们的不同词素为"哀"和"恳(懇)"。《说文解字》："哀，閔也。从口衣聲。""閔，弔者在門也。从門文聲。"因此"哀"的字源义为"悲痛、悲伤"，"哀"描述的是非常悲伤地张着嘴哭的样子，而"哀求"所描述的样子当然就是非常悲伤地张着嘴哭着请求别人的样子了。《说文解字》："懇，悃也。从心貇聲。""悃，愊也。从心困聲。""愊，誠志也。从心畐聲。"因此"恳"的字源义为"非常真诚地"，"恳"描述的是非常真心地、真诚地做一件事的样子，而"恳求"所描述的样子当然就是非常真诚地请求别人的样子了。

因此"哀求"多用于强调请求时的语言上的悲伤、悲痛，而"恳求"多用于强调请求时的心理上的真诚、真心。

(二)爱护—爱惜

"爱护"与"爱惜"是一组近义词,其含义和用法不完全相同。例如:

(1)爱护公物。爱护万物。爱护环境。关心与爱护。爱护自己的身体。爱护年轻一代。

(2)爱惜自己。爱惜粮食。爱惜书。爱惜文具。爱惜时间。爱惜生命。爱惜自己的名誉。爱惜部下。爱惜员工。

在《现代汉语词典(第7版)》中,对"爱护"的解释是"爱惜并保护";对"爱惜"的解释是"因重视而不糟蹋;爱护珍惜"。在《1700对近义词语用法对比》中,对"爱护"的解释也是"爱惜并保护";对"爱惜"的解释是"因重视而不糟蹋滥用;疼爱;爱护",用法对比中指出"爱护"的对象可以是人也可以是物,"爱惜"的对象一般是物。以上两种工具书中的解释都有"相互为训"的缺点,不能清晰给出二者的异同点;后者的用法对比只是说明了二者后接宾语的不同,不全面也欠准确。通过对其共同词素和不同词素的字源义的分析,我们或许可以很简明清晰地说明其异同点。

"爱护"与"爱惜"的共同词素为"爱",所以这两个词都是"爱"的下位词,是不同状态、不同特点的爱。它们的不同词素为"护(護)"和"惜"。《说文解字》:"護,救视也。从言蒦声。"后来"监督、监视"这一义项消失,只留"保护"这一义项。繁体字简化时字形"護"简化为"护",从手户声,更是强化了用"才"、力量、行动去保护的意思。因此"护(護)"的字源义应为"监督、保护","爱护"就是因为爱一个事物所以用实际行动保护这个事物。《说文解字》:"惜,痛也。从心昔聲。"《增韵》:憐也,愛也。因此"惜"的字源义为"哀伤、哀痛","爱惜"就是因为从心底非常爱一个事物所以不想它被破坏、不想失去它,而如果被破坏了、失去了心里就会哀伤、哀痛。

因此"爱护"多用于强调行动上的爱与保护,而"爱惜"多用于强调心理上的爱与不愿被破坏、失去。

(三)包括—包含

"包括"和"包含"是一组近义词。其含义和用法不完全相同。例如:

(1)精神文明建设包括文化建设和思想建设两个方面。各类活动包括晨会、班队活动、社会实践活动和学校传统教育活动等。包括老师。

(2)包含父方的遗传信息。包含着深刻的意思。这一思想无疑包含着丰富的科学人文主义精神。

在《现代汉语词典(第7版)》中,对"包括"的解释是"包含(或列举各部分,或着重指出某一部分)";对"包含"的解释是"里面含有"。在《1700对近义词语用法对比》中,对"包括"的解释是"总括(或列举各部分,或着重指出某一部分)";对"包含"的解释是"里边含有"。以上两种工具书中的解释辨析一定程度上说明了二者的异同点,但仍不够简明清晰。通过对其共同词素和不同词素的字源义的分析,我们或许可以很简明清晰地说明其异同点。

"包括"与"包含"的共同词素为"包",为"容纳在内、里面有"义,所以这两个词是不同状态、不同特点的"容纳在内、里面有"。它们的不同词素为"括"和"含"。《说文解字》:"括,絜也。从手昏聲。""絜,麻一耑也。从糸刧聲。"因此,"括"的字源义为"束、扎、捆",所描述的是把多个麻或像麻一样的东西用丝线束扎在一起的样子。《说文解字》:"含,嗛也。从口今聲。""嗛,口有所衔也。从口兼聲。"因此,"含"的字源义为"嘴里放有东西",所描述的是把东西放进嘴里、嘴里藏有东西的样子。总之,因为"括"是用手和丝线所做的具体可见动作,而"含"是藏在口中的不可见动作,所以"包括"多用于具体的事物,但也可用于抽象的事物;而"包含"多用于抽象的事物,基本不用于具体的事物。

(四)构成—组成

"构成"和"组成"是一组近义词。其含义和用法不完全相同。例如:

(1)眼镜由镜片和镜架构成。构成教育的基本要素是教育者、教育内容、教育手段、教育对象。已经构成犯罪。人员构成不合理。

(2)教育是文化的一个重要组成部分。世界由物质组成。词组组成句子。

在《现代汉语词典(第7版)》中,对"构成"的解释是"(动)形成,造成;(名)结构";对"组成"的解释是"(部分、个体)组合成为(整体)"。……工具书中的解释并不能够说明二者的异同点。一些近义词辨析词典中也未收录这组近义词。通过对其共同词素和不同词素的字源义的分析,我们或许可以简明清晰地说明其异同点。

"构成"和"组成"的共同词素为"成",为"成为"义,所以这两个词都是"成为"的下位词,是不同状态、不同特点的成为。它们的不同词素为"构(構)"和"组(組)"。《说文解字》:"构,蓋也。从木冓聲。"《说文解字注》:"冓,交積材也。凡覆葢必交積材。"因此,"构"的字源义为"架屋",所描述的是用木材立体地盖出房屋的样子,而"构成"所描述的就是像用木材立体地盖出房屋一样的使多个事物成为一个整体的样子。《说文解字》:"组,綬屬。其小者以爲冕纓。从糸且聲。"因此,"组"的字源义为"宽而薄的丝带",所描述的是用丝线织成宽而薄的丝带的样子,而"组成"所描述的就是像用丝线织成宽而薄的丝带一样的使多个事物成为一个整体的样子。

总之,"盖房子"是立体的,因此"构成"多用于对事物的更微观、更精细、更书面的立体有序的描述;而"织布"是平面的,因此"组成"多用于对事物的更宏观、更简略、更口语化的平面或线性(不强调序)的描述。

(五)快乐—欢乐

"快乐"和"欢乐"是一组近义词。其含义和用法不完全相同。例如:

(1)生日快乐!乾隆帝很不快乐。金钱带来的快乐是短暂的。快乐大本营。快乐男声。快乐女生。

(2)游乐园带给人们欢乐。欢乐今宵。二人在一片吹吹打打的欢乐声中拜了天地。欢乐斗地主。欢乐喜剧人。欢乐谷。欢乐颂。

在《现代汉语词典(第7版)》中,对"快乐"的解释是"感到幸福或满意";对"欢乐"的解释是"快乐(多指集体的)"。工具书中的解释辨析一定程度上说明了二者的异同点,但仍不够全面清晰。一些近义词辨析词典中也未收录这组近义词。通过对其共同词素和不同词素的字源义的分析,我们或许可以很简明清晰地说明其异同点。

"快乐"和"欢乐"的共同词素为"乐",为"高兴"义,所以这两个词都是"高兴"的下位词,是不同状态、不同特点的高兴。它们的不同词素为"快"和"欢(歡)"。《说文解字》:"快,喜也。从心夬声。"因此,"快"的字源义为"心里高兴","快乐"所描述的就是心里很高兴的样子。《说文解字》:"欢,喜乐也。从欠藿声。""欠,张口气悟也。象气从人上出之形。"因此,"欢"的字源义为"高兴得张着嘴笑的样子","欢乐"所描述的就是许多人在一起看起来非常高兴、张口哈哈笑的样子。

总之,"快"是内在的,"欢"是外在的。"快乐"多用于对内心状态的主观感受("一吐为快"、"大快人心"),"欢乐"多用于对外在情况的事实描述("强颜欢笑")。内在和外在有时是共现的。共现时是可换用的,不共现时就是要区别使用。"快乐"常被用作祝福语,因为是真诚地希望别人从心里真正的高兴、开心,而"欢乐"没有这个用法。因此,我们将"快乐"解释为"心里很高兴";将"欢乐"解释为"(许多人在一起)非常高兴的样子"。①

(六)及时——准时

"及时"和"准时"是一组近义词。其含义和用法不完全相同。例如:

(1)及时雨。来得很及时。有问题及时解决。他在老师走进教室前及时赶到。

(2)准时出席。列车准时到达。八点准时开会。他和老师都没有准时出现在教室。

在《现代汉语词典(第7版)》中,对"及时"的解释是"(形)正赶上时候,适合需要;(副)不拖延,马上,立刻";对"准时"的解释是"不迟于也不早于规定的时间"。在《1700对近义词语用法对比》中,对"及时"的解释与《现代汉语词典》相同;对"准时"的解释是"按规定的时间"。以上两种工具书中的解释辨析一定程度上说明了二者的异同点,但仍不够简明清晰。通过对其共同词素和不同词素的字源义的分析,我们或许可以很简明清晰地说明其异同点。

"及时"和"准时"的共同词素为"时",为"时间"义,所以这两个词都是与"时间"相关的描述,是不同特点的与时间相关的行为状态。它们的不同词素为"及"和"准(準)"。《说文解字》:"及,逮也。从又从人。""及"的甲骨文字形从人、从手,表示后面的人赶上并用手抓住前面的人,其字源义为"追赶上、抓住"。"及时"所描述的就是追赶上了、抓住了那个特定的时间点,成功做到一件事,没有错过。《说文解字》:"準,平也。从水隼聲。"《说文解字注》:"謂水之平也。天下莫平於水。水平謂之準。因之製平物之器亦謂之準。準者、所以揆平取正是也。因之凡平均皆謂之準。""准"的字源义为"像水一样平、标准、准确",所描述的就是水面平平直直的样子,"准时"所描述的就是按照标准的、规定的准确时间来做事情的样子。

因此"及时"强调没有错过特定的时间点,并不强调是不是按照事先规定的标准时间;而"准时"强调按照事先规定的标准时间,而不强调有没有错过

---

① 如果还要继续辨析一下"高兴、开心"的异同的话,我们认为,"高兴"是与"欢乐"相对应的口语新词;"开心"是与"快乐"相对应的口语新词。

特定的时间点。例如：

(1)虽然迟到了，但他及时在老师走进教室前走进了教室，因为老师也迟到了，而且比他多迟到了1分钟。(没准时但及时到达)

(2)虽然他准时赶到约会地点，但发现女朋友不在，后来电话才得知由于天气太冷所以等了他10分钟的女朋友提前1分钟离开了。(准时但没及时到达)

(七)制定—制订

"制定"和"制订"是一组近义词。其含义和用法不完全相同。例如：

(1)国务院认真听取了各方面的意见，制定了《中华人民共和国国民经济和社会发展第十个五年计划纲要(草案)》。制定宪法。制定学会章程。

(2)要不要制订新的卫生标准成为大家讨论的话题。制订工作计划。

在《现代汉语词典(第7版)》中，对"制定"的解释是"定出(法律、规程、政策等)"；对"制订"的解释是"创制拟定"。工具书中的解释辨析一定程度上说明了二者的异同点，但仍不够简明清晰。一些近义词辨析词典中也未收录这组近义词。通过对其共同词素和不同词素的字源义的分析，我们或许可以很简明清晰地说明其异同点。

"制定"和"制订"的共同词素为"制"，为"创制、制作"义，所以这两个词都是"创制、制作"的下位词，是不同方式、不同特点的创制、制作。它们的不同词素为"定"和"订(訂)"。《说文解字》："定，安也。从宀从正。""正，是也。从止，一以止。""定"的字源义为"安定"，所描述的是回到家里安定下来的样子，后指停止、固定、决定、使确定，有完成了的意思。因此，"制定"强调的是创制、制作这一行为的结果，即决定、确定形成了一个不会改变了的最终形式。《说文解字》："訂，平議也。从言丁聲。""订"的字源义为"评议、讨论"，描述的是为了形成一个结论而进行讨论、议论的样子，因此"制订"不强调结果，强调的是讨论、议论这一行为的过程，未必形成确定不变的最终结果。

(八)增加—增强

"增加"和"增强"是一组近义词。其含义和用法不完全相同。例如：

(1)增加投入。增加教学内容。增加休闲时间。增加负担。增加供给。由800增加到1000。

(2)发展体育运动，增强人民体质。增强自觉性。增强责任感。增强主体意识。增强记忆力。增强信心。

在《现代汉语词典(第7版)》中,对"增加"的解释是"在原有的基础上加多";对"增强"的解释是"增进、加强"。工具书中的解释辨析一定程度上说明了二者的异同点,但仍不够简明清晰。一些近义词辨析词典中也未收录这组近义词。通过对其共同词素和不同词素的字源义的分析,我们或许可以很简明清晰地说明其异同点。

"增加"和"增强"的共同词素为"增",为"增长"义,所以这两个词都是"增长"的下位词,是不同状态、不同特点的增长。它们的不同词素为"加"和"强"。《说文解字》:"加,语相增加也。从力从口。""加"的字源义为"夸大",后指"添加、使更多",因此常与可数名词连用,表示数量更多。"强"字形原为"彊",以强为彊,是六书之假借。《说文解字》:"彊,弓有力也。从弓畺声。""强"的字源义为"健壮、有力",与"弱"相对,因此常与不可数名词连用,表示程度更高。

三、结论

在对有共同词素和不同词素的一组近义词进行辨析时,利用不同词素的字源义是一种非常直观且高效的方法。不同词素的字源义的不同往往可以在字形上体现出来,而字形是外在的、直观的,教师可以利用这一信息点进行简明高效的近义词辨析教学。而学习者在学习时可以很容易地抓住这一信息点,在记忆时可以很高效地分析这一信息点,在使用时可以很便捷地利用这一信息点。总之,字源义在近义词的辨析中具有非常重要的作用,应该好好加以利用。

参考文献

[1]郭志良.对外汉语教学中词义辨析的几个问题[J].世界汉语教学,1998,(1).
[2]刘士红.近义词辨析方法的系统性研究[J].甘肃联合大学学报(社会科学版),2012,(2).
[3]杨寄洲.1700对近义词语用法对比[M].北京:北京语言大学出版社,2005.
[4]中国社会科学院语言研究所词典编辑室.现代汉语词典[M].7版.北京:商务印书馆,2016.

库什万特·辛格的小说《列车驶往巴基斯坦》

阎 彤*

[摘要]由于殖民地人民的长期抗争,印度次大陆终于在1947年迎来了独立和自由,成立了印度共和国和巴基斯坦伊斯兰共和国。然而,次大陆固有的矛盾、殖民者"分而治之"政策以及仓促的国土分割,导致印巴分家之际,民族矛盾激化,骨肉相残,千万人背井离乡,百万人死于非命:穆斯林从印度境内逃往巴基斯坦;巴基斯坦境内的印度教徒和锡克教徒,则逃往印度。印度作家库什万特·辛格的小说《列车驶往巴基斯坦》,以此为大背景,选取印巴边境印度旁遮普邦一侧的一个叫曼努·马芝拉的村庄,以现实主义冷静客观的笔触,描写了大动荡年代当地印度教徒、锡克教徒及穆斯林的命运与爱恨情仇,引发读者对当时印度社会及社会政治的思考。

[关键词]库什万特·辛格;殖民统治;印巴分治;族群冲突

一、关于作者

库什万特·辛格(1915—2014)原名库绍尔·辛格,是印度当代最著名的作家之一。1947年印巴分治期间的经历,促使他于1956年写成了其第一部长篇小说《列车驶往巴基斯坦》,这成为他的代表作。

辛格出生于旁遮普库沙布区哈达里(现属巴基斯坦)一个显赫富有的锡克家庭,父亲是著名的建筑商,叔父则曾任旁遮普和泰米尔纳德省的总督。他于1920年入读德里现代学校,随后在拉合尔的政府学院、德里的圣史蒂芬学

---

* 阎彤,男,山东肥城人,首都师范大学国际文化学院讲师,教育学硕士,主要从事对外汉语教学和文化研究。

院、伦敦的国王学院继续学习,最后到内殿法律学院攻读法律。

1939年,辛格开始在拉合尔法院担任律师。1947年印度独立,他转行从事外交工作,曾在多伦多、伦敦和渥太华任职。1951年他担任全印度广播电台记者,1956年调任联合国教科文组织驻巴黎大众传播部。后两段的职业经历促使他走上文学道路。1956年,他转做编辑,就职于《由旬》杂志、《印度画报周刊》、《国民先驱报》和《印度斯坦时报》。1980年至1986年间,辛格担任印度国会上议院议员。

辛格自认是一个不可知论者,反感组织化的宗教,倾向于无神论。

作为一名作家,辛格以其深刻的世俗主义和冷峻、幽默、讽刺的文笔著称于印度文坛。他坚持终生写作,著作等身,长篇小说除代表作《列车驶往巴基斯坦》外,其他还有《我不会听那只夜莺歌唱》、《德里》、《女伴们》和《海葬》等。他最后一部长篇《落日俱乐部》已有中文译本。同时,辛格还是研究锡克教历史文化以及乌尔都语诗歌的专家。1974年,他获得国民三等荣誉勋章,1984年,为了抗议军队对锡克金寺的围困,他将勋章退回。2007年,印度政府又授予他国民二等荣誉勋章。

2014年3月20日,库什万特·辛格在德里寓所去世,享年99岁。按照他的遗愿,其部分骨灰送回了故乡巴基斯坦旁遮普省库沙布区的哈达里安葬,墓志铭上写着:我的根在这里,我用思乡的泪水滋养它。

二、《列车驶往巴基斯坦》的内容

1947年,印度次大陆结束了殖民统治,巴基斯坦和印度分别建国。在此背景下,小说讲述了一个叫曼努·马芝拉的小村,在外力作用下村民间的生死别离和爱恨情仇。小说原名为静态的"曼努·马芝拉",后改为表动态的"列车驶往巴基斯坦",以突出变化。小说共分四章,分别是"抢劫"、"黑暗时代"、"曼努·马芝拉"和"运命"。

(一)"抢劫"

故事发生在1947年的夏天,这个夏天对印度而言不同以往。

前一年,传闻国家要一分为二:印度教的印度和穆斯林的巴基斯坦,这在多地引发了暴乱。印度教徒和穆斯林都谴责对方挑起了杀戮,但事实是:双方都杀了,也都强暴了。为寻求庇护,人们背井离乡,开始逃亡。到1947

年夏,新国家成立,1000万民众,却在亡命之中。印度北部,一时风声鹤唳,人们东躲西藏,唯有边境的个别村落还未波及。曼努·马芝拉就是其中的一个小村子。

曼努·马芝拉大约有70户人家,只有开钱庄的拉奥一家信奉印度教,其他的都是锡克教徒和穆斯林,人数各占一半。村里有影响力的人物是村长巴塔·辛格,负责收税并跟政府打交道;巴克什大叔,是清真寺的毛拉;密特·辛格,是锡克神庙的祭师。

苏特莱杰河从村边流过,河上有座铁路桥,拉合尔到德里的铁路从这经过。村头有个火车站,虽然不大,但对村里人很重要。每天按点往来的列车,让村民保持着规律的作息。

八月的一个深夜,毛里为首的一伙劫匪打劫了拉奥家,并杀死了拉奥。他们路过锡克村民扎卡家,把一包玻璃手镯扔进院子来羞辱他:扎卡原先跟他们同伙,后来退出了。

扎卡还在假释,日落后不得出村。那晚,他外出跟情人诺兰相会。诺兰是清真寺毛拉的女儿。劫匪的枪声惊动了两人,扎卡认出了马里一伙,但他和诺兰不敢让恋情公开,急着各自回家。

枪声还惊动了法务大员胡康·昌德,他正在官员招待所享受酒宴歌舞,他当日到此地巡视督导。作为殖民地时代底层爬上来的官僚,胡康·昌德腐败荒淫,但精于权谋。他向本地警察局长通报了各地族群冲突和仇杀情况,提及锡克人袭击穆斯林难民火车的事件。他要警方维持秩序,防止死人,如必要,安排当地穆斯林撤到巴基斯坦。但他强调,穆斯林的财产不能都带走,两边的官员都在大发难民财。鉴于曼努·马芝拉地处边境,又有铁路经过,他要警方强化治安。局长提到了村里的流氓扎卡·辛格。扎卡劫匪出身,近来却很守规矩,他跟毛拉的女儿诺兰偷偷好上了。诺兰能让扎卡老实待在村里,也因为这个,同村没人敢对穆斯林无礼。

第二天,警察乘火车来到曼努·马芝拉查案,同车到来的还有一个读书人。伊克巴是一个左派社会工作者,曾在英国留学,受人民党派遣,到这里启发民智,阻止族群冲突。他在锡克庙借住,受到祭师密特·辛格的照顾。

伊克巴这个名字,在印度很常见,可以是锡克教徒伊克巴·辛格,印度教徒伊克巴·昌德,还可能是穆斯林伊克巴·穆哈迈德。伊克巴本人宗教情感淡漠,虽戴着锡克手镯,但他留短发也不蓄胡须。他对帝国主义殖民统治有所认识,对印度的社会弊端深恶痛绝,但缺理想信念。在同村民的接触中,他发现自己的宣传与底层大众格格不入,遂悲观失望。他想待动乱过后,回到德里设法以政治犯罪名入狱,获得政治资本。

伊克巴一觉未醒,竟真的被捕了。他要求镣铐加身,拒绝蒙面,要以真面目示人。直至见到一同被抓的扎卡,他才意识到自己被捕的罪名竟是涉嫌抢劫凶杀。扎卡被抓,是因为案发时不在家,而他又拒绝说出当晚的行踪;母亲拿出那包摔碎的玻璃手镯,反倒证明了扎卡和劫匪的关联。

(二)"黑暗时代"

9月初,曼努·马芝拉的平静被打破了。一天早上,一列来自巴基斯坦的火车停在了这里,军警随即封锁了车站。

村长通知征收各家的木柴和多余的煤油。一个锡克军官带士兵监督大伙把木柴装上卡车,把煤油倒入汽油桶。伊玛目巴克什向军官打听消息,遭到对方的呵斥。

晚上,村外不远处出现了火光。小风吹过村子,带来煤油和木头燃烧的气息,接着是烧焦尸体的气味。整个村子陷入死寂。

胡康·昌德督导尸体清理,死难者的惨状在他脑子里挥之不去。面对一火车的死人,即使胡康·昌德信奉的宿命论也接受不了,他彻底惊呆了。他感到疲惫、孤独和恐惧,多亏有仆人、歌女陪伴,才敢入睡。

早上,警察局长赶来汇报,说尸体焚化已经结束,遇难者在1500人左右。

胡康·昌德相信,印度教徒、锡克教徒对穆斯林也在做着同样的事。

局长说附近村子的穆斯林都已撤到难民营,只有曼努·马芝拉还没动。早上村长报告,有四五十个来自巴基斯坦的锡克难民来到曼努·马芝拉,暂时住在锡克庙里。

胡康·昌德担心这些难民会展开报复,需及早将穆斯林撤走。他问起拉奥案件的侦办情况。

扎卡供出了凶手,是毛里等五人,都是外村的锡克人,警局已派人前去抓捕。另外,局长承认扎卡和伊克巴是被错抓了,等真凶归案,就可以释放。

胡康·昌德沉思自语:这伙人要是穆斯林的话,事情就好办多了,再加上那个社会鼓动家穆斯林联盟成员的身份,足以让曼努·马芝拉的锡克人放他们的穆斯林兄弟走了。局长心领神会。

胡康·昌德点明放了毛里一伙儿,但不留记录,密切监视他们的活动,需要的时候,随时抓捕。但扎卡和伊克巴不能放。

胡康·昌德眼前要做的是保住这些穆斯林的性命,为此,他可以不择手段。对扎卡和伊克巴的拘押,他觉得以次要的错误,成就主要的正确,这并不能叫错误。

他回去跟歌女打趣,言谈话语中,对这个穆斯林女子多了些了解,并萌生了几分怜爱与依恋。

(三)"曼努·马芝拉"

死亡列车让村民顿失安全感,人人自危,相互提防。

这时,警察押着毛里一伙儿来到村里。警长在村民面前导演了一出戏。他将毛里等人公开释放,在众人错愕之际,把嫌疑引向了另一伙劫匪。那些人已经逃往巴基斯坦,都是穆斯林。接着,警长公开调查伊克巴,公布了他的所谓身份:穆斯林联盟成员穆哈迈德·伊克巴。伊克巴一下变成了一个居心叵测的探子,甚至跟那桩抢劫杀人案可能也有牵连。警长趁乱当众宣布命令,派人携信函火速跟巴基斯坦军方联系,说曼努·马芝拉事态严重,让他们尽快派卡车和士兵撤走这里的穆斯林。

曼努·马芝拉被分裂成了两半:穆斯林和锡克教徒。离间计使双方不约而同想起了对方的恶,亲如手足的同村兄弟,在彼此的眼里,瞬间变得面目可憎。

锡克村民聚集到村长家。密克·辛格指出警方查案的蹊跷之处,试图让大伙恢复理智。他提醒众人,本村的穆斯林并没有做过对不起大家的事情,他们跟传言所说的那些暴力更是毫无瓜葛。有人担心新从巴基斯坦涌进的难民,尤其那些失去亲人的,会对本村的穆斯林进行报复。

伊玛目巴克什前来征求锡克村民的意见,决定去留。为难再三,村长提出一个折中意见,即让穆斯林村民暂时撤往难民营,待局势好转再返回曼努·马芝拉。巴克什随即通知村里的穆斯林,连夜准备撤离。

得知消息,巴克什的女儿诺兰不知如何是好。扎卡被抓后一直没有音信,她只好上门去找。扎卡的母亲怪罪诺兰害得儿子被抓,拒绝收留她。即使诺兰怀了扎卡的孩子，老妇人还是无动于衷。

是夜，曼努·马芝拉无人入睡，人们洒泪惜别，相互劝慰：离别只是短暂的，生活将一如既往。

第二天一早，军人护送的车队开到了曼努·马芝拉，由两名军官带队，一个巴基斯坦穆斯林，一个印度锡克教徒。车队有12辆卡车，其中两辆满载军人，一车巴基斯坦穆斯林士兵，一车印度锡克士兵。穆斯林村民赶着家畜和牛车出了门，车上装着几代人攒下的家当。锡克村民出村为他们送行。

巴基斯坦军官遇到了难题：他们把穆斯林村民撤到春顿纳格尔的难民营，没有考虑到他们会带着财产一起走。12辆卡车只够坐人，其他东西带不了。

时间紧迫，巴方军官一面向穆斯林村民施压，命令准时开车，一面低头向印度军官求助，请求派人代管穆斯林村民的财物。

这时，毛里和同伙现身了，身后跟着几个外来的锡克难民。他大言不惭地向印度军官要求看管穆斯林财物，双方军官竟然都同意了。

汽车发动了，曼努·马芝拉的穆斯林，在军人的催促下，只有一两分钟时间从自家牛车上拣选随身行李，然后被用枪赶着上车。忙乱中，他们来不及再看同村乡邻一眼，只能在车上大声向他们告别。

一切就绪，双方军官机械地握手，彼此没有一丝笑容，一丝情感。车队启动，驶向春顿纳格尔。

事情还没有完，锡克军官叫来村长，把村民聚在一块儿。士兵持枪拉起警戒线把众人围了起来。军官宣布，委派毛里看管穆斯林财产，任何人不得干扰，否则格杀勿论。

毛里一伙和那些难民，立即从牛车上卸下驾辕的公牛，抢劫车上财物，连带所有奶牛、水牛等牲畜，一并赶走。

(四)"运命"

苏特莱杰河水暴涨，村长安排村民夜间值班，看守河堤。

这晚，守夜人隐约听到河上有呼救声，随后发现顺流而下的牛车、死亡牲畜以及人的尸体。上游发生了屠杀，遇害者是穆斯林，多达数百人，男女老少都有，很多肢体不全。

早上，又有死亡列车停在了曼努·马芝拉，遇害者为锡克教徒或印度教徒。这次，军人开来推土机，在车站近村一侧推出了一个大坑。士兵警察，两人一组,从站台抬担架到土坑边倒掉,不断往返,直到日落。然后,推土机开动,把坑填平。

遭逢如此变故,村民们聚到了锡克神庙,相互寻找安全感和慰藉。

入夜,几个着军装的生人进了神庙。领头的是个少年,是个受过教育的城里人。他高谈阔论,咄咄逼人,嘲讽村民没有血性,控诉穆斯林犯下的暴行,号召锡克村民以眼还眼、以牙还牙。

祭师密特·辛格反对仇杀,引用锡克教师尊和圣典的教诲化解仇恨。少年则针锋相对,引用师尊和圣典的话煽动报复,其口才和气势,竟驳得密特·辛格哑口无言。

最后,这伙人说出此行目的:明晚一列运送春顿纳格尔穆斯林难民的火车经过这里,他们要对它进行伏击,让火车满载穆斯林的尸体开往巴基斯坦。他们准备在铁路桥边下手,预先在第一个桥拱水平方向扎一条绳索,火车驶过时,将车顶上所有人扫下来。他们有人用枪集中对着车窗射击,要村民用刀剑和长矛,杀死车顶跌落的人。接着,他们开始招募志愿者。毛里一伙和外来难民举手报名,一些冲动的本村村民也同意入伙,一共凑了五十个人。

村长连夜赶去警察局报告。法务官胡康·昌德一筹莫展,跟警察局长商量对策。

春顿纳格尔情况严峻,武装暴民四处寻衅。警察局赶在前一晚已将当地所有穆斯林撤到了难民营。同时,由于担心暴民下一步会围困捣毁难民营,巴基斯坦指挥官决定冒险用火车将难民营的所有人送往巴基斯坦。火车如果遇袭,势必酿成惨剧。局长希望胡康·昌德利用他的影响力做些什么。

胡康·昌德不能继续假装无动于衷了。他心仪的歌妓就在春顿纳格尔,明晚她和家人将登上那列火车。他想起了扎卡和伊克巴,以及扎卡与诺兰的恋情。胡康·昌德命令警察局长马上释放这两个人,赶在明晚之前将他们送回曼努·马芝拉。

获释后,伊克巴回到锡克庙,向密特·辛格了解情况。得知有人要伏击难民列车,他考虑是否挺身而出,制止这场屠杀。思前想后,他不想白白送死,最终还是退缩了,拿出酒壶,喝得大醉,沉沉睡去。

扎卡也来神庙找密特·辛格,他需要神的保佑。

随着午夜的临近,胡康·昌德备受煎熬。他后悔偌大年纪却对一个歌妓动了感情。先前的安排曾让他有过几分得意，但现在他却越来越觉得没有把握，开始怀疑伊克巴或者扎卡是否有勇气阻止这场屠杀。

胡康·昌德同时开始质疑自己的作为，他一直只是在利用别人做事，拿别人当枪使。他深知法务官有责任维护法律和秩序，但这需要权力的支持。想起德里那些掌权的新贵，他心里充满无奈与鄙夷，同时想起自己的同事、朋友，以及他们在族群仇杀中的悲惨命运。

他现在最担心的是那个歌妓的命运，她今晚就在那列火车上。当列车的隆隆声传来，胡康·昌德跌坐到地上，掩面而泣，继而仰面向天，开始祷告。

在铁路桥头，绳索已经系好，伏击列车的那伙人也早已就位，兴奋地注视着来车的方向。扎卡混入人群，悄悄爬上第一个桥拱，伸展身躯攀上绳索，别人以为他在检查绳索。火车越驶越近，月光下，可以清楚地看到，从车头到车尾，车顶上密密麻麻附着着一层人。扎卡抽出锡克刀，砍向绳索。众人不知所措，乱了阵脚。领头的开枪，扎卡中弹，险从绳索上滑落，但他仍在猛砍，绳索一股一股地断掉。火车就要迎面撞过来了，扎卡还在对着绳子的最后一缕用刀割用牙撕扯。一阵弹雨向他扫去，扎卡重重摔了下来，同时，绳索绷断。列车从他身上碾过，驶向巴基斯坦。

三、主要人物分析

小说《火车驶往巴基斯坦》只有 131 页，篇幅不长。作者没去深究次大陆族群恩怨的起源以及殖民主义从中所起的作用，只是选取 1947 年夏天这一时间段以及边境小村曼努·马芝拉及其周边这一狭小空间，着力描写时代的洪流如何倾覆人们的生活，左右他们的悲喜爱恨，决定他们的去留与生死。小说人物不多，有加害者，有受害者，有拯救者，有的则集三者于一身，但都是悲剧人物。

(一) 法务官胡康·昌德

作为社会秩序和法律的维护者，小说中以胡康·昌德为代表的警察，处于一种尴尬的地位：殖民统治退出，但新政权却还在建立之中。警察局墙上挂着英王乔治六世的旧相框，同时贴着从挂历上撕下来的甘地彩色画像。随着国家一分为二，警察也面临着归属选择：印度或者巴基斯坦。穆斯林警察退出，前往巴基斯坦，当地警力减半。而警察中的印度教徒和锡克教徒，出于族群意识,拒绝镇压针对穆斯林的暴乱。

法务官胡康·昌德出身低微,从巡警做起,由于办事得力,深得英国上司赏识,被一路提拔上来。最后顶头上司走了,把职位留给他,使他最终成为法务官兼地区副专员。

作为殖民地时代的官僚,他腐败荒淫,但熟悉司法程序并深谙为官之道。政权过渡时期,他对别人的观点绝不轻易附和,说话总是模棱两可。他不相信新政府真如所声称的那样清廉反腐,但他却不明说出来。他办事不管是非对错,只讲究法律程序,不留把柄。他以权谋私,收人钱财,替人消灾,一人得道,鸡犬升天。他懂得对手下恩威并施,一边控制一边拉拢。他点出手下捞钱,但又警告不要过分。手下抱怨新政府的新贵们贪婪、伪善、无能,他会阻止,但私下却暗示认同。他请他们抽烟喝酒,与之打成一片。利用巡视,他坦然接受下属安排的吃喝玩乐歌舞妓女。

他是一个宿命论者,自以为参透生死,认为一切都是注定的,死亡肮脏丑陋,却是唯一的绝对真理,而其他种种价值观,都只是嘴上说说的。他希望穆斯林撤走,但不能带走太多财产,因为这是发难民财的好机会。他认为生活就是这样,如同飞蛾扑火,如同壁虎为争食飞蛾而彼此打斗。王公般的豪奢排场,光鲜考究的服饰,并不能让他摆脱骨子里感到的丑陋、肮脏和自卑。当面对上千人的大屠杀、一整列火车难民尸体的时候,他实在无法再认同死亡无法逃避一说,他着实被惊呆了。虽然知道无法改变历史进程,但他要做些什么。

他厌恶族群仇杀,不希望流血事件发生,认为死人对任何一方都没有好处。为避免外来锡克族难民对本地穆斯林进行报复和屠杀,他要求曼努·马芝拉穆斯林及早安全撤出。但是本村村民关系融洽,锡克族村民不忍心让穆斯林离开,穆斯林村民更不愿意抛家舍业。死亡列车的到来,让胡康·昌德抓住了机会。他和警方利用两族村民间的猜忌,离间扩大他们的矛盾,加剧仇恨和恐惧,迫使穆斯林村民仓促间抛下祖屋和大部分财产,洒泪离去。为了达到目的,胡康·昌德要采取一切手段。他不惜将杀人抢劫的真凶毛里一伙放掉,还将无辜的伊克巴和扎卡继续关押。释放毛里一伙,是为了转移矛盾,分化村民;诬陷伊克巴为奸细,是为了制造紧张气氛;控制扎卡,则是担心他会阻止穆斯林离开。他认为自己所做的一切,都是为了挽救村中穆斯林的性命。他觉得,以次要的错误,成就主要的正确,这并不是错误。他认为聪明人懂得顺流而下,并游到彼岸。他认为这是利用仇恨来救人。他不曾想到,就是在救人的名义下,财产被剥夺,新的仇恨被播撒,新的仇杀在酝酿。

胡康·昌德还没有预料到的是,他对穆斯林歌妓产生了感情。在获知伏击穆斯林难民列车的阴谋后,为了拯救自己心仪的女子,他抛出了伊克巴和扎卡,利用他们,做一次赌博。面对即将发生的惨剧,他想起了在族群仇杀中丧命的亲友,感到恐惧、无助以及对新政权的失望,只有含泪祈求神灵。他没有意识到,在各地族群仇恨的蔓延和加剧中,他的贪婪腐败,以及"顺流而下"、"不惜一切手段"、"以次要错误成就主要正确"的所谓权谋,所起到的推波助澜作用。

(二)社会工作者伊克巴

伊克巴是一个社会工作者,受印度人民党的派遣,来到曼努·马芝拉。

伊克巴接受现代教育,在英国留学多年,对帝国主义殖民统治有所认识,对印度的社会弊端深恶痛绝。他此行的任务,一是启蒙宣传鼓动革命,二是阻止族群间的流血事件。

英国人离去,国家一分为二,宗教族群间仇杀四起,人们失去了安全感,开始为自己的归属感到焦虑,甚至开始怀念起英国人的统治。伊克巴却在需要新政府有所作为的当口鼓动革命。他认为印度的问题在于人多和贫穷。穷人所以偷盗、抢劫、杀人,是因为饥饿、贫穷和不公。关于道德与宗教,他认为道德是钱的问题,穷人讲不起道德,所以只能选择宗教。所以首先要做的,是让人们获得更多的食物、衣服和温饱,而这需要终止富人的剥削和消灭地主。要想实现这一目标,就应该将资产阶级革命转变为无产阶级革命,推翻代表商人利益的国大党政府。谈到乡村债务、国民平均收入、帝国主义剥削、警察的腐败,他滔滔不绝。而当提到如何阻止眼前的族群杀戮时,伊克巴却哑口无言了。凭他一个小人物,这显然是不可能做到的。因为当时次大陆每个人,包括印度教徒、穆斯林、锡克人、国大党人、联盟成员、阿卡利党人以及社会主义者都深涉其中。同时,伊克巴认为,当时提出资产阶级革命会转化为无产阶级革命的说法是愚蠢的。那个阶段还没有到来。无论是在巴基斯坦还是印度,普罗大众对于政治自由无动于衷,除非给它附加上经济上的意义，比如说通过杀掉不同宗教派别的地主来抢夺土地。所要做的就是通过族群这一通道，将人们杀戮抢夺的本能，诱导到反对有产阶级上来。这是发动无产阶级革命的捷径。他怀疑党内领导人是否能看到这一点。

伊克巴认为自己更适合从事为党内指导政策、理清思路的工作，但他却不是领导，因为缺少资历。他没参加过绝食，也没坐过牢。因为没有做过必要的牺牲，所以没有人听他说话。但他打算待到屠杀过后，回到德里设法判刑坐牢获得党内政治资本。他参与革命，带有极强的政治投机目的。

具有戏剧性的是，第二天早上他一觉尚未醒来，警察就找上门了。他本以为自己会以政治犯罪名被捕，故而表现得大义凛然，主动要求镣铐加身，拒绝蒙面，要以真面目示人，接受民众景仰。直至来到街上，看到村民鄙夷的指指点点，见到同时被抓的扎卡，他才醒悟过来，自己被捕的罪名竟然是涉嫌抢劫杀人。他试图以社会的种种不公来鼓动扎卡，没想到对方却对屡次被抓习以为常，说这是命中注定。他打算以正宗英国口音向法务官慷慨陈词，让对方自惭形秽，然而连对方的面也没得见着。他拒绝说出身份，结果竟被扒光衣服，倍感羞辱。

伊克巴处处表现得自相矛盾。他去深入群众，却嫌弃他们肮脏愚昧。他谴责英帝国主义是世界上最大的骗子，但自己却在生活方式上完全西化，甚至为自己的英国口音和思维方式持满满的优越感。他对宗教不屑一顾，最终却要靠教徒身份保命。他鄙视等级制度，却对所受高人一等的待遇深感受用。他对警察深恶痛绝，却要依赖他们的保护。他的工作是阻止族群杀戮，却责问别人为何不出头。他投身革命，却时时想着上报纸头条，拒绝做出默默的牺牲。

获知难民列车将受到伏击，胡康·昌德把伊克巴和扎卡释放并送到曼努·马芝拉，希望他能像有些勇敢的左派人士那样，站出来阻止流血发生。然而，伊克巴却如同法务官一样退缩了，只不过做了些愤世嫉俗骗人骗己的思想斗争而已。

伊克巴作为一个社会工作者，在曼努·马芝拉势单力孤，初来乍到，不可能为阻止族群仇杀起到什么决定性作用，但小说通过这个人物，为读者透露了社会大动荡背后各种政治势力的暗流涌动，以及知识分子的困惑与尴尬处境。

（三）流氓扎卡

24岁的锡克族村民扎卡·辛格是曼努·马芝拉村上出名的流氓混混儿。他个头出众，比普通人高出一臂，同时壮得像头牛。他有一点儿土地，与母亲一起过活。扎卡出身劫匪世家，他祖父、父亲都因抢劫杀人被判死刑。为了给他父亲请律师，家里把土地都抵押出去了。扎卡不知怎么，很快就把地给赎了回来，可自己却被警察抓进了监狱。他从此落下了案底，在警局档案中被列入第十类坏人。他多次参与打劫火车、抢劫汽车和杀人越货，被抓被关成了家常便饭。村里人背后都叫他"十类人"。

他刚获得假释，每天向村长报到，每周到警局报到，日落以后不得出村。他这次出狱能表现得如此规矩，是因为他爱上了清真寺毛拉的女儿诺兰，诺兰能让他老老实实待在村里。拉奥遭抢被杀那晚，扎卡不在家，他是偷偷出村跟诺兰约会去了。扎卡在夜色中认出了毛里一伙。他赶回家，发现院子里已经有人，于是躲了起来。毛里不满扎卡的退出，把一包女人戴的玻璃手镯扔进扎卡家，对他进行侮辱。

警察查案，发现扎卡潜逃，于是通缉捉拿，扎卡最终被抓。在警察局，面对酷刑，扎卡祈求耍赖，死也不肯说出自己那晚的行踪，实在熬不过，也只是在两天后供出了毛里等劫匪的姓名。他对警察并无恶感，警察抓他，打他，关押他，他认为这都是天经地义的，并非跟他有什么个人恩怨。这一切所以发生，他受母亲的影响，认为这都是命中注定的。

在曼努·马芝拉，没有学校，识字的人不多，旁遮普人长期以来形成的道德标准深深地影响着每一个村民。对他们而言，讲真话、讲荣誉和讲诚信固然重要，但这些都不及对朋友、对同村人讲交情、讲义气来得重要。为了朋友，一个人可以在法庭对着经书发誓说谎欺骗，没人会说什么，相反，他会成为一个蔑视权威的汉子，因为他够交情讲义气，对得住朋友。扎卡也是一样，在他看来，毛里在别处抢劫杀人，并不算什么，但在曼努·马芝拉对他的同村人做这样的事，就是伤天害理。因此，毛里与扎卡结下了不共戴天之仇。扎卡要对得住同村的村民。

扎卡拒绝说出自己那晚的行踪，是不想让情人诺兰受到伤害。他曾对诺兰说过，只要自己活着，就没人能伤害她。任何人只要亵渎他和诺兰的爱情，他必定翻脸。在警察局，劫匪头子毛里正是说话威胁到了诺兰，惹得扎卡面无血色,几乎将他打死。即使是自己的母亲,如果她拒绝收留诺兰,扎卡发誓会离家出走,再不回来。扎卡对诺兰的爱是真爱,他最终兑现了他的誓言。

  小说最后,在曼努·马芝拉穆斯林乘坐的难民列车面临伏击的时候,不是位高权重的法务官,也不是高谈阔论的社会工作者,而是流氓扎卡牺牲了自己,挽救了一火车人的生命。他所做的这一切,只是出于他对诺兰的爱和对同村人的义气。

参考文献

[1] Khushwant Singh. Train to Pakistan[M]. New Delhi: Time Books International, 1989.
[2] 维基百科. 库什万特·辛格[EB/OL]. https://en.wikipedia.org/wiki/Khushwant_Singh

关于国内来华留学生跨文化适应研究的统计分析
——基于 CNKI 核心期刊与 CSSCI 期刊文献数据

杨斯喻[*]

[摘要]本文通过对 CNKI 核心期刊与 CSSCI 期刊中研究"来华留学生跨文化适应"问题的相关文献进行梳理,从相关文献数量及增长趋势、关注该主题的研究者地域分布、作者对研究方法和特定研究群体的选择与研究主题分布及趋势等方面对该主题相关文献进行了全面统计分析,对 2017 年以前关于该主题的研究进行了总结,提供了一个较为全面的概览。

[关键词]来华留学生;跨文化适应;统计分析

一、引言

跨文化适应的研究最早从美国开始,在西方已经形成较为成熟的理论体系。随着国际交流的增加,国内关于跨文化适应问题的研究也逐渐增多。国内也已有学者对国内外跨文化适应问题的研究进行了综述和梳理。陈慧、车宏生与朱敏对国外跨文化适应影响因素的研究进行了评述。[1]王丽娟梳理了跨文化适应研究的发展历程、分类、研究层面和研究视角,其中涉及的内容以国外的研究和国内对在外国的中国留学生的研究为主。[2]近年来随着来华留学生的增多,针对来华留学生在中国的跨文化适应问题也产生了一定数量的研究成果。万梅对 2008 年以前的关于来华留学生跨文化适应问题进行了评述。[3]然而,这些综述和评述未能涉及近几年来华留学生的跨文化适应问题研

---

[*] 杨斯喻,女,四川内江人,首都师范大学国际文化学院助理研究员,首都师范大学教育学院博士生,主要从事教育学理论与教育管理研究。

究，并且都是对相关研究的描述性综述，没有对文献的定量统计分析，缺乏全面系统的梳理。因此，本文希望对研究来华留学生跨文化适应问题的权威文献进行统计分析，提供一个针对该主题研究的全面概览，为以后的研究提供一些参考。

二、数据来源

在以往的研究中，研究者将"来华留学生"也写作"在华留学生"，或直接简称"留学生"，因此为了尽可能地收集所有相关文献，本文通过在期刊全文数据库（CNKI）中以"留学生"与"跨文化适应"为关键词进行检索，再剔除其中针对在国外留学的中国留学生的研究。为了保证研究的主流权威性，只选择核心期刊与中文社会科学引文索引（CSSCI）期刊中发表的文章，最终筛选出总共66篇（截至2018年1月1日）与主题相关的期刊文献作为本研究的统计基础。

三、文献统计与分析

（一）文献数量及趋势

通过对每年文献发表数量的整理和统计我们可以发现，从2003年到2014年，关于"来华留学生跨文化适应"问题的核心与CSSCI期刊文献相关发表量基本呈逐年上升的趋势。2003—2011年该主题的研究从无到有，属于初期起步阶段，数量较少且增长缓慢。2011—2014年有了一段剧烈的增长时期，到2014年达到顶峰，一年内有14篇相关文章发表，是2003—2011年年均发表量的7倍。随后2015—2017年发表量开始回落。总体来说，关于该主题的权威研究不多，仅有2014年一年的总发文量超过10篇，其余年份的发表量都不高。（见图1）

（二）关注地域分布

为了解不同地域对来华留学生跨文化适应问题的关注程度，笔者对所有发文作者的单位属地进行了统计。因为同一作者的多次发文可以视作增加了对该问题的关注程度，因此统计地域时按人次计。通过对66篇文章的总共117人次作者的地域分析发现，来自北京的作者最多，占总数的四分之一左右。其次是广州和上海，分别占总数的11%和9%。（见图2）这些发文作者所在城市与我国接收留学生数量最多的省市基本对应，但连续多年都名列接收

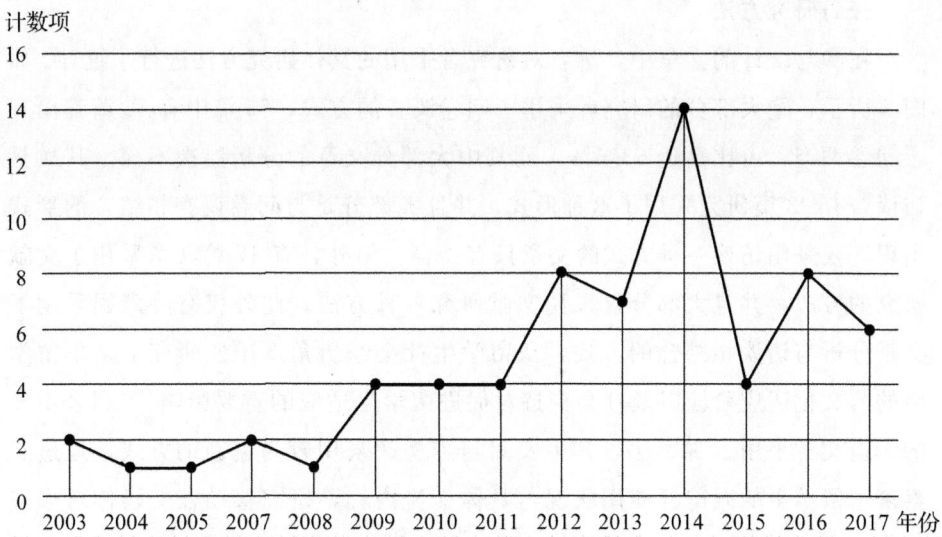

图 1　2003—2017 年来华留学生跨文化适应问题研究论文数量分布及趋势

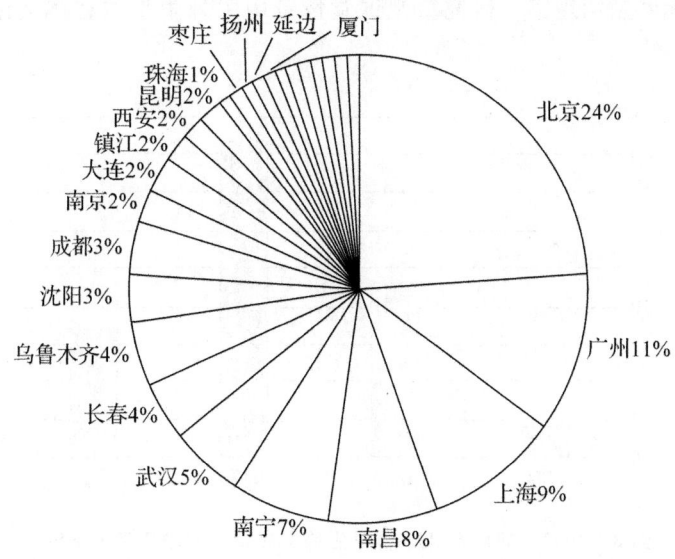

图 2　2003—2017 年来华留学生跨文化适应问题研究者地域分布

外国留学生最多的城市之一的天津市却是例外,在本次统计中没有一篇文献。总的来说,对该主题的关注度与该地留学生数量有很大的关系,可以说当地大量的来华留学生为研究提供了必要性和可行性。

(三)研究方法

在参与统计的文章中,笔者对研究者采用的具体研究方法进行了统计。如图 3 所示,绝大部分的研究者采用了问卷调查的方式,66 篇中有 42 篇都出现了问卷调查,占比高达 63.6%,而其中大部分文章的分析层次不深。其次是访谈,有 23 篇研究采用了这种形式,并且大部分是与问卷调查相结合的形式出现,仅采用访谈一种方式的文章只有 4 篇。另外,有 17 篇文章采用了文献研究的方法,并且大部分仅采用文献研究一种方法,此外仅有薛惠娟采用了文献分析与访谈相结合的方式,从留学生社会经历角度出发研究了来华留学生的跨文化适应阶段以及社会支持对促进留学生适应的重要影响。[4]剩余不多的 4 篇文章采用了观察法,其中安然与陈文超采用较为创新的方式,通过观察来华留学生的微信群使用状况与具体交流内容,研究移动社交媒体对来华留学生的社会支持作用。[5]刘涛与邢蓉则通过对一名德国留学生在中国留学经历的长期观察,研究来华留学生的"文化休克"问题。[6]安然与魏先鹏还通过对跨文化交际课堂的观察,研究微观课堂情景中中外学生主客体文化适应的双向性问题。[7]

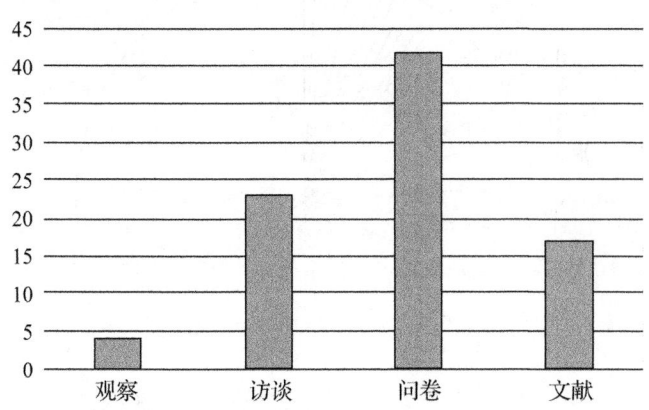

图 3 2003—2017 年来华留学生跨文化适应问题研究方法统计

(四)特定研究群体

在参与统计的文章中,有 33 篇文章都是针对某一群体的研究,也就是说一半的研究选择了特定的研究对象而不是针对所有来华留学生的研究。比较多的特定群体是按照国籍或者区域进行的划分,有 6 篇文章选择了东南亚南亚地区国家的留学生作为研究对象,其中5篇文章将东南亚南亚(或者东盟)地区留学生作为一个具有相似特征的整体进行研究。李冬梅、李营则将越南一个国家的学生作为研究对象,调查他们的适应水平与问题,并且对越南南部与北部学生的跨文化适应水平进行了比较。[8]研究俄罗斯和韩国留学生的文章各有3篇,其中5篇选择俄罗斯或韩国学生作为特定研究对象,严秀英则选择了韩国来华留学生与中国留韩学生作为对比的群体,研究两个群体适应性的差异。[9]除此之外,还有针对中亚、哈萨克斯坦、德国、美国、港澳台侨和华裔群体的研究。值得注意的是,这些特定群体的选择大多与研究者所在地接收的留学生数量有关,例如研究中亚留学生群体的3篇文章都是来自新疆的研究者[10-12],新疆也是大部分中亚来华留学生的第一选择。而来自广西的研究者李冬梅与李营选择了越南的学生[8],来自辽宁的严秀英选择了俄罗斯的留学生作为其研究对象。[9]

除国籍以外,还有研究者用学生的学历层次作为划分的标准,陈兰剑从文化自觉的角度研究了来华高职留学生的跨文化适应状况[13],钟家宝与高静研究了来华留学的本科生的学习风格对跨文化适应的影响[14],刘涛与邢蓉则研究了汉语国际教育硕士的跨文化适应中的"文化休克"问题[6]。

刘荣、杨恬与胡晓选择了中高级汉语水平的来华留学生作为研究对象,从汉语水平的角度研究跨文化适应的程度与相关因素问题,并提出了相关的教学策略。[15]

不过,在针对特定群体的研究中,少有文章对其选择的群体的特殊性进行探讨,大部分研究与非特定群体研究并没有实质区别。

(五)研究主题分布

经过对66篇文章主题内容的梳理和分析,可以将研究的主要内容分为五大类:一是关于留学生跨文化适应的现状及存在问题的研究;二是关于影响留学生跨文化适应的主客观因素的研究;三是从留学生个人角度提出的针对性适应对策;四是从管理者的角度提出促进留学生跨文化适应的管理对策;五是相关研究综述。除了这几大研究主题之外,还有少量的其他相关研究。蒋晓杰与黑嘉鑫(2014)在研究了留学生的适应现状之外,还探讨了留学生的跨文化适应对留学生管理以及对高校国际化建设进程的影响。[16]刘荣、杨恬与胡晓(2013)从改善教学策略的角度提供了汉语中高级留学生跨文化适应的新对策。[15]

为了了解文献研究主题的变化趋势及其分布,笔者按照发表年份对单个主题的发表数量进行了整理和统计,因为多数文章涉及多主题的交叉,因此只要在论文的主要内容中该主题占据重要篇幅就计入统计。具体数据如表1所示。

表1　2003—2017年来华留学生跨文化适应问题研究主题分布(篇次)

年份	适应状况	影响因素	适应对策	管理对策	综述
2017	2	5	1	1	0
2016	3	6	0	5	0
2015	3	0	0	3	1
2014	8	5	1	10	0
2013	7	4	1	4	0
2012	8	3	0	3	0
2011	2	2	1	0	0
2010	3	1	1	2	0
2009	3	0	1	2	0
2008	0	0	0	0	1
2007	1	1	0	1	0
2005	0	0	0	1	0
2004	1	0	0	0	0
2003	2	2	0	0	0
总占比	65.2%	43.9%	9.1%	48.5%	3.0%

从表1可以发现,从2003年到2017年的时间里,研究主题不断扩展,呈现更加丰富的趋势。对来华留学生跨文化适应现状及问题的研究较多,占65.2%的文章都对这一问题有重要篇幅的研究;其次是从管理者角度提出针对留学生跨文化适应的管理对策,占48.5%;对影响来华留学生跨文化适应的因素研究也较多,占到43.9%左右。大部分文章的写作结构都包含适应状况、影响因素、与管理对策这三部分,或者其中的两个部分,结构模式比较单一。但针对留学生个人角度的适应策略和相关研究的综述相比之下就急剧

减少，仅占9.1%和3%，也就是说相关领域的研究还有发展的空间。

为了更直观地了解不同主题的研究根据时间的发展分布变化趋势，笔者对主题占总数比例的年度变化进行了描绘。如图4可见，从2011年以后，各主题的占比出现了明显分化，也就是在2011年以后新增的文章关注主题比较集中，增长最多的是关于适应现状的研究。而在2013年以后，关于针对性的管理对策研究开始有了急剧增长。并且这五大主题之外的其他类型研究也都出现在2013—2014年，说明这一时期是关于来华留学生跨文化适应这一问题研究的繁盛期，有最多的研究文献，也有最丰富的研究主题。关于来华留学生适应现状及其问题与相关管理对策的研究在2016年以前都超过年度文章的增长趋势，也就是说，这个主题相关的研究在这之前一直是一个相对较高的增长热点，而在2016年以后出现了超过年度总量平均趋势的下降。而根据对趋势图的观察，虽然文章总量在2014年后出现了缓慢下降的趋势，但是关于影响因素研究的占比却在逐渐增加。经过了2014年的数量剧烈增长期，单篇文章对来华留学生跨文化适应研究的主题研究更加单一，但更加深入。

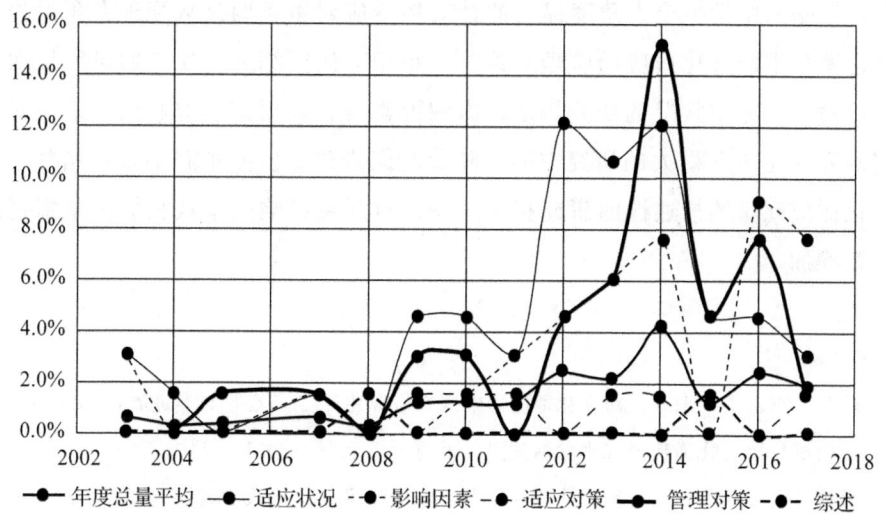

图4　2003—2017年来华留学生跨文化适应问题研究主题分布

四、结论

通过对CNKI中研究来华留学生跨文化适应问题的核心期刊及CSSCI期

刊文献进行梳理和统计分析后,对该主题的权威研究有了一个更加全面的掌握。主要特点可以概括如下:

1. 2003—2011年是相关主题研究的初期起步阶段,2011—2014年有了一段剧烈的增长时期,到2014年发表数量达到顶峰,并且发表文章涉及的主题类别也最多。2015—2017年发表量开始回落。总体来说对来华留学生跨文化适应问题的优质研究不多。

2. 研究者所属地域与我国接收来华留学生较多的省份相对应,而作为研究对象的特定留学生群体的选择与研究者所属地域较大规模接收该国籍留学生相关。在针对特定群体的研究中,少有文章对其选择的群体的特殊性进行探讨,大部分研究与非特定群体研究并没有实质区别。

3. 大部分研究选择使用问卷调查作为主要的研究方法,但分析层次不深。其他的研究方法相对使用较少。

4. 研究者的研究主题主要涉及五大方面:一是关于留学生跨文化适应的现状及存在问题的研究;二是关于影响留学生跨文化适应的主客观因素的研究;三是从留学生个人角度提出的针对性适应对策;四是从管理者角度提出促进留学生跨文化适应的管理对策;五是相关研究综述。现有的研究层次较浅,对文化适应状况的研究最多,影响因素与管理对策研究其次,适应对策与研究综述还有很大的研究空间。随着时间推进,研究主题丰富性增加,对文化适应现状的描述性的研究相对减少,对深层影响因素或相关因素探讨的文章增加。

参考文献

[1] 陈慧,车宏生,朱敏. 跨文化适应影响因素研究述评[J]. 心理科学进展,2003,(11).

[2] 王丽娟. 跨文化适应研究现状综述[J]. 山东社会科学,2011,(4).

[3] 万梅. 关于来华留学生跨文化适应问题研究的综述[J]. 现代教育科学,2008,(11).

[4] 薛惠娟. 来华接受学历教育学生的跨文化适应研究——以社会经历为视角[J]. 教育学术月刊,2014,(11).

[5] 安然,陈文超. 移动社交媒介对留学生的社会支持研究[J]. 新疆师范大学学报(哲学社会科学版),2017,(1).

[6] 刘涛,邢蓉. 来华汉语国际教育硕士培养研究——以一名德国留学生为个案[J]. 研究

生教育研究，2013，(3)．

[7]安然，魏先鹏．论微观环境下的跨文化适应——以跨文化课堂系列观察为例[J]．国际新闻界，2012，(6)．

[8]李冬梅，李营．越南留学生在华跨文化适应研究——广西师范大学个案透视[J]．广西师范大学学报(哲学社会科学版)，2013，(3)．

[9]严秀英．中韩留学生跨文化适应问题研究[J]．人民论坛，2010，(11)．

[10]刘运红．新疆中亚留学生跨文化适应现状调查[J]．民族教育研究，2015，(3)．

[11]刘宏宇，贾卓超．来华留学生跨文化适应研究——以来华中亚留学生为个案[J]．中央民族大学学报(哲学社会科学版)，2014，(4)．

[12]范祖奎，胡炯梅．中亚来华留学生的文化冲突与适应[J]．新疆师范大学学报(哲学社会科学版)，2010，(3)．

[13]陈兰剑．来华高职留学生跨文化适应探究[J]．学校党建与思想教育，2017，(23)．

[14]钟家宝，高静．来华留学本科生学习风格对文化适应的影响[J]．江苏师范大学学报(哲学社会科学版)，2014，(1)．

[15]刘荣，杨恬，胡晓．中高级汉语学习者的文化适应性实证研究[J]．西南交通大学学报(社会科学版)，2013，(4)．

[16]蒋晓杰，黑嘉鑫．从俄罗斯留学生跨文化学习适应看高校国际化建设进程[J]．教育与职业，2014，(8)．

义素分析法、原型理论与汉语词汇教学

袁彩云　曾　妮*

[摘要]本文以结构语义学中的义素分析法和认知语义学中的原型理论作为理论基础,分析其在汉语作为第二语言教学的词汇教学中的实际应用,具体讨论了汉语词义中的理性义、色彩义和联想义教学以及同义词、反义词、多义词教学中义素分析法和原型理论的应用情况,由此可以看出,语义学相关知识在汉语词汇教学中起着重要的作用,语义学知识也是汉语教师的必备知识。

[关键词]义素分析法;原型理论;汉语词汇教学

一、引言

近年来,我国的对外汉语教学事业取得了飞速发展。一方面,汉语第二语言学习者的人数激增,教学层次多种多样;另一方面,对汉语教学队伍的要求越来越高,教师应具备的知识要求越来越全面。从对外汉语教师资格考试内容的重要性的调查中可以发现,在语言学知识的考察中,对语义学知识的考察比对语音学和文字学知识的考察更加重要(张洁,2007)。而在实际教学过程中,更加重视对外汉语教师在语法学、词汇学方面的知识。由于重视学生的交际能力的培养,对教师的语音学知识和语用学知识结构的构建也一直受到重视。由于"字本位"教学的兴起,教师的文字学知识也得到了相应的

---

* 袁彩云,女,湖北武汉人,首都师范大学国际文化学院副教授,哲学博士,主要从事语义学和对外汉语教学理论研究。

曾妮,女,湖北武汉人,武汉大学汉语言文字学博士生,主要从事汉语词汇、语法和应用语言学研究。

重视。而语义学知识的考察作为比语音学和词汇学知识的考察更重要的部分，却一直都没有得到相应的重视。本文从结构语义学中的义素分析法和认知语义学中的原型理论出发，分析其在对外汉语词汇教学中的实际应用，阐明语义学知识在对外汉语教学中的重要作用。

二、义素分析法与原型理论

义素分析法是对亚里士多德的"经典范畴理论"的实际应用。"是把词语的义位进一步分析为若干义素的组合，以便说明词义的结构、词义间的异同以及词义间的各种关系"（袁彩云，2006），其总原则是"二元对立"，以二分法为基础，"是"与"非"的界限明确，没有中间地带。每一个范畴都是由一组充要条件来进行定义的，每一个条件在范畴定义中的状态只有"是"与"不是"两种，而且每一个条件在范畴定义中具有同等地位。这体现在语义上就是，每一个词语都是由一组充分且必要的义素来定义的，每一个义素在词语的定义中要么为真，要么为假，且每一个义素在词语定义中的地位都是相等的。义素分析法就是把同场义位进行综合的义素比较分析法。例如，要分析"哥哥"这个词，就要先将与其处于同一层次的语义场的"弟弟"这个词拿出来进行对比。找出他们相同的表彼此共性的义素，即[＋同胞]、[＋男性]这两个义素，以及相应的表彼此差异的义素，即"哥哥"包含[＋年长]，"弟弟"包含[－年长]。其中，[＋年长]和[－年长]这两个义素是二元对立的，而且每一个义素在词语定义中没有主次之分。义素分析法对含义比较具体的词义进行分析比较容易，但含义比较抽象的词则不能用此方法进行简单的成分分析。人们划分事物的范畴也并不像"经典范畴理论"那样整齐划一。某些词的文化色彩也不是在义素的分析中能反映出来的。随着这一系列问题的出现，认知语言学家们开始介入语义学研究。

"原型理论"雏形的产生，可以追溯到 20 世纪中叶英国哲学家 Wittgenstein 的"家族相似性"的提出（维特根斯坦，1992）。他通过对德语"Spiel"（游戏）这个词的界定，说明了"建立语义范畴的基础是相似性而不是共同性"（张辉，2011）。在语言学界，相继出现了 Berlin 和 Kay 对颜色范畴的研究；Labov 对家用物品范畴化的研究；以及 Rosch 及其同事对于自然范畴的试验研究，以证明 Wittgenstein 的"家族相似性"原理适用于描述自然界中的许多范畴。"原型理论"揭示了语义范畴不能仅靠单纯的几个二元对立的义素进行简单描述,语义范畴具有一个开放式的内部结构。在具体表示某一个语义范畴时,都有"典型成员"和"非典型成员"。那些"非典型成员"游离在某一范畴边界或范畴与范畴之间,而那些"典型成员"就是某一语义范畴的最佳代表。同时,处在不同文化背景下的人对于相同语义范畴的"原型"的选择也有差异。而处在同一文化背景下的人随着时代的变迁,其对同一语言范畴的"原型"的选择也会产生变化。Wittgenstein在其"家族相似性"的研究中就已经涉及范畴的原型性和模糊性,只是没有从理论上去深究,特别是对于语义范畴的模糊性没有明确界定。这一点在Rosch的研究中也没有解决。而Zadeh的"模糊集合论"就是对"原型范畴论"的一个很有用的补充。这就解决了语义描述中两个显著的问题:一是范畴成员的资格判断并不都是义素分析中所规定的单纯的"是"、"非"判断,而是由范畴原型向外辐射的一个网状模型所构成的一个集合。二是范畴与范畴之间的界限由一个模糊集来分隔,语义范畴间的模糊程度根据模糊集来进行定量描述,解决了原型理论中范畴模糊程度难以确定的问题。

三、义素分析法与原型理论在汉语词汇教学中的应用

(一)在词义教学中的应用

在对外汉语词汇教学中,基础的教学任务就是让学生明白每个词的意义。词义的构成成分主要有理性义、色彩义、联想义(袁彩云,2006)。一个词可以没有色彩义和联想义,但一定有理性义。所以,在讲授一个词时,首先就是介绍其理性义。理性义分为日常理性义和科学理性义,日常理性义是指人们在日常交际中用到的意义,科学理性义是指人们在学术性交际中用到的意义。这就要根据教学对象进行一定的区分。比如现在有许多外国学生来中国学习中医,这就要求教师不仅要讲解词汇的日常理性义,也要讲解其科学理性义。至于运用什么样的理论来指导教学,这取决于词义的精确度和模糊度。对于词义精确的词,运用义素分析法来指导词汇的教学要比运用原型理论更加行之有效。例如,讲解"质数"、"合数"、"奇数"、"偶数"这类语义范畴相当精确的词时,运用义素分析法分析词义显然更加简洁明了。对于词义模糊的词,则运用原型理论及范畴集合论来指导教学比较好。例如,"早晨"、"上

午"、"中午"、"下午"、"晚上"这类语义模糊度较大的词,对其讲解,可以用"韦恩图"(即构建一个集合模型)来进行解释,其语义过渡则可用交集来表示。每个集合中有最典型的成员作为代表,交集部分则由非典型成员组成,词义的模糊程度也是可以进行定量分析的。但是,根据研究表明,汉语中并非大部分词语都是模糊词语(石安石,1998)。所以,在教学中,还是较多地运用义素分析法来对词的理性义进行分析。

在汉语中,很多词都不仅只有其理性义,词的色彩义和联想义在交际中的作用更加明显。怎样教授词的色彩义和联想义就成了教学的重点。有些词的运用可以超越其理性义,表明说话人的情感态度和文化背景。教授这些词时,原型理论的作用就相当突出了。词的色彩义和联想义都不是典型的义项,或者说原型义项,而是人通过主观经验所赋予的更深层的义项,这也体现了词义范畴的开放性。这些义项又是远离原型义项的边缘义项。在讲解了某个词的理性义以后,将其放在某一或某些语境下进行运用,把它的色彩义和联想义一一呈现出来。这无疑可以减少学生在交际中出现的用词不当的偏误。例如,"喜鹊"这个词,附着在其上的文化色彩就是"喜讯"。需要重点讲解的是其文化联想义,而不是理性义,在交际过程中也可以避免产生误解。

(二)在同义词、反义词、多义词教学中的应用

对于同义词和反义词的教学,运用义素分析法远远比运用原型理论要来得直接和有效,必要时辅之以"原型理论"。这也是由对外汉语教学的特殊性决定的。同义词又分为严格的同义词(等义词)和较宽的同义词(近义词)两类。等义词即具有完全相同的义素的一组词,在讲授这一类词时,只需列举出其相同的特征就行,不用赘述其他。例如,在讲"爸爸"和"父亲"这一对同义词时,只用讲明其具有的共同的特征即可。近义词即所含义素基本相同的一组词,在讲授这类词时,需要强调的是两个词间的细微差异。例如,"看"和"望"是一对近义词,通过义素分析我们可以看到它们之间的细微差异:看=[+用眼、+往一定方向],望=[+用眼、+往一定方向、+向远处]。在教学中,只用强调"望"这个词包含"向远处"这个特征,而"看"不包含此义素,就能让学生明白两者之间的细微差异。

在反义词的教学中,义素分析法的运用更加显著。反义词中,除了含有彼此相反或对立的义素外,其他义素必须相同。反义词也有两种基本类型,

即矛盾关系反义词和相对关系反义词。例如,"死"和"活"就是一组矛盾关系反义词,死=[＋生命、＋终止],活=[＋生命、－终止]。这类反义词在语义上是互相矛盾的,非此即彼,没有中间意义存在。这和义素分析法的二元对立的原则相呼应。至于相对关系反义词,最典型的就是"黑"和"白"这对反义词。对这类具有中间意义存在的反义词我们可以运用"原型理论"进行分析讲解。Berlin 和 Kay 的颜色词研究就对这类词进行了详尽的分析。从原型颜色出发,这里选用"黑"作为"典型原型"颜色,然后逐渐过渡到"非典型原型"颜色,深灰、灰、浅灰。最后离开"黑"这个语义范畴,到达"白"这个语义范畴中来。

在多义词的教学中,则以对"原型理论"的运用为主。例如,"方便"是一个多义词,《现代汉语词典》(第 7 版)对其的解释如下:

1. 便利:这里的交通很方便。
2. 使便利;给予便利:方便群众。
3. 适宜:这儿说话不方便。
4. 婉辞:指有富裕的钱:手头儿不方便。
5. 婉辞:指排泄大小便:车停一会儿,大家可以方便方便。

由此例可以看出,第一个义项是该词的语义原型,其余的义项也具有许多与第一个义项相似的特征,最后一个明显是最边缘化的"非典型成员"。像这种具有多个义项的多义词,其内部结构是开放式的,不能仅靠几个义素就将其全面规定。而"原型理论"中的原型性使每一个范畴都能够确保其基本语义结构的稳固性,同时其模糊性也使许多新成员可以被吸纳到范畴中来,旧词新义的现象也可以得到很好地解释。在教学中,对于多义词的讲解,应先教原型语义,再通过逐渐增加义素的方法,一层一层向外扩散,讲授边缘语义。通过这样一个循序渐进的过程进行教学也符合人的认知规律。

总之,从义素分析法和原型理论在对外汉语词汇教学中的运用可以看出,语义学知识在对外汉语教学中有不可或缺的作用。合理使用语义分析方法一定能大大提高汉语词汇教学的效率。

参考文献

[1]陆俭明. 汉语教员应有的意识[J]. 世界汉语教学,2005,(1).

[2]石安石. 语义研究[M]. 北京：语文出版社，1998.

[3]维特根斯坦. 哲学研究[M]. 汤潮，范光棣，译. 北京：三联书店，1992.

[4]袁彩云. 实用现代汉语[M]. 北京：高等教育出版社，2006.

[5]张洁. 对外汉语教师的知识结构与能力结构研究[D]. 北京：北京语言大学，2007.

[6]张辉. 认知语义学研究[M]. 上海：上海外语教育出版社，2011.

[7]中国社会科学院语言研究所词典编辑室. 现代汉语词典[Z]. 6版. 北京：商务印书馆，2012.

[8]Berlin B, Kay P. Basic Color Terms：Their Universality and Evolution[J]. International Journal of American Linguistics，1999，6（4）.

[9]Labov W. The Boundaries of Words and Their Meanings[A]//Joshua Fishman(ed.). New Ways of Analyzing Variation in English. Washington D. C.：Georgetown University Press，1973.

[10]Rosch E，Mervis C B. Family Resemblances：Studies in the Internal Structure of Categories[J]. Cognitive Psychology，1975，(7).

[11]Zadeh L A. Fuzzy Sets[J]. Information and Control，1965，(8).

[12]Zadeh L A. Quantitative Fuzzy Semantics[J]. Information Sciences，1971，3（2）.

针对汉语中级水平学生的语用失误问题的教学

何 芳[*]

[摘要]本文通过教学实例提出了对外汉语教学中级阶段学习者语用失误的问题,从语言语用失误的角度,主要是对语音和词汇方面的失误进行了分析和研究。语言方面着重对语气、语调和重音的对比发现学习者的语用失误,词汇方面从词语的对应翻译、有文化色彩的词汇和母语影响等几方面揭示了语用失误的原因,并提出了解决这些失误的对策和方法,以期对中级阶段的汉语教学提供一些参考。

[关键词]对外汉语;中级教学;语用;失误;策略

一、引言

随着中国经济的发展和国际地位的日益提高,外国人学习汉语成为一种流行趋势,无论是在本国学习还是来中国留学的学习者均越来越多,因为汉语正在成为他们生活工作的必需或进阶必不可少的硬件条件。但是在多年的对外汉语教学中,我发现很多学习者学到中级阶段时,他们的词汇量大了,基础语法基本没有什么问题了,可是说起话来却还是那么生硬,不顺耳、不地道,甚至产生了交际失败的情况,究其原因很大程度上是语用出了毛病。这些问题该如何解决,在教学中应如何处理和指导训练,是每个对外汉语教师不能不考虑的问题。本文旨在对汉语中级水平学生的语言语用失误进行分析和研究,试图对这个阶段的语用教学提供一些参考。

---

[*] 何芳,女,辽宁凤城人,首都师范大学国际文化学院副教授,主要从事跨文化交际和对外汉语教学法研究。

珍妮·托马斯(Jenny Thomas)在1983年发表的《跨文化语用失误》一文中首次提出语用失误(pragmatic failure)这一概念,指出语用失误是"不能理解话语的含义,可分为语言的语用失误和社会的语用失误",为跨文化交际中语用失误及其原因的研究奠定了理论基础。

黄次栋于1984年在其"语用学与语用错误"一文中首次提出"语用错误"这一概念,[1]这是国内研究语用失误的开端,后来大量的研究者也加入到这一研究中来。研究者大都认为语用失误不是指语言的运用错误,而是说话者说话的时间、地点、对象、方式等不合时宜,表达不符合习俗习惯等,从而导致交际不能取得预期效果,甚至失败。

二、语音方面的语用失误

这里我采用珍妮·托马斯的两种分法的一种,即语言的语用失误来分析外国人学习汉语的语用失误现象。语用失误的原因常常是"把一种语言形式与语言功能的对应关系照搬到另一种语言的使用之中,造成使用中形式与功能的错位"。[2]在交际中由于对目的语知识了解得不全面,经常会出现语用失误,在不同的情境中主要表现在语音、词汇和语法等不符合目的语的习俗习惯、风格等方面。

(一)语气语调的语用失误

语气语调是说话人感情和态度的表露,是命令、商量、请求,还是拒绝、接受等都是靠语气语调来体现的。语气语调的语用失误包括语音语调、语气等诸多方面。中级阶段口头表达的重点就是要教授大量的口语语用知识和技能,可以说中级教学的一大特定性质应该就是语用教学。汉语的语气和语调所表达的意思纷繁复杂,对外国人来说掌握起来相当困难,加之在教学上教师往往对语气语调不那么重视,往往做淡化处理,因此学生对语气语调的感悟理解和体会上就显得尤其薄弱,语用上也就常常出错。除了部分比较明显的语气外,大部分是很难把握的,在交际中也难免会产生各种各样的问题。

强调对语调语气的教学是解决语用失误的关键一步,要通过示范和操练让学生掌握不同语气语调所表示的真正含义,从而避免交际失误。比如学习表示否定的"别逗了、哪儿的话呀"之类的表达法时,要教给学生在什么场合什么情况下使用这些表达方式,更重要的是语气语调应该是怎样的。因为在口头表达中句调和语气往往可以改变整个句子的情感意义。再比如一个中国学生邀请一个外国学生去看电影：

  中国学生：这个星期六晚上你如果没事的话，我们一起去看电影怎么样？
  外国学生：我不去，中文电影我看不懂，没有意思。

  从这个例子看留学生回答得似乎也没什么错误，但听起来却让人感到极不舒服，也很不礼貌，当然并不是每一个不礼貌话语的实现形式均有同样的使用概率，但总体上表现出一定的格局以及语用化特征。[3]其症结就在于说话者的语气显得太生硬了，不知如何用委婉的语气说明解释，当然这不仅仅是语气的问题，也与他的语言知识水平有关。如果这位中国学生不了解外国学生的水平和想要表达的真正意思的话，这种生硬的语气可能就会使交际中断，甚至引起双方的冲突和不愉快，最终导致不再交往。因此在教学中，特别是在口语教学中应指导学生有意识地按照中国人的表达方式礼貌地表达，也可在不同的场合适当加入某些语气词，使语气委婉温和。

  (二)重音等的语用失误

  除了语气语调的语用失误，句子的重音也往往是中级水平的学生面临的一个难题。在口头交际中，语气语调常可以改变句子的理性或情感意义，而我们比较熟悉的句子重音位置的不同以及句子各部分音高的变化也常常使句意不同，表达出不同的意义。重音出错也是语用失误的一种，也会导致交际障碍，使人不知交谈的重点为何。比如："你怎么来了？"这句话中句子各部分重音不同可明显表示出不同的意义。又如：你真行啊！既可以表示"真棒、好、不错"等意，也可以表示批评或不满甚至是谴责的语气。

  重音看起来事小，实际运用起来并不那么容易，外国人在用汉语交际时有时很难找准重音的位置，因此造成的语用失误也不少。比如同样一句"你说……"用不同的语调和重音说出来表达的意思完全不同，它可以表示命令的语气，也可以是表达疑问或询问的语气。因此重音位置不同不仅会影响人们的关注点，同时也会产生不同的语用含义。再比如，表示反问的疑问句，强调肯定或否定在重音上都有反映，也是口语交际的一个基本要素，在口语教学中应通过总结归纳示范和大量操练让学生掌握表示某种意义的正确重音位置。以"你怎么又迟到了？"为例，若"你"重读，表示说话人原以为迟到的应该是别人，没想到是你；若"又"重读，表示说话人强调的是"不止一次"；若重音放在"迟到"上，那么说话人意为"以前你有过其他毛病，今天又增加了迟到的新毛病"。留学生虽然熟悉反问句的语法规则，但是在口头交际中仍然会屡屡因为重音掌握不好而产生语用失误，改变了所要表达的意思。

三、词汇方面的语用失误

（一）对应词语的失误

词汇的语用失误、语音的语用失误和语法的语用失误在第二语言学习过程中，很大程度上是由于学习者自觉或不自觉地将目的语与母语做对比产生的结果。因为在学习者头脑中母语的系统已经固化，在学习一套新的系统时无形中就产生了障碍，学习者往往要通过与母语的对比去理解和运用目的语，这是很普遍很自然的，也是可以理解的。就汉语词语学习来说，初中级水平的学习者都会很自然地联想到自己母语中与之相对应的某个词，进而生搬硬套地将两种语言的词语等同起来，当然这是一个必经阶段，但其结果往往会造成词汇的语用失误。比如家里孩子的顺序叫法，我们说"大儿子、二儿子、老儿子"，而外国学生就会按照母语的习惯说"第一个儿子、第二个儿子、第三个儿子……"类似这种词语的语用失误可以说数不胜数。

（二）有文化意义的词语的失误

另外有些被赋予文化意义的词语，学生使用起来也常常出现语用失误。究其原因不外乎以下两个方面：一是文化差异导致的词汇语用失误，比如汉语中的惯用语、俗语、数字词、颜色词、称谓词、人物词等都具有一定的文化意义，而这些意义与某些国家的同类词语的意义正好相悖或相冲突，尤其表现在"全空缺词汇"和"半空缺词汇"中。二是词汇的引申意义导致的词汇语用失误，如某些词语在文化意义上的差异，如"二百五""乌龟"等词语若运用不好，则不仅仅是交际失误的问题了。

（三）受母语表达影响的失误

母语负迁移导致的词汇语用失误等问题。一般来说学习汉语的外国人通常都是成年人，或者说在他的认识上已经形成了一套母语的语言知识体系，在学习汉语时，就会或多或少将母语中的一些词语带入到汉语学习中。中等水平留学生理解句子的差别仍与其母语语法类型有关，且其母语使用的文字跟汉字的差别程度对他们理解也有影响。[4]如日本学生常用的"初次见面，请多关照"，"对不起，失礼了"，"还请老师多多栽培"等，日本学生常常会不自觉地把这些词语带到汉语中，就造成了词汇的语用失误。因为这些词语在汉语日常交际中是不常使用的，但是由于母语的习惯，日本学生经常用到这些表达方式，让人觉得过于庄重、正式，因而不太符合现代汉语的表达习惯。类似的失误还有"谢谢你的茶"，"感谢你给我一个美好的夜晚"，等等，这样的表达习惯实在是不胜枚举，可见母语在第二语言的学习中经常会造成很大的影响，也可以说母语负迁移是导致交际中词汇语用失误的重要原因之一。因此在教学中对不同文化的各种交际现象进行比较，了解中国与西方国家的文化差异以及这种差异对交际的作用和影响，对于促进外语教学无疑是十分必要的。

到了中级阶段，学生在语法方面的语用失误比较少了，主要表现在照搬语法，对口语的惯用表达法掌握不足等方面，这里不做过多论述。

四、语用失误的原因分析

造成语用失误的原因多种多样，我认为主要有以下三个方面。

第一，学习者主观方面的问题主要表现在语言知识和社会文化知识的缺乏。到了中级阶段，学习者的汉语水平有了明显的提高，已经能够满足基本的生活需求，但是要想让表达更地道更汉语化，就要在汉语口语化的惯用表达方式和词语的运用上下功夫了，而事实往往是在这方面他们显得尤为欠缺。比如到中国朋友家去做客，觉得想要离开时却不知如何得体地表达，常常会说：我回家了，下次再见。不仅语气生硬，也暴露了学习者语言知识的缺乏，也就产生了语用失误的问题。他们需要的是"时间不早了，我们该回去了；耽误你们这么长时间，真过意不去；以后有空儿我们再聚；早点儿休息吧，我们就不多打扰了；我们明天还得上课"等此类的既符合语言习惯又与社会文化习俗相一致的表达方式。社会文化知识包括伦理道德、价值观念和风俗习惯等，所谓的入境随俗在语言中的表现就是要以恰当的言语表达方式进行交际。

第二，交际双方文化层面上的客观原因和母语文化的负迁移影响。语言作为交流工具，承载着它所在环境的文化信息，受思维方式、价值观念、伦理道德等的影响，因而学习者不但要掌握语言知识，还要掌握目的语的文化语用。其实交际中语用失误可能不只是一方的问题，因为交际双方都想按照自己所期望的那样去理解对方的用意，按照自己文化的惯性去理解对方，而没有考虑到双方文化的差异，缺乏共享共知的信息，从而导致交际中的语用失误。但是学习一种语言就要理解其文化精髓，中国传统文化讲究尊卑有序、长幼有别，直呼老师姓名被视为不礼貌的行为，对自己要用自谦语等，这些文化内涵在交际中产生的语用失误也是特别多，我们常常会听到很多西方学生会直呼老师的姓名以表示亲切，在表达请求和询问时感觉是在用命令的语气。比如在课堂上就有学生这样表达请求："老师，我听不懂，再说一遍。"这些都与母语的表达方式有关，这是母语文化负迁移的一种典型表现。

第三，最后不得不说这些语用失误跟我们的教学理念和方式方法有着一定的关系，在教学中教师对语用失误的淡化处理，对语用失误的容忍使一些失误得不到纠正，久而久之这些失误也就变得自然而然了。长期以来，对外汉语教学存在着重语言技能、轻文化语用教学的现象，没有突出汉语文化思维模式的特点，因此学生在中级阶段也没能很完善地建立起汉语的思维模式，即使语言再好，交际时还是会出现障碍和失误。随着对外汉语教学的深入发展，对语用教学逐渐形成了共识，语言教学不能只教语言不教文化意义和语用，因为交际能力不仅体现在语言的正确使用上，也体现在语言的得体性上，这种得体与目的语文化息息相关，因此，在教学中对学生的语用失误决不能过分淡化处理，要让学生掌握地道的语言是离不开语用这一交际文化的。

五、解决交际失误的教学策略

既然语言教学的目的是为了提高学习者的交际能力，而在交际中文化语用问题其实是相当重要的，交际双方不仅要互相理解对方的意思，而且要在特定的环境中对特定的人要做到表达得体，这才是成功的交际。语言总是产生于一定的文化环境中，具有一定的民族性。作为交流工具，我们承认语言的共性，但作为文化的载体，它又有独特的特点和规律。只有了解了这些文化特性才能真正理解语言，掌握语言。众所周知，学习外语要理解目的语中的幽默是件相当难的事情，而这种幽默恰恰是特定文化氛围的产物，承载着它所在环境的文化信息。因此在对外汉语中级阶段的教学中，我认为语言的语用特点和文化因素是这个阶段教学的主要任务。

语言具有极大的灵活性，社会的发展处于不断的变化中，语言也必然随之变化，在使用中要因人、因事、因时、因地而异。汉语语法和句式有不同于其他语言的特点，在中级阶段的教学中应尤其注意培养学生建立起汉语思维模式，让学生置身于真实的汉语文化交际环境。因为在日常交际中，人们往往会使用言外之意来表达自己的真实想法，而言外之意的理解离不开语境，因为任何一种言语的表述都与当时的环境密切相关，相同的一句话在不同的语境中常会表示不同的意思。在教学交际训练中可以拿出一组词，让学习者用这组词组织自己的语句参与交流，在交流中强调语气、语调、重音、词汇、文化等语用作用，比如：急什么呀、真好吃、那可糟了、我也没办法了、其实啊、看你说的……通过在具体语境中训练口语化的惯用表达式和词语，促进第二语言思维模式的形成，要跳出单一的句法结构和孤立的单句范畴，在表达中培养完整的语用能力。

另外汉语词汇的引申意义突出体现了汉语的文化特色，学习者在使用这些词汇时很容易发生语用失误，这就要求教师在教学中要特别关注这些现象，根据学生的语用失误分析原因并提出相应的解决策略，长此以往定会减少学习者的语用失误现象，达到预期的教学目的。本文旨在提出教学中发现的问题和现象，并提出相应的对策，希望能引起更多研究者的注意，能够从语用的角度研究对外汉语教学，在方法论上为教学中的实际问题提供解决的方法和建设性的意见，进而使我们的教学能事半功倍，能真正为培养中外文化交流使者尽自己的一分力量。

参考文献

[1]黄次栋．语用学与语用错误[J]．外国语，1984，(1)．

[2]许力生．语言研究的跨文化视野[M]．上海：上海外语教育出版社，2006．

[3]毛延生．汉语不礼貌话语的语用研究[J]．语言教学与研究，2014，(2)．

[4]王永德．跨语言因素对留学生理解汉语句子速度的影响[J]．语言教学与研究，2014，(4)．

论对外汉语教学中中国古代文学作品的选用问题

胡秀春[*]

[摘要]在对外汉语教学中,如何选用切合留学生兴趣点的、符合学生实际水平的中国古代文学作品并非易事。本文提出,第一,选用作品应考虑学生的语言水平和接受能力;第二,应兼顾文学作品的中国特色和世界性;第三,应注重作品的趣味性和亲和力;第四,应注意古代文学作品鉴赏的现代性转化。

[关键词]对外汉语教学;中国古代文学;作品选用

在对外汉语教学中,无论是编写古代文学教材还是从现有的教材中选用合适的中国古代文学作品都并非易事,需要考虑方方面面的因素。

一、选用作品应考虑学生的语言水平和接受能力

中国古代文学课程的设置对提高外国学生的语言能力起到了积极的作用,面向外国学生的古代文学教材和作品应当是符合其语言水平和接受能力的,是有别于各种版本的大学语文或文学教材的专用教材和作品。这是由教学对象的特殊性决定的。虽然选修古代文学课的是本科三四年级的学生,已经具备一定的汉语基础,但是要读懂作品的原意、领会作品的精妙之处还是堪称"难于上青天"。学生们普遍认为古代文学课是一块难啃的骨头,困难主要体现在以下几个方面:第一,有大量不认识的汉字,有些字词通过查词典、经

---

[*] 胡秀春,女,浙江宁波人,首都师范大学国际文化学院副教授,文学博士,主要从事对外汉语教学和古代文学研究。

老师讲解还是难以掌握。第二，学习的字词在现代生活交际中用不上。第三，诗歌作品和诗人数量庞大，涉及的时代复杂，难以记忆。第四，诗歌的内涵和意境深奥，抓不住。第五，有些作品的思想与现代有差距，有隔阂，难以理解。第六，教材太难，不适合。

目前用于外国学生教学的古代文学教材主要有欧阳祯人主编、北京大学出版社出版的《中国古代文学史教程》和王庆云主编、华语教学出版社出版的《中国古代文学》。前者把文学史发展的介绍和相关作家作品的选读结合起来，并设计了填空、释词、翻译、复述、思考等形式多样的练习题。后者按照体裁分为诗歌卷、小说卷和散文卷，并将文学发展历史和作品文本有机整合。另外，中国人民大学对外语言文化学院主编的"对外汉语教学中国文化系列"教材按照时间顺序收录了从先秦到明清的诗歌、散文、小说等多种体裁的文学作品200多篇，同时对各个时代的文学发展概况也进行了描述。上述教材的共同特点是所选作品数量多，难度大，超越了学生的语言水平和接受能力，容易使他们产生畏难情绪。大部分外国学生的中华文化背景几乎都是零，即便是华裔，也往往已经是第三代、第四代的移民了，对他们而言，学习古代文学作品的目的是了解和知道，并不是掌握和提高。因此，要把外国学生的教材与中国学生的区别开来，特殊对待。

鉴于留学生的语言水平、文化背景和接受能力的局限，古代文学课的作品选用应考虑以下几点：第一，不选太长的，比如白居易的叙事名篇《长恨歌》、《琵琶行》等虽然在中国文学史上具有举足轻重的地位，但是字数太多，学生难以接受。第二，不选太难的，比如李白的《将进酒》非常能凸显诗人的个性，但是抒情性强，意蕴丰富，谋篇布局天马行空，也是超越学生的理解接受水平之上的。第三，求精不求全，以点带面，首选短小浅白的名篇，比如李白的《静夜思》、《望天门山》、《望庐山瀑布》、《早发白帝城》等这类自然简洁、易读易懂的小诗，比较接近学生的理解接受水平，甚至还能激发学生写诗的兴趣。要是选用作品不考虑学生的接受能力，就会费力不讨好。

二、选用作品应兼顾中国特色和世界性

中国古代文学传达的是以文学为主体的古代文化内容，承载着中国古代文学的审美，但这些同时正是学生理解的难点。中国古代文学的一个重要特

征是含蓄凝练，追求"言外之意"、"味外之旨"、"韵外之致"、"春秋笔法"，却会使学生在学习中产生隔膜，难以读出其中的意蕴。王维的名句"人闲桂花落，月静春山空"通过大写意式的描写表现出一种悠然的心态，在含蓄的语言中传递着丰富的文化内涵，而学生在解读时却完全摸不着头脑，无法走进文学的内部。古典诗词中经常出现的"流水"、"杨柳"、"梅"、"兰"、"竹"、"菊"、"月"等特殊意象是中国古代文学作品的特色和精髓，代表着中国古代文学审美的主流。但是，这些文化内容难以贴近学生的文化心理，不易引发学生的情感想象，会使他们感到困惑，对文学作品情感力量和精神内核产生怀疑。因此，选用作品应考虑跨文化因素，尊重具有不同文化背景的各国学生的审美习惯，否则学生根本体会不到古代文学作品的妙处。

古代文学的教学是不同文化之间的交流与碰撞，是文化的输入，也是审美鉴赏的输入。我们首选能体现中国传统文化精髓的具有中国特色的经典作品，引导学生了解中华文化的特殊本质，感知文学作品和中华文化的魅力。在编选文学作品的过程中，切不可单单从中国人的角度进行选择而不结合外国学生的感受，应立足于外国学生所需要了解的和我们应当让他们了解的双重角度。易引起文化冲突的作品要慎选，比如很多学生觉得精卫填海和夸父逐日的故事是无稽之谈。像李白、白居易等唐代大诗人的作品往往让日本学生感觉特别亲切，像盘古开天、女娲造人的故事容易使欧美学生联想到《圣经》中的上帝造人，像鲧禹治水的神话会使学生联想到诺亚方舟。因此，选用作品应兼顾中国特色和世界性，选择能春风化雨般潜移默化，使学生的文学审美活动得以顺利进行的作品。

三、应选用有趣味性和亲和力的文学作品

很多学生有了解中国古代诗歌的强烈意愿，但是他们普遍反映，很多诗歌是自己所不喜欢的，所以记起来非常困难，往往只能记住自己喜欢的。如果教师授课时选用的作品不符合学生的兴趣点，让学生硬撑着学，那就很容易浇灭他们的学习热情。文学作品是讲究传情的，能不能调动学生的感情对教学的成败起着关键作用。因此，选用契合学生情感的有趣味有亲和力的作品是上好古代文学课的有力保障。那么，什么样的作品容易引起学生的兴趣和共鸣呢？

那就是表达人之常情的作品。人类的很多情感和思想是超越国界的,例如亲情、爱情、友情、对美好生活的向往、对幸福的追求,选用此类经典文学作品可使不同国别、不同背景的学生产生类似的感受,使他们感兴趣,乐学。比如朗朗上口的《静夜思》,表达的是人类共通的思乡之情,能够引发远在异国他乡的留学生内心深处的真实情感,使学生产生去亲近古人、与古人对话的热情,这样一来,古代文学作品就不会是一种远在天涯、让人敬畏的存在,而是变成近在咫尺、可以触及的朋友。再比如《采葛》,"一日不见,如三月兮","一日不见,如三秋兮","一日不见,如三岁兮",抒发的是恋人之间的思念,是爱情的永恒主旋律,对于不同文化背景的人来说,这样的作品都是易读、易懂、易记而且会引发深切共鸣的美好诗篇。留学生中年轻学子居多,像《关雎》、《木瓜》这类与爱情题材相关的作品都能较好地调动学生的学习热情。另外,像孟郊的《游子吟》,抒写的是母爱和儿女对母亲的感恩,普天之下,人同此心,心同此理,选用这样的作品也是能吸引学生,符合学生兴趣点的。

四、应选用可进行现代性转化式鉴赏的古代文学作品

面向现代信息社会的外国学生教授古代文学,选用作品的目光不能只停留在过去,而是要与时俱进,既要有历史的眼光,也要立足于现实,应当突出中国古代文学的现代意义。我们经常发现,外国学生在进行比较正式的书面表达和交际时经常理解不了对方言谈中的成语或引用的汉语经典。很多在现代交际中广泛使用的成语、经典都源于古代文学作品,例如《论语》中有"吾十有五而志于学,三十而立,四十而不惑,五十而知天命,六十而耳顺,七十而从心所欲,不逾矩",就是现代人口中的而立、不惑、知天命、耳顺之年;"过犹不及"表现的是辩证法思想,是儒家文化的重要内容,对中国人的影响十分深远。这些古代文学内容都是可以进行现代性转化的,是适于选用的。像"三顾茅庐"、"负荆请罪"、"四面楚歌"等成语也都是具有跨时代特点的,选用相关作品有利于引导学生从理解文学到把握其语用功能,实现现代性转化。而像屈原的《离骚》、庄子的《秋水》等名家名篇,思想内容复杂,进行现代性转化的难度非常大,因此不建议选用。

总之,选用中国古代文学作品应从外国学生的实际出发,要充分结合学

生的汉语水平、知识层次以及文化背景等各种主、客观因素,既考虑到对古代文学精华的把握,又照顾到学生语言实际程度。好懂的优秀作品是学生喜欢这门课程的前提,选用作品的首要考量不是系统性和全面性,可以抽取适合学生水平的、兼顾中国特色和世界性、有趣味性有亲和力、可进行现代性转化的优秀作品,帮助学生建立学习信心,提高学习效率。

参考文献

[1]国家对外汉语教学领导小组办公室. 高等学校外国留学生汉语专业教学大纲[M]. 北京:北京语言大学出版社,2002.

[2]黄侃. 文心雕龙札记[M]. 北京:商务印书馆,2014.

[3]卢铁澎. 唐诗选读[M]. 北京:人民文学出版社,2002.

[4]欧阳祯人. 中国古代文学史教程[M]. 北京:北京大学出版社,2007.

[5]王庆云. 中国古代文学诗歌卷[M]. 北京:华语教学出版社,2005.

"读"之古今义辨证*

李 瑞**

[摘要]"读"最根本的语义特点是心智层面的"抽引义蕴",视觉阅读和听觉讽诵只是这一过程的伴随行为,这些伴随义后来均可独立存在,并继而发展出了"上学"和"学习"的意义。文章在段玉裁《说文解字注》的基础上对"读"的古义和今义作了细致的辨析和考证,认为依托古义贯通今义是汉语语义学的重要任务之一。文章最后对留学生与"读"相关的词义偏误进行了分析。

[关键词]《说文解字》;训诂学;读;古义;今义;偏误分析

一、引言

在现代汉语中,"读"是个常见的多义词,其基本义为"看着文字念出声音",是用嘴发出声音的行为。由此引申出视觉义"看(文章)",以及"上学"、"学习"等意义。而在上古汉语中,"读"蕴含着今人罕知的内容,古今所谓"读书"有截然不同的含义。

由"读"的古义出发把握其今义,可以收到以简驭繁的效果,有助于从整体上把握词义。这对汉语词汇教学、中介语词义偏误分析等有着重要的意义。

二、"读"的古义

词的古义,顾名思义就是词在古代的意义,在汉语语义学中常指词的"本义"。本义不是基本义,基本义是现代常用义,本义则是"词的最早的有文献

---

* 本文是2016年北京社科基金项目"语体理论观照下的汉语词汇衍生研究"(16YYB023)的阶段性成果。
** 李瑞,男,山东高青人,首都师范大学国际文化学院讲师,文学博士,主要从事词汇语义学、语体语法学研究。

记载的意义"[6]P84。汉语历史文献丰富,今天所能见到的最早的文献是甲骨卜辞,奠定中国文化基础的基本文献"五经"则诞生于春秋战国时期,甚至有些经书口耳相传,到西汉才最终写定,因此究竟哪些文献才是"最早的"很难确定。从操作的角度出发,汉语语义学常把记录某词的汉字字形所体现出来的、可以与古代文献中的实际词义相印证的那个意义作为本义。

传统训诂学把构字意图称为"造意",而把文献中的实际词义称为"实义"。由此,所谓词的本义,实际也就是记录该词的汉字的造意所体现的实义。汉语语义学讲本义离不开许慎的《说文解字》(以下简称《说文》),以及清代学者所做的考据成果。

(一)"读"的核心特征是"抽引义蕴"

大徐本《说文·言部》:"读,诵书也。"[1]P51又:"诵,讽也;讽,诵也。"[1]P51清代语义学家段玉裁《说文解字注》(以下简称《段注》)在"讽"下引《周礼·大司乐》:"以乐语教国子,兴道讽诵言语。"郑玄注:"倍文曰讽,以声节之曰诵。"段注:"倍同背,谓不开读也。诵则非直背文,又为吟咏以声节之。"[3]P90可见,"讽"就是今天所谓"背书","诵"则须辅以抑扬顿挫之音。但是,"读"是不是等于"诵"或"背+诵"却有疑问。

徐锴《说文系传》(小徐本)"读"下注:"读犹渎也,若四渎之引水也。"[2]P44"犹"是汉朝人训诂术语,《说文》全书凡三见。《段注》"雠"字下注:"凡汉人作注云犹者,皆义隔而通之。"[3]P90"绿"字下注:"凡汉人训诂,本异义而通之曰犹。"[3]P201《尚书·尧典》:"分北三苗。"郑玄注:"北犹别也。"韦昭《吴语》注:"北,古之背字。"《说文·八部》"公"从"八","八犹背也",《段注》:"分别之乃相僢背,其义相因相足。故许不云'八,背也',而云'犹背',郑不云'北,别也',而云'犹别'。凡古训故之言犹者视此。"[3]P49综合观之,古人所谓"甲犹乙也"意思是"甲"和"乙"的意义不同(义隔),但是又可以相通而可互相补充。徐锴此注实为用同源词揭示词义特点。段玉裁说:"元始可互言之,天颠不可倒言之。盖求义则转移皆是,举物则定名难假,然其为训诂则一也。"[3]P1同一个意义特点,体现在A物上是甲义,体现在B物上是乙义。比如,同样是"事物的最高处"这个特点,对人体而言就是头,对自然界而言则是"天",故而《说文》以"颠"训"天"。同理,同样是"抽引"的意义特点,体现在江河上是"渎",体现在书籍上则是"读",这才是小徐注的要义。

显然，以"诵"释"读"不能体现后者的意义特点。大小徐本《说文·竹部》均作："籀，读书也。"徐锴注："颜氏《匡谬正俗》'《诗》不可抽也'注：'抽，读也。'司马迁曰：'紬《史记》'。"[2]P86 这就把"抽、紬、籀"跟"读"联系了起来。段玉裁据"转注"体例径改大徐本，作："读，籀书也。"注："抽绎其义蕴至于无穷，是之谓读。"[3]P90 又于"籀"字下注："籀者，抽也；读者，续也；抽引其绪相续而不穷也。"[3]P190 "抽引"二字真正抓住了"读"最根本、最核心的意义特点。

证之以上古文献。《诗经·鄘风·墙有茨》："中冓之言，不可读也。"毛传："读，抽也。"郑笺："抽，犹出也。"这首诗说的是卫国的事情。卫宣公死后，卫惠公年幼，惠公庶兄公子顽与惠公之母通奸，国人疾之而作此诗。"中冓之言，不可读也"意为宫内顽与夫人淫昏之语，不可流传到宫外。此处的"读"绝非"背诵"义，而是从宫内流传开来、通至宫外。水由"渎"（江、河、淮、济）从此处引到彼处，意义特点正相同。

《左传·闵公二年》："成风闻成季之繇。"杜预注："繇，卦兆之占辞。"陆德明《释文》："繇，直救反。"[4]P362 其本字据《说文》当作"籀"，卜筮的卦辞是"抽绎《易》义"作成的，所以称为"籀"。"籀"从"搰"得声，《说文·手部》："搰，引也。抽，或从由。"[1]P255 然《左传》"繇"字依《说文》当作"䌛"，训"随从也"。段玉裁分析其字形谓"从系者，谓引之而往也"，并补："由，或䌛字。"[3]P643 总之，卜筮之辞作"籀"、作"䌛"都跟"抽"进而跟"由"有关，其核心意义是"引"。《尔雅·释诂》："䌛（即由），道也。"《说文·辵部》："迪，道也。"[1]P40 字从"由"。从"道"得声的"導"，《说文》正训"引也"[1]P67。

汉代的《尉律》规定："学僮十七已上始试，讽籀书九千字，乃得为吏。"段玉裁注："讽谓背其文，籀谓能绎其义。"[1]P90 可见在汉代要当一名合格的下层小吏，不仅要认字、写字，而且还要掌握九千字的意义。周宣王时的大史大概因为对字义的把握比较精到，所以给自己起名叫"籀"，因而其所创制的大篆就称为"籀文"。以事为名在古代是很常见的事情。据《左传·定公八年》记载，鲁国人苦越生子，"待事而名之"，鲁侵齐，在阳州之役中有所俘获，苦越就名其子曰"阳州"。若依许慎所说，周宣王的大史籀大概是其之前中国最早的语义学家。不过，王国维《史籀篇疏证》谓史籀非人名，杨树达先生承之。但无论如何，"籀"绝非看着文字念出声音那么简单。

（二）抽引义蕴过程的伴随行为

"读"的意义特点是"抽引"，所以司马迁加工前代史料以做表皆自称"读"。面对文字材料，人的加工过程往往伴随着口唇之音，故而讽诵也可以叫"读"。

《礼记·缁衣》引《君奭》："周田观文王之德。"郑玄注："古文为'割申劝宁王之德'，今博士读为'厥乱劝宁王之德'。"注中所引博士之"读"，是根据意义改字并最终表现在口吻上的行为，是讽诵无疑。

《左传·襄公三年》记载，晋悼公的弟弟杨干在诸侯盟会时扰乱了军队秩序，主管军法的中军司马魏绛就杀了给杨干赶车的仆人，晋侯要杀魏绛，魏绛就写了一封信准备自杀，被别人制止了。这时，"公读其书"。段玉裁就此评论说："讽诵亦可云读，而读之义不止于讽诵。讽诵止得其文辞，读乃得其义蕴。"[3]P90 其实，晋悼公"读"魏绛的信，最准确的意义不是念出声的"朗读"，而是用眼睛看的"阅读"。在没有记住文字材料时，"（目）看"是"（口）诵"的前提。换言之，"阅读"又是"讽诵"的伴随行为。

讽诵、阅读一为口治，一为目治，都是在"抽引义蕴"过程中的伴随行为。只要掌握了"读"的核心意义特征，具体到实际文献中去，只需根据上下文做出恰当的文义训释即可。

三、"读"的今义

体现某词核心意义特征的本义也可称为核心义；伴随核心义出现的其他语义现象，在没有明确为一个义位前可称为伴随义。

对书面材料的加工，心/脑、口、目三种感官都起作用，但心/脑的作用最大，口、目只是伴随性的。也就是说，心智、听觉、视觉并行参与"读"的过程，心智即抽引义蕴，听觉表现为发出声音，视觉表现为"看"的行为。在现代汉语中，"读"的基本义已由古代的心智义转移为听觉义，第二位的意义是视觉义，心智义则退居深层，非由考证不为人知了。

在实际使用过程中，"读"还引申出了其他新义，都是清儒不关心也不研究的。在两千年训诂实践的强大影响下，讲语义往往厚古薄今。在亟须构建语义学理论的今天，这些缺点理应克服。应该认识到，从古代训诂材料中挖掘的语义现象与当下发生的语义现象，在构建语义学理论时具有同等重要的价值。

(一)"读"的"上学"义

"读(书)"这个活动在任何处所都可以进行,但典型的场所是学校。在家中无书的情形下,上学是读书的前提条件,读书是上学的主要目的,两者相伴存在。因此,"读(书)"的伴随活动"上学"渐渐成了其意义的一个侧面。在例(1)、(2)中,"读书"的强势解读是"上学",而不是具体读书的行为。

(1)爸爸失业那年,我还在读书。

(2)我没读过书,你说的道理我搞不懂。

在学校里,学生"读"的客体一般是"书",所以"读书"整体有"上学"义。分开来看,"读"本身亦可独立具有这一意义。比如:

(3)爸爸失业那年,我还在读大学。

(4)我没读过小学,直接上的中学。

也就是在"读+教育阶段"这个结构中,"读"应解读为"上学"义。其底层结构当是"在+教育阶段+读+(书)"。形式语言学对此类现象有合理的解释。必须注意的是,在"读书"和"读+教育阶段"的底层结构中,"读"的意义仍然可以还原为"心智+声音+视觉"。

(二)"读"的"学习"义

"学习"的目的是获得知识和技能,达到该目的的手段可以通过阅读(视觉)、听讲(听觉)、研究(心智)、实践(综合)等方式达到,但对前多媒体时代的人类来说,由视觉提供材料进行心智加工长期是学习的主要手段。具备"抽引义蕴"(心智)和"提供材料(视觉)"两个意义侧面的"读"似乎天然具备学习手段的潜势。"读"的"学习"义,是以"手段"指称"行为",认知语言学称为"转喻"。

不过,"读"面对的是文字材料,而不是其他学习内容。所以,"学习跳绳"、"学习先进经验"中的"学习"并不能替换成"读",只有"读+专业名称/学科名称"中的"读"才可解读为"学习"。比如:

(5)上大学的时候,我读的国际贸易。

(6)我很喜欢读人类学,但家里都不同意。

句(6)中"读+人类学"的底层语义结构大概是"读+人类学(专业的书)",用学科或专业名称指称相关书籍这一语义现象,也是认知语言学的"转喻"。

综合二、三两部分的分析,"读"的意义可以确定为由核心义"抽引义蕴"制约的四个义位:(1)看着材料念出声音;(2)看(文字材料),阅读;(3)上学；(4)学习。

《现代汉语词典》(第 7 版)遗漏了第四个义位[7]P322，外向型汉语学习词典《汉语教与学词典》(施光亨、王绍新主编)把(3)和(4)合并为一条[5]P258。在汉语国际教育领域，义位的概括和细分都有各自的价值。贯穿某词各义位的核心义，只隐含在训诂材料中，其作用尚未发挥出来。

四、"读"的词义偏误试析

对汉语中介语的偏误分析，一贯重语法轻词汇，词义偏误的问题远未得到足够的重视。举例来说，一般汉语教师可能认为"读"这个词义简单的词不会发生什么问题，但事实并非如此。

在北京语言大学 BBC 语料库中，我们找到了以下真实用例(首都师范大学 2015 级研究生王茗仲玥提供)：

(7)* 最近我体会到了一篇文章。

(8)* 他没读过学，更没有学过农业学，不过他通过数百次的实验终于发明了无害农药。

(9)* 我可以慢慢地去读一些没有读过汉语的小朋友所不读的书。

据上文的分析，"读"的核心意义是"抽引义蕴"的心智行为，而这也正是"体会"这个词意义的一个侧面，"体验、领会"正是抽取义蕴所必须有的心智过程。因此，句(7)作者用"体会"仅从词义上说似乎并没有问题。比如：

(10)下课以后，你好好读读我那段话。

句中的"读"换成"体会"没有问题。个中原因在于，句(10)的"读"突显的就是"抽引义蕴"的心智过程，而句(7)则不突显心智侧面，而是伴随性的视觉侧面。因此，句子用"看"或"读"都没问题，用"体会"则不恰当。

根据工具书的释义，"读(书)"确实有"上学"义，但句(8)"*没读过学"显然不正确。"读"和"上学"两个词并不能自由替换。例如：

(11)我六岁开始上学→* 我六岁开始读

(12)小时候，我在南京上学→* 小时候，我在南京读

右列的句子似乎语义不完整，必须分别说成"我六岁开始读(书/幼儿园/小学)"、"我在南京读(书/小学)"才好。反映出的问题是，越是由伴随行为产生的非基本义越不自由，受到的各种限制越多。如果教师在词汇教学过程中

预先告知学生，大概会在一定程度上避免此类偏误的发生。

句(9)的问题比较复杂，句中前后两个"读"义为"阅读"，第二个"读"义为"学/学习"，作者试图表达的意思是：我学过汉语以后，就可以慢慢去读一些汉语书了，而这些书是那些没学过汉语的小朋友不能读/读不懂的。刨除其他逻辑问题不谈，将"读"换成"学"句子至少是可以接受的。"读"有"学习"义，但该意义上的"读"所带宾语在语义类别上是学科或专业名称，如"读英语(专业)"、"读法律"等。从常识上说，"小朋友"一般不会学习汉语"专业"的，而只是学习这种"语言"，因此只能说"学过汉语的小朋友"。究其源，是学习者对"读"的"学习"义掌握不到位，认为"读"和"学习"可以自由替换导致了偏误的发生。

段玉裁注"籀"字时说："迄今学者绝少知其本义者，故于'读'下'籀书'改为'诵书'，于《叙目》释为籀文九千字，重恎毗缪，可胜叹哉！"[3]P190今人多不知会背会读乃读书之末节，抽引义蕴才是根本。他又在"读"这一条末尾慨叹："自以'诵书'改'籀书'，而读书者尠矣。"[3]P90若按照这个标准，成为真正的读书人确实很不容易。

从事汉语国际教育的学者、教师应该思考，汉语第二语言学习者的最终目标能否满足于口耳诵闻？在更高层面的文献阅读、遣词造句以致撰文是不是需要具备分析词义、抽引义蕴的能力？只有由口耳进入心智，才能真正使学生有能力进入文献，并最终进入中国人的精神世界、领略汉语和汉文化的无穷魅力。

参考文献

[1]许慎撰，徐铉注. 说文解字[M]. 北京：中华书局，1963.
[2]徐锴撰. 说文解字系传[M]. 北京：中华书局，1987.
[3]段玉裁. 说文解字注[M]. 北京：中华书局，1981.
[4]孔颖达撰，李学勤等整理. 春秋左传正义(17)[M]. 北京：北京大学出版社，2000.
[5]施光亨，王绍新. 汉语教与学词典[M]. 北京：商务印书馆，2011.
[6]语言学名词审定委员会. 语言学名词[M]. 北京：商务印书馆，2011.
[7]中国社会科学院语言研究所词典编辑室. 现代汉语词典[M]. 7版. 北京：商务印书馆，2016.

对外汉语口语成绩测试模式框架的构建

申慧淑*

[摘要]本文提出，对外汉语口语成绩测试，应在不同年级设置不同的形式；各学习阶段应有不同侧重点，考试内容中应将学习测试与能力测试相结合；根据口语教学的终极目标——提高互动交际能力，在测试中应设计教师与学生之间相对真实的交流场景。

[关键词]口语成绩测试；测试模式；交际能力

一、引言

口语测试实际上是对考生语言综合能力的测试，在与教师一对一的沟通过程里，考生首先要有基本的听力和理解能力，再将所学的词汇、句法、表达功能综合起来在头脑中组织语言并输出。由于时间所限，考生一般也没有较长的思考时间和准备时间，因此也需具备快速的反应能力。这对考生来说是不容易做到的，因此口语测试也是考生感到最紧张的一门考试，测试结束后也常觉得没发挥好，常有挫败感。因此如何进行测试，就显得非常重要。

目前，在对外汉语教学实践中，对口语成绩测试的重视程度远远不够。口语成绩测试具体指的是每学期的期中期末考试。目前，在其模式和操作以及标准方面随意性较大，试卷的编写基本由任课教师负责，各同头课教师之间或各年级之间缺乏沟通。学生认为口语成绩测试具有不确定性，也不知如何准备，对结果也往往不满意。

---

* 申慧淑，女，吉林敦化人，首都师范大学国际文化学院讲师，文学博士，主要从事应用语言学研究。

导致这种不一致性的根源是教师的理念的不同,口语测试应考什么?怎么考比较合理?测试与平时教学之间应怎样建立关系?在这些问题上近年来我们的研究较少。本文要重点讨论以下两个问题:一,应怎样合理设计口语成绩测试的模式?二,本科四年教育中,应建立怎样的一个框架?

二、口语成绩测试主要形式

通过简单的调查我们得知,各校用于口语成绩测试的主要模式有:朗读、简单回答、听后复述、话题表达、与教师完成一个对话任务、词语解释、看图说话,等等。在2007年改版的HSK口语考试,初级部分的测试为:重复句子、简单回答、口头陈述。中级部分是:回答问题、看图说话。高级部分是:听后回答问题、二选一回答问题,大部分是语段表达。

(一)对朗读模式的思考

朗读作为一个传统的口语测试题型,其测试信度与测试内容上都存有争议。学习者在课堂的学习中跟着教师朗读,能够纠正语音、加强词汇掌握程度、增强语感以及加深对课文语句和意义的理解程度。在测试模式上设计朗读的环节,主要是无法考查学习者的自主语言输出方面的能力。经过初步的调查我们得知,目前初、中、高级阶段都较为普遍地采用朗读模式。教师之所以采用这一模式,主要是基于对学习内容熟悉程度的测试目的。学生能够熟练读下来说明对所学课文中出现的字词掌握较好,通过其断句和语流可查看学生对内容的理解程度。这就涉及朗读这一模式究竟适合初、中、高哪一个阶段的问题。初级阶段的内容一般来说较为简单,无须通过朗读来考察其对所学内容的掌握程度,在中高和高级阶段引入这一模式,可以使学生更加重视课堂内容的积累,进而获得成就感。

(二)回答问题模式需考虑目的性

简单回答问题是较为常用的一种典型的能力测试,通过教师与学生一对一简短的交流,可使学生在较为放松的情境下表达。但交流的内容一般以真实为基础,因此这种形式较难考察到学生学期内所学内容。另外由于其要求是简单回答,有可能无法探知学生真实水平。此类题目适合于分班考试或者能力考试。如果要用于成绩测试,那么就要非常注意每一个问题的难度一致性,还要考虑提问内容既要与所学内容有关联,又要使学生有可展开的空间。

(三)与教师共同完成交际任务适用范围较广

教师与学生就一个话题或者任务共同探讨交流,此时两人常各自分担角色,也可以设置好不同的观点或任务。由教师导入讨论的话题,学生很容易就被带入具体情境之中,跟生活中的讨论较为接近,交流也就具有真实性。教师通过提问内容与难度的调整,可全面深入了解学生水平。这类题目适合于中级和中高级学生。

(四)听后复述或读后复述难度较大

这也是综合性的考察方式,在欧洲一些大学读后复述的方式较常被采用,这与这些地区的阅读传统与一些传统的教学方式有关。学生在做这一类题目的时候,首先要听懂或看懂,同时输入这些信息,并要转化成自己的语言表达出来。如未经相关方面的训练,学生感觉难度较大。另外,同样也是一种较为被动的表达。可考虑在高年级阶段经相关训练后采用,或者在分班考试时采用。

(五)话题表达的题目设计很重要

话题表达可分为,叙述性或描述性为主的题目与表达观点或议论性为主的题目。

叙述性或描述性为主的题目,能够考察学习者对语言要素的掌握程度。具体来说,就是考察学习者词汇量的丰富程度、语法语句的准确度,语段内容的复杂度以及总体的语言表述能力。一般来说,这类题目与教材中涉及的话题常有关联,比如介绍家乡、社团、租房、学习方法等。这类题目具有很强的实用性,在课堂教学中已反复操练过,大多与学习者的生活有一定关联,具有一定真实性。但同时,这类题目也具有一定客观性,学生表述时容易较机械。因此可以考虑与能力测试相结合,如学生表述结束以后,就表述内容进一步提问。这一类测试模式适合于中级水平或中级前半段水平的学生。

表达观点或议论性为主的题目是对口语水平的一个更高层次的要求。中、高级阶段学生面临的问题是:怎样说得更深入、使用更高级的词汇,同时语段论述需具备很强的说服性,有理有据,层次清楚,逻辑清晰,兼具得体性和多样性。这类题目需要有较好的语言组织和论述能力,是一个区分度较高的题型,对于区分出高水平学生具有积极的作用。但出这类题目需要注意,就是要求学生表达的观点或议论主题不宜过大,且焦点要清晰,便于学生开口和展开。

三、设计合理的口语测试模式

不同模式考察的能力各有不同。有的试卷从整体编写上看，未能体现教师的口语教学与测试目标理念，而是为了考试而考试。

(一)学习测试与能力测试的结合

学习测试指的是主要考查所学内容，如朗读(选取课文片段)、解释词语、用所给词语或结构回答问题、话题表达(话题与所学内容一致)等模式就属此列。能力测试指的是考察学生真实的交际能力。

按照口语教材的编写内容，教师一般会讲解词汇，帮助学生理解课文、熟悉课文的内容表达，练习句式包括各种功能表达、成篇表达。像解释词语、根据所给词语或句式回答问题，这样的模式其考察目的就是看学生是否掌握了课堂所学内容，词汇和句式能否灵活运用。但大部分教师都有同感，学生常常为了用某一词汇或句式，会造出较生硬的不得体的句子，而这也不是该学生真实水平的体现。怎样才能既考察所学内容，又避免学生生造这种情况，就是教师要解决的课题。首先要营造真实的或者接近真实的交流场景，在这个场景中由教师自然引导出所学内容，学生就会在较真实的情境当中自然使用一些词汇和句式。

如果我们完全按照所学内容进行测试，有时无法探知学生的真实水平。因为教师无法避免学生事先按照所学内容进行了较为充分准备这一情况，因此学习测试只是成绩测试的一部分，还要进行能力测试。简单回答(提问可能与所学话题无关)、听后复述、话题表达(话题可能与所学内容不完全一致)、看图说话等就是这一类型。通过这种模式就可以考察出区分度，避免班级学生成绩区间较集中的情况。

(二)学生自述与交际能力考察相结合

有的试卷通篇都未设计教师与学生交流的环节。如第一题是解释词语，五选三或四选二来解释成语、俗语的意思。第二题是话题表达，学生选择一个题目来口述2—3分钟。这样的测试过程，教师不需发挥作用，学生自顾自表述完毕，测试就结束了。口语教学的终极目标是提高学生的汉语口语交际能力，关系到学生的反应能力、听力理解能力、回应的得体性、语音标准程度、交流充分程度等方面，没有交流的环节，这些能力就无从考察。

目前的口语教材，很重视功能表达项目，如表示有把握、提出建议、表示犹豫、质疑等等。教材中也编写了大量的结构习用语，如"想……就……"、"要……有……"，还有一些程式语，如"什么呀"、"我说呢"等等。如果测试以学生自述为主，那显然学生也没有机会使用所学的功能项目、结构和程式语了。

学生进入中级水平以后，对成段表达的考察是必须进行的。但同时应与交际能力考察相结合，这种交流对于学生平时的学习方法也具有指导意义和纠正的作用，否则学生只要把课本背熟便可得到较高成绩，不利于长期的学习。

（三）学生学习各阶段测试应有不同侧重

口语成绩测试应与学生实际需求相结合，这样才能充分调动学生积极性。本科四年的学习中，随着学习内容的扩大与难度的增加，测试的模式也应有所不同，同时还可以考虑学生参加 HSK 考试的需求，与 HSK 考试模式进行关联。学生使用的教材各有特点，如经贸方向的学生所使用的教材里经济用语较多。

初级阶段的学生，急需解决日常生活中的交际问题，词汇量较有限，对结构和句式的掌握也不够，因此很难组织有复杂度的语段。中级教材主要是社会生活领域的一般性话题以及生活中较有难度的话题，学生虽然词汇量不少，也学了不少功能性表达，但自主自然地使用仍感觉较困难，由于思考时间较短也常出现较多句法错误。高级教材则设计了一些社会专门领域的较高层次的话题，话题内容逐渐由个人生活话题提升到社会性和世界性话题。这个阶段的学生由于需要表达自己的观点又要例证，因此难度明显加大，常有表达或例证不够充分、条理不清楚的问题。

针对不同阶段的难点，教师当然首先在课堂上着力解决以上难点，测试时其侧重点也应合理转换。

如果以本科四年为例，我们试着将汉语口语测试形式做如下安排。

初级（一年级）	听后复述、简单回答、看图说话
中级（二年级）	共同完成交际任务、话题论述（叙述性）
中高级（三年级 第一学期）	朗读、话题论述（叙述与议论结合）
高级（上）（三年级第二学期）	朗读、读后复述、话题论述（议论性）
高级（下）（四年级）	朗读、读后复述、辩论、话题论述（提出观点并论证）

四、小结

目前的对外汉语口语成绩测试，大多采取教师与学生一对一面对面的形式，这有利于教师与学生的直接交流和互动。试卷的编写设计，应注意长度和测试种类，一般来说，长度越长，测试结果的信度越高。应尽量避免只用一种形式考察的方法，因不同国籍的学生其学习习惯于长短处各有不同，应至少设计两到三种形式的题目，这样有利于不同学生的发挥。当我们确立了一个大致的测试形式框架以后，在实践中还要不断地总结、修改，使之更完善。

参考文献

[1]聂丹. 产出型语言教学与测试的话题设计[J]. 汉语学习，2012，(3).

[2]许希阳. 对外汉语口语成绩测试新模式之探索[J]. 语言教学与研究，2008，(4).

[3]赵琪凤. 汉语口语测试的信度研究与教学启示[J]. 汉语学习，2012，(5).

[4]徐晶凝. 对外汉语口语教学语法大纲的构建[J]. 语言教学与研究，2016，(4).

近三十年功能意念大纲对汉语
第二语言教学的影响

王　宇[*]

[摘要]功能意念大纲自20世纪70年代被提出以后对中国的外语教学产生了很大的影响。直至今日，依然是某些教材编写者和课程设计的主要纲领之一。本文以近三十年的对外汉语教学为例，概要梳理了功能意念大纲对国内外语教学，特别是汉语作为第二语言教学的影响，分析了功能意念大纲在汉语教学领域的接受历程，揭示了功能意念大纲在汉语第二语言教学中的意义和作用。

[关键词]功能意念大纲；功能项目；外语教学；对外汉语；汉语作为第二语言教学

一、引言

20世纪70年代，在反思第二语言教学以语法为纲的背景下，欧美的应用语言学家们提出了影响深远的功能意念大纲，标志是威尔金斯的纲领性文件《语法大纲、情境大纲和意念大纲》(Grammatical, Situational and Notional Syllabuses)以及欧共体的三个功能大纲。功能大纲强调语言的社会功能，倡导对学生交际能力的培养，因此也被称为功能派教学法，或功能意念教学法。功能意念大纲重视语言的交际功能，主张语言学习应从学生的需求出发，从功能到形式，从意念到表达方式。功能意念大纲是对交际法的一次革新和推

---

[*] 王宇，女，内蒙古五原人，首都师范大学国际文化学院副教授，北京大学文学博士，主要从事汉语第二语言教学法、国际汉语教育、跨文化交际研究。

动,使培养交际能力成为第二语言教学的根本目的这一认识得到强化和更为广泛的认同。

20世纪80年代,功能意念大纲及其教学理念传入我国外语教学界,渐次为英语、俄语、日语等外语教学领域所吸收借鉴,对各语种教学大纲的制定、教材编写和教学法改革产生了深刻的影响。这一影响也逐渐扩展至对外汉语教学领域,一个重要的标志是结构与功能相结合的路子成为80年代的主流教学法,后来又加上文化,于是就有了1988年《汉语水平等级标准与等级大纲(试行)》的出版。该等级大纲倡导结构、功能与文化相结合,对汉语教学引入功能大纲做了很好的尝试。90年代至今,汉语教学界逐渐开始探索建立自己的功能大纲,共出版了六部功能大纲,对汉语的功能意念大纲进行了富有意义的探索。然而客观地讲,我国对于功能意念大纲的研究仍然不足,宏观介绍为多,微观研究不足,已经研制的几个功能大纲还没有获得应有的影响和认同,对功能意念大纲的实质以及在汉语第二语言教学的地位和作用还需要深入探究。

本文试图以近30年的对外汉语教学为例,梳理功能意念大纲对国内外语教学特别是汉语第二语言教学的影响,分析汉语第二语言教学领域对功能意念大纲的接受轨迹,以期揭示功能意念大纲的实质及其对语言教学的意义和作用。

二、功能意念大纲:内容及发展述评

(一)功能意念大纲的提出

功能意念大纲于20世纪70年代作为交际语言教学运动的一部分被提出,从此成为许多语言课程和教材的基础。威尔金斯(D. A. Wilkins)被认为是功能法的创始人。他于1972年在第三次国际应用语言学会议上所作的题为《语法大纲、情境大纲和意念大纲》(*Grammatical, Situational and Notional Syllabuses*)的报告是功能法早期的纲领性文件之一。这份报告提出了功能法的基本主张:以功能(意念)为纲,交际为目的和手段,组织全部外语教学过程。它是最早的以培养交际能力(communicative competence)而不是语言能力(linguistic competence)为目的的语言大纲,也是最早出现的用来代替结构大纲的语言教学大纲。20世纪80年代以后的通用外语课程大多采用这种大纲,或将功能和结构并行使用。

最早采用功能意念法制定教学大纲的是范·埃克(J. A. Van EK，1975)的《成年人现代语言学习入门》(*The Threshold Level for Modern Language Learning by Adults*，简称《入门阶段》)和亚历山大(L. G. Alexander，1977)的《英语初阶》(*Waystage English: an Intermediary Objective Below Threshold Level*)，这两个大纲和另外一个法语大纲都是欧共体所属文化合作委员会组织设计编写的。这些大纲的共同目的是：试图用成年学生假定的交际需要来规定学习目的。与传统结构大纲不同，这些大纲根据学生用语言干什么的功能和话题范围来划分。

范·埃克在《学校的现代语言入门阶段》中说："这个模式的基本特点是，它试图把外语能力作为技能，不作为知识加以具体说明，它分析学生应能用所学外语干什么，其次才是确定学生应能处理什么语言形式（单词、结构等等），使得学生干规定的一切。"[1]

（二）功能意念大纲的内容

功能意念大纲是基于社会语言学的理论发展而来的。海姆斯的交际能力(communicative competence)学说、言语活动(speech events)概念和韩礼德(Halliday)的语言蕴藏(meaning potential)理论为功能意念大纲的提出奠定了理论基础，并为教学内容的选择、功能项目的确立提供了理论依据。

那什么是功能和意念呢？功能(functions)指"语言行为"，即我们要用语言干什么，如赞同(agreeing)、拒绝(refusing)、提议(offering)、道歉(apologizing)、表达希望/恐惧(expressing hope/fear)等。

意念(notions)指与功能相关的时空关系，也就是语言发生作用的时间和处所等。又分为一般意念(general notions)和特定意念(specific notions)。一般意念指抽象的时空关系，如存在(existence)/不存在(non-existence)，在场(presence)/不在场(absence)；运动(mobility)/静止(immobility)等。特定意念(specific notions)指直接由话题决定的时空项目，如"近处有银行吗？"(Is there a bank near here?)"打听"体现了语言的功能；"一家银行"是特定意念，是否存在是一般意念。当然打听还可以有别的语言形式。

由上述例子可以看出，语言功能有多种形式，它可以在各种不同的情境中与一般意念相结合，而特定意念则直接由话题决定。如果说一般意念的含义主要由语法来承载的话,那么特定意念的含义则多表现为词汇。意念项目的细分让数以千计的核心词汇彼此之间有了某种特殊的联系,有助于学习者一目了然的将把彼此有关联的单词归在一起记忆,有利于发展词汇网络。

功能意念大纲除了上述两个最为关键的概念,还考虑语言发生作用的其他要素,如环境(settings)、社会、性别和心理作用(social, sexual and psychological roles),语体(style)如人们说话的态度,重音和语调(stress and intonation),语法(grammar),词汇(vocabulary),副语言特点(paralinguistic features)如姿势和面部表情,等等。

威尔金斯报告中的《意念大纲》将意念范畴分为语义语法范畴和交际功能范畴两类。前者包括:时间、数量、空间、物质、格和指代;后者包括情态、道义评价、请求、论证、理性探究、个人情感、感情关系和人际关系等八个大类,每个大类下面又包含很多小类。虽然有许多细目,但这样的划分仍然十分粗糙,使用起来显得十分抽象。

《入门阶段》和《英语初阶》对功能意念项目的划分有了很多改进。前者列举了基本功能项目73个、一般意念项目130多个和与特殊意念项目相对应的语言形式(即单词)约1500个。后者将在功能方面列出了6类47个项目、一般意念8类91个,以及特殊意念(主要是词汇项目)56项422个。分类更加精细适当。后来为国内外语教学界吸收借鉴的功能意念的分类主要以《英语初阶》为主。

(三)对功能意念大纲的解读

功能意念大纲自产生之日,对它的理解也是众说纷纭。首先,从语言习得和语言交际行为的理论上,很多学者指出功能意念大纲的不足。Yalden(1987)认为,功能意念式大纲虽然将主题与功能结合,以达成所要的学习行为目标,但并未提供与其他类别结合的方式。他指出在发展教学大纲的内容时,需同时测量沟通知识和技能的心理层面与社会层面。例如,心理语言学会提供语言习得的机制,主张语意理解比精确形式对第二语言学习更有效。Candlin(1976)指出,大纲设计期望学习者的三种能力:一是造出语法结构完善的句子与理解句意,二是辨认与造出合于语用的言语,三是管理互动(manage the interaction)。第一项能力可由语法教学达成,第二项能力涉及对语言沟通功能、语言变异、风格、文体等的理解,第三项能力则尚未能列入。所以 Candlin 认为大纲设计者仍未能超越词汇用书的语言项目阶段，应该加入处理言谈的能力(ability to handle discourse)作为第四类。Widdowson(1979)也认为应将协商意义(negotiate meaning)加入语言互动过程中。此外，Canale 与 Swain(1980)指出，语意的选择并非只是社会因素的层面，也会有认知因素的影响，而且并无任何理由证实，在学习者传达语言意义上，社会行为比语意选择更重要。上述评论从语言习得、交际行为等理论角度上指出功能意念大纲的不足之处，为后来第二语言习得的进路指出了方向。

其次是一些应用上的理解。最常见的理解有两种：一是把功能意念大纲当作编排教学内容的大纲，后来涌现的各语种功能大纲、功能列表，包括汉语功能大纲都是这种理解的直接体现；一是把它当作教学法，在这个意义上，通常称之为功能意念法(functional-notional approach)，或者功能法[2]。在外语教学界，这种理解占很大比例，如钟式嵘说："功能描述法强调在现实生活中语言的使用是由不同的目的和功能决定的。同时，选用什么恰当的语言也是由交谈者双方的相互关系决定的。"[3] 当然也有很多偏差。所以《英语初阶》的制定者之一亚历山大指出，功能意念大纲不是一种功利主义的语言获得途径，比如怎么在银行换钱，那是用非专业的意思来解释 functional；也不是一种方法(method)，比如可以改做如视听法；也不是"短语集"式的方法论(今天我教你们怎样表示同情，明天我教你们怎样表示高兴)。它既不贬低语法，也不贬低已有的完好的教程的编制和传统方法的任何要素。它首先而又最为重要的是一个教学大纲的设计途径，因而，也是教程编制途径[1]。

三、功能意念大纲对汉语第二语言教学的影响

(一)国内外语教学对功能意念大纲的接受

功能意念大纲自传入我国，对国内的外语教学产生了重大的影响。首先是理论上的引入和评价。盛炎对《英语初阶》[4]、俞约法对威尔金斯的《语法大纲、情境大纲和意念大纲》报告[5]、钟式嵘[3]和亚历山大[1]等对功能意念大纲的内容都做了比较详细的介绍。鄂鹤年[6]等对功能意念大纲的社会语言学理论基础做了分析。对意念大纲的评价多从各大纲的比较出发，如阎美玲[7]、李德龙[8]、张毓瑾[9]等对比分析了语法大纲和功能意念大纲的语言学依据和利弊，吕良环从语言大纲的发展历程考察了功能大纲[8]。其次，是应用方面

的一些研究，如从大纲制定、教材编写、测试等方面的探讨。宁天舒[10]等探讨了在ESP教学中对结构大纲和功能大纲的应用，李越常、顾霞君探讨了功能大纲在俄语大纲中的应用[2]，盛炎对《汉语水平等级标准和等级大纲（试行）》与功能大纲做了比较[11]，刘宁对意念功能大纲在词汇短语教学中的应用做了实证研究[12]，等等。

功能大纲对外语教学的影响莫过于教学大纲的制定。从英语开始，各语种先后制定了多个功能意念大纲。比如国家教育委员会先后批准的两份《大学英语教学大纲》[《理工科大纲》(1985)和《文理科大纲》(1986)]都制定并附录了"功能意念表"。其中，《理工科大纲》的"功能意念表"列出了45项，后者在参考前者的基础上列出了18项。1999年的《大学英语教学大纲》(修订本)列出了学生在该阶段英语学习中应掌握的功能意念项目，如寒暄、态度等，共计10大项，118分项。此外，在专业英语方面，《高等学校英语专业基础阶段英语教学大纲》(1989)中的功能意念表把功能项目分为7大类，分两级(stage 1和stage 2)。Stage 1罗列了功能项目7大类共58项，而stage 2罗列了功能项目6类共47项。在中学英语教学方面，《全日制义务教育普通高级中学英语课程标准（实验稿）》(2001)对功能和话题提出二级、五级和八级的目标要求，功能意念项目表罗列了11类共66个功能项目。除了英语大纲，其他语种的大纲如《高等学校俄语专业基础阶段俄语教学大纲》、《大学日语教学大纲》等都附上了功能意念表。

(二)对汉语第二语言教学的影响

功能意念大纲对汉语第二语言教学的影响可以划分为两个阶段。80年代初，功能法传入我国对外汉语教学界。1981年功能意念大纲的主要设计者和倡导者之一亚历山大应邀来华讲学，使我们对功能法有了更多了解。此后，汉语教学界开始吸收功能法的合理成分，"结构与功能相结合"成为80年代的主流教学法。90年代以来，"结构、功能、文化三结合"的教学法成为大多数人的共识。1988年《汉语水平等级标准和等级大纲（试行）》是结构—功能—文化相结合的教学原则的体现。

90年代汉语学界对汉语功能大纲的研制进行了很多有益的尝试和探索。此后的十几年间共出现了6种功能大纲，分别是：北京语言大学功能大纲小组拟定的《功能项目分类表》(1993)、杨寄洲主编的《对外汉语初级阶段教学大纲》中的《功能大纲》(1999)、赵建华主编的《对外汉语教学中高级阶段功能大纲》(1999)、国家对汉办主持编写的《高等学校外国留学生汉语言专业教学大纲》中的《功能项目表》(2002)和《高等学校外国留学生汉语教学大纲》(长期进修)中的《功能项目表》(2002),以及上海师范大学对外汉语学院编的《旅游汉语功能大纲》(2008)。

在这六部功能大纲中,《项目分类表》未正式颁布,影响不大,《旅游汉语》是专项汉语大纲,不具可比性。其他四部大纲,根据易峰的统计,共列举了 147 项功能[13],四部大纲都有的共 90 项,三部大纲有的是 30 项。通过分析,易峰得出结论:(1)四部大纲之中,《中高级阶段》的功能项目最多最全面,它基本上包括了其他三部大纲所有的功能项目。(2)《汉语言专业》与《长期进修》无论是在功能项目数量上,还是在功能项目的选择方面差异都不大,相似程度较高。二者选取的功能项目都是大纲入选率较高的项目,这与两套大纲的性质有关。这两套大纲是国家出版发行的全国通用性大纲,具有普遍性。(3)《中高级阶段》与《初级阶段》是包含关系,《中高级阶段》具有《初级阶段》里绝大部分项目,增加了《初级阶段》没有的项目,体现了中高级阶段对学习者的更高要求。(4)《初级阶段》独有的 11 个功能项目选取不科学,如支持、申辩、承担义务、淡然、招惹等功能项目,与初级阶段的学习水平不符,编排没有依据。通过对四个大纲、147 项功能项目的比较,易峰还发现一些问题,如功能项目的选取具有一定的任意性、功能项目的名称不统一等。

对功能大纲的理论性反思主要集中在功能和结构的关系上,也就是功能的地位上。在对外汉语教学的发展中,"结构"一直是教学的核心。随着功能大纲的引入,汉语教学界开始思考结构与功能的关系,这是除了引介之外在理论方面的主要探索。吕必松先生曾就结构、意义(情境)和功能三者的关系做了七种搭配和分析[14],指出"如果目的语跟母语的体系差别很大,必须根据语法点的难易程度编排教学顺序,就不宜采用纯功能"。他还认为"意义"(也即"情境")是"功能"实现的场所,比如"介绍"这个功能通常是在"初次见面"这样的情境中实现的。刘珣教授[15]在谈到"结构"与"功能"的关系时指出:结构是基础,功能是目的。程棠[16]、赵金铭[17]都以融合的态度看待功能和结构,赞成"以结构为纲,以功能为中心"或者结构—功能—文化相结合的路子。他们虽然都充分肯定"功能"的重要性,但在安排教学时却认为应以结构为纲。

从上述分析可以看出，汉语教学界对功能意念在初期的引介、评价和尝试应用在教学上之外，尚缺乏深入的研究，对汉语教学功能大纲的研制还处在初级探索阶段。

四、结论

综上所述，国内外语界对功能意念大纲的吸收和借鉴取得了很多成绩。这首先表现在很多外语教学大纲的制定上。这些大纲部分或者全部地吸收了功能大纲的合理成分，对教学内容的更新提供了新的方向，使其更符合培养学生交际能力的终极目标。其次是教学法的革新。20世纪80年代至本世纪初，随着功能意念大纲的引入，功能派教学法一度成为教学法的主流，改变了传统以结构为主的教学，使教学更有成效。

但是我们也应该看到还存在一些问题。这些问题有的来自功能意念大纲本身。第一，功能意念大纲不能涵盖语言的所有功能。以英语为例，有人估计其功能可达10000多种[14]，可是不可能穷尽性地写入大纲，功能意念大纲只列举了其中的一百多种，剩下的大部分功能并非不会出现在日常交际中。这是功能意念大纲的先天不足。功能意念大纲在制定之初确实希望解决学生的急需，但是如果只教规定的那部分功能项目又不能满足交际中随时发生的实际需求。而要制定一个通用的、包罗万象的外语功能大纲则既不现实，也无此必要，何况还有选择随意性和分类不合理的问题。第二，功能意念大纲没有考虑到学习语言的其他要素。功能意念大纲的提出是基于语言的交际性和社会性的，这两个属性经常与语言的约定俗成结合在一起。然而语言不只有交际性和社会性，它还有认知、思维和创造的属性。这决定了功能意念大纲并不能必然地解决学生的实际交际问题。

有的问题是由于研究不够深入。第一，对个体语言的功能还缺乏深入的研究。功能是对语言功用的描述，而定义功能不仅需要对语言功能的研究，还需要抽象的能力和建立概念。如果对语言的功能本身缺乏深入的认识，那么希望研制出属于自己的汉语功能大纲就会显得力不从心。第二，对学生的实际需求缺乏研究。这是功能意念大纲的建立原点，也是建立通用型功能大纲的自身矛盾所在。

由于以上来自于自身和外在研究的不足，2010年以后，随着更新的教学理念如任务型教学的传入,功能意念大纲的影响力明显趋于式微。

参考文献

[1] L. G. 亚历山大. 功能—意念的教程编制途径[J]. 张云皋译. 外语教学理论与实践, 1980, (1).

[2] 程棠. 关于"结构—功能—文化相结合"的教学原则的思考[J]. 世界汉语教学, 1996, (4).

[3] 鄂鹤年. 对功能意念大纲的思考[J]. 外语界, 1990, (2).

[4] 李德龙. 浅谈功能—意念大纲在初中英语教学中的运用[J]. 鞍山师范学院学报, 1991, (4).

[5] 李越常, 顾霞君. 关于大纲的"功能意念表"[J]. 中国俄语教学, 1989, (5).

[6] 刘宁. 意念功能大纲在词汇短语教学中的实证研究及其对多元智能教学的启示[J]. 陕西教育(高教), 2008, (4).

[7] 刘珣. "结构—功能—文化相结合"的汉语教学理念再思考[J]. 国际汉语教学研究, 2014, (2).

[8] 吕必松. 对外汉语教学探索[M]. 北京:华语教学出版社, 1987.

[9] 宁天舒. 结构、功能大纲及其在我国 ESP 教学中的应用[J]. 疯狂英语:教师版, 2007, (4).

[10] 盛炎.《汉语水平等级标准和等级大纲》(试行)与国外一些标准和大纲的比较[J]. 世界汉语教学, 1988, (4).

[11] 盛炎. 一个新型的初级外语教学大纲——《英语初阶》[J]. 山东外语教学, 1984, (4).

[12] 盛炎. 语言教学原理[M]. 重庆:重庆出版社, 1990.

[13] 阎美龄, 对语法大纲和功能意念大纲的思考[J]. 渭南师范学院学报, 1997, (3).

[14] 易峰. 汉语作为第二语言教学的功能大纲及其应用研究[D]. 广州:暨南大学, 2009.

[15] 俞约法. 功能法的纲领性文件——威尔金斯《语法大纲、情境大纲和意念大纲》一文内容述要[J]. 外语教学理论与实践, 1980, (3).

[16] 张毓瑾. 教学大纲与外语教学[A]//福建省外国语文学会年会暨学术研讨会论文集, 2005.

[17] 赵金铭. 对外汉语教学法回视与再认识[J]. 世界汉语教学, 2010, (2).

[18] 钟式嵘. 功能、意念、语言形式[J]. 语言教学与研究, 1980, (3).